高等院校国际经济与贸易专业系列教材

国际贸易理论与实务

主　编　宋冬凌　何慧爽
副主编　刘　叶　赵文泽
参　编　李　浩　任领志　周诚宁

机械工业出版社

本书是一本兼具国际贸易理论知识介绍与国际贸易实操训练的综合性教材，主要包括国际贸易理论、关税政策措施、非关税政策措施、出口鼓励和出口管制、世界贸易组织与中国、区域经济一体化、标的物及相关条款、价格及国际贸易术语、国际货物运输和保险、国际贸易货款结算、国际贸易争议及处理、国际货物买卖合同的商定与履行、国际贸易方式等。学生通过学习本书，可以系统地掌握国际贸易的基本理论以及国际贸易实务操作过程中所涉及的贸易术语、商品价格、贸易结算、货物运输及保险等方面的基本知识，了解国际贸易发展现状，并能够学以致用，具备分析、解决国际贸易现实问题的能力。

本书可作为普通高等院校经济管理类各专业的教材或参考书，也可作为企事业单位管理人员和业务人员的培训用书或参考读物。

图书在版编目（CIP）数据

国际贸易理论与实务/宋冬凌，何慧爽主编．—北京：机械工业出版社，2024.5

高等院校国际经济与贸易专业系列教材

ISBN 978-7-111-75685-9

Ⅰ.①国⋯　Ⅱ.①宋⋯②何⋯　Ⅲ.①国际贸易理论-高等学校-教材②国际贸易-贸易实务-高等学校-教材　Ⅳ.①F740

中国国家版本馆 CIP 数据核字（2024）第 081835 号

机械工业出版社（北京市百万庄大街 22 号　邮政编码 100037）
策划编辑：常爱艳　　　　　　　　责任编辑：常爱艳　马新娟
责任校对：甘慧彤　丁梦卓　闫　焱　封面设计：鞠　杨
责任印制：常天培
北京机工印刷厂有限公司印刷
2024 年 7 月第 1 版第 1 次印刷
184mm×260mm・19 印张・466 千字
标准书号：ISBN 978-7-111-75685-9
定价：59.80 元

电话服务　　　　　　　　　网络服务
客服电话：010-88361066　　机　工　官　网：www.cmpbook.com
　　　　　010-88379833　　机　工　官　博：weibo.com/cmp1952
　　　　　010-68326294　　金　书　网：www.golden-book.com
封底无防伪标均为盗版　机工教育服务网：www.cmpedu.com

前　言

本书由河南省 2024 年度高等教育教学改革研究与实践项目《行业特色高校经管类专业学术型人才培养的"三特一化"模式研究与实践》（2024SJGLX0344）、华北水利水电大学 2024 年度教育教学研究与改革项目《数智驱动下行业特色高校经贸类专业核心课程研究性教学方法创新研究》（2024XJGXM092）资助出版。

本书是一本研究国际贸易理论与政策、国际商品交换活动、进出口贸易实务的教材，系统阐述了国际贸易的基本概念、理论和政策以及国际贸易实务方面的知识。

本书包括国际贸易理论、政策和实务等内容。其中，第一、二章介绍国际贸易基本概念和理论；第三～七章介绍国际贸易政策、组织与区域经济一体化；第八～十三章介绍国际贸易实务的操作，包括标的物及相关条款、术语、运输和保险、结算、争议及处理、合同的商定与履行等；第十四章介绍国际贸易方式。

本书从国际贸易理论与实务涉及的基本概念和理论讲起，由浅入深，逐步介绍当前世界通行的国际贸易业务程序的操作方法和步骤，一直到国际贸易合同的履行等内容。

本书体现了"国际贸易理论与实务"课程与教学改革的方向。本书建议授课学时为 48 学时，实验学时为 8 学时。

在内容安排方面，本书强调理论联系实际，力求符合复合型、应用型人才培养要求，采用国际贸易实务的新术语，加大案例教学与练习力度，每章都有配套的课后思考题。

华北水利水电大学宋冬凌教授和何慧爽教授担任本书主编并统稿。本书由华北水利水电大学多位教师共同编写，分工如下：周诚宁编写第一章，刘叶编写第二章、第三章，宋冬凌编写第四章、第七章，任领志编写第五章、第六章，赵文泽编写第八～十章，李浩编写第十一～十三章，何慧爽编写第十四章。

由于编者水平和能力有限，书中难免存在不妥之处，敬请读者提出宝贵意见。

编　者
2023 年 10 月 31 日

目 录

前 言

第一章 绪论 1
教学目的和要求 1
第一节 国际贸易的相关概念 1
第二节 国际贸易的产生、发展与作用 13
第三节 我国对外贸易的发展 23
本章小结 29
思考题 29

第二章 国际贸易理论 30
教学目的和要求 30
第一节 自由贸易理论 30
第二节 贸易保护理论 51
本章小结 57
思考题 57

第三章 关税政策措施 58
教学目的和要求 58
第一节 关税概述 58
第二节 关税的种类 62
第三节 关税的保护度 70
本章小结 74
思考题 75

第四章 非关税政策措施 76
教学目的和要求 76
第一节 非关税措施概述 76
第二节 传统的非关税措施 79
第三节 非关税措施发展的新趋势 90
第四节 非关税措施的经济效应 102
本章小结 104
思考题 104

第五章 出口鼓励和出口管制 105
教学目的和要求 105
第一节 出口鼓励措施 105
第二节 出口管制措施 114
本章小结 116
思考题 116

第六章 世界贸易组织与中国 117
教学目的和要求 117
第一节 WTO 的总体框架 117
第二节 WTO 的基本法律原则 127
第三节 WTO 的运行机制与发展 131
第四节 中国与 WTO 142
本章小结 151
思考题 152

第七章 区域经济一体化 153
教学目的和要求 153
第一节 区域经济一体化概述 153
第二节 区域经济一体化实践：欧洲一体化进程 161
第三节 区域经济一体化的理论基础 163
本章小结 167
思考题 168

第八章 标的物及相关条款 169
教学目的和要求 169
第一节 商品的名称与品质 169
第二节 商品的数量 173
第三节 商品的包装 175
本章小结 179
思考题 179

第九章 价格及国际贸易术语 180
教学目的和要求 180
第一节 商品作价的基本方式 180
第二节 佣金与折扣 183
第三节 国际贸易术语 187
第四节 出口商品的成本与效益核算 192

第五节　国际贸易合同中的价格
　　　　条款 ………………………… 195
本章小结 ……………………………… 196
思考题 ………………………………… 197

第十章　国际货物运输和保险　198
教学目的和要求 ……………………… 198
第一节　国际货物运输方式 ………… 198
第二节　国际货物运输单据 ………… 209
第三节　买卖合同中的装运条款 …… 214
第四节　国际货物运输保险及其
　　　　条款 ………………………… 216
本章小结 ……………………………… 220
思考题 ………………………………… 221

第十一章　国际贸易货款结算　222
教学目的和要求 ……………………… 222
第一节　支付工具 …………………… 222
第二节　汇付与托收 ………………… 229
第三节　信用证 ……………………… 235
第四节　各种支付方式的选用 ……… 241
本章小结 ……………………………… 243
思考题 ………………………………… 243

第十二章　国际贸易争议及处理　245
教学目的和要求 ……………………… 245

第一节　商品检验 …………………… 245
第二节　国际贸易争议与索赔 ……… 249
第三节　不可抗力 …………………… 252
第四节　国际贸易仲裁 ……………… 254
本章小结 ……………………………… 258
思考题 ………………………………… 258

第十三章　国际货物买卖合同的商定与
　　　　　　履行 …………………… 259
教学目的和要求 ……………………… 259
第一节　国际货物买卖合同的商定 … 259
第二节　出口合同的履行 …………… 273
第三节　进口合同的履行 …………… 276
本章小结 ……………………………… 279
思考题 ………………………………… 279

第十四章　国际贸易方式　280
教学目的和要求 ……………………… 280
第一节　经销、代理和寄售 ………… 280
第二节　拍卖、招标与投标 ………… 283
第三节　来料加工和进料加工 ……… 286
第四节　跨境电子商务 ……………… 287
本章小结 ……………………………… 294
思考题 ………………………………… 295

参考文献 ……………………………… 296

第一章 绪 论

教学目的和要求

通过本章的学习，了解国际贸易的产生与发展历程，理解并掌握一些基本的国际贸易概念和方法，为后续的学习建立知识储备。

第一节 国际贸易的相关概念

一、国际贸易、对外贸易和海外贸易

对外贸易（Foreign Trade）是指一个国家与其他国家或地区之间进行的货物和服务的交换活动，这是从单个国家的角度来看待本国与其他国家或地区的交换活动。

国际贸易（International Trade）是指全球各国或地区间在货物和服务方面的交换活动，由各国的对外贸易构成。一些海岛国家或地区的对外贸易称为海外贸易（Oversea Trade），如英国、日本、冰岛等。

随着国际贸易的不断发展，其本身的内涵也在不断变化。通常认为，广义的对外贸易包含货物贸易及服务贸易，狭义的对外贸易只包含货物贸易。同样的，广义的国际贸易包含货物贸易及服务贸易，狭义的国际贸易只包含货物贸易。概念的变化也在一定程度上反映了国际贸易的发展。

二、出口贸易、进口贸易和过境贸易

根据货物的移动方向，国际贸易可以划分为出口贸易、进口贸易和过境贸易。出口贸易（Export Trade）又称输出贸易，是指将本国所生产或加工的商品（包括劳务）输往国外市场进行销售的商品交换活动。进口贸易（Import Trade）又称输入贸易，是指将外国所生产或加工的商品（包括劳务）输入国内市场进行销售的商品交换活动。出口贸易与进口贸易是每一笔贸易的两个方面，对买方是进口贸易，对卖方则是出口贸易。

过境贸易（Transit Trade）又称通过贸易，是指出口国的货物通过第三国的国境，但不经加工地运往进口国的贸易活动，这对第三国来说就构成了该国的过境贸易。第三国通常可以对过境货物收取一定的费用。若过境贸易货物不经过境国海关保护仓库存放，完全为了转运的过境，则属于直接贸易。若由于种种原因，如商品需要分类包装、暂时的转运困难、购销当事人的意愿中途变更等，把货物存放在过境国的海关仓库，而后再进行分工、分类、包装转运出境的过境，则属于间接过境贸易。

三、直接贸易、间接贸易和转口贸易

根据是否有第三国参与，国际贸易可以划分为直接贸易、间接贸易和转口贸易。

直接贸易（Direct Trade）是指商品出口国与商品消费国之间不通过第三国而直接买卖货物的贸易活动。贸易双方交易的商品既可以直接从出口国运到消费国，也可以通过第三国的国境转运到消费国，只要两者之间发生直接贸易关系，即不通过第三国的商人作为中介人来进行贸易，就是直接贸易。比如，过境贸易就属于直接贸易而不属于间接贸易。商品出口国的商品出口到货物消费国，对商品生产国来说是直接出口，对商品消费国来说是直接进口。

间接贸易（Indirect Trade）是指商品出口国与商品消费国通过第三国所进行的贸易活动。此类贸易通常由于各种原因，使得商品生产国和商品消费国之间不能直接洽谈、签约和结算，必须借助第三国的参与才能完成贸易。间接贸易有些是出于政治方面的原因，有些是由于交易双方的信息不通畅而形成的。

转口贸易（Entrepot Trade）又称为中转贸易。商品生产国与商品消费国通过第三国进行的交换活动，对第三国（地区）而言就是转口贸易。商品生产国和商品消费国没有发生直接贸易（地区）关系，而是由第三国（地区）分别与两个国家发生贸易关系。转口贸易的发生往往是由于转口贸易国（地区）具有地理位置优越、交通便利、通信设施完善、贸易限制少、结算便利等特点，它们相较于其他国家或地区更适合作为商品的集散、销售中心。世界上较为著名的转口贸易国或地区有新加坡、中国香港、荷兰等。

转口贸易与间接贸易的区别在于看待问题的角度。商品生产国与商品消费国通过第三国（地区）进行的贸易，对于生产国和消费国而言是间接贸易，对于第三国（地区）而言则是转口贸易。

转口贸易与过境贸易的区别在于交易关系的确立不同。在过境贸易中，交易关系的确立是在商品生产国和消费国之间进行的；在转口贸易中，转口国的贸易商分别与出口国、进口国的贸易商达成交易。转口贸易通常以盈利为目的，会有一定程度的商业加价行为，而过境贸易只收取少量的手续费。

专栏 1-1

中国香港的转口贸易

中国香港长期以来由于其狭小的本土市场和弱小的农业，发达的金融、保险、资讯、海运业，一直以转口贸易中心的身份被整合进入全球经济。许多产品进入中国香港，然后再出口到欧洲、美国及其他的国家或地区。随着中国制成品出口的扩大，香港逐渐成为内地与世界其他国家和地区联系的枢纽。20世纪70年代，中国香港的转口贸易占全港对外贸易的20%，2002年达到91.3%，并长期保持在90%左右。中国与美国是两个最大的转口来源和市场，1998年，内地对美国出口总额为380亿美元，经香港转口就达到310亿美元，占对美国出口总额的81.6%。2021年，中国香港的转口贸易额为5153.6亿美元，比1997年的1608.9亿美元增长了220.3%。

资料来源：联合国贸易和发展会议（https://unctad.org）。

四、总贸易和专门贸易

根据进出口的标准，国际贸易可分为总贸易和专门贸易。总贸易与专门贸易是国际货物贸易的统计方法。

总贸易（General Trade）是指以国境为标准划分进口与出口的一种统计方法。总贸易可分为总进口和总出口。所有进入本国国境的货物一律计入进口贸易；所有离开本国国境的货物一律计入出口贸易。总贸易包括本国产品的出口、外国商品复出口及转口或过境的部分。总进口额与总出口额之和即为总贸易额。

专门贸易（Special Trade）是指以关境为标准划分进口与出口的一种统计方法，以货物经过结关作为统计标准。专门贸易可分为专门进口和专门出口。通过海关结关进入境内的货物一律计入进口贸易，通过办理海关手续出口的货物一律计入出口贸易。外国商品进入关境并向海关缴纳关税且海关放行后才能称为专门进口。根据这个标准，虽然外国商品进入了国境，但如果只是放在海关的保税仓库之内，或者只是进入免税的出口加工区进行加工，则不被统计为进口。专门出口是指从国内运出关境的本国产品及进口后未经加工又运出关境的复出口商品。可见，从关境外国境内出口到其他国家的商品，不被统计为出口。专门进口额加专门出口额构成一国的专门贸易总额。

通常情况下，一个国家的关境和国境是统一的，但是也存在不一致的情况。对于设立了经济特区的国家，其关境的范围要小于国境，因为经济特区虽然处于国境内，但却在关境之外。对于与其他国家结成关税同盟的国家，其关境范围要大于国境，因为参加了关税同盟的国家的领土统一成了一个关境，这种情况下，关境的范围大于任意参与国的国境。

五、货物贸易和服务贸易

根据商品的形式和内容不同，国际贸易可以划分为货物贸易与服务贸易。

货物贸易（Merchandise Trade）是指在贸易过程中进行的实物商品交换行为，因为这些实物商品看得见、摸得着，所以货物贸易又称为有形贸易。国际市场上的商品种类繁多，为了统计及其他业务的便捷，联合国于1950年起草了《联合国国际贸易标准分类》（Standard International Trade Classification，SITC），并于1960年及1974年分别进行了修订，目前使用的是2006年修订的第四版。在该版本中，《联合国国际贸易标准分类》把国际货物贸易共分为10大类、67章、262组。这10类商品分别为：食品及主要供食用的活动物（0）；饮料及烟类（1）；燃料以外的非食用粗原料（2）；矿物燃料、润滑油及有关原料（3）；动植物油脂及油脂（4）；未列名化学品及有关产品（5）；主要按原料分类的制成品（6）；机械及运输设备（7）；杂项制品（8）；没有分类的其他商品（9）。在国际贸易统计中，一般把0~4类商品称为初级产品，把5~8类商品称为制成品。按此标准，在国际贸易统计中，每一种商品目录编号都采用5位数。1位数表示类，2位数表示章，3位数表示组，4位数表示分组，5位数表示项目。表1-1展示了一个按SITC编码划分的商品品类范例。

表 1-1　按 SITC 编码划分的商品品类范例

编　　号	商品品类
1	饮料及烟类
11	饮料
112	酒精饮料
1121	用新鲜葡萄酿制的葡萄酒（包括葡萄汁）
11211	用新鲜葡萄酿制的葡萄汁
11212	用新鲜葡萄酿制的葡萄酒

资料来源：UN Comtrade Database。

服务贸易（Service Trade）是指服务贸易提供者从一国境内，通过商业现场或自然人的商业现场向服务消费者提供服务，并获取外汇收入的过程。

关税与贸易总协定"乌拉圭回合"多边贸易谈判达成的《服务贸易总协定》（General Agreement on Trade in Services, GATS）依照服务的提供方式将国际贸易划分为以下四种形式：

1）跨界供应（Cross-border Supply）。从一参加方境内向任何其他参加方境内提供服务，以这种方式提供的服务，服务提供者和消费者均未进入对方的领土或界域。服务的交付可以通过电话、传真、互联网或其他计算机媒体的连接、电视，或通过邮件和信使方式发送文件、软盘、磁带等。它类似于传统意义上的货物贸易，在交付产品时，消费者和服务提供者仍然各自滞留在本国领土上。

2）境外消费（Consumption Abroad）。在一参加方境内向任何其他参加方的服务消费者提供服务，它是指一国居民消费者进入另一国获取服务的过程，如国际旅游、非居民的境外医疗、境外学习等，停留在其他国家船只的维修也属于境外消费的方式。

3）商业存在（Commercial Presence）。一参加方在其他任何参加方境内通过提供服务的实体的介入而提供服务，如银行或保险公司通过设立分支机构向当地的消费者提供服务。在境外的商业存在不仅包括严格意义上的法人，也包括具有相同特征的法律实体，如办事处、分支机构。

4）自然人流动（Movement of Personnel）。参加方的自然人在其他任何参加方境内提供服务，这里的自然人可以代表自己，也可以代表雇主（涉及自营人员和雇员），但都要进入消费者所在国家或地区提供服务，如艺人演出、公司派审计人员去国外公司进行审计、医生和教师在国外的短期就业等。

国际服务贸易也可以分为要素服务贸易（Factor Service Trade）和非要素服务贸易（Non-factor Service Trade）。要素服务贸易是指一国向他国提供劳动、资本、技术及土地等生产要素的服务，而从国外得到报酬的活动，它包括对外直接投资和间接投资的收益、侨民汇款及技术贸易的收入。非要素服务贸易是狭义的服务贸易，指的是提供严格符合"服务"定义的服务而获取外汇收入的交易，如国际运输、旅游、教育、工程咨询、会计等。

与有形贸易相对应，上述两类服务贸易也常常被称作无形贸易（Invisible Trade）。在实际活动中，按照世界贸易组织（World Trade Organization, WTO）的分类，国际服务贸易又可以分为商业、通信、建筑及工程、销售、教育、环境、金融、健康与社会、旅游、文化与体育、运输业及其他，共12大类155个项目。

国际服务贸易也可以按照部门进行分类，在这种分类中，国际服务贸易被称为商业性服务（Commercial Service），可以划分为以下三大类：

1）运输服务（Transportation Service）。运输服务包括海运服务（Sea Transportation Service）、空运服务（Air Transportation Service）、其他运输形式服务（Other Transportation Service）。其中，其他运输形式服务又包括陆地运输、国内水路运输和管道运输，涉及人员运送、货物移动以及利用相关设施和人员提供的与运输相关的服务收入。

2）旅游服务（Travel Service）。旅游服务包括个人旅行者和商务旅行者由于健康、受教育或其他原因获取的货物与服务。与其他形式的服务不同，旅游服务不属于特定一种类型服务的提供，而是依照旅行者消费的货物与服务进行分类，通常包括住宿、食品与饮料、娱乐、交通、礼品、纪念品。

3) 其他商业性服务（Other Commercial Service）。其他商业性服务包括通信服务（Communication Service）、建筑服务（Construction Service）、保险服务（Insurance Service）、金融服务（Financial Service）、计算机与信息服务（Computer and Information Service）、特许与许可服务（Royalties and Licence Fees Service）及其他商业服务（Other Business Service）。其中，特许与许可服务包括与无形非金融资产和财产权利相关的收入与支出，如专利、版权、商标、工业流程的使用，特许权的获得等。其他商业服务包括与货物贸易有关的服务、经营性租赁、杂务、专业技术性服务等。

图 1-1 展示了 2008—2021 年国际运输服务、旅游服务及其他商业性服务的增长率。由图可知，国际服务贸易长期保持增长的态势，但 2009 年、2015 年及 2020 年出现了较为明显的负增长。

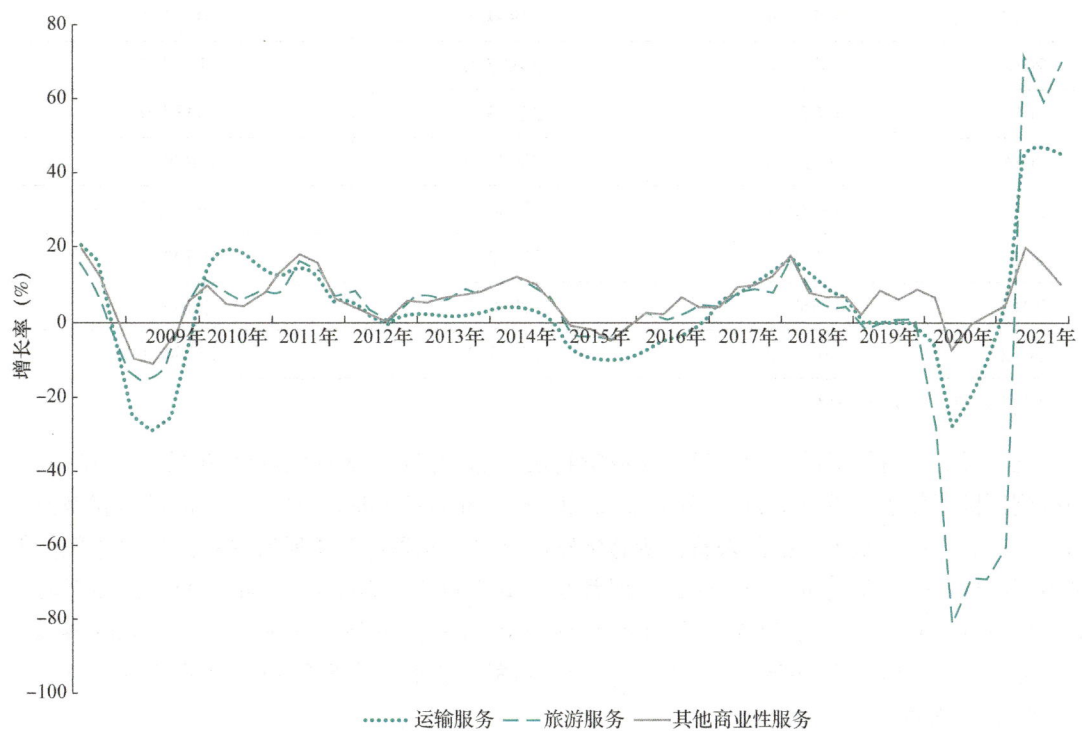

图 1-1　2008—2021 年国际运输服务、旅游服务及其他商业性服务的增长率
资料来源：World Trade Statistical Review 2022。

货物贸易和服务贸易是紧密联系在一起的，正是货物贸易带动了服务贸易，而服务贸易又促进了货物贸易的发展。但是，货物贸易与服务贸易之间存在着一个重要区别。货物的进出口要通过海关手续，从而表现在海关的贸易统计上，同时它也是国际收支的主要构成部分；而服务贸易不经过海关手续，通常不显示在海关的贸易统计上，但它也是国际收支的一部分，能部分体现在各国国际收支平衡表中。

六、对外贸易额、国际贸易额和对外贸易量

对外贸易额（Value of Foreign Trade）又称对外贸易值，是由一国在一定时期内从国外

进口的商品总额和该国在同一时期内向国外出口的商品总额构成的。这是用货币金额表示的一国在一定时期内的进出口的规模，是衡量一国对外贸易状况的重要指标。它一般采用国际上通行的货币表示，联合国编制和发表的世界各国对外贸易额的数字是以美元标示的，国家统计局公布的中国对外贸易额统计数字同时采用人民币和美元进行标示。表1-2展示了2012—2021年中国对外贸易额（货物）。

表1-2 2012—2021年中国对外贸易额（货物） （单位：亿美元）

年份	进出口总额	出口总额	进口总额
2021	60501.7	33630.2	26871.4
2020	46559.1	25899.5	20659.6
2019	45778.9	24994.8	20784.1
2018	46224.4	24867.0	21357.5
2017	41071.4	22633.4	18437.9
2016	36855.6	20976.3	15879.3
2015	39530.3	22734.7	16795.6
2014	43015.3	23422.9	19592.4
2013	41589.9	22090.0	19499.9
2012	38671.2	20487.1	18184.1

资料来源：国家统计局。

把世界上所有国家的货物进口总额或货物出口总额按同一种货币单位换算后加在一起，即得到国际货物贸易额（Value of International Merchandise Trade）。由于一国的进口就是另一国的出口，因此，从世界范围来看，所有国家的进口总额理应等于所有国家的出口总额。但是由于各国在进行货物贸易统计时，一般都是按离岸价格（Free on Board，FOB，即起航港船上交货价，其中不包括保险费和运费）统计出口额，按到岸价格（Cost Insurance and Freight，CIF，即成本加保险费、运费）统计进口额，因此，世界货物出口总额总是小于世界货物进口总额。

对外贸易量（Quantum of Foreign Trade）是指以一定时期不变价格为标准，计算出的各个时期的对外贸易值。由于以货币表示的对外贸易额经常受到价格变动的影响，故不能确切地反映一国对外贸易的实际规模，不同时期的对外贸易额是不能直接比较的。所以，在实际工作中，往往用以固定年份为基准计算的进口或出口商品价格指数去调整当年的进口额或出口额，得到相当于按不变价格计算的进口额或出口额。对外贸易量用公式可以表示为

$$对外贸易量 = \frac{进口额（或出口额）}{进口商品价格指数（或出口商品价格指数）} \quad (1-1)$$

七、贸易差额、贸易条件及对外贸易依存度

（一）贸易差额

贸易差额（Balance of Trade）是指一定时期内一国出口总额与进口总额之间的差额。贸

易差额用以表明一国对外贸易的收支情况。当出口商品总额超过进口商品总额时，差额部分称为贸易顺差（Favorable Balance of Trade）；反之，当进口商品总额超过出口商品总额时，差额部分称为贸易逆差（Unfavorable Balance of Trade）；当进出口商品总额相等时，则叫作贸易平衡。

一个国家通常既有进口也有出口，贸易差额是衡量一个国家对外贸易状况的重要指标。从理论和实践上来讲，各国希望看到本国贸易平衡的情况，但现实中往往难以实现。因为各个国家的对外贸易是由多个独立经营的企业共同完成的。通常各个国家都倾向于追求对他国的贸易顺差，因为贸易顺差表明一国在对外贸易收支上处于有利地位，而贸易逆差则表明一国在对外贸易收支上处于不利地位。

各国追求贸易顺差以增强本国的对外支付能力，稳定本国货币对外币的比值，并将其视为经济成功的标志之一。单纯从国际收支的角度看，通常顺差比逆差好。但是，长期保持顺差也不一定是件好事。第一，长时间存在顺差，意味着大量的资源通过出口输出到了国外，得到的只是退出正常经济循环的积压资金。第二，巨额顺差往往会使本国货币升值，不利于扩大出口，并且会造成同贸易伙伴的贸易关系紧张。图1-2展示了1998—2021年中国对美国的货物贸易差额情况，从图中我们可以发现中国对美国长期保持顺差，且差额呈逐步扩大的趋势。

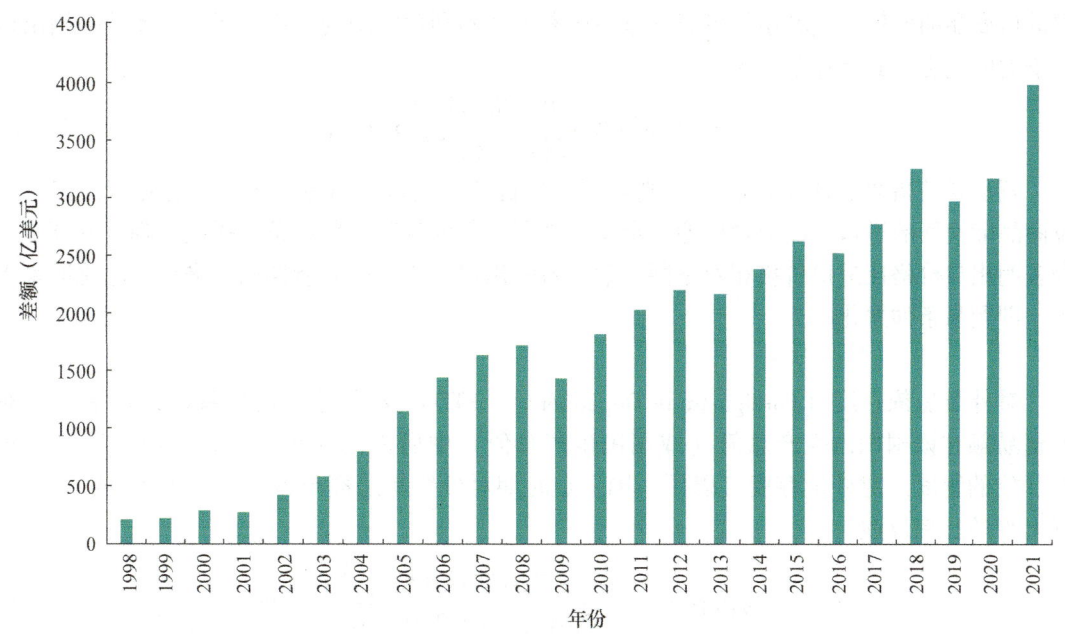

图1-2　1998—2021年中国对美国的货物贸易差额情况

资料来源：国家统计局。

专栏1-2

关于中美贸易差额存在的数字争议

长期以来，中美就双边贸易统计数字存在着争议，问题的源头可以追溯到贸易统计方法使用过程中存在的一些问题。联合国推荐的贸易统计方法是：进口，按照原产地（Origin）

标准,包括从原产地的直接进口和经由第三地的间接进口;出口,按照最终国(Country of Last Know Destination)标准,应包括货物直接出口到最终目的地,和经由第三国或地区转口到目的地。

中国内地货物出口有50%经由中国香港,中国内地经中国香港实现的对美国出口约占70%,进口约占30%。美国方面统计,中国货物只有20%是直接运送到美国的,80%经由第三国或地区转口。

因此,美国统计对华贸易时,其进口由两部分构成:一部分直接得自中国内地,另一部分是经由第三国或地区,特别是中国香港的间接进口。美国在统计对华出口时,却只包括对中国内地的直接出口,经由中国香港、最终目的地是中国内地的出口部分被忽略了,结果是,经由中国香港的转口贸易美国只计算了单边,从而人为地缩小了对华出口的规模,加大了中美贸易逆差的数字。此外,中国香港为货物出口提供的服务使内地出口货值增加了30%~40%,美国在做贸易统计时,将中国香港的增值部分也计入中国内地对美出口货值中,从而进一步加大了中美贸易逆差的数字。

资料来源:联合国贸易和发展会议(https://unctad.org)。

(二) 贸易条件

贸易条件(Terms of Trade)是指一定时期内一国出口一单位商品可以交换多少单位外国进口商品的比例。贸易条件可以衡量一国获取贸易利益空间的大小,还可以反映一国出口竞争力的优劣。其计算公式为

$$贸易条件指数 = \frac{出口价格指数}{进口价格指数} \times 100\% \tag{1-2}$$

贸易条件指数上升(大于1),则表明出口价格比进口价格相对上涨,意味着出口一单位商品能换回的进口商品数量比原来更多,即贸易条件改善;贸易条件指数下降(小于1),则表明出口价格比进口价格相对下降,意味着每出口一单位商品能换回的进口商品比原来更少,即贸易条件恶化。

(三) 对外贸易依存度

对外贸易依存度(Foreign-trade Dependence,FTD)又称对外贸易系数,是指一国对外贸易额在该国国内生产总值(或国民生产总值)中所占的比重,用以反映一国经济对外开放的程度。对外依存度可以用一国一定时期对外贸易总额与该国同期 GDP 或 GNP 计算出来的比率反映:

$$对外贸易依存度 = \frac{一国一定时期对外贸易总额}{该国同期 GDP 或 GNP} \times 100\% \tag{1-3}$$

对外贸易依存度也可分为出口贸易依存度和进口贸易依存度,用公式表示为

$$出口贸易依存度 = \frac{一国一定时期出口总额}{该国同期 GDP 或 GNP} \times 100\% \tag{1-4}$$

$$进口贸易依存度 = \frac{一国一定时期进口总额}{该国同期 GDP 或 GNP} \times 100\% \tag{1-5}$$

1999—2021年中国对外贸易依存度如图1-3所示。

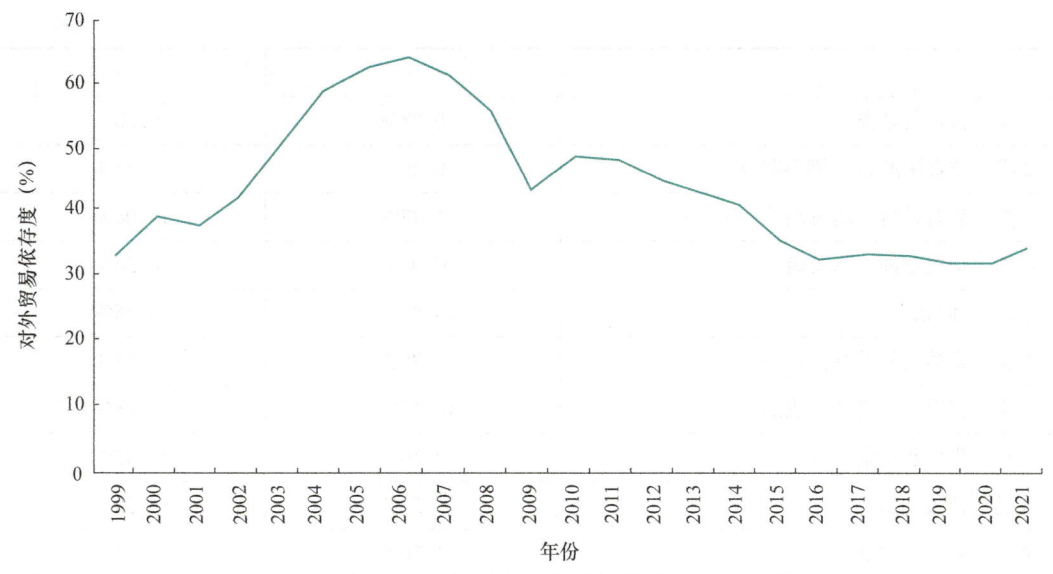

图 1-3　1999—2021 年中国对外贸易依存度

资料来源：国家统计局。

八、对外贸易结构与对外贸易地理方向

（一）对外贸易结构

广义的对外贸易与国际贸易结构，是指货物、服务及各类在一国进出口或世界贸易中所占的比重。狭义的对外贸易与国际贸易结构，又称对外货物贸易或国际货物贸易商品结构。对外货物贸易结构（Composition of Foreign Merchandise Trade）是指一定时期内一国进口（和/或出口）贸易中各类货物的构成，即某大类或某种货物进口（和/或出口）贸易额与整个进口（和/或出口）贸易额之比，以份额表示。对外货物贸易结构可以划分为出口结构和进口结构两种。

表 1-3 所列为 2021 年中国对外货物贸易商品结构。从表中可以看出，我国对外货物贸易出口结构中，初级产品的占比仅为 4.17%，其中主要出口品为食品及活动物，以及矿石燃料、润滑油及有关原料两个大类。工业制品占据我国出口的主导地位，其比重高达 95.83%。其中，机械及运输设备占据较大比重，占总出口的 48.10%，占工业制品总出口的 50.19%。我国对外货物贸易进口结构中，初级产品的比重为 36.34%，主要集中在食品及活动物、非食用原料（燃料除外），以及矿石燃料、润滑油及有关原料三个大类。工业制品的比重为 63.66%，其中机械及运输设备进口的比重占总进口的 37.43%，占工业制品总进口的 58.80%。

表 1-3　2021 年中国对外货物贸易商品结构

商品分类（SITC）	出口占比	进口占比
总值	100.00%	100.00%
一、初级产品	4.17%	36.34%
0 类　食品及活动物	2.08%	4.57%

(续)

商品分类（SITC）	出口占比	进口占比
1类　饮料及烟类	0.08%	0.28%
2类　非食用原料（燃料除外）	0.66%	15.86%
3类　矿石燃料、润滑油及有关原料	1.27%	15.08%
4类　动植物油、脂及蜡	0.07%	0.54%
二、工业制品	95.83%	63.66%
5类　化学成品及有关产品	7.86%	9.83%
6类　按原料分类的制成品	16.15%	7.85%
7类　机械及运输设备	48.10%	37.43%
8类　杂项制品	22.52%	6.30%
9类　未分类的商品	1.20%	2.25%

资料来源：国家统计局。

国际货物贸易结构（Composition of International Merchandise Trade）是指在一定时期内各大类货物或某种货物在整个国际贸易中的比重，即各大类货物或某种货物进口额（和/或出口额）与整个世界进口额（和/或出口额）的比率。2017—2021年国际货物贸易出口结构见表1-4。

表1-4　2017—2021年国际货物贸易出口结构

项目	年份				
	2017	2018	2019	2020	2021
总额	100%	100%	100%	100%	100%
农产品	10.02%	9.50%	9.62%	10.52%	9.87%
矿产品	15.20%	17.22%	16.70%	13.57%	16.87%
制成品	69.77%	68.50%	68.94%	70.80%	68.38%
⋮	⋮	⋮	⋮	⋮	⋮

资料来源：World Trade Organization。

（二）对外贸易地理方向

对外贸易地理方向（Direction of Foreign Trade）又称对外贸易地区分布或国别构成，是指一定时期内各个国家（地区）或国家集团在一国对外贸易中所占有的地位，通常以它们在该国进口额、出口额或进出口总额中的比重来表示。对外贸易地理方向表明一国出口货物和服务的去向及进口货物和服务的来源，从而反映一国与其他国家（地区）或国家集团之间经济贸易联系的程度。一国的对外贸易地理方向通常受经济互补性、国际分工的形式与贸易政策的影响。

国际贸易地理方向也称为国际贸易地区分布，用以表明世界各州、各国或各个国家集团在国际贸易中所占的地位。计算各国在国际贸易中的比重时，我们既可以计算各国的进口额、出口额在世界进口额、出口额中的比重，也可以计算各国的进出口总额在世界进出口总额中的比重。2018—2021年中国内地主要贸易伙伴情况见表1-5，亚洲、欧洲、北美洲是我国贸易的主要地区，美国是我国内地最大的贸易伙伴。

表1-5 2018—2021年中国内地主要贸易伙伴情况　　　（单位：亿美元）

项　目	年　份			
	2021	2020	2019	2018
亚洲	30605.6	23877.6	23672.6	23805.8
欧洲	11790.2	9082.5	8768.3	8540.3
北美洲	8381.0	6514.4	6069.6	6974.4
拉丁美洲	4514.1	3201.2	3176.2	3071.7
大洋洲	2647.8	1983.5	1967.3	1786.4
非洲	2542.5	1879.4	2090.2	2041.6
美国	7557.8	5869.8	5415.6	6335.2
日本	3713.2	3172.8	3150.1	3277.1
韩国	3622.5	2855.8	2845.3	3134.0
中国香港	3602.3	2795.6	2882.2	3105.2
中国台湾	3281.7	2606.2	2281.2	2262.4
德国	2350.9	1919.2	1848.8	1838.1
越南	2302.1	1922.9	1619.9	1478.3
澳大利亚	2299.1	1711.6	1695.2	1531.4
马来西亚	1769.6	1314.8	1240.5	1085.8
巴西	1636.2	1204.7	1155.0	1112.3
俄罗斯	1471.6	1081.9	1109.4	1071.1
泰国	1311.9	986.5	917.5	875.1
印度	1256.5	877.0	928.1	955.1
印度尼西亚	1245.7	784.6	797.6	773.4
荷兰	1164.4	918.0	851.8	851.7
英国	1127.0	924.3	863.6	804.1
新加坡	939.2	892.4	900.4	827.6
沙特阿拉伯	872.9	671.7	780.7	632.8
墨西哥	865.8	610.5	607.2	580.2
法国	850.4	666.5	655.7	628.8
菲律宾	820.5	612.2	609.6	556.5
加拿大	820.0	641.6	650.8	635.1
意大利	739.5	551.6	549.4	542.3

(续)

项目	年份			
	2021	2020	2019	2018
阿联酋	723.2	493.7	487.5	458.9
智利	658.7	452.7	409.4	426.0
南非	540.7	360.6	424.9	435.4

资料来源：国家统计局。

表1-6列举了2021年居于世界货物进出口前10位的国家和地区，表1-7列举了2021年居于世界服务进出口前10位的国家和地区。从表1-6和表1-7中，我们可以发现中国、美国、德国在世界货物贸易及服务贸易中都占有重要地位。

表1-6 2021年居于世界货物进出口前10位的国家和地区

进口排名	国家和地区	进口额（亿美元）	占比	出口排名	国家和地区	出口额（亿美元）	占比
1	美国	29353	13.0%	1	中国	33582	15.0%
2	中国	26867	11.9%	2	美国	17543	7.9%
3	德国	14215	6.3%	3	德国	16367	7.3%
4	日本	7690	3.4%	4	荷兰	8400	3.8%
5	荷兰	7574	3.3%	5	日本	7560	3.4%
6	法国	7151	3.2%	6	中国香港	6699	3.0%
7	中国香港	7124	3.1%	7	韩国	6444	2.9%
8	英国	6946	3.1%	8	意大利	6156	2.8%
9	韩国	6151	2.7%	9	法国	5850	2.6%
10	印度	5731	2.5%	10	比利时	5489	2.5%

资料来源：World Trade Organization。

表1-7 2021年居于世界服务进出口前10位的国家和地区

进口排名	国家和地区	进口额（亿美元）	占比	出口排名	国家和地区	出口额（亿美元）	占比
1	美国	5500	9.8%	1	美国	7953	13.1%
2	中国	4413	7.8%	2	英国	4175	6.9%
3	德国	3810	6.8%	3	中国	3922	6.5%
4	冰岛	3415	6.1%	4	德国	3772	6.2%
5	法国	2583	4.6%	5	冰岛	3378	5.6%
6	英国	2429	4.3%	6	法国	3030	5.0%
7	荷兰	2368	4.2%	7	荷兰	2476	4.1%

(续)

进口排名	国家和地区	进口额（亿美元）	占比	出口排名	国家和地区	出口额（亿美元）	占比
8	新加坡	2236	4.0%	8	印度	2407	4.0%
9	日本	2073	3.7%	9	新加坡	2299	3.8%
10	印度	1960	3.5%	10	日本	1679	2.8%

资料来源：World Trade Organization。

九、数字贸易

数字贸易（Digital Trade）是指信息通信技术发挥重要作用的贸易形式，是一种新兴的贸易形式，其内涵正随着时代的发展而改变。

国际上对数字贸易的定义尚未形成统一的标准。美国国际贸易委员会（USITC）2013年在《美国和全球经济中的数字贸易》的第一次报告中，将数字贸易定义为"通过有线和无线数字网络传输产品或服务"。中国信息通信研究院2019年12月发布的《数字贸易发展与影响白皮书（2019）》中指出，数字贸易是指信息通信技术发挥重要作用的贸易形式，其不仅包括基于信息通信技术开展的线上宣传、交易、结算等促成的实物商品贸易，还包括通过信息通信网络（语音和数据网络等）传输的数字服务贸易，如数据、数字产品、数字化服务等贸易。

通常可以将数字贸易划分为以下四类：

1）数字化交付的内容。
2）社交媒体。
3）搜索引擎。
4）其他数字化产品和服务，包括移动App、通过云交付的软件、通过云交付的数字服务、通过云交付的计算平台服务，以及通过互联网交付的通信服务。

第二节　国际贸易的产生、发展与作用

一、国际贸易的产生与发展

（一）国际贸易的产生

国际贸易是在一定的历史条件下产生和发展起来的一种经济活动。国际贸易的产生需要三个基本条件：第一，社会分工；第二，国家已经形成；第三，货币与商人已出现，并已发挥巨大作用。

在人类发展史上，社会分工是生产力进步的源泉和标志。早期人类社会生产力普遍较低，分工程度极低，剩余产品也较少。剩余产品通常采取以物易物的方式进行交换，且这样的交换行为仅仅是偶然发生在氏族公社、部族之间。第一次社会分工是畜牧业和农业的分工，促进了生产力的发展，使产品开始出现剩余。第二次社会分工后，手工业从农业中分离出来，社会生产力有了一定的发展，剩余产品增加并被用于交换，出于交换目的的商品生产

出现并获得长足发展。这使得商品的交换行为日趋频繁，交换的地理范围也随之扩大。分工程度的提高使得生产者更专注于自身的生产，客观上产生了对商品运输、交换方面的从业者的需求，货币和商人开始出现并融入商品的生产和流通环节。第三次社会大分工后，社会生产力进一步提高并产生了商业，产品交换逐渐变成以货币为媒介的商品生产和商品流通，专门从事商品交换活动的商人发挥了巨大作用。国家出现后，当商品交换的范围超越国界时，就产生了名副其实的国际贸易。

（二）国际贸易的初步发展

奴隶社会的社会生产力比原始社会有了较大发展，但自然经济仍占据统治地位，生产的直接目的主要还是消费，商品生产在社会生产中所占地位较少，进入流通领域的商品极为有限，且受制于交通运输条件，当时的国际贸易规模和范围都较小。

从商品结构看，当时的国际贸易商品种类较少。奴隶社会时期国际贸易的商品主要是为了满足奴隶主的需求，其中最主要的商品就是奴隶，此外还有各种奢侈品，如宝石、装饰品、织物和香料等。从国际贸易的参与主体看，当时国际贸易的主要者有希腊、埃及、罗马、印度、中国等。欧洲的国际贸易主要发生在地中海和黑海沿岸，而我国的国际贸易集中于黄河流域。

封建社会取代奴隶社会后，国际贸易有了较大发展。封建社会中期，封建地租由劳役和实物的形式逐步转变为货币地租，进入流通中的商品大大增加，商品经济的范围扩大了。

在这一时期，国际贸易的主要商品仍然是奢侈品，同时原料和日用品的贸易也在逐渐增多，手工品比重有明显的上升。当时欧洲从东方进口的商品主要有中国的丝绸、瓷器、茶叶，印度的珠宝、蓝靛、药材、地毯，以及东南亚的香料。而欧洲能向东方出口的产品却不多，如羊毛、呢绒和金属制品。东方商品在欧洲日常生活中占据越来越重要的地位，使得欧洲不得不向东方支付大量的黄金与白银来购买商品。

多桅帆船的出现标志着这一时期航海技术取得巨大进步。得益于航海技术的发展，国际贸易的范围扩大了。欧洲封建社会的早期，国际贸易的中心主要是地中海东部和阿拉伯地区，东罗马帝国的首都君士坦丁堡是最大的国际贸易中心。11世纪以后，地中海、北海波罗的海和黑海沿岸的一些城市逐步兴起，如威尼斯、鹿特丹等成为当时西方贸易的中心。大马士革、达姆吉以及中国的长安、扬州、泉州等地则是东方贸易的中心。这一时期自然经济仍占封建社会经济中的统治地位，国际贸易在经济生活中发挥的作用还相当小，但其相较奴隶社会已经有了较大发展。

（三）"地理大发现"对世界贸易的影响

"地理大发现"发生于15世纪末，是多方面因素合力的"必然"结果。在贸易需求方面，当时欧洲城市的快速发展和农业、手工业劳动力水平的提高促进了生产分工，也进一步促进了商品市场的发展，商品市场的发展产生了更大规模的贸易需求。但14世纪末至15世纪，奥斯曼帝国的崛起控制了中东地区，进而控制了欧洲通往波斯、印度和中国的商路。这使得欧洲的贸易受到了极大的限制，贸易成本提高，部分进口商品的价格变得更为昂贵，商品的出口也受到影响。为了满足欧洲的贸易需求，欧洲国家不得不努力开辟新的贸易通道。在技术条件方面，欧洲在造船业和航海技术上有了巨大的进步。此时欧洲已经能生产600~800t的圆体帆船、罗盘仪和象限仪并绘制航海图。旺盛的贸易需求、对新贸易通道的迫切愿望、航海技术的发展、传播宗教信仰的动力、通过贸易牟利的强烈欲望等多方面因素推动了欧洲人开始远洋探险，进而拉开了"地理大发现"的帷幕。

欧洲人最早的远洋探险可以追溯到1431年，葡萄牙航海家维尔成功抵达大西洋东北部的亚速尔群岛并返回葡萄牙。意大利人哥伦布率领西班牙船队于1492年发现美洲大陆。葡萄牙人达·伽马率领葡萄牙船队于1497年绕过非洲南段的好望角，最终抵达南亚西海岸，打通了欧洲通往印度的新航线。葡萄牙人麦哲伦率领西班牙船队于1519年穿过大西洋，途径南美洲进入亚洲的菲律宾群岛。随后欧洲国家陆续开辟了多条与东方的新航道，发现了欧洲人从未到过的大片新土地。

在"地理大发现"后，各国资源条件的差异使国际流通中的商品种类和数量急速增加，贸易的扩大促进了专门为交换而进行生产的专业化分工。由于各国间商品价格存在差异，其丰厚的利润进一步推动了国际贸易的发展，这时候国家之间的贸易已经从单纯的互通有无转向牟利性质的商业交换行为，原来各自发展的各国逐渐联系了起来，真正意义上的国际贸易也由此发展起来了。但受限于当时的生产力水平、运输能力、通信水平，世界上仅有一部分国家参与了国际贸易，且贸易范围及商品种类都有较大提升空间。此时各国通常都是出口本国特有的产品并进口本国基本不生产的产品，各国的自然资源条件和生产技能决定了商品的流向。

当时的贸易主要流向是：①欧洲向美洲输出制造品，主要包括纺织品、金属制品、家具等；②非洲向美洲输出奴隶；③美洲向欧洲输出黄金、白银、烟草、棉花等；④亚洲向欧洲输出丝织品、香料、茶等。

"地理大发现"极大地推进了殖民扩张，这一时期的贸易以殖民贸易为特征，加速了部分国家资本原始积累的过程。后来，为了适应新的大规模贸易，这些国家又成立了一些专门从事贸易活动的公司，其中最著名的就是荷兰、英国的东印度公司，以及荷兰、法国的西印度公司。

专栏1-3

国际贸易历史上的中东垄断

在国际贸易史上，中东这片土地上诞生的商户和政府格外追求垄断暴利，也格外擅长制造、维护垄断，索取垄断性暴利。这种现象的形成可能与当地的地理环境、资源禀赋及人文社会有关。纵观千年国际贸易史，古代中东地区国家先后两次占据国际贸易垄断地位。

第一次垄断是公元前后时代，安息、也门对东西方贸易的垄断，安息实现了陆路贸易的垄断，也门实现了对红海与印度洋之间的海路贸易的垄断。由于东方的丝织品、香料等货物在欧洲、埃及市场上被人们追捧，安息和也门凭借垄断当时东西方贸易商道的地位，攫取了垄断暴利。直至罗马帝国的崛起，才打破了这一阶段的垄断。

第二次垄断是来自埃及马木留克王朝和奥斯曼帝国相继崛起后对东西方水陆商道的全面垄断，其垄断程度远远超过第一次。二者的军事优势让它们一度垄断了东西方贸易全部传统水陆商道。部分欧洲国家为了打破被垄断的局面，开辟新航路，拉开了"地理大发现"的帷幕。西方世界科技、社会组织的进步及新航路的开辟最终打破了这一次的垄断。

资料来源：梅新育. 国际贸易史上的中东垄断 [J]. 中国金融，2017（17）：98-99。

（四）两次产业革命后的国际贸易

"地理大发现"后，欧美国家积累了大量的商业资本和工业资本，为后续的产业革命打下基础。18世纪60年代到20世纪初，欧美国家相继完成了产业革命，资本主义生产从工场手工业过渡到机器大工业，机器大工业为国际分工体系的建立和发展奠定了物质基础。而现代化的交通工具和通信工具使得世界真正联合成为一个整体，形成世界市场，极大地促进了国际贸易的发展。

18世纪60年代，英国发生第一次产业革命。以蒸汽机的发明与使用为主要标志，纺织、煤炭、冶金、交通运输等部门开始使用蒸汽动力机械设备参与生产。第一次产业革命使生产力得到极大提升，社会产品大量增加，为国际贸易奠定了物质基础。交通运输和通信工具的进步，为国际贸易的实现提供了更便利的条件，这不仅缩短了国家之间的距离，还使更多的国家和商品进入国际交换领域，极大地冲击了自给自足、封闭的自然经济体系。

在这一时期，国际贸易出现以下现象：

第一，国际贸易总量实现快速增长。1720—1780年，世界工厂生产年增长率为1.5%，世界贸易增长率为1.1%；1780—1820年二者分别为2.6%和1.37%；1820—1840年二者分别为2.9%和2.81%；1840—1860年，世界贸易增长率开始超过世界工业增长率，二者分别为4.84%和3.5%；1860—1870年二者分别为5.53%和2.9%。世界贸易增长在扣除价格变动因素后，1800—1870年实际贸易量增长了9.6倍。

第二，国际贸易商品结构发生重大变化。18世纪末以前的大宗商品，如香料、茶叶、丝绸等在国际贸易中的占比下降，而工业制成品的占比持续上升。其中，棉纺织品作为最主要的工业制成品，取代了国际贸易中中国和印度的手工纺织品的地位，成为欧洲大宗出口产品。大宗工业原料成为殖民地国家的主要出口产品，棉花、生丝、矿产原料逐步取代茶叶、香料等生活用品的出口。此外，为满足殖民扩张、殖民地开发和贸易的需求，机械设备和金属制成品如机车、铁轨、蒸汽机、矿山机械等产品在国际贸易中的比重也在提高。最后，伴随着工业、交通运输的发展，粮食也成为大宗国际贸易商品，其中谷物贸易大量增加，所占份额也在迅速提高。

第三，国际贸易地区分布发生变化。第一次产业革命首先在英国发生，这使得英国成为国际贸易的中心。到了19世纪中期，其他欧美国家相继完成产业革命，实现了快速发展，与英国在国际贸易中展开竞争。这使得英国在国际贸易中所占份额有所下降，但并没有动摇英国在国际贸易中的中心地位。随着英国在世界工业和贸易中垄断地位的确立，伦敦成为国际金融中心，英格兰银行也走向了世界。

1870年至20世纪初，在这期间，欧美国家发生了第二次产业革命，电力及钢铁为工业生产提供了新能源及新材料，加之内燃机的发明与应用，使得世界工业生产再次飞速发展，欧美国家生产力和经济水平迅速提高。由于第二次产业革命使技术在工业中开始发挥重要作用，批量生产技术得到改善和充分运用，因此第二次产业革命又被称为"第二次技术革命"。

在这一时期，国际贸易出现以下现象：

第一，国际贸易规模持续增长，但增长速度放缓。1840—1870年，国际贸易量增长了3.4倍。1870—1900年，国际贸易量增长了1.7倍。1900—1913年仅增长了62%。从上面的数字可以看出，第二次产业革命后，也就是资本主义发展进入垄断时期后，国际贸易增长速度明显低于第一次产业革命后的100多年。在这一时期，国际贸易的增长速度也明显落后于世界工业生产的增长速度。1870—1900年，世界工业年增长速度为3.7%，世界贸易年增长速度为3.2%。1900—1913年，二者分别为4.2%和3.8%。究其原因，主要是在这一时期，急剧扩张的矛盾已经显现出来，一些国家，主要是经济发达的国家先后出现了几次经济衰退，除英国之外，纷纷采取贸易保护政策，限制进口，抑制了国际贸易的发展速度。

第二，国际贸易的地理格局发生了明显的变化。虽然英国的出口仍然保持世界第一，但是其在世界贸易中的相对地位下降了。1870年，英国在世界出口中所占比重为22%，1880年下降到16.3%，1913年继续降至13.1%。其他西欧国家、北美、非洲、拉丁美洲在世界贸易中所占的比重则增加了，特别是美国和德国在国际贸易中的地位不断上升。欧洲国家作为一个整体仍控制着世界贸易，欧洲占据着大部分世界贸易的份额，且其他国家的对外贸易极度依赖欧洲。1913年，欧洲占世界出口量的59%，占世界进口量的65%，而美国80%以上的出口都是向欧洲市场。

第三，国家贸易商品结构发生变化。初级产品和制成品在世界贸易中所占比例比较稳定，但内部结构发生了变化。1876—1913年，世界初级产品贸易增加了2.1倍，制成品贸易增加了2.2倍。在初级产品方面，1870年之后，欧美发达国家对矿产原料的需求量增加，故矿产原料在初级产品贸易中所占比重有了明显增加，而食品及农产品原料的比重有所下降。在制成品方面，纺织品在世界贸易中所占的比重出现下降，而金属产品有了较大增长，化学产品、纸张、木制品、玻璃制品及陶土制品所占比重也在迅速上升。这些变化体现了欧美发达国家工业化的过程。

（五）两次世界大战期间的国际贸易

在1914—1945年两次世界大战期间，世界的经济受到了巨大冲击，各国的生产和贸易遭遇了不同程度的衰退与萧条，而这一时期多国奉行的贸易保护政策使得国际贸易进一步萎缩。第一次世界大战后，国际贸易缩减40%，直到1924年才略微超过战前水平。1929—1933年世界经济大危机，世界贸易继续萎缩。1913—1938年，国际贸易年均增长仅为0.5%。

由于战争的原因，欧洲经济受到极大冲击，欧洲在世界贸易中的地位降低，美国地位出现明显上升，其他国家地位也略有上升。1913—1937年，欧洲在国际贸易中的占比从2/3降至1/2。同时期，美国的占比从13.2%升至15.5%，其他经济欠发达国家的比重从20%升至24%。

在这一时期，国际贸易商品结构也出现了变化。在制成品贸易中，机械产品和武器产品贸易所占比重迅速增加；在初级产品贸易中，矿产原料和石油所占比重迅速增加。

（六）第二次世界大战后国际贸易的发展

两次世界大战期间，世界经济和国际贸易经历了波动和萧条。第二次世界大战后，国际贸易再次出现了飞速增长，其速度和规模都远远超过19世纪工业革命以后的贸易增长。国际贸易飞速增长的动力在于科学技术革命，出现了以原子能、电子、合成材料、航天技术、生物技术为标志的新的科学技术革命，促成了一系列产业的诞生和发展，如原子能、半导体、石油、化工、航天等产业部门。新的产业带来新的、多样化的产品，丰富了国际贸易商品的种类，使得制成品成为国际贸易中的主导。同时，新产业的出现也加速了旧产业的衰败，依照比较优势在国家之间实现转移，进而促进了经济发展水平不同的国家产业部门之间分工的进一步发展。20世纪90年代的信息技术革命为国际分工与贸易的发展提供了强大的技术支持。此外，资本输出，特别是发达国家资本输出的迅速增长深化了现有的国际分工格局，世界范围多边贸易体系的建立和发展、各国贸易政策趋向自由化则为国际分工与贸易发展提供了一个稳定、公正、自由的环境，所有的这些因素都使得第二次世界大战后国际贸易进入一个新的增长期，其速度和规模都远远超过19世纪工业革命以后的贸易增长。

从1950年到2000年的50年中，全世界的商品出口总值从约610亿美元增加到61328亿美元，增长了将近100倍。即使扣除通货膨胀因素后，实际商品出口值也增长了15倍多，远远超过了工业革命后乃至历史上任何一个时期的国际贸易增长速度。此外，世界贸易实际价值的增长率（年均增长6%左右）超过了同期世界GDP增长的速度（年均增长3.8%左右）。这意味着国际贸易在各国经济中的比重在不断上升。国际贸易在现代经济中的地位越来越重要，并呈现出下列特点：

1. 在不同阶段国际贸易增长速度呈现重大差异

第二次世界大战后国际贸易发展大体可以划分为三个阶段：第一阶段，第二次世界大战后到1973年；第二阶段始于1973年，结束于1990年；第三阶段，1990年至今。

第一阶段：国际贸易迅速发展阶段。

1950—1973年，国际贸易额从607亿美元增加到5740亿美元，增长8倍多，年均增长速度超过10%，高于之前任何一个时期，也高于同期世界工业生产增长率5.2%。这一时期的快速增长可以归结为几个因素：

1）科学技术革命导致生产力水平迅速提高，大量新兴产业建立，部门生产效率急剧提高，生产能力极度扩张，极大地促进了世界经济的主体——发达国家经济的增长，同时带动了作为原料产地的落后国家的经济增长，从而为国际贸易的迅速增长奠定了物质基础。

2）科学技术革命使国际分工在广度和深度上都得到进一步拓展，世界上绝大多数国家都被纳入国际分工体系，国际分工与贸易日益成为各国国民经济的重要组成部分。发达国家与发展中国家在原有的分工基础上，进一步发展了工业部门之间的分工，发达国家之间部门内部分工获得发展，跨国公司的国际化经营客观上促进了国家之间部门分工与部门内部分工，国际分工的纵深化发展使国家之间相互依赖程度不断提高，国际贸易的必要性不断提高，直接促进了国际贸易的发展。

3）战后国际货币体系、关税与贸易总协定的建立和健康运转也为国际贸易的快速发展提供了一个稳定的、可预见的、自由的外部贸易环境。固定汇率制度降低了国际贸易的汇率风险，关税与贸易总协定构筑的多边贸易体系不断降低贸易的关税与非关税壁垒，使贸易流动的障碍逐步被清除，这些都为国际贸易的顺利开展提供了有利条件。

第二阶段：国际贸易缓慢发展阶段。

1975—1980年，世界贸易出口量年均增长率为4%，远远低于20世纪六七十年代的水平。进入80年代后半期，国际贸易增长逐步恢复，整个80年代，世界贸易出口量年均增长率达到5%。这一阶段，国际贸易发展处于低缓状态的原因主要基于两方面：一是1973年以后，受经济周期的影响，发达国家经济转入低速增长，1968—1977年，整个工业发达国家GNP年均增长率为3.5%，1980年降到1.2%，1981年为1.4%，1982年出现负增长，为-0.4%。同时，发达国家经济低速增长也影响了对发达国家市场高度依赖的发展中国家的出口与进口。二是发达国家由于经济发展处于低迷状态，纷纷对贸易进行保护，严格限制进口,积极鼓励出口,贸易战激烈,抑制了贸易的正常发展,使贸易增长速度低缓。此外,美元贬值使以美元计价的商品价格降低,也对世界出口额产生了负面影响。20世纪80年代后半期,发达国家经济开始复苏,带动了世界贸易的复苏,1986—1989年,世界贸易量年均增长率达到6.8%。

第三阶段:国际贸易发展经历衰退、低速增长及高速增长时期。

联合国贸易与发展会议数据显示,世界货物贸易出口的年均增长率在1992—1995年为12.683%,1996—2000年为2.559%,2001—2005年为16.919%,2006—2010年为6.889%,2011—2015年为-3.51%,2016—2022年为5.006%。世界服务贸易出口的年均增长率在2005—2010年为8.185%,2011—2015年为2.864%,2016—2022年为5.744%。可以发现,国际贸易增长波动较大,次贷危机、新冠疫情等全球性事件对短期内的贸易增长造成了巨大影响,但总的来说,贸易规模仍保持增长的势头。

2. 制成品贸易成为国际贸易的主导

1950年,工业制成品出口占世界商品出口额的34.9%,1953年工业制成品在国际贸易中的比重首次超过初级产品,之后便呈现稳步攀升的势头,1960年为55%,1970年为65%。20世纪70年代世界能源价格上涨,两次石油的提价使得初级产品比重上升,制成品比重下降,从1970年的65%下降到1975年的57%。20世纪80年代后,工业制成品贸易在稳步增加的同时,结构继续变化。2000年,工业制成品贸易的比重提高到74.8%,其中,资本、技术密集型产品和高附加价值产品在工业制成品中的比例迅速增加,机械设备出口已经占发达国家出口的1/3以上,高新技术产品在制成品出口中的比重从1992年的30%提高到2000年的40%。同时,在制成品贸易中,纺织、服装等轻工业产品和钢铁等金属产品的比重在下降。2021年,制成品占世界贸易的比重为66.5%。

3. 服务贸易迅速发展,成为国际贸易的重要组成部分

国际服务贸易得到迅速发展。不仅传统的服务贸易项目,如银行、保险、运输等,随着国际贸易的发展而发展,其他的服务项目,如国际租赁、提供国际咨询和管理服务、技术贸易、国际旅游等,也在战后得到迅速发展。第三次产业革命使第一、第二产业部门劳动生产率大幅提高,就业比重不断降低。此外,经济发展带动人均收入水平的提高,人们对服务的需求也在不断增大,从而促进服务行业整体快速发展,在国民经济中的比重迅速提高,服务业创造的产值在发达国家GDP中的比重均超过50%,美国将近70%。

战后科学技术的发展促使发达国家劳动生产率得到极大提高,减少了在农业和其他初级产品生产中使用的劳动力数量,制造业的就业比重逐渐转为停滞或下降,但却提供了更为丰富的物质基础。人们的收入水平不断提高,在主要耐用品得到满足后,人们对于服务的需求越来越大,从而促进服务行业整体快速发展,服务贸易也相应得到发展。1970年世界服务出口额为800多亿美元,1980年增加到4026亿美元,1990年更增加到8962亿美元,2000年又翻了将近一倍,为16136亿美元,2021年更是达到52800亿美元;1985年服务贸易占国际贸易的比重为16.1%,2004年上升到19.26%,2017年达22.95%。在服务贸易中,旅游、通信、计算机、信息、保险、金融行业所占比重持续上升,旅游服务从1980年的26.2%上升到1997年的31.7%,通信、计算机和信息从37.8%上升到40.7%,保险和金融从2.9%上升到5%。传统的服务行业比重在下降,如运输贸易所占比重已经从1980年的33.6%下降到1997年的23.2%。

4. 国际贸易地区分布的变化

发达国家仍然是国际贸易的主体，发达国家之间的贸易为国际贸易的主要流向。在世界货物出口贸易中，发达国家所占比重逐步降低，而发展中国家所占比重在逐步增加。在发达国家中，美国始终处于全球最大贸易国地位，但其在国际贸易中的比重在持续下降。

进入 21 世纪，发达国家贸易地位的滑落源于中国贸易地位的迅速崛起。1978 年中国改革开放后，对外贸易进入快速发展时期，1980—2000 年，中国在世界总出口中的比例从 0.9%升至 3.9%。2001 年加入 WTO 后，随着贸易环境的改善，中国对外贸易实现超高速发展，2012 年占世界总出口的比例已经达到 11.1%，2013 年跃居世界第一大货物贸易国。2021 年我国货物贸易出口总额位居世界第一，货物贸易进口额位居世界第二，服务贸易出口总额位居世界第三，服务贸易进口总额位居世界第二。

5. 区域性贸易迅速发展

区域性自由贸易迅速发展，尤其是第二次世界大战后，世界各国开展的各种形式的区域性经济合作越来越多。例如：欧洲自由贸易组织、北美自由贸易区、南美共同市场、东南亚自由贸易区、东南非洲自由贸易区等自由贸易区；欧洲联盟、南共市场、东非共同体等关税同盟；欧洲经济共同体、加勒比共同体和共同市场、中美洲共同市场等共同市场；欧盟、东盟、非盟等经济同盟。

目前，几乎所有世界贸易组织的成员都参加了一个或多个区域性自由贸易协定，各种类型的经济贸易集团都在不同程度上推进了贸易自由化，极大地促进了成员之间贸易的开展。

6. 跨国公司成为国际贸易的主要力量

跨国公司发展迅速，并不断改变着世界商品生产和流通的格局。跨国公司通过对外直接投资在世界各地设立分支机构及子公司，从事产品的生产和服务的提供活动，它们构建的国际生产网络伸入世界各个角落，促成产品和服务的跨界流动，使其在国际贸易中占据重要地位。

2022 年大型跨国公司的国际化程度——外国资产、销售和就业占全球总资产、销售和就业的比率——总体上保持稳定，在此之前，总体呈上升趋势。2022 年，海外销售增长速度快于资产和就业增长速度的趋势仍在继续。在前几年，这是由数字经济中的轻资产跨国公司推动的，而在 2022 年，这是由高能源价格造成的，这提高了石油和天然气、大宗商品和公用事业的收入。前 100 家跨国公司的海外销售额增长了 10%以上，而它们的海外资产价值则略有下降。

（七）数字贸易的发展

随着互联网的广泛应用，数字贸易已经深入到商业流程的核心，其战略作用越来越突出。国际上对数字贸易的定义尚未形成统一的标准。然而，数字贸易已经或者将要影响经济全球化的走向。2005 年全球数字贸易规模仅为 1.2 万亿美元，历经 8 年增长至 2013 年的 2.4 万亿美元，而 2021 年数字贸易规模超过 3.8 万亿美元。

数字技术和数字产品正形成全新的全球价值链，是未来推动经济全球化的主导力量。例如，传统的书籍、唱片、游戏、地图、报纸和杂志等货物产品，逐步变成了数字产品，形成了从制作到销售的电子传输价值链模式。

全球价值链的治理结构和治理体系也发生了根本性的变化，全球价值链中的关境壁垒从关税壁垒和非关税壁垒转向了数字贸易壁垒，数字贸易自由化必然推动经济全球化的深化。此外，数字化服务影响货物贸易和服务贸易，从而影响国际贸易的分布结构。

数字贸易的发展呈现以下趋势：

1. 数字贸易成为国家经济增长的新引擎

数字贸易的发展可以持续推动国家经济增长，尤其对于基础设施建设完善的国家而言，数字技术的普及将会形成强大的发展动力，创造众多的经济增长点。

2. 数据价值挖掘和数字技术创新持续深入

数字贸易的发展深刻揭示了数据的价值意义和互联网相关技术创新的重要性。持续推动数据价值挖掘和数字技术创新研发至关重要。

3. 数字贸易的价值创造能力进一步增强

数字贸易的经济贡献能力和社会稳定能力不断增强，数字贸易保留了传统服务贸易的交付和消费的特征，通过数字技术融合形成了独特的生产机制和价值规律，更适应数字化时代的发展趋势。

4. 全球数字贸易分化加剧

数字贸易带来巨大的经济增长点，对于发达国家来说，更容易通过先进的数字技术和成功的商业运营经验实现全球市场垄断和技术垄断，将更多国际资源用于自身发展。技术水平落后、数字贸易发展落后的发展中国家则较难获得充足的发展机遇。不同国家的数字贸易发展水平呈现分化趋势。

5. 国际数字治理难度加大

跨国数字治理矛盾凸显，随着数字贸易发展，数字贸易跨越国境，不同国家数字治理法律法规不同，数字治理价值标准不同，数字经济发展水平不同。

二、国际贸易的作用

国际贸易的作用体现在方方面面。

国际贸易能满足国民不同的需求偏好，增加国民福利。国际贸易使人们不出国门就能享受到来自世界各地的货物和服务，比如德国的啤酒、新西兰的乳制品、瑞士的钟表、美国的电影、日本的动漫等。伴随着贸易的往来，各国的文化也相互交融，推动了全球化的进程。

同时，来自国外的货物和服务会与国内的产品竞争，提升市场活力，进而推动本国企业的发展。国际贸易中的激烈竞争迫使企业千方百计地加快技术进步，提高劳动生产率，降低成本，以打败竞争对手。同时，本国企业也能引进国外先进的技术和管理经验，提升自身技术水平和经营效率。

此外，国际贸易需要专业的人才来完成，因此能提供大量的就业岗位。大量外贸从业者维持着商务谈判、处理贸易文件、维护客户关系等国际贸易业务，形成社会经济中不可或缺的一部分。

进一步而言，国际贸易能促进经济增长，而且对于经济增长的影响不仅体现在贸易规模扩大对经济增长的影响上，更体现在贸易结构的优化对经济增长总量以及质量和效益的提高上。国家可以通过国际贸易，获取国际市场的资源，缓解本国资源短缺的问题，调节市场的供求关系，促进生产要素的充分利用。资本、技术、劳动等生产要素的数量、质量及其配置，对于一国经济发展具有决定性作用。通过国际贸易，国家可以增加生产要素数量，改善生产要素质量,并且能够合理配置生产要素,形成经济增长的主导部门,实现规模经济,有利于各国充分发挥本国部分产业的优势或推动本国产业的转型。

专栏1-4

贸易自由化的历史实践

贸易自由化的发展历史悠久而缓慢,在它的发展历程中,曾出现过停滞甚至倒退,但它始终是作为各国经济发展的外部环境而存在着的。18世纪到19世纪中叶,欧美的一些国家先后完成工业革命,生产力的发展出现了巨大的飞跃,国际分工从工业和农业之间的分工向工业内部的垂直分工发展,从而极大地推动了国际贸易的发展。1850—1875年,国际贸易和经济发展的迅猛扩张多半归因于蒸汽机应用于海陆交通运输。1875—1914年,各国普遍降低关税,铁路与轮船的发展使运输费用大幅下降,国际与洲际的贸易、金融、人员流通较快,刺激了整个经济的增长。第二次世界大战之后,贸易自由化的进程可以分为三个阶段。

第一阶段(1948—1973年):贸易自由化迅速发展阶段。战后经济重建和经济发展的浪潮使全球国际贸易以前所未有的速度发展,进入"世界经济的黄金时代"。不少国家纷纷响应美国提出的削减关税和放宽贸易限制,以实现更为自由的贸易倡导,自由贸易思潮成为国际社会的主流思潮,从而推动了贸易自由化新高潮的出现。战后的贸易自由化以1948年关税与贸易总协定(General Agreement on Tariffs and Trade, GATT)的正式实施为标志,进入了迅速发展的阶段。在这一阶段中,削减了部分非关税壁垒。在贸易自由化的推动下,这一时期国际贸易的发展速度远远超过世界生产的增长速度,贸易成为经济发展的发动机。

第二阶段(1973—1986年):贸易自由化趋缓阶段。这一阶段世界经济经历了石油危机和经济衰退等一系列的冲击,国际货币体系发生了严重的动荡,影响了世界经济的正常发展。贸易保护主义的思潮逐渐兴起,许多国家重新实施贸易保护政策,使国际贸易自由化的步伐逐步放缓,但贸易自由化趋势仍在顽强地发展。从1973年开始进行了第7轮多边贸易谈判,即"东京回合"谈判,历时6年,谈判过程非常艰难,但最终还是取得了巨大的成就。

第三阶段(20世纪80年代中期以来):贸易自由化加快时期。从20世纪80年代中期以来,全球经济进入了新一轮高速增长时期。这一时期冷战的结束,使东西方关系得到进一步缓和,全球市场的统一扩大了国际贸易的范围和规模,为贸易自由化创造了良好的国际环境。GATT从1986年开始了第8轮多边谈判,即"乌拉圭回合",历时8年。这是GATT成立以来议题最多、范围最广、规模最大的多边谈判,也是取得成果最多的一次谈判。可以说,全球贸易自由化是伴随着GATT的发展而发展的,并在"乌拉圭回合"谈判结束后达到新的高峰。根据GATT"乌拉圭回合"达成的《建立世界贸易组织的协议》,1995年1月1日起世界贸易组织(WTO)正式生效运转并取代GATT。WTO的建立显示世界贸易自由化在制度上和机制上有了组织基础并且日益规范化,一个以贸易自由化为中心,囊括当今国际贸易诸多领域的多边贸易体制大框架已建立起来。随着"乌拉圭回合"协议的全面实施以及各国市场的逐步开放,全球贸易壁垒极大地降低,贸易自由化的规范和范围被扩大到服务业、知识产权、投资措施、农产品、纺织品。现在,各国的贸易制度和政策措施都在朝着自由贸易体制发展。多边贸易体制的逐步完善和发展,使其吸引力大为增加,世界上更多的国家和地区正不断融入进来。

随着国际贸易壁垒不断削减，国际商品贸易高速增长，服务贸易更是异军突起，年均增速远高于同期世界经济增长速度。发展中国家在20世纪80年代左右普遍经历了发展战略的改变，采取出口导向的发展战略，更多依靠私营部门和市场机制的东亚国家和地区成功地实现了经济的持续增长，一跃成为新兴工业化国家。随着国际贸易和投资规模扩大，各国生产活动之间的相关程度提高。WTO、国际货币基金组织（IMF）等多边组织、国际政策协调集团、非政府组织的国际网络和区域性经济组织，在全球范围进行区域内贸易和投资自由化安排；发达国家贸易份额占全球贸易的70%～80%，推动贸易自由化并保持其在国际贸易中的主导支配地位是其自身经济发展的需要。发展中国家也要求获得平等贸易机会，要求发达国家拆除阻碍欠发达国家出口的贸易壁垒，提供更大的市场准入机会；电子化贸易手段的普遍使用，如电子数据交换、电子商务、电子贸易结算和电子资金转账等，以及商品标准趋同和贸易合同的标准化均为贸易提供便利条件，有利于打破因信息和渠道垄断造成的壁垒。

贸易自由化符合社会生产力和生产社会化发展的客观规律，因而是世界经济发展的客观要求和必然趋势，也是WTO的基本贸易规则和主要目标。然而，贸易自由化的发展轨迹却清晰地反映出：第一，贸易自由化过程具有鲜明的渐进性；第二，在世界经济发展的不同阶段，在同一阶段的不同国家，贸易自由化的程度具有鲜明的差异性。贸易自由化在21世纪可预见的时期内将继续推进。

资料来源：仲鑫. 贸易自由化渐进性与中国外贸政策的适应性 [J]. 经济理论与经济管理，2002（3）：21-25。

第三节　我国对外贸易的发展

我国的对外贸易可以追溯至周朝，但其发展并不充分，故通常认为我国的对外贸易兴于秦汉时期。我国两千多年的对外贸易发展历程可以大体划分为三个阶段：①从西汉时期至鸦片战争之前的封建社会阶段；②从鸦片战争爆发至新中国成立之前的半殖民地半封建社会阶段；③新中国成立至今。

一、封建社会时期的对外贸易

秦汉时期，国家的统一及商品经济的发展为对外贸易奠定了基础。汉朝时期，出于政治和外交的需要，政府把商品贸易纳入政府管辖之下，开辟了闻名于世的"丝绸之路"。张骞出使西域后，汉朝的使者、商人接踵西行，通过丝绸之路与中亚、西亚、南亚诸国进行频繁的经济文化交流并通过海上丝绸之路与印度半岛等地进行经常的贸易往来。在这一时期，中国的丝织品、漆器、铁器以及精美的手工艺品通过丝绸之路销往世界各地。

西晋时期，对外的商品贸易主要沿袭过去的丝绸贸易，不过丝绸之路范围更加扩大，最远的是由西伯利亚崛起的鲜卑人开辟的一条从我国东北到欧洲的商道，距离五万余里。当时的欧洲正处于被奥勒良皇帝重新统一后的罗马帝国时代，国家繁荣发展，统一的晋朝和罗马帝国的和平确保了当时世界上两大帝国有着稳定的贸易往来。

唐朝建立以后，随着封建政治经济趋于鼎盛，国际贸易也空前繁荣。在这一时期，世界的航海和造船技术得到了一定的发展，加之陆路经常被少数民族阻断，我国的对外贸易也转为以海路为主。政府设有专门机构负责国际贸易管理工作：设互市监，掌管陆路贸易；设市船司，由中央委派专职官员负责掌管水路贸易。政府在边境地区设有许多固定的贸易场所，以使边境地区各民族之间与邻近国家之间进行商品交换。在这一时期，中国的丝织品、陶瓷业、金属铸造业都较为发达，出口了以丝织品为主的大量手工业产品，许多波斯和阿拉伯商人在中国经商。

宋朝时期，政府为了增加外贸税收，积极地鼓励海外贸易，并制定了内容丰富、结构严密的《市舶条法》作为通行全国的海外贸易法规。但自安史之乱后，吐蕃、契丹、女真、西夏等西北少数民族相继崛起，隔断了宋朝与海外的陆路联系，于是东南方的海路就成了宋朝对外贸易的唯一通道，加上前朝经济中心已经向南移，东南沿海的港口成为新的贸易中心，先后在今天的广州、杭州、泉州、温州等地设立市舶司专门管理海外贸易。其中，泉州在南宋晚期更是一跃成为世界第一大港和海上丝绸之路的起点。加之当时十字军东征、塞尔柱突厥人兴起，阿拉伯商人和波斯商业将贸易视线转移到东方，向东方开辟商路，越来越多地出入我国沿海口岸，客观上为宋代的海外贸易创造了有利的国际环境。

元朝时期，实现了大一统的中国，国土横跨亚欧大陆，通往西方的陆路和海路都较为畅通。因此，中国与亚、欧、非诸国的交通往来及政治、经济、文化上的联系有了空前的发展，各国的使节、商人、旅行家和传教士络绎不绝地来到中国。近邻高丽、日本以及安南、真腊、缅国、罗斛等东南亚诸国，都与元朝有密切的贸易联系。在南宋灭亡之前，陆道贸易是元朝对外贸易的主流。元朝的丝绸之路，从敦煌分天山南北两路往西，通向中亚、西亚和黑海北岸；南宋灭亡后，海道贸易逐渐占据主要地位。宋朝的海外贸易已十分繁盛，元朝的海外贸易比宋代还要发达。在宋朝时，与其有海外贸易关系的国家和地区不过五六十个，而元朝则多至 140 余个。元朝海上贸易的范围，东到高丽、日本，西达波斯湾、红海和非洲东海岸。元朝海外贸易的兴旺，有力地促进了东南沿海及长江中下游地区发达的手工业等产业的发展。

明朝初期，政府统治尚未稳固，经济基础也尚未恢复，同时海寇与北方少数民族的存在极大地阻碍了明朝的对外贸易，加之这一时期，政府对海外贸易实施严格管制直至严禁，尤其是严禁私人出海交易，巨大利益驱使下的走私行为猖獗，沿海地区社会秩序陷入混乱，极大地影响了贸易的正常发展和社会经济。随着明朝政权的稳固及经济的复苏，纺织业、陶瓷业、漆器业、冶炼业、铸造业的发展推动了商品经济的发展和市场的扩大，进而驱动了对外贸易的需求。基于此，政府重新设立了市舶司，开展对外贸易。郑和就是基于这样的时代背景下西洋的。政府与东南亚、南洋诸岛、阿拉伯半岛、东非等地的 36 个国家保持了外交与贸易关系。

清朝时期，政府多次颁布禁海令，并强制闽、广、苏、浙沿海居民内迁 30 里，使沿海地区成为一片无人区，拆毁房屋城寨，堵塞港口，断绝了海外贸易。直至康熙二十三年，政府才颁布开海令。开放海禁后，我国的对外贸易再次蓬勃发展，极大地刺激了沿海手工业、造船业的发展。但是到了清朝康熙五十六年，政府因南洋的反清势力和沿海民众大量外流到南洋而再颁禁海令，停止与南洋进行贸易往来。同时，为了避免质优价廉的外国货冲击本国市场，也避免我国紧缺物资流出海外，政府颁布了许多固定商品的禁令，例如禁止五谷交易，禁止经营金银、铜矿等。加上文化的冲突与洋教的渗透，外国商船须由地方官员严加防范，开放的港口仅有广州等几个少数城市，对于社会经济的进一步发展产生了不利的影响。这样的情况一直持续到 1842 年清政府签订中英《南京条约》。

二、半殖民地半封建社会时期的对外贸易

1840年鸦片战争之后，清政府被迫与英国签订了中英《南京条约》，我国沦为半殖民地半封建社会。自此至20世纪初期，清政府被迫与欧美列强签订了一系列不平等条约，割地赔款、开放通商，并给予列强特权，直至丧失关税主权。从1840年鸦片战争至1937年抗日战争爆发期间，我国处于被迫通商的阶段，列强们通过许多不平等条约间接控制了我国的政治和经济并划分了势力范围，我国对外贸易的发展方向和进程深深受到各个列强的影响。在这一时期，我国的对外贸易并没有明显的增长，但其性质与特征发生了巨大转变。

1937—1945年抗日战争爆发，我国经历了剧烈动荡，经济发展和工业基础遭受重大打击，对外贸易发展受阻。日本完全控制了占领区的经济及对外经贸关系，对我国实施外贸封锁，并肆无忌惮地进行经济掠夺。

1945—1949年，国民党政府发动内战，我国经济再次受到打击，国内通货膨胀严重，财政赤字巨大，贸易逆差打破历史纪录，导致国民党政府外汇和黄金储备迅速耗尽。随着国民党军事上的失败和经济上的瘫痪，我国对外贸易急剧萎缩，整个经济体系趋于瓦解。

三、新中国成立以来的对外贸易

从1949年新中国成立至今，我国的对外贸易发展可以划分为两大阶段：第一阶段为1949年至1978年党的十一届三中全会前，该阶段对外贸易处于国民经济中的辅助地位；第二阶段为1978年党的十一届三中全会后至今，该阶段对外贸易处于国民经济中的重要战略地位。

（一）党的十一届三中全会前的对外贸易（1949—1978年）

在1949年3月召开的中国共产党第七届二中全会上，党中央就确立了新中国"对内的节制资本和对外的统制贸易"的基本政策，为建立和发展社会主义对外贸易指明了方向。因此，新中国一成立，人民政府立即废除了帝国主义在华的各种特权，没收了国民党政府和官僚资本的外贸企业，并逐步改造私营外贸企业，全面建立起我国的社会主义对外贸易。

从新中国成立初期到党的十一届三中全会以前这段历史时期，我国的对外贸易发展经历了国民经济恢复和开始进行社会主义建设时期、"大跃进"和国民经济调整时期、"文化大革命"时期。这几个时期，我国对外贸易发展虽然较快，但并不是一帆风顺的，在各个时期有各自不同的发展情况。

在国民经济恢复和开始进行社会主义建设时期（1950—1957年），我国的社会主义对外贸易在中共中央正确方针政策的指引下，从无到有、白手起家，取得了巨大的成就。其标志为：第一，确立了社会主义国营对外贸易的领导和核心作用；第二，粉碎了帝国主义的封锁禁运。这主要表现在两个方面：一方面，到了1957年，我国与世界上82个国家和地区建立了贸易关系，并同其中24个国家签订了政府间贸易协议；另一方面，我国对外贸易额在这一阶段得到了持续地较快增长，并且基本保持了进出口平衡。从1956年起，扭转了几十年的入超局面。1957年我国进出口总额达到了31.03亿美元，比1950年的11.35亿美元增长了1.73倍，平均每年递增15.4%。其中，恢复时期每年递增30.8%，"一五"计划时期每年递增9.85%。我国进出口贸易额占世界进出口贸易额的比重由1950年的0.91%上升到1957年的1.85%。

这一时期，我国对外贸易的建立和发展，满足了工农业生产的需要，配合了国内经济建设的发展，整个发展过程是积极的、健康的。

在"大跃进"和国民经济调整时期（1958—1965年），我国国民经济发生了严重困难，我国的对外贸易也经历了一些反复和波折，呈现一种马鞍形的发展态势。1958年进出口总额为38.71亿美元，比1957年的31.03亿美元增长了24.8%，1959年又在1958年"大进大出"的基础上，力争高速增长。这种脱离实际的连续两年大涨以后，我国对外贸易进出口总额自1960年开始连续三年下降。1962年进出口总额下降到26.63亿美元，比1959年减少了39.2%，大体降到了1954年的水平，比1957年下降了14.18%，年平均下降3%，这是新中国外贸经历的第一次较大挫折。在这种情况下，由于我国对苏东国家贸易急剧缩减，为了适应社会主义经济建设的需要，我国的对外贸易对象开始转向西方发达国家和地区。1963—1965年，我国对外贸易迅速回升，1965年进出口总额达到42.45亿美元，比1962年的26.63亿美元增长了59%，平均每年递增16.8%。我国不仅保持了国际收支平衡，而且于1964年年底，提前一年还清了对苏联的全部债款。到1965年，我国已与世界上100多个国家和地区建立了贸易关系。

1966年开始的"文化大革命"，再次使我国的对外贸易陷入了徘徊不前的境地。与前八年相比，整个"文化大革命"十年期间的对外贸易总体水平上升了，但期间各年度仍是极不稳定的。1967—1969年，对外贸易总额连续下降，1969年进出口总额只有40.3亿美元，比1966年下降了12.7%，甚至低于1959年的进出口总额。1970年以后，国民经济有所恢复和发展。1971年，我国恢复了在联合国的合法地位和权利。1972年起又先后与日本、联邦德国、美国等西方国家建立、恢复了外交关系或经贸关系，进出口总额有了显著增加。1973年进出口总额超过了100亿美元，达到了109.7亿美元。以后连年上升，1975年我国的进出口贸易额达到147.5亿美元，比1969年的40.3亿美元增长了2.7倍，平均每年增长24.1%。但是，1975年之后我国国民经济再次受挫，正在迅速上升的对外贸易又开始回落，1976年我国进出口总额比1971年下降了8.9%，在世界主要贸易国家中的排位下降到第34位。

（二）党的十一届三中全会后的对外贸易（1978年至今）

在1978年12月召开的党的十一届三中全会上，中国共产党做出了改革开放的重大决策，把全党工作重点转移到社会主义现代化建设上。经过四十多年的发展，我国的对外贸易和经济发展取得了举世瞩目的成就。

在对外贸易规模上，我国的货物进出口总额从1978年的206.4亿美元增长至2021年的60501.7亿美元，服务贸易也从1982年的46.9亿美元增长至2021年的8212.5亿美元。2021年我国货物贸易出口总额位居世界第一，货物贸易进口额位居世界第二，服务贸易出口总额位居世界第三，服务贸易进口总额位居世界第二，这说明我国在国际贸易中已占据重要地位。

我国的贸易结构也在不断优化，初级产品占出口的比重由1978年的53.5%下降至2021年的4.17%，制成品占出口的比重由1978年的46.5%上升至2021年的95.83%。2021年的机电产品出口额为15405.94亿美元，占出口总额的45.8%，高新技术产品出口额为7762.54亿美元，占出口总额的23.1%。

2021年，亚洲、欧洲、北美洲是我国贸易的主要地区，我国最主要的贸易伙伴是欧盟、美国、日本、韩国。同时，我国与澳大利亚、俄罗斯、巴西及东盟各国的贸易往来也越发密切。

专栏 1-5

改革开放 45 年：中国加工贸易变迁与展望

中国加工贸易是在经济全球化和国际分工不断深化的背景下，依托劳动力、土地等低成本要素，承接国际产业转移而迅速发展起来的。改革开放 40 多年来，加工贸易从无到有、从小到大，1981 年进出口额仅为 25 亿美元，2022 年达到 1.3 万亿美元，年均增长 16.5%，成为中国对外贸易的重要组成部分。

加工贸易发展历程几经变迁。改革开放初期，加工贸易以"三来一补"（来料加工、来件加工、来样加工和补偿贸易）为主要形式探索起步。进入 20 世纪 90 年代后，加工贸易依托第五次国际产业转移大潮快速发展，资本密集型产品比重明显提升，机电产品比重过半。2006 年起，加工贸易逐步摒弃粗放型发展，开启结构调整与转型升级，"两高一资"（高耗能、高污染和资源性）产品加工贸易减少，机电产品加工贸易占比持续提升。当前，加工贸易面临的国际环境和国内条件发生重大变化，受到来自发达国家和发展中国家的"双向挤压"，一些"两头在外"的劳动密集型加工贸易开始向外转移，叠加中美经贸摩擦影响，加工贸易占比降至 20% 左右。

加工贸易为我国外贸发展做出重要贡献。加工贸易在我国对外贸易中的比重最高时曾达 53.4%，占据了半壁江山，是我国成为贸易大国的重要支撑，是我国利用外资的重要渠道，是加速我国工业化进程和带动我国产业整体水平提升的重要力量，也是吸纳我国城乡劳动力就业的重要载体。尽管当前和今后一个时期，我国外贸发展面临的不确定性增多，加工贸易面临内陆沿边地区承接能力尚待改善、部分产业向外转移等特殊困难，但应该认识到，加工贸易在促进对外开放、产业升级、国内国际两个市场融通、国内循环和国际循环相互促进、稳定产业链供应链等方面，仍将继续发挥重要作用。

支持加工贸易健康稳定发展。中央经济工作会议强调，要提升加工贸易水平。为此，商务部将会同相关部门采取一系列措施支持加工贸易健康稳定发展，包括推动加工贸易向中西部和东北地区梯度转移，促进保税维修等加工贸易新业态发展，鼓励支持地方加强对重点加工贸易企业的服务保障，继续发挥好加工贸易大省主力军作用等。

资料来源：商务部。

四、"一带一路"倡议的影响

"一带一路"（The Belt and Road，B&R）是"丝绸之路经济带"和"21 世纪海上丝绸之路"的简称，2013 年 9 月和 10 月由中国国家主席习近平分别提出建设"新丝绸之路经济带"和"21 世纪海上丝绸之路"的合作倡议。依靠中国与有关国家既有的双多边机制，借助既有的、行之有效的区域合作平台，"一带一路"倡议旨在借用古代丝绸之路的历史符号，高举和平发展的旗帜，积极发展与沿线国家的经济合作伙伴关系，共同打造政治互信、经济融合、文化包容的利益共同体、命运共同体和责任共同体。

推行"一带一路"倡议既顺应了当前国际经济发展的潮流，也是符合中国当下经济发展的需求，同时也是我国为世界提供中国方案、承担大国责任的重要体现。"一带一路"的影响体现在以下方面：

1）可缓解我国存在的资源和能源供应不足问题，并通过向其他"一带一路"参与国出口相关配套产品带动中间品与相对高端产品的出口，从而改善我国出口结构。

2）可通过市场的扩张刺激我国中间品及相关服务的出口以及海外市场对国内商品的需求，在提高市场占有率的同时形成资本反馈，从而支持国内新兴产业的发展，促进产业结构和全球价值链升级。

3）可通过边际产业转移使我国以更低的成本扩大原有比较优势，增加贸易量并促进产业结构的调整，为国内新兴产业发展提供更多空间，促进我国全球价值链升级。产业转移即将某国或某地区的部分产业转移到另一个国家或地区，这一过程产生的经济效应就是产业转移效应。

4）通过对沿线国家大力投资基础设施建设，可以有效地化解国内的过剩产能，并且逐步扩展到经贸、文化、民生等多个领域的合作。

5）转移出去的过剩产业给当地国家带来了就业机会和经济水平的增长，促进了沿线国家的经济与人文交流，使各国的联系日益紧密，从而形成命运共同体，协同发展。对于我国，产业转移进一步拓展了海外市场，留下的空间以及闲置的资源，将被高新技术产业迅速填补，有效地实现了产业结构优化升级的目标，促进了经济的可持续增长。这一过程也推进了人民币的国际化。

专栏 1-6

"一带一路"倡议十周年：贸易畅通成效显著

共建"一带一路"倡议是习近平总书记深刻思考人类前途命运以及中国和世界发展大势，为促进全球共同繁荣、构建人类命运共同体提出的重大合作倡议。倡议提出以来，商务部会同有关方面，坚持共商共建共享原则，扎实推进"一带一路"经贸合作，推动贸易畅通取得实打实、沉甸甸的成果。

一是贸易规模快速增长。2013—2022年，我国与"一带一路"沿线国家货物进出口总额由6.5万亿元增至13.8万亿元，年均增长8.7%，高出整体贸易年均增速3.2个百分点，占进出口总额的比重由25.2%升至32.8%。2022年，我国与"一带一路"沿线国家进出口增长19.4%，高出整体增速11.7个百分点。

二是贸易互补性不断增强。2013—2022年，中间产品占我国对"一带一路"沿线国家出口比重由49.8%升至56.3%。2022年，我国对"一带一路"沿线国家基本有机化学品、汽车零配件、电子元件和纺织品出口分别增长31.3%、24.6%、21.1%和14.5%，自"一带一路"沿线国家能源产品、农产品进口分别增长58.8%和13.4%。

三是贸易业态创新发展。"丝路电商"不断拓展，我国与共建国家跨境电商进出口保持高速增长，一批海外仓建成投运。截至2022年，我国与29个国家建立"丝路电商"双边合作机制，"非洲好物网购节""买在金砖""上合组织国家特色电商直播""聚合中亚云品""云上大讲堂"等电商特色活动广受欢迎，我国与中东欧国家、中亚五国电子商务合作对话机制建设取得积极进展。

四是贸易关系更加紧密。东盟自2020年起连续3年成为我国第一大贸易伙伴。2022年，我国对东盟进出口6.5万亿元，增长15.0%，占对"一带一路"沿线国家进出口总额的47.1%。对中亚五国、阿联酋和沙特阿拉伯进出口分别增长45.4%、42.1%和37.2%。

五是贸易便利化水平持续提升。我国已与13个"一带一路"沿线国家签署7个自贸协定。对共建国家优质农产品和食品进口准入持续扩大。与共建国家积极推进"经认证的经营者"（AEO）互认、中国国际贸易"单一窗口"合作交流、原产地证书联网等，累计已与32个共建国家签署AEO互认协议。

资料来源：商务部。

五、我国的数字贸易发展

与大多数发展中国家和地区相比，我国经济基础较为扎实，信息通信技术创新能力较强，市场增值空间较大，比其他发展中国家和地区更早建立起数字贸易发展体系。目前，我国已经拥有较大的数字贸易规模，在国际贸易和技术创新层面走在国际前列。数字科技的创新为数字贸易注入了强劲的发展动力，不仅使数据成为数字贸易的要素形式，也为发展中国家发挥后发优势提供了历史性机遇。

2013—2020年我国数字贸易发展水平总体上呈现上升趋势。数字贸易发展水平最高的省份为广东省，其次分别是江苏省、浙江省、北京市和上海市。但我国数字贸易发展存在两极分化现象，其中，西北、长江中游和东部沿海经济区数字贸易发展较为均衡，其余地区在不同程度上呈现出分化现象，南部沿海经济区区域内差异最为明显。

联合国贸发会议（UNCTAD）数据显示，我国数字贸易进出口总额从2005年的488.6亿美元增长至2021年的3596.9亿美元，呈现出飞速增长的趋势。2021年数字贸易出口占服务总出口比重达49.7%，进口占服务总进口比重达37.4%，数字贸易在我国对外贸易中的地位越发重要。

本章小结

国际贸易是指世界各国（地区）之间在商品和服务方面的交换活动，是各国之间分工的表现形式，反映了世界各国在经济上相互依靠的关系。

国际贸易是一个历史范畴，它是社会历史发展到一定阶段后才出现的一种经济活动，即分工的发展、国家形成、货币与商人的出现促使了国际贸易的产生。

第二次产业革命后，欧美国家先后完成了工业化进程，实现了农业自然经济向资本主义工业经济的转变，并通过贸易将资本主义生产方式在全世界范围扩展。资本输出的发展强化了已形成的以欧美国家为主的现代工业经济与其他国家以自然条件为基础的农业手工业传统经济组合而成的世界经济格局，使国际分工和世界贸易成为世界上多数国家经济生活的必要组成部分，真正意义上的国际贸易或世界贸易产生了。

思 考 题

1. 转口贸易和过境贸易的区别是什么？
2. 总贸易与专门贸易的区别是什么？
3. 对外贸易额与国际贸易额的计算有什么区别？
4. 某国贸易条件以2021年为基期，进出口价格指数均为100。2022年出口价格指数上升5%，进口价格指数下降10%。请计算该国2022年的贸易条件，并说明其经济含义。

第二章

国际贸易理论

教学目的和要求

通过本章的学习,理解和掌握国际贸易的发展脉络,掌握自由贸易理论与保护贸易理论的基本原理,能够熟练运用贸易理论分析实际国家贸易问题,为国际贸易政策与实务部分的学习建立知识储备。

第一节 自由贸易理论

国际贸易理论是国际经济学的一个重要组成部分。国际贸易理论主要研究商品和服务在各国之间的交换,研究国际商品交换的原因、结果以及相关的政策。国际贸易理论的研究范围也包括生产要素的国际流动和技术知识的国际传递。生产要素和技术知识一方面作为某种特殊商品有其本身的国际市场,另一方面作为要素投入对商品和服务的生产起着重要作用。国际贸易理论还研究经济增长、技术变动与贸易的相互影响,从动态上分析国际贸易变动的原因与结果。

19世纪中叶,英国在世界上确立了"世界工厂"的地位。随着英国资本主义的迅速发展,新兴资产阶级要求扩大对外贸易,扩大海外市场和原料来源,而重商主义的贸易理论和政策限制了新兴资产阶级的利益,所以英国新兴资产阶级迫切要求废除重商主义的贸易保护政策,实行自由贸易。于是一些资产阶级思想家开始探寻对外贸易与经济发展的内在联系,试图从理论上说明自由贸易对经济发展的好处,自由贸易理论便产生了。自由贸易理论的代表人物是英国古典经济学家亚当·斯密和大卫·李嘉图,其代表理论分别是"绝对优势理论"和"比较优势理论"。瑞典著名经济学家伊·菲·赫克歇尔和戈特哈德·贝蒂·俄林的"要素禀赋理论"是对古典自由贸易理论的重大发展。

一、亚当·斯密的绝对优势理论

亚当·斯密(Adam Smith,1723—1790)是英国著名经济学家,也是资产阶级经济学古典学派的主要奠基人之一,其代表作是《国民财富的性质和原因的研究》(简称《国富论》)。绝对优势理论的主要内容有以下两点:

第一,国际分工是建立在一个国家所拥有的自然优势或获得某种优势的基础上的。

优势是指绝对优势或绝对利益。亚当·斯密认为,各国因地域和自然条件不同而形成的商品成本的绝对差异是国际贸易发生的原因,进口那些在国外进行生产有效率的商品,该国就会取得贸易利益。他说,如果一件东西在购买时所花的代价比在家里生产时所花的代价少,就永远不会想在家生产。

第二,主张自由贸易。

亚当·斯密认为，既然贸易双方都具有绝对优势，那么通过自由贸易，双方都能取得贸易利益。因为自由贸易会使贸易双方的资本和劳动力从生产能力低的行业转移到生产能力高的出口行业中去，实现资源的有效配置，提高劳动生产率。生产商品的数量增加了，通过贸易，双方的消费量也增加了，对双方都有好处。

为了说明这一理论，亚当·斯密举出下面的例子。

假定英国和葡萄牙两国都生产葡萄酒与毛呢，分工前两国的生产情况见表2-1。在这种生产模式下，可以进行国际分工、国际交换，对两国都有利，分工后两国的生产情况见表2-2。分工后，两国均以各自的绝对优势产品进行交换，即英国用毛呢与葡萄牙的葡萄酒以1∶1的比例相交换，交换后两国拥有产品的情况见表2-3。

表2-1 分工前两国的生产情况（一）

国　家	葡萄酒产量（单位）	所需劳动人数（人）	毛呢产量（单位）	所需劳动人数（人）
英国	1	120	1	70
葡萄牙	1	80	1	110

表2-2 分工后两国的生产情况（一）

国　家	葡萄酒产量（单位）	所需劳动人数（人）	毛呢产量（单位）	所需劳动人数（人）
英国	—	—	2.714	190
葡萄牙	2.375	190	—	—

表2-3 交换后两国拥有产品的情况

国　家	葡萄酒产量（单位）	毛呢产量（单位）
英国	1	1.714
葡萄牙	1.375	1

二、大卫·李嘉图的比较优势理论

（一）比较优势理论的主要内容

大卫·李嘉图（David Ricardo，1772—1823）是英国著名经济学家，也是资产阶级经济学古典学派的主要奠基人之一，其代表作是《政治经济学及赋税原理》。李嘉图的比较优势理论是对亚当·斯密的绝对优势理论的重大发展。

亚当·斯密的绝对优势理论是指一个国家应该生产并出口具有绝对优势的产品，从而在国际贸易中获得最大利益。但是，如果一个国家连一个绝对优势的产品都没有，而另一个国家两种产品都具有成本优势，那么双方还会发生贸易吗？这正是比较优势理论要回答的问题。李嘉图的比较优势理论认为，一个国家应该生产并出口具有比较优势的产品，即虽然不是最优的产品，但是相对于其他国家来说具有相对较低的生产成本。比较优势（Comparative

Advantage)是指一个国家或地区在某一特定领域或行业中的相对优势,并通过贸易获得利益。它通常用于描述一个国家或地区在生产或出口某些产品时,相对于其他国家或地区的成本或效率。

例如,生产1单位的毛呢,葡萄牙需要90人,英国需要100人;生产1单位的葡萄酒,葡萄牙需要80人,英国需要120人,见表2-4。

表2-4 分工前两国的生产情况（二）

国 家	葡萄酒产量（单位）	所需劳动人数（人）	毛呢产量（单位）	所需劳动人数（人）
英国	1	120	1	100
葡萄牙	1	80	1	90

从葡萄牙方面看,两种商品生产都比英国的效率高、成本低,但是成本低的程度不同。毛呢的成本相当于英国的90%（90/100）,而葡萄酒的成本相当于英国的67%（80/120）。可见,葡萄牙生产葡萄酒的效率相对更高些。

从英国方面看,两种商品生产都比葡萄牙效率低、成本高,但是成本高的程度不同。毛呢的成本是葡萄牙的1.1倍（100/90）,而葡萄酒的成本是葡萄牙的1.5倍（120/80）。可见,英国生产毛呢的效率相对高一些。

如果两国都生产具有相对优势的产品,即葡萄牙把全部劳动力都用来生产葡萄酒,英国把全部劳动力都用来生产毛呢,各自发挥相对优势,就可以使两种产品的产量都得到增加。通过贸易,双方可以消费比分工前更多的产品,都获得利益,见表2-5。

表2-5 分工后两国的生产情况（二）

国 家	葡萄酒产量（单位）	所需劳动人数（人）	毛呢产量（单位）	所需劳动人数（人）
英国	—	—	2.2	220
葡萄牙	2.125	170	1	—

分工前,葡、英两国共生产2单位的毛呢和2单位的葡萄酒。分工后,葡萄牙把170（80+90）个劳动力都用来生产葡萄酒,则生产2.125（170/80）单位;英国把220（100+120）个劳动力都用来生产毛呢,则生产2.2（220/100）单位;两种产品的产量总和为4.325单位,多于原来的4单位。通过国际贸易,两个国家的消费量也增加了。

假设两国交换的比例为1∶1,那么交换后两国的消费情况见表2-6。

表2-6 交换后两国的消费情况

国 家	葡萄酒产量（单位）	毛呢产量（单位）
英国	1	1.2
葡萄牙	1.125	1

从表 2-6 中可以看出，分工后，两国的劳动投入并没有增加，但是两种产品的总量却增加了。其中，毛呢增加了 0.2 单位，葡萄酒增加了 0.125 单位。两国进行交换，双方都得到了比较优势。

(二) 对比较优势理论的综合评价

比较优势理论的历史进步性表现为以下三点：

第一，为当时英国新兴资产阶级的自由贸易主张提供了理论支持，促进了英国生产力的发展。

第二，揭示了国际贸易的基础：比较优势理论认为，国际贸易的基础是生产技术的相对差别（而非绝对差别），以及由此产生的相对成本的差别。每个国家都应根据"两利相权取其重，两弊相权取其轻"的原则，集中生产并出口其具有比较优势的产品，进口其具有比较劣势的产品。

第三，为世界各国参与国际分工、发展对外贸易提供了理论依据，使得各国能够根据各自的比较优势组织生产、从事贸易，这不仅可以使各国获得利益，而且会促进国际贸易的发展。

比较优势理论的历史局限性表现为以下四点：

第一，假设条件的不现实性。比较优势理论建立在许多假设条件的基础上，如完全竞争市场、没有技术进步和规模经济等。然而，这些假设条件在现实中很难同时成立，使得比较优势理论在解释当代国际贸易现象时存在一定的局限性。

第二，静态分析方法。比较优势理论采用静态分析方法，假定国家间生产要素禀赋和生产技术水平不变，只关注相对成本的差异。然而，在现实世界中，这些因素是不断变化的，从而对国际贸易产生动态影响。因此，比较优势理论在解释动态国际贸易现象时存在一定的局限性。

第三，忽视技术进步和资本积累。比较优势理论假设不存在技术进步和资本积累，但在实际国际贸易中，技术进步和资本积累对各国生产力和竞争力有重要影响。忽视这些因素导致比较优势理论在解释国际贸易的长期趋势和动态变化方面存在局限性。

第四，比较优势理论主张一国只从事具有比较优势的行业的生产和出口，而对那些没有比较优势的行业就彻底放弃。然而，这样的国际分工是不存在的。此外，比较优势理论未能充分解释贸易对收入分配的影响。

三、赫克歇尔-俄林的要素禀赋理论

赫克歇尔-俄林理论是瑞典著名经济学家伊·菲·赫克歇尔（Eli Filip Heckscher, 1879—1952）和戈特哈德·贝蒂·俄林（Bertil Gotthard Ohlin, 1899—1979）创立的国际贸易理论。赫克歇尔于1919年发表了题为《对外贸易对收入分配的影响》的著名论文，提出了要素禀赋论的论点。俄林继承了他的导师赫克歇尔的论点，于1933年出版了《区际贸易和国际贸易》一书，创立了要素禀赋理论，也叫赫-俄理论或新古典贸易理论。该理论是对比较优势理论的重大发展。

(一) 赫-俄理论的主要内容

赫-俄理论有狭义和广义之分。狭义的赫-俄理论被称为生产要素供给比例理论，其主要观点是用生产要素禀赋来解释国际贸易发生的原因和进出口商品的特点。广义的赫-俄理论还包括生产要素均等化定理,其主要内容是说明国际贸易不仅会使贸易各国的商品价格趋于相等,而且会使贸易各国的生产要素价格趋于相等。

赫-俄理论的主要内容包括以下几个方面:

第一,生产要素的禀赋差异是国际贸易发生的根本原因。同一种商品在不同国家的价格不同,在国内同时又具有比较成本优势,商品就会从价格低的国家流向价格高的国家,导致国际贸易发生。同一种商品在不同国家的价格不同,是由各国生产要素的禀赋不同从而要素的相对价格不同决定的。所以,要素的禀赋差异是国际贸易发生的根本原因。

第二,各国应该出口那些密集使用本国丰裕资源的产品,进口那些密集使用本国稀缺资源的产品。如果一国劳动力相对丰裕,资本相对稀缺,就应该出口劳动密集型产品,进口资本密集型产品;相反,如果一国资本相对丰裕,劳动力相对稀缺,就应该出口资本密集型产品,进口劳动密集型产品。这种分工和贸易模式对贸易双方都有利。

第三,自由贸易不仅会使本国商品价格趋于均等,而且会使要素价格也趋于均等。贸易前,丰裕要素的价格低,稀缺要素的价格高;贸易后,前者价格上升,后者价格下降,趋于均等。假如,甲、乙两国拥有两种要素的丰裕和稀缺程度不同,甲国拥有的劳动力相对丰裕,而拥有的资本相对稀缺;乙国拥有的资本相对丰裕,而拥有的劳动力相对稀缺。甲国出口劳动密集型产品,该类产品因扩大了需求而导致国内对劳动力需求的增加,使丰裕的劳动力变得稀缺,价格上涨;而进口资本密集型产品,该类产品因扩大了供给而导致国内对资本需求的减少,使稀缺的资本变得丰裕,价格下降。相反,乙国出口资本密集型产品,该类产品因扩大了需求而导致国内对资本需求的增加,使丰裕的资本变得稀缺,价格上涨;而进口劳动密集型产品,该类产品因扩大了供给而导致国内对劳动力需求的减少,使稀缺的劳动力变得丰裕,价格下降。甲、乙两国通过贸易,使两国拥有的劳动力和资本的丰裕或稀缺程度、生产要素的价格,随着国际贸易的发展又趋于相等。

赫-俄理论认为要素价格均等化是一种趋势,而美国经济学家萨缪尔森后来撰文论证,自由贸易导致要素价格均等化不仅是一种趋势,而且是一种必然。

(二) 对赫-俄理论的综合评价

对赫-俄理论的评价包括以下几个方面:

第一,理论意义。赫-俄理论是对比较优势理论的重大发展。它最先从生产要素角度分析国际分工和国际贸易发生的原因。同时,该理论也为后来的企业异质性理论等国际贸易理论奠定了基础。

第二,现实意义。赫-俄理论正确地分析了生产要素在各国进出口中的作用。它认为在国际竞争中,土地、劳动、资本、技术等要素的结合是构成一国商品价格的重要因素,对一国的对外贸易产生重大影响,能够帮助我们更好地理解不同国家在不同产业上的比较优势和贸易模式。同时,该理论也为企业制定国际贸易战略提供了参考。

第三,局限性。要素禀赋理论存在一些局限性。例如:该理论是建立在一系列假定条件的基础上的,而这些假定条件都是静态的,忽视了它们的动态变化;把各国要素禀赋的差异和产品技术条件的差异作为国际分工与国际贸易发生的真正原因,掩盖了资本主义生产关系对国际分工和国际贸易的影响;忽视了科学技术进步在国际分工和国际贸易中所起的作用。

专栏 2-1

戈特哈德·贝蒂·俄林的传奇人生

俄林在经济学研究方面的特点是,不做已有理论的奴隶,勇于探索和创新。他认为,后来者的任务不是对已有的理论仅仅做些解释,而是要在已有基础上创新、突破。他登门求教于陶西格,但他并不同意陶西格的古典贸易理论;他赞赏赫克歇尔的开放贸易理论分析,但他又在此基础上加以修改和完善。因此,俄林所提出的贸易理论被认为是资产阶级经济学中关于区域和国际分工贸易理论体系第一次较完整的阐述。

1925 年,俄林参加了获取丹麦哥本哈根大学经济学教授职位的竞选。按照挑选委员会的规定,参加竞选者必须在三个月内就指定的题目写一篇论文,在 48h 之内准备一场演讲。结果,竞选时,俄林以 3∶2 的优势获胜。这样,俄林成了当时最年轻的教授。1930 年,他应聘回到母校斯德哥尔摩商业经济学院,接替了他的老师赫克歇尔任经济学教授,从此担负这一职务达 35 年之久。

俄林不仅是一位经济学家,还是瑞典著名的政治活动家。他刚任斯德哥尔摩商业经济学院经济学教授不久,就当上自由青年协会的主席,一举成为政坛上引人注目的活跃人物。1938 年,俄林当选议会议员。1944 年,他出任瑞典主要反对党自由党的主席。同年,在联合政府中任贸易部部长。他连任自由党主席达 23 年之久。

驰骋政坛并未使俄林中断对经济学的研究。他不负盛名,探索不止。自进入政界之后,他不仅扩大了研究范围,写出了大量论著,还多次出国讲学。

为了表彰俄林对经济学,特别是对国际贸易理论所做的贡献,瑞典皇家科学院于 1977 年授予他诺贝尔经济学奖。与他一起获奖的还有英国剑桥大学的詹姆斯·爱德华·米德。评选委员会认为他们"对国际贸易理论和国际资本运动理论做出了开拓性的贡献"。

俄林从 16 岁跨入经济学的大门到获得诺贝尔经济学奖,奋斗达 60 余年。1979 年 8 月 3 日,也就是在获得诺贝尔经济学奖的第三年,他与世长辞了,享年 80 岁。

四、"里昂惕夫之谜"

(一)"里昂惕夫之谜"的产生

华西里·里昂惕夫(Vassily Leontif,1906—1999)是美国经济学家,投入产出经济学的创始人,诺贝尔经济学奖的获得者,其代表作有《投入-产出经济学》和《生产要素比例和美国的贸易结构:进一步的理论和经济分析》等。

里昂惕夫的研究发现,赫-俄的要素禀赋理论与事实不符,得出了相反的结论,所以里昂惕夫之谜也叫作里昂惕夫反论。

根据赫-俄理论,一国出口的应该是密集使用本国丰裕要素生产的产品,进口的是密集使用本国稀缺要素生产的产品。美国是一个资本丰裕而劳动力稀缺的国家,美国应该出口资本密集型产品,进口劳动密集型产品。为了验证赫-俄理论的正确性,1953 年里昂惕夫用投入-产出分析法对 1947 年美国 200 个行业的对外贸易商品结构进行了分析。他把生产要素分为资本和劳动两种,然后计算出每百万美元的出口商品和进口替代商品中所含的资本与劳动及其比例,计算结果见表 2-7。

表 2-7　每百万美元的美国出口商品和进口替代商品对资本与劳动的需求量（1947 年）

要　素	出口商品	进口替代商品
资本（K）（美元）	2550780	3091339
劳动（L）（人）	182313	170004
资本/劳动（K/L）	13.991	18.185

从表 2-7 可以看出，1947 年平均每人进口替代商品的资本与出口商品的资本的比是 18.185/13.991≈1.30，也就是说高出约 30%。

里昂惕夫的研究结果表明，美国进口替代商品的资本密集程度反而高于出口商品的资本密集程度。美国参与国际分工是建立在劳动密集型生产专业化的基础上，而不是建立在资本密集型生产专业化的基础上。换言之，这个国家是利用对外贸易来节约资本和安排剩余劳动力。为什么会出现这种与要素禀赋理论相悖的现象？经济理论界认为这是一个谜，称为"里昂惕夫之谜"里昂惕夫于 1956 年用同样的方法，对美国 1951 年的贸易结构再次进行了检验，结果与第一次相同。检验结果见表 2-8。

表 2-8　每百万美元的美国出口商品和进口替代商品对资本与劳动的需求量（1951 年）

要　素	出口商品	进口替代商品
资本（K）（美元）	2256800	2303400
劳动（L）（人）	17391	16781
资本/劳动（K/L）	129.77	137.26

从表 2-8 可以看出，1951 年美国平均每人进口替代商品的资本与出口商品的资本的比是 137.26/129.77≈1.06，也就是说高出约 6%。

这一研究结果再次证明美国出口商品具有劳动密集型特征，而进口替代商品则具有资本密集型特征。

"里昂惕夫之谜"激发了一些经济学家对其他国家的贸易结构进行研究，其研究结果证明其他国家也存在类似情况。于是对里昂惕夫之谜，西方经济学界提出了各种各样的解释。

（二）解释"里昂惕夫之谜"的几种说法

"里昂惕夫之谜"引起了西方经济学界的极大关注，解释"里昂惕夫之谜"的学说主要有以下几种：

1. 劳动效率说

劳动效率说最先由里昂惕夫自己提出，他认为各国劳动生产率差异较大，如美国工人的劳动生产率大约是其他国家的 3 倍，因而在计算美国工人人数时必须将美国工人人数乘 3。这样与其他国家相比，美国就成了劳动力丰裕而资本相对稀缺的国家。所以美国出口劳动密集型产品、进口资本密集型产品是理所当然的事，于是"里昂惕夫之谜"就不存在了。美国劳动生产率之所以高，是因为美国的个人受教育程度较高、进取精神较强，企业的科学管理水平较高。

后来，美国经济学家基辛对这一问题进一步加以研究，得出结论：资本要素丰裕的国家倾向于出口熟练劳动密集型商品，而资本要素稀缺的国家倾向于出口非熟练劳动密集型商品。美国工人熟练程度较高，因而进口熟练劳动密集型商品比重最低，而进口非熟练劳动密集型商品比重最高。印度的工人非熟练程度最高，因而进口非熟练劳动密集型商品比重最低，而进口熟练劳动密集型商品比重较高。这表明发达国家在生产熟练劳动密集型商品方面具有比较优势，而发展中国家在生产非熟练劳动密集型商品方面具有比较优势。因此，熟练程度不同、劳动生产率不同是国际贸易发生和发展的一个重要原因。

2. 人力资本说

人力资本说是美国经济学家凯南、肯林等提出的。他们把资本分为物质资本和人力资本。人力资本主要是指一国用于职业教育、技术培训方面投入的资本。人力资本投入可以提高劳动者的劳动技能和知识水平，提高劳动生产率。美国投入了较多的人力资本，拥有了较多的熟练劳动力。因此，美国出口产品含有较多的熟练技术劳动。如果把熟练技术劳动的收入高出简单劳动的部分作为资本（无形资本）与物质资本（有形资本）加在一起，那么美国出口的仍然是资本密集型产品。这个结论是符合赫-俄理论的。

3. 市场不完全说

有的西方经济学家认为，"里昂惕夫之谜"产生的原因是市场的不完全。国际贸易要受贸易参与国的关税（Customs Duties；Tariff）和非关税壁垒（Non-tariff Barrier，NTB）等贸易保护主义政策的限制，使资源禀赋论原理揭示的规律难以实现。有人认为，为了解决就业问题，美国政府的贸易政策有严重的保护本国非熟练劳动力的倾向。假如美国不实行这种贸易保护政策，而实行自由贸易政策，美国进口劳动密集型产品的实际比重应该高一些。计算结果表明，如果美国进口商不受限制，进口产品中资本与劳动的比例将比实际的低5%。因此，贸易壁垒是产生"里昂惕夫之谜"的重要原因之一。

（三）"里昂惕夫之谜"的理论意义

1. 对"里昂惕夫之谜"的评价

"里昂惕夫之谜"是西方国际贸易理论发展史上的一个里程碑，里昂惕夫对传统的资源禀赋理论的验证，具有重大理论意义。它运用投入-产出表分析美国贸易结构，把统计学运用于经济理论分析，是一种创新。"里昂惕夫之谜"说明传统的贸易理论存在着理论与实际不符的严重缺陷，这个"谜"的提出，引起了经济理论界的广泛关注，激发了世界经济学家的探索热情，促进了国际贸易理论的发展。

2. "里昂惕夫之谜"的历史局限性

"里昂惕夫之谜"的历史局限性主要表现在研究对象和研究内容方面。它的研究对象只有美国一个国家，研究内容只涉及资本和劳动两个要素，使复杂的国际贸易过程过分简单化了，从而使"里昂惕夫之谜"的科学性、实用性和普遍性大打折扣。

五、新贸易理论

（一）历史背景

20世纪60年代以来，科技革命的迅速发展，使世界经济状况、国际分工和国际贸易都发生了巨大变化。传统的国际分工和国际贸易理论显得越来越脱离现实，暴露出明显的理论缺陷和矛盾，有的理论甚至已不适用。在这种情况下，一些西方经济学家便试图用新的学说来解释国际分工和国际贸易中出现的某些问题，于是各种新的国际贸易理论应运而生。

(二) 新贸易理论的主要内容

1. 产品生命周期学说

产品生命周期学说是美国经济学家雷蒙德·弗农（Raymond Vernon）提出来的。他认为产品具有不同的生命周期，在产品生命周期的不同阶段，一国出口和进口商品结构是不同的。一般而言，产品的生命周期经历三个阶段。

1）产品创新阶段。少数新产品最先是在技术领先创新的国家开发出来的，新产品开发出来以后，便在国内投入生产。该创新产品不仅满足国内市场的需求，同时也会出口到与创新国家收入水平相近的国家和地区，满足国外市场的需求。在这一阶段，需要投入大量的科研和开发费用，产品要素的密集型表现为技术密集型。

2）产品成熟阶段。随着科学技术的发展，生产创新产品的企业不断增多。与此同时，国外市场也不断扩大，出现了大量的仿制品。国内企业为了降低成本，占领并扩展国外市场，最好的办法是对国外直接投资。到国外投资，可以利用当地各种廉价资源，降低费用，巩固和扩大市场。在这一阶段，技术投入减少，资本和管理要素投入增加，高级的熟练劳动投入越来越重要，产品要素密集型表现为资本密集型。

3）产品标准化阶段。生产创新产品的企业日益增多，竞争更加激烈，技术和产品趋于标准化。企业选择生产成本最低的地区从事生产经营活动，生产的最佳地点从发达国家转向发展中国家。于是原来创新国家的技术优势已不复存在，创新产品的需求转向从国外进口。原创新企业要想继续保持技术优势，只有进行新一轮的发明创造。在这一阶段，产品的技术趋于稳定，技术投入更少，资本要素投入虽然仍然重要，但非熟练劳动力大量增加，产品的要素密集型也将随之改变。

上述三个阶段，产品的要素密集型不同，技术先进程度不同，产品所属类型不同，因而使得各种不同类型的国家在产品的不同阶段具有不同的比较优势，而且这种比较优势将从创新产品生产国逐渐转移到发展中国家。

用产品生命周期学说来解释美国工业制成品的生产和出口变化情况，就会得出下述结论：开始，美国处于新技术垄断阶段，创新产品不仅在美国销售，而且出口到欧洲、日本等发达国家和地区；随后欧洲、日本等发达国家和地区也开始生产该种创新产品，逐步成为这种创新产品的出口国；在激烈的市场竞争中，美国的技术优势完全丧失，欧洲、日本等发达国家和地区生产规模不断扩大，成为创新产品的主要供应者；发展中国家和地区也逐渐掌握新产品的生产技术，开始生产、销售新产品；欧洲、日本等国家和地区对美国大量出口这种创新产品，美国成为这种创新产品的净进口国，这一产品的生产周期便宣告结束。

2. 国家竞争优势理论

产品生命周期学说从动态角度成功地解释了国内市场对创新的影响，但它仍留下许多问题未能解答，如为什么一些国家的某种产品在国内市场较小或发展缓慢的情况下仍能成为世界领先者？为什么许多国家的产业并没有像该学说预测的那样失去竞争优势？鉴此种种，哈佛大学教授迈克尔·波特（Michael Porter）提出一国兴衰的根本在于赢得国际竞争的优势，而国际竞争优势的取得关键在于国家是否具有适宜的创新机制和充分的创新能力。

（1）国家竞争优势理论的内涵

迈克尔·波特的国家竞争优势理论按照国家竞争优势取决于产业竞争优势，而产业竞争优势又决定于企业竞争优势这一逻辑线索，以产业经济为突破口，站在产业层次，认为国家竞争优势取决于产业竞争优势，而产业竞争优势又决定了企业竞争战略，从企业层面扩展到国家层面，从微观、中观、宏观三个层次系统地提出了竞争优势理论。

（2）竞争优势理论中的创新机制

迈克尔·波特的竞争优势理论中的创新机制可从以下三个层面来分析：

1）微观竞争机制。国家竞争优势的基础是企业内部活力，企业缺少活力，不思进取，国家就难以树立整体优势。能使企业获得长期盈利能力的创新，应当是研究、开发、生产和服务各环节上都使产品增值的创新。

2）中观竞争机制。企业的创新不仅取决于企业内部要素，还涉及产业与区域。企业经营过程的升级有赖于企业的前向、后向和侧向关联企业的辅助与支持。企业追求长远发展，需要有产业空间，利用产业链构建一个最优的区域组合，以达到降低成本、提高快速反应能力等目的。

3）宏观竞争机制。个别企业、产业的竞争优势并不必然导致国家竞争优势。因此，一国的宏观竞争机制对其是否能取得国家竞争优势有重要的决定性作用。为了对国家竞争优势提供一个比较完整的解释，迈克尔·波特提出了一个国家竞争优势模型，如图2-1所示。

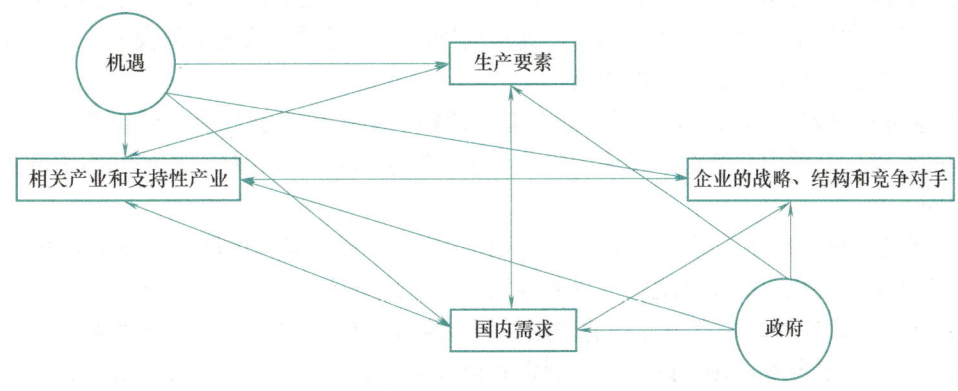

图2-1 国家竞争优势模型

该模型由四个基本决定因素和两个辅助因素组成。四个基本决定因素分别是：生产要素，国内需求，相关产业和支持性产业，企业的战略、结构和竞争对手；两个辅助因素是机遇和政府。由此构成所谓的"波特菱形"或完整的"钻石模型"（Diamonds Framework）。这些因素中的每一个都可单独发生作用，但又同时对其他因素产生影响。各个因素结合成一个有机体系，共同作用决定国家的竞争优势。同时，该系统也是一个双向强化的系统，其中任何一项因素的效果必然影响另两项因素的状态。

（3）国家竞争机制的六种因素

1）生产要素。要素是指一国拥有的生产要素，可以归为下列几大类：人力资源、物质资源、知识资源、资本资源以及基础设施。

生产要素可分为初级要素和高级要素、专门要素和一般要素。靠初级要素获得的竞争优势难以持久，而高级要素才是竞争优势的长远来源。高级要素往往需要长期对人力资源、物质资源进行投资才能得到。要创造高级要素，创新机构本身就需要高级的人力资源和技术资源，因此高级要素资源相对稀缺，在全球市场上较难获得。同样，专门要素比一般要素更重要。专门要素比一般要素更能为国家提供持久的竞争优势。

2) 国内需求。国内需求对竞争优势最重要的影响是通过国内买主的结构和买主的性质实现的。不同的国内需求使公司对买方需求产生不同的看法和理解，并做出不同的反应。国内市场的三个特征对国家竞争优势有十分重要的影响。

① 讲究、挑剔的买主。如果国内买主是世界上对产品和服务最讲究、最挑剔的买主，那么一个国家的公司便可能获得竞争优势。此外，讲究、挑剔的买主往往会给国内公司施加压力，使其在产品质量、性能和服务方面都建立高标准。

② 前瞻性的买方需求。如果一国的买方需求比其他国家领先，则一国的公司也能获得竞争优势，因为国内领先需求使公司先意识到国际需求的到来。

③ 国内独立的买主数量、需求的增长速度、需求的规模以及市场饱和的时间也会对一国公司的竞争优势产生影响。

3) 相关产业和支持性产业。一个国家的产业要想获得持久的竞争优势，就必须拥有在国际上有竞争力的供应商和相关产业。相关产业是指因共用某些技术、共享同样的营销渠道或服务而联系在一起的产业或具有互补性的产业。一个国家如果有许多相互联系的有竞争力的产业，该国便很容易产生新的有竞争力的产业。支持性产业有以下几种方法为下游产业创造竞争优势：①以最有效的方式及早、迅速地为国内公司提供最低成本的投入；②不断地与下游产业合作；③促进下游产业的创新。

4) 企业的战略、结构和竞争对手。企业的战略、结构和竞争对手受到企业建立、组织和管理的环境以及国内竞争对手发展的影响。不同国家的企业在目标、战略和组织方式上都大不相同。

5) 机遇。机遇包括重要的新发明、重大技术变化、投入成本的剧变（如石油危机时）、外汇汇率的重要变化、突然出现的世界或地区需求、战争等。

6) 政府。政府对国家竞争优势的作用主要体现在对四个基本决定因素的影响上。政府可以通过补贴、对资本市场加以干预、制定教育政策等影响要素条件，通过确定地方产品标准、制定规则等影响买方需求（政府本身也是某些产品或服务的大买主）。政府也能以各种方式决定相关产业和支持性产业的环境，影响企业的战略、结构、竞争状况等。但由于政府的影响主要是通过对四种决定因素的影响实现的，因此它没有被归入决定因素。

在上述六个因素中，前四个因素是国家竞争优势的基本决定因素，直接影响国家竞争地位的变化；后两个因素对国家的竞争优势产生影响。

(4) 对国家竞争优势理论的评价

迈克尔·波特的国家竞争优势理论是当代国际经济学理论的重大发展，主要有以下三个方面的贡献：

1) 该理论深化了对要素竞争优势的认识。例如，在要素基础上形成的竞争优势是动态变化的，要素上的劣势也能够产生国家竞争优势，要素创造比要素禀赋对于一国的竞争优势来说重要得多。

2) 该理论用贸易和对外投资综合在一起的思路，来解释一国何以能成为在一个特定产业中成功并维持竞争优势的国际竞争者的"母国基地"，大多数先前的理论要么只涉及贸易方面，要么只涉及对外投资方面。

3) 该理论强调国内因素对竞争优势的重要性，并在此基础上强调国家在决定国际竞争力方面的重要作用。迈克尔·波特的理论观点弥补了传统理论的不足，对于发展国家竞争优势无疑具有积极的指导意义。

总之，国家竞争优势理论不仅对当今世界经济和贸易格局进行了理论上的归纳总结，而且对国家未来贸易地位的变化可提供具有一定前瞻性的预测。

3. 需求偏好相似学说

需求偏好相似学说是瑞典经济学家林德（Linder）在其1961年的著作《论贸易的转变》中提出的。他用国家之间需求相似来解释工业制成品贸易发展。林德认为，赫-俄理论只适用于工业制成品和初级产品之间的贸易，而不适用于工业制成品之间的贸易。

林德认为，工业制成品的生产，最初都是为了满足国内需求，只有当国内市场扩大到一定程度时，才会将产品推向国际市场。由于该产品是在考虑本国收入水平的条件下，为了满足国内市场偏好而生产的，因此该产品较多地出口到偏好和收入相似的国家。这些国家的需求结构和需求偏好越相似，其贸易量也就越大。

林德认为，影响一国需求结构的主要因素是人均收入水平。人均收入水平越相似，两国消费偏好和需求结构越相近，产品的适应性就越强，贸易关系就越密切。人均收入水平较低的国家，选择消费品的质量也较低；人均收入水平较高的国家，选择消费品的质量也较高。因此，人均收入水平影响消费偏好和需求结构，消费偏好和需求结构影响贸易关系。即使一国拥有比较优势的产品，如果与其他国家收入水平差距较大，该产品也不能成为贸易品。

4. 产业内贸易学说

产业内贸易学说是美国经济学家格鲁贝尔（Grubel）提出的，是关于产业内同类产品贸易增长和特点的理论。格鲁贝尔等认为，当代国际贸易结构大致可以分为两类：一类是不同产业之间的贸易；另一类是产业内部同类产品之间的贸易。产业内部同类产品之间的贸易，是指一国同时出口和进口同类产品，或者贸易双方交换的是同一产业所生产的产品。

巴拉萨（Balasa）曾经对产业内贸易现象做过统计研究，并提出测量产业内贸易重要性程度的指标——产业内贸易指数（Index of Intra-industry Trade，IIT），其计算公式为

$$T = 1 - |X - M|/(X + M) \tag{2-1}$$

式中，X 和 M 分别为某一特定产业或某一类商品的出口额和进口额，并且对 $X-M$ 取绝对值；$T=0$ 表示没有发生产业内贸易；$T=1$ 表明产业内进口额与出口额相等，T 值越大说明产业内贸易程度越高。

产业内贸易指数是指同产业中双方国家互有不同质的贸易往来，在统计数据上显示同一类同时存在进口和出口的商品数额，表明在该产业有着互补性的贸易需求，并且越是高位的分类显示出的产业内贸易指数越有说服力。

格鲁贝尔及许多西方学者认为，同类产品或同一产业生产的产品之间发生贸易关系的原因有以下几点：

(1) 产品的差异性

同类产品的差异性表现在诸如商标、牌号、款式、包装、规格等方面，有些同质产品即使在实物形态上是相同的，但由于售后服务、广告宣传等方面的差异，也会被视为有差异产品。这种同类产品的差异性可以满足消费者的不同心理消费欲望和偏好，从而导致不同国家之间产业内贸易的产生和发展。

（2）厂商追求规模效益的动机

同类产品因产品的差异与消费者偏好的差异而相互出口，可以扩大生产规模和市场，获得贸易利益。因为一国企业可以通过大规模的专业化生产，降低成本，提高效益，取得比较优势，进而扩大产品出口。由此，产业内部的分工和贸易自然形成。

（3）经济发展水平及需求的重叠

经济发展水平越高，产业内差异性产品的生产规模越大，从而产业内部分工越发达，就会生产越多的差异性产品供应市场。经济发展水平越高，人均收入也越高，从而消费者的消费需求越趋于多样化、高级化，就会形成对差异性产品的强烈需求。

不同国家、不同阶层的人的消费需求是不同的，相同阶层的人的消费需求是相同或相近的，如富裕的人对高档消费品的需求，贫穷的人对生活必需品的需求。不同国家需求的重叠使得国家之间具有差异性的产品互相出口成为可能。

5. 新经济地理学理论

新经济地理学理论是以美国经济学家保罗·克鲁格曼（Paul Krugman）和迈克尔·波特为代表的经济学家提出的。在《地理和贸易》《发展、地理和经济理论》等著作中，克鲁格曼基于国际贸易发生在要素禀赋相似的国家之间的事实，构建了一种即使没有比较优势的国家也会以提高福利为目的而进行贸易的模型。通过描述经济活动集聚的向心力和使经济活动分散的离心力，揭示经济活动的地理结构和空间分布如何在这两种力量的作用下形成集聚以及其微观基础决定因素。

目前，新经济地理学理论主要包括核心-边缘理论、城市与区域演化理论和产业集聚与贸易理论。

（1）核心-边缘理论

在新贸易理论的报酬递增说的基础上，克鲁格曼通过离心力和向心力解释了报酬递增、运输成本和要素流动之间如何相互作用并最终演变出完全不同的经济结构。离心力来源于某种固化效应存在而导致交易成本增大，向心力则主要取决于激励劳动者更接近消费品生产商的"前向联系"以及激励生产者集聚在较大市场的"后向联系"。在运输成本足够低、产品差异性显著和生产规模足够大的前提条件下，"前向"和"后向"关联足以克服非流动性农民产生的离心力，经济将会演化成"中心-外围"模式，即所有制造业都集中在一个地区。

（2）城市与区域演化理论

克鲁格曼在冯·杜能（Von Thünen）的区位理论基础上建立了动态多区域模型，将城市定义为被农业腹地包围的制造业集中地，并且抽象为空间结构均衡的等距离分布的集聚点。藤田昌久（Fujita Masahisa）和克鲁格曼采用均衡分析的方法提出中心城市的存在来自前向和后向联系的作用，发现人口的不断增加，导致腹地外部延伸并且远离中心城区，从而形成了众多新的城市。一旦城市的数目变得足够多，由于向心力和离心力的相对力量的存在，城市规模和城市之间的距离往往保持大体固定水平。随着农业、工业运输成本的相对下降，可能最终形成由大的核心城市组成的大都市群。

（3）产业集聚与贸易理论

新经济地理学理论把研究重点从集聚资源转到特定产业的地域集聚，并进一步从产业之间的关联、运输成本和要素的流动性来研究产业集聚与贸易。克鲁格曼认为，一方面，产业集聚依赖于在该产业商品上的支出（包括中间投入等商品支出），一个较大规模的产业则恰恰能提供该产业的较大市场，商品生产者则被激励到上游产业区位布局生产；另一方面，由于外部规模经济的存在，具有较大规模产业的地区将为最终商品的生产者提供多种中间投入品，降低该产业的最终商品的成本，激励中间产品的生产者在所控制的最大市场内布局生产，而这却恰恰是下游产业。所以，在特定的地域，"前向关联"和"后向关联"效应可以产生一种专业化过程，是促进产业聚集和区域专业化发展的两种力量。

专栏 2-2

克鲁格曼与新贸易理论

2008年10月13日，瑞典皇家科学院诺贝尔奖委员会宣布将2008年度诺贝尔经济学奖授予美国经济学家保罗·克鲁格曼，以表彰他在贸易模式上所做的分析工作和对经济活动的定位，前一个学术贡献就是他对新贸易理论的贡献，后一个学术贡献则是他对新经济地理学理论的贡献。

克鲁格曼于1953年出生于美国一个中产阶级家庭。他1974年毕业于耶鲁大学，获得学士学位；1977年毕业于麻省理工学院，获得博士学位。他先后在耶鲁大学、麻省理工学院、斯坦福大学任教；2000年开始在普林斯顿大学工作；1982—1983年在白宫担任经济顾问。他于1991年获得克拉克经济学奖，克拉克经济学奖每两年颁发一次，获奖者必须是40岁以下的经济学家，并且对经济学做出过重大贡献。由于获得这一奖项的很多经济学家后来都获得了诺贝尔奖，因此，它成为预测诺贝尔奖的重要指标。此前，国际经济学界很多人都预测，克鲁格曼获得诺贝尔奖只是时间问题。

要理解克鲁格曼对新贸易理论的贡献，需要了解一些现实背景和理论背景。首先，从现实背景看，第二次世界大战之后，随着科学技术的进步和生产力的不断发展以及国际政治经济形势的相对稳定，国际贸易的规模越来越大，国际贸易的商品结构和地区分布与战前相比发生了很大变化：经济发展水平相似的发达国家之间的贸易比重大大提高，占世界贸易总额的比重高达70%以上；具有相似特征的同类产品之间的贸易额大幅增加，出现了很多同一行业既出口又进口的双向贸易（即行业内贸易），比如美国既从日本和欧洲进口轿车，也向后者出口轿车。但传统贸易理论模型讨论的国际贸易则是基于国家之间在生产技术（生产率）或要素禀赋方面的差异，差异越大，贸易的可能性或贸易量就越大，而这种贸易只是不同行业/产业间的贸易（即行业间贸易）。这显然与上面提到的第二次世界大战之后国际贸易格局的变化有较大出入。事实上，作为现代国际贸易学理论基石的HOS理论也确实屡屡遭受严峻的挑战。也就是说，如何解释行业内贸易，传统的贸易理论在一定程度上已经无能为力，需要有新的理论加以解释。

从格鲁贝尔和劳埃德（Lioyd）于1975年出版的《产业内贸易》一书开始，关于产业内贸易的理论与经验研究大量涌现。已出现的纯理论研究主要通过将产业组织理论运用于国际贸易，即引入非完全竞争的市场结构、规模报酬递增生产技术和产品差异等因素来设法揭示产业内贸易是如何产生的。这些理论模型考虑了两个重要方面：基于产品差异性的需求设定，与规模报酬递增相联系的非完全竞争因素。不同的经济学家基于不同的假设前提而提出不同的模型，所有这些理论模型被统称为"新贸易理论"。

新贸易理论最激动人心的方面在于基于产品差异性的需求设定，而产品的差异性则与非完全竞争的市场结构特别是垄断竞争的市场结构有关，通过需求设定将需求因素引入模型，便于求解模型的均衡解。产品差异性包括两种形式：水平差异（Horizontal Differentiation）和垂直差异（Vertical Differentiation）。垂直差异比较容易处理，但水平差异处理起来相对困难。针对水平差异产品的消费需求，经济学家提出两种分析方法。一种是 Hotelling-Lancaster 方法，该方法认为水平差异的产品实际上拥有相同的核心特性，但这些特性以不同的比例组合在一起；消费者偏好某一产品实际上是偏好该产品拥有的特性或特性组合。另一种是 Dixit-Stiglitz 方法，该方法认为并非消费者偏好一个品种胜过另一个品种，而是消费者偏好尽可能多的品种。这两种方法都假定产品市场是垄断竞争的。

1979 年克鲁格曼将迪克西特（Dixit）和斯蒂格利茨（Stiglitz）在 1977 年提出的分析水平差异产品的需求设定方法引入国际贸易研究，创立了融合垄断竞争与产品差异的国际贸易模型。1978 年 7 月，克鲁格曼把这篇论文提交到美国国家经济研究局（NBER）的暑期研讨会上，参加会议的都是当时国际上有影响力的经济学家。当他开始宣读论文时，大家没有加以注意，都在相互交谈。渐渐地，大家安静下来、停止交谈，专心倾听克鲁格曼的演讲。克鲁格曼一举成名！克鲁格曼回忆道："那是我生命中最美好的 90 分钟。"

克鲁格曼开创的新贸易理论是国际贸易理论发展的重要阶段，它是对传统贸易理论的拓展，也为"新新贸易理论"的产生预留了空间。克鲁格曼思维敏捷，是个高产经济学家，在过去十余年间，他出版了近 20 本著作，发表文章几百篇。他的著作和论文文笔清晰流畅、深入浅出，不仅是专业研究人员的心爱读物，也是普通大众的良师益友。在公众的眼中，他是一位不可多得的大众经济学家与预言家。克鲁格曼年纪轻轻就成为终身教授，但他说："和世界上 99% 的人相比，我没什么可抱怨的。但我的参照对象是同辈中最成功的经济学家，我还没有成为他们中的一员。"而如今，克鲁格曼年纪轻轻又成为诺贝尔奖得主，但这一次他说："我们都想得到权利，我们也渴望成功，但是对我来说，最好的回报就是理解带来的快乐。"

资料来源：程大中. 保罗·克鲁格曼与新贸易理论［J］. 世界经济情况，2008（10）：9-12。

六、新新贸易理论

新新贸易理论是由哈佛大学梅里兹（Melitz）教授在计量经济学杂志（*The Econometrics Journal*）上发表的《贸易对行业内重新配置和总行业生产率的影响》一文中的异质性企业贸易模型（也称"梅里兹模型"）的基础上发展而来的。以异质性企业贸易模型和企业内生边界模型为代表的新新贸易理论突破了传统贸易理论和新贸易理论中企业同质假定，将异质性纳入企业微观分析框架中，并对国际贸易结构和国际贸易量进行大量实证分析与解释，成了当前国际贸易理论研究的新热点。

异质性企业贸易模型沿用了新贸易理论垄断竞争市场结构和规模报酬递增的假定，还假定对称性国家和单一要素投入，但放松了同质企业的假定，运用一般均衡框架下的动态产业分析方法成功地将企业生产率内生到模型中，扩展了克鲁格曼的垄断竞争模型，将贸易理论研究对象扩展到企业层面，形成了新新贸易理论的基本理论框架。新新贸易理论认为，由于异质性的存在，贸易会导致市场份额在产业内企业间的重新配置，市场份额向高生产率企业靠近，而那些最低生产率的企业被迫退出，从而提高了行业生产率水平，这一效应在封闭经济中是无法实现的。

（一）异质性企业贸易理论

1. 异质性企业贸易理论的产生背景

传统贸易理论中的比较优势理论和要素禀赋理论，以市场完全和规模报酬不变假定为基础，分析了国家间因生产技术差异和要素禀赋不同而出现的产业间分工与贸易的动因和利益来源。新贸易理论在传统贸易理论基础上放松了市场完全和规模报酬不变的假设，分析了在市场不完全和规模经济的情况下国际分工与贸易的原因及利益来源，解释了产业内分工与贸易的现象。但是，不论是传统的贸易理论还是新贸易理论，其研究均从宏观层面出发，分析了国际分工与贸易的开展，忽视了贸易的微观主体（企业）之间的差异性。

美国统计局1999年对30多万家企业的调查研究显示，从事出口的企业不到5%，而且这些出口企业中前10%的企业出口总额占美国出口总额的96%。出口企业与非出口企业在劳动生产率、要素密集度和工资水平上都存在显著的差异。相对非出口企业，出口企业具有较高的劳动生产率和工资水平。异质性企业贸易理论正是从微观企业角度解释了此类国际贸易中出现的新现象，在传统贸易理论和新贸易理论的基础上，假定微观企业存在异质性，建立微观企业层面的分析框架，解释了当前国际贸易的新现象，使贸易理论的分析和研究从宏观层面深入微观领域，更加与现实接近，也具有说服力。此外，异质性企业贸易理论还将新制度经济学的不完全契约和产权分析引入国际贸易的一般均衡分析框架中，为当前研究企业的全球生产组织分工提供了新的思路，特别是在外包与垂直一体化的抉择方面。

2. 异质性企业贸易理论的主要内容

异质性企业贸易理论主要包括以伯纳德（Bernard）和梅里兹为代表的两类异质性企业贸易模型。

（1）以伯纳德为代表的异质性企业贸易模型

伯纳德于2003年提出的以寡头价格垄断竞争模型为基础的异质企业贸易模型为异质性企业静态贸易模型。该模型采用比较静态分析法，引入了李嘉图技术差异、冰山出口成本等市场不完全条件，分析了企业生产率和出口之间的关系。其基本结论为国际贸易会对不同生产率企业带来不同影响。生产率最低的企业可能倒闭，生产率相对较高的企业会选择出口，行业的总生产率会由于低生产率企业倒闭和高生产率企业扩大出口而提高。

（2）以梅里兹为代表的异质性企业贸易模型

梅里兹模型是采用垄断竞争分析框架，在克鲁格曼新贸易理论的基础上构建的异质性企业动态贸易模型。

该模型核心思想为企业在进入某个特色产业之前，对自己的生产率水平是不了解的；但当它进入某个新产业之后，企业做出的投资又是不可逆的。所以在同一个行业里，会存在不同生产率水平的各种企业。与此同时，当企业准备进入国际市场时，对自己的生产率已经有了一定程度的了解，而且企业在出口产品时，会存在流通费用、运输成本以及服务费等各种进入成本，这些进入成本是企业在支付国内市场生产销售固定成本后，单独支出的出口固定成本。出口数量越多，出口目的地越多，这种固定成本就越高。在这种情况下，只有生产率水平较高的那部分企业才会选择出口，而生产率水平次之的企业只能选择国内市场，生产率最低的企业会被迫退出行业。此时，贸易将提高在国内市场和国外市场上销售产品的企业生产率，同时通过资源在行业内的重新配置提高整个行业的生产率水平，进而带来福利的增长。这种产业生产率水平的提升，并不是因为产业内某个企业的生产率提高了，而是由于贸易结构的优化得到的。因此，该模型为贸易影响产业结构的路径提供了一种新的解释。

梅里兹模型认为国际贸易自由化（Trade Liberalization）会产生以下三个方面的影响：

1）国际贸易能够引发生产率较高的企业进入出口市场，而生产率较低的企业只能继续为本土市场生产甚至退出市场。

2）贸易自由化会引起异质企业的产业内竞争和资源重新配置效应，国际贸易进一步使得资源重新配置，流向生产率较高的企业。

3）在消费者福利方面，虽然国内企业数量减少使国内产品的供给数量减少，但国际贸易使得企业成本加成下降，同时使得更多国外高生产率水平的企业向国内出口更高质量的产品，这样消费者可以花费比以前更低的成本得到更高质量的产品，从而净福利水平增加。

3. 异质性企业贸易理论的理论价值

异质性企业贸易理论开启了国际贸易研究新领域，为国际贸易理论的发展做出了极为重要的贡献。与传统贸易理论和新贸易理论相比，异质性企业贸易理论主要具有以下两点创新之处：

1）异质性企业贸易理论更加贴近现实中的企业异质性，假定对贸易实践具有更强的解释力。传统国际贸易理论无法回答国家间技术、要素禀赋差异较小甚至无差异情形下贸易发生的机理，在一定程度上新贸易理论可以弥补这个缺陷，然而，新贸易理论却无法解释为什么企业一开始不直接选择国际贸易，而偏要从国内贸易开始。异质性企业贸易理论以企业生产率异质为出发点，解释了不同企业从事国际贸易的初始原因，以企业间生产率存在差异的现实情况解释了不同企业存在不同的贸易情况的现实，是对传统贸易理论和新贸易理论的一次重大改进，它使国际贸易理论对贸易实践具有了更强的解释力，也拉近了理论与现实的距离。

2）异质性企业贸易理论为企业参与全球化生产和贸易模式的选择提供了新的理论依据。近年来，关于贸易模式的探讨主要集中在国际生产控制与加工贸易问题上，填补了贸易模式理论的空白。同时，异质性企业贸易理论将产业组织理论和契约理论的概念融入贸易理论，提出了企业边界问题，在跨国公司中间投入品贸易占全球贸易份额不断上升的国际背景下，分析了企业如何在不同国家间进行贸易模式选择，并将贸易模式的研究从产业视角引入企业内生边界视角，从而为企业全球化和贸易模式的选择提供了新的理论依据。

（二）全球价值链与增加值贸易

1. 全球价值链的定义

格里菲（Gereffi）提出了全球价值链（Global Value Chain，GVC），认为构成价值链的各种活动可能分散于不同的企业和国家，全球价值链是为实现商品或服务价值而连接生产、销售、回收处理等过程的全球性跨企业网络组织，涉及从原料采集和运输、半成品和成品的生产与分销，直至最终消费和回收处理的整个过程，包括在整个产业链条价值实现过程中，所有生产活动的组织及参与者的利润分配。GVC 提供了一种基于网络的、用来分析国际性生产的地理和组织特征的分析方法，揭示了全球产业的动态性特征，考察价值在哪里，是由谁创造和分配的。

治理、升级和租金来源是全球价值链理论的三个关键内容。在全球价值链的众多价值环节中，并不是每一个环节都创造等量价值，主要的附加值集中在那些能免于竞争的环节上，而租金则是理解这种价值分配的关键概念。全球价值链的动力机制决定了全球价值链的链主，进而影响治理结构、租金分配以及产业的升级路径，是研究治理、升级和租金的基础。格里菲最初将价值链分为生产者驱动与购买者驱动两种类型，二元驱动论基本是按产业部门来划分的。在现实世界，同一产业部门内有可能两种动力机制共存，甚至同一产业部门内部有可能两种不同动力机制完全相悖。因此随着时代发展和理论演进，第三种驱动方式，即混合型驱动，也逐渐被学者们认可。

全球价值链的动态演进过程是具有情境化特征的，即受制度、治理结构、地理分布以及输入输出四个维度的影响。

全球价值链研究的主要框架如图 2-2 所示。

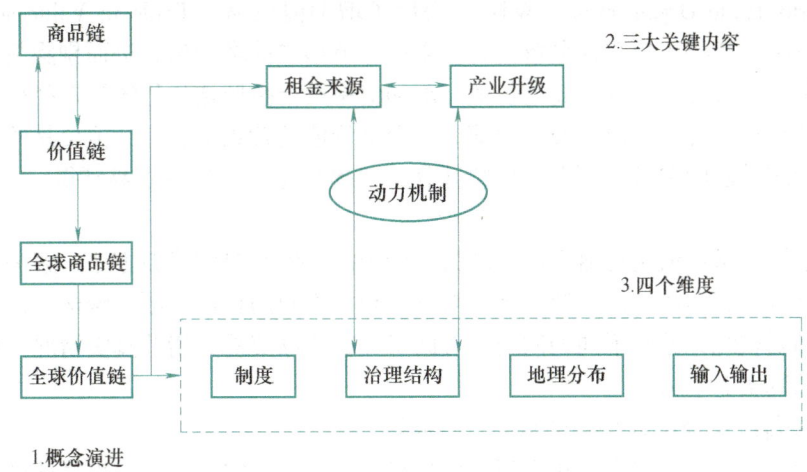

图 2-2　全球价值链研究的主要框架

格里菲将全球价值链类别与租金联系起来，他认为生产者驱动与购买者驱动价值链会尽可能提高进入壁垒以产生不同种类的租金。生产者驱动的全球价值链租金来源主要体现在两个方面：一是技术租金，因拥有不对等渠道的产品与生产技术所获得的利得；二是组织租金，是指组织内部过程的技巧和秘诀，如日本的从大量生产转化为大量定制（或弹性生产）的内部组织能力，这种转化与准时制生产、全面质量控制、预防性维护措施以及持续改善等组织技术有关。

购买者驱动的全球价值链租金来源则体现在：一是关系租金，即诸多企业之间相连的关系，包括将中小型与大型组装厂接连起来的供应链管理技术战略联盟的建构，以及特定区域集结而起的原始设备制造商（Original Equipment Manufacturer，OEM）企业群所展现出来的集体效率等；二是贸易政策租金，这是由贸易保护政策所造成的稀少资源，如纺织配额；三是品牌租金，指的是凭借产品差异，在主要世界市场所建立起来的品牌支配性。全球价值链各个环节的附加值是不相同的，嵌入其中的各国企业之间的收益分配也不平等，进入壁垒治理和系统效率都会影响全球价值链的收益分配。一般来说，在全球价值链中，领导企业掌握着战略环节的控制权，拥有对全球价值链的协调和管理力量，而供应商则处于被领导的地位，整个链中参与企业的力量是不对称的，整个价值链呈现出金字塔形的力量和治理结构。

格里菲将产业升级分为四个层次：一是产品层次的升级，即从简单到复杂的同类型产品；二是在经济活动层次上的升级，包括不断提升的设计、生产和营销能力；三是在部门内层次上的升级,如从最终环节的制造向更高价值产品和服务的生产,也包括供应链的前向联系和后向联系;四是在部门间层次上的升级,即从低价值、劳动密集型产业到资本和技术密集型产业。

2. 增加值贸易的定义

在国际垂直分工和全球价值链背景下,一些发展中国家虽然主要出口资本密集型商品,但其实质是仅在国内完成劳动密集型生产环节中加工装配,创造的价值较少,却在传统的关境统计中显示较大的出口额,存在大量贸易顺差,这种统计假象使发展中国家在新型国际分工体系下获得的贸易利益与贸易差额极不匹配。在此背景下,经济合作与发展组织和世界贸易组织(World Trade Organization,WTO)提出了增加值贸易(Trade in Value-added)的概念。增加值贸易是指将出口总值分解为每一生产环节形成的增加值,进而剔除关境统计出口额中的进口部分,仅考虑国内的新增价值。附加值率是指按照增加值统计口径统计的出口额与按照关境统计口径统计的出口额的比值。在全球价值链背景下,增加值贸易的出现可以去除传统的关境统计法的弊端,更合理地统计分工"碎片化"的国际贸易利得。

3. 全球价值链与增加值贸易的作用

全球价值链和增加值贸易概念的出现为分析产品内贸易提供了新方法,解决了传统关境统计法中的重复计算问题、国际贸易规模与贸易利益之间的错位问题、跨国公司主导下的贸易利益属地和属权统计原则不同的问题,有助于反映全球贸易失衡的真实情况,也可以反映出各国产业的真实竞争力。

(1)解决传统关境统计法中的重复计算问题

传统关境统计法同时包含了对中间品贸易和最终品贸易的统计,会重复计算跨越国界的中间品价值。这一重复统计的实质是本国实际创造的增加值小于本国的实际出口值。随着产业内分工的快速发展,传统关境统计的贸易流量越来越不能反映价值增值的流动。全球价值链体系通过将贸易统计口径从商品总值转为增加值,能够有效识别增加值贸易,避免重复计算。

(2)解决国际贸易规模与贸易利益之间的错位问题

传统关境统计无法有效地反映两国实际创造的价值增值,高估了一国通过国际贸易获得的贸易利得。以我国为例,我国在产品内分工中大量承接了高附加值的工业品和服务产品中低技术制造环节的生产与组装,然而这种高技术产品出口的爆炸式增长是一种统计假象。我国出口中的增加值远远低于出口总值,这样的统计假象掩盖了我国在高技术产品生产中所处的价值链的低端地位和获得较低分工利益的事实。

(3)解决跨国公司主导下的贸易利益属地和属权统计原则不同的问题

跨国公司是产品内分工布局的主导力量,所以分析一国贸易利益必须区分东道国企业和跨国公司的作用,即按照属地原则和属权原则贸易利益会因为跨国公司而不同。只有在属权原则下,探讨外商投资企业引发的国际贸易及其贸易利益变动,才能真实地反映一国的贸易利益水平。以中国为例,2009年以来,按照属权原则统计我国对外贸易由顺差变为逆差,表明跨国公司通过大量中间品采购和销售影响了我国的进出口规模,逆转了贸易差额的方向。由此可见,只有从总值贸易中分离跨国公司FDI(外国直接投资)引致的贸易部分,才能准确界定价值增值的国别属性,准确测算一个国家的贸易增加值,从而才能客观评价一国的福利水平。

4. 全球价值链和增加值贸易视角下的贸易利得

在产品内分工和贸易背景下，全球分工边界缩小至工序、生产环节层面，产品内贸易总量超过最终品贸易，使得国际贸易利益的来源、获得主体、分配机制等方面都出现了重大变化，改变了原有贸易利得的内涵。

（1）贸易利得来源多样化

在贸易利得的分配方面，跨国公司主导着全球价值链背景下的贸易利得。在东道国直接投资或外包所引致的贸易，其贸易利益多被界定为利润、劳动力成本的节约和加工贸易利益，这种显性贸易利益大部分被跨国公司获得，只给东道国带来了人力工资、税收和土地租金等收益，而且这部分利益是东道国的静态利得。从动态看，一方面，跨国公司会对东道国国内企业造成挤压，推升东道国原材料价格，甚至通过转移价格来避税，降低东道国的贸易利得；另一方面，跨国公司的出口行为通过示范效应、技术溢出和产品结构调整可能会使东道国整体经济增长，增加东道国的贸易利得。

（2）贸易利得主体微观化

贸易利得主体可以分为宏观国家、中观行业、微观企业和要素三个层次。产品内分工模式模糊了国家的界限，全球价值增值链条构成了分工主线，所有国家、企业都沿着这个链条参与分工主线。其实质是不同国家、不同行业、不同企业的生产要素在产品价值链条上的重新整合，生产要素成为产品内分工的基本单位，贸易利得主体直观地体现为两国要素所有者在参与国际分工过程中获得的要素报酬及相关收益，主体更加微观地体现为产品层面和企业层面。

（3）贸易利益分配复杂化

在国际产品内分工下，确定一国参与分工获得的贸易利益不仅要剔除一国出口中包含的外国中间品价值，还要在国内价值增值基础上进一步剔除本国外资企业的贡献，因为一国创造的国内增加值中由跨国公司创造的部分，可能会通过利润转移等方式离开东道国，出现东道国国内增加值的漏出。最后，还要从要素层面确定参与分工的生产要素所有权归属问题，才能计算出本国参与国际分工的静态利得。

专栏 2-3

《全球价值链发展报告 2021：超越制造》

《全球价值链发展报告》由对外经济贸易大学全球价值链研究院主导、策划，并与世界贸易组织（WTO）、世界银行（World Bank）、经济合作与发展组织（OECD）、亚洲开发银行（ADB）、日本亚洲经济研究所（IDE-JETRO）、中国发展研究基金会等国内外组织机构共同撰写和出版。《全球价值链发展报告》是研究院的标志性成果之一，每两年发布一期。

2021 年 12 月 13 日，对外经济贸易大学举办了第三期报告《全球价值链发展报告 2021：超越制造》线上发布会。与会国内外知名专家不仅一致肯定本期报告的具体贡献，如无工厂制造商（Factoryless Manufacturer）、沿全球价值链的新型服务贸易、要素收入贸易（Trade in Factor Income）等新的概念和理论，他们更注意到本系列报告在塑造有关开放、全球化和发展等重大议题的国际叙事和国际议程方面的影响和作用。

世界贸易组织首席经济学家罗伯特·库普曼（Robert Koopman）对《全球价值链发展报告》系列报告给予了高度评价与肯定。库普曼指出，2014 年他刚到世界贸易组织任职时，许多世界贸易组织成员对"全球价值链"这个概念心存疑虑，认为"全球价值链"是剥削发展中国家的一种手段，因而不愿意讨论全球价值链。随着《全球价值链发展报告》的推出，以及大量关于全球价值链研究的出现，这一情况出现了变化。许多世界贸易组织成员逐渐认识到，全球价值链是实现发展的新途径，通过参与全球价值链、满足外国的中间产品需求，可以实现价值链升级和经济发展。三期《全球价值链发展报告》的出版，使人们对于全球价值链有了更加正面的看法。这三期报告呈现了关于全球价值链的关键事实和证据，提供了重要的新知识和新见解，为政策讨论提供了材料，并正面塑造了有关开放、全球化和发展的叙事。现在，连印度这样从前对全球价值链心存疑虑的国家，也想知道如何融入全球价值链，如何实现沿价值链升级。本期报告第四章就详细分析了印度参与服务业全球价值链的经验。

库普曼还重点提及了本期报告中的一些重要见解：①和全球价值链相关的国际贸易政策与国内政策的联系（如竞争政策、社会安全网）；②区域价值链与全球价值链的关系；③从需求的角度看，美国仍是全球价值链的中心；④更加平衡和平等的全球发展需要中国在全球价值链的需求侧扮演更重要的角色。库普曼认为这些议题可以在未来的报告中进一步深入发展。

最后，库普曼还提到，现任世界贸易组织总干事恩戈齐·奥孔乔-伊韦阿拉（Ngozi Okonjo-Iweala）强调，世界贸易组织需要把事实、知识和见解提供给成员，以帮助它们进行相关议题的辩论。奥孔乔-伊韦阿拉对本期报告在这方面的出色贡献予以高度赞扬和肯定。库普曼重申，世界贸易组织将继续参与本系列报告的撰写和出版工作。

日本亚洲经济研究所（IDE-JETRO）高级研究员孟渤指出，《全球价值链发展报告》已经成为一个品牌，如果在2000年左右在互联网上搜索"全球价值链"，能找到的专业论文相当少，而现在"全球价值链"已成为一个高频搜索词，并且能够找到大量的专业研究。《全球价值链发展报告》系列出版物一直处于搜索结果排名的前列，且有非常高的引用率，因为"它可以给学界和政策制定者提供非常好的支持"。

资料来源：对外经济贸易大学全球价值链研究院。

专栏2-4

国际贸易理论基本情况比较和总结见表2-9。

表2-9 国际贸易理论基本情况比较和总结

国际贸易理论	基本假设	研究范围	研究层面	主要结论
传统贸易理论	企业和产品同质性，完全竞争市场，规模报酬不变	发展水平不同国家的产业间贸易	宏观层面	比较优势和要素禀赋差异是产生国际贸易的主要原因，产业间贸易是国际贸易的主要形式
新贸易理论	企业同质性，产品差异化，不完全竞争市场，规模经济	发展水平相似国家之间的产业内贸易	宏观层面	市场结构的差异、规模经济和产品差异化推动了贸易的产生，产业内贸易是国际贸易的主要形式

(续)

国际贸易理论	基本假设	研究范围	研究层面	主要结论
异质性企业贸易理论	企业异质性，产品差异化，不完全竞争市场，规模经济	不同国家内部企业之间的贸易行为	微观层面	企业的异质性假定使企业面临不同的贸易抉择，主要解释了企业内、产业间贸易以及企业的异质性根源

资料来源：薛荣久. 国际贸易 [M]. 7 版. 北京：对外经济贸易大学出版社，2020。

第二节 贸易保护理论

一、重商主义学说

(一) 重商主义学说产生的历史背景

从经济学说史上看，重商主义学说可追溯到 15 世纪至 16 世纪。在这个时期，西欧封建制度逐渐瓦解，经济上，商业资本的力量日益强大，资本主义原始积累为资本主义生产方式的确立准备了条件，资本主义因素在迅速发展。于是，一种代表商业资本利益的经济思想和政策体系应运而生。

(二) 重商主义学说的主要内容

重商主义学说分为早期重商主义学说和晚期重商主义学说。

1. 早期重商主义学说

早期重商主义者主张禁止货物进口，以防止贵金属外流，认为这是保留货币的有效手段。这种思想发展成为货币平衡论，即重金主义学说体系。例如，当时的英国，为了不使外国人把出售商品得来的货币带出英国，颁布了两条法令，即《消费法》和《侦探法》。第一条法令规定外国人必须把自己在英国收到的汇款，完全用来购买英国的商品；第二条法令规定每个"外来的客人"都必须有一个"主人"或"侦探"把"外来客人"的交易行为统统记录下来，防止他们把货币带出英国。英国的威廉·斯塔福特（1554—1612）就是代表人物。

下面的对话反映了威廉·斯塔福特关税保护（Tariff Protection）的思想。他写道："有一次我问书贾：'为什么我们国内不能像国外一样制造白色的和灰色的写字纸？'我得到的答复是：若干时期以前，有一个人着手造纸，但是没过多久，他就把工厂关闭了，因为他看到自己工厂造的纸不能像国外的纸那样便宜。书贾接着又说：'但是我相信，如果能够禁止进口（Prohibitive Import），或者课以较高的关税，那么在我们国内很快就可以使造纸成本低于国外。'"显然，早期重商主义主张实行高关税以阻止进口。

2. 晚期重商主义学说

晚期重商主义者则要求发展对外贸易，出发点是对外贸易所吸引进来的货币多于出去的货币。这种思想发展成为贸易平衡论，即狭义的重商主义学说体系。这一时期，商业已很发达，工场手工业已经产生，信用制度也随之发展起来，"资本原始积累"时期开始了。商业资产阶级对银行的追求变本加厉，然而对金银的态度已完全不同。因为他们懂得了货币只有在流动中才能成为资本，实现增值，因此就不能过分地去限制这种流动。过去的格言"多卖少买"已经过时了。晚期重商主义者主张取消禁止货币输出的法令，使本国的出口多于进口，即实行出超的对外贸易。托马斯·孟（1571—1641）是晚期重商主义学说的重要代表人物，其代表作是《英国得自对外贸易的财富》。他认为："国外贸易是增进我们的财富和宝库的普通手段。在这个贸易中，我们应当永远遵守下列原则：每年我们所卖给外国人的货物总额，应当等于我们所消费的外国货物。"他主张把货币投入具有"生殖力"的流转中去。他说："货币建立贸易，而贸易能增值货币。因此，投入流转的货币越多，事情就越好。"

托马斯·孟反对以任何措施去限制出口贸易，甚至主张降低出口关税。他认为转口贸易是最有利的事情，它可以产生最大的商业利润。斯塔福特总是企图把货币保留在国内，而托马斯·孟则希望把货币输出国外，以便更大量地输入货币。他还主张扩大农产品和工业品的出口，并且主张以低廉的价格去增加商品在国外市场上的竞争力。

无论早期重商主义者还是晚期重商主义者，他们的研究对象都是流通，研究方法都是记述他们所观察到的现象，因而重商主义学说并不是一种科学的体系。

二、李斯特的贸易保护学说

李斯特（List，1789—1846）是德国著名经济学家，历史学派的先驱者，早年倡导自由主义，后来转向贸易保护主义。他于1841年出版了《政治经济学的国民体系》，系统地提出了贸易保护学说。

（一）李斯特贸易保护学说的主要内容

1. 主张保护幼稚工业

李斯特认为，一个国家的财富和力量来源于本国社会生产力的发展，提高生产力是国家强盛的基础。财富的生产力比财富本身重要得多。购买国外的廉价商品，从眼前利益看，可能会得到一些实惠，但是从长远利益看，则会影响德国工业的发展。因为这样做会使德国工业长期落后，甚至会成为先进工业国的附属国。他主张德国对幼稚工业实行保护，提高关税，限制进口。这样做，一开始国内工业品价格会上涨，消费者也会受到损失。但是经过一段时间，德国工业发展起来以后，商品的价格就会下降，甚至会低于外国进口商品的价格。更为重要的是，这会使德国具备生产财富的能力，提高国力。

2. 经济发展阶段论

古典学派的自由贸易理论认为，各国按照比较成本学说可以形成和谐的国际分工，而且形成这种分工只需要自由贸易。李斯特认为，这种观点抹杀了各国的经济发展和历史特点。他认为，各国经济发展必须经过五个历史阶段，即原始的未开化阶段、畜牧业阶段、农业阶段、工农业阶段和工农商业阶段。处在不同历史阶段的国家应该实行不同的贸易政策。处于农业阶段的国家应该实行自由贸易政策，因为自由贸易不但可以自由输出农产品，还可以自由输入外国工业产品，从而推进本国工业发展。处于工农业阶段的国家应该实行保护关税（Protective Tariff）制度，因为保护关税可以限制外国工业产品进口，保护本国尚缺乏国际竞争力的工业的发展。处于工农商业阶段的国家应该实行自由贸易政策，因为自由贸易可以使本国得到最大利益。

李斯特认为，英国经济发展已处在工农商业阶段，应该实行自由贸易政策。德国经济发展处在工农业阶段，应该实行保护关税制度。

3. 贸易保护的手段、目的和对象

李斯特贸易保护的手段主要是禁止输入和保护关税，保护的目的是发展本国生产力，保护的对象是国内幼稚工业，原因有以下几点：

1）只有幼稚工业才需要保护，但并非保护所有幼稚工业，而是要保护有发展前途的幼稚工业。

2）即使一国的工业幼稚，但在没有遇到强有力的国际竞争时也无须保护。

3）被保护的工业生产的产品能与国外产品竞争时，就必须继续保护。被保护的幼稚工业一段时间扶植不起来的，就放弃保护。

4）农业不需要保护。

（二）对李斯特贸易保护学说的评价

1. 李斯特贸易保护学说的积极作用

李斯特贸易保护学说不是主张保护落后，而是主张通过保护关税用机器挤掉手工劳动，用现代的生产代替宗法式的生产。因此，这一理论有利于德国工业资产阶级反对封建主义的斗争，促进德国工业资本主义发展；为发展中国家民族工业的发展提供了借鉴，有利于促进发展中国家民族工业的发展。

2. 李斯特贸易保护学说的主要缺陷

李斯特对生产力概念的理解是错误的，对影响生产力发展的各种因素的分析也是混乱的，他以经济部门作为划分经济发展阶段的基础是错误的，歪曲了社会经济发展的真实性。

三、凯恩斯主义超贸易保护学说

约翰·梅纳德·凯恩斯（John Maynard Keynes，1883—1946）是英国资产阶级经济学家，凯恩斯主义经济学的创始人，其代表作是《就业、利息和货币通论》（简称《通论》），该书于1936年出版。

（一）凯恩斯主义超贸易保护学说产生的历史背景

自19世纪末20世纪初开始，资本主义经济发生了较大变化：一是垄断代替了自由竞争；二是国际经济制度和秩序发生了巨大变化；三是1929—1933年资本主义世界爆发了空前的经济危机，各国争夺资产的斗争进一步尖锐化。在这种情况下，超贸易保护政策（Ultra Protective Trade Policy）盛行起来。于是各国经济学家提出了各种支持超贸易保护政策的理论根据，其中有重大影响的是凯恩斯主义的观点。

1929—1933年大危机之前，凯恩斯是一个自由贸易者，他反对贸易保护主义，认为贸易保护主义不会有利于国内经济繁荣与就业。大危机之后，凯恩斯改变了立场，转而推崇重商主义，认为重商主义贸易保护政策的确能保证经济繁荣和促进就业。

凯恩斯没有专门系统地论述国际贸易的著作，但是他和他的学生们有关国际贸易方面的观点与论述却形成了颇具影响的超保护贸易学说。

（二）凯恩斯主义超贸易保护学说的主要内容

1. 对古典自由贸易理论的批评

1）凯恩斯认为，古典贸易理论已经过时，因为它是建立在国内充分就业的前提之上

的。1929—1933年的经济大危机使失业成为各国的普遍现象。

2）凯恩斯及其追随者批评自由贸易理论关于"国际收支自动调节"的理论，认为它忽视了贸易顺差、逆差调节均衡的过程对一国国民收入和就业产生的影响。凯恩斯认为，顺差能增加国民收入，扩大就业；逆差则会减少国民收入，加重失业。因此，他赞成贸易顺差，反对贸易逆差。

2. 对外贸易乘数理论

对外贸易乘数理论是凯恩斯投资乘数理论在国际方面的应用。为证明新增加投资对国民收入和就业的好处，凯恩斯提出了投资乘数理论。

凯恩斯认为，一国投资的增长对国民收入的扩大是乘数或倍数关系，故称为乘数或倍数理论。他认为新增加的投资会引起对生产资料需求的增加，从而引起从事生产资料生产的人们（工人、企业主）收入的增加，进而引起他们对消费品需求的增加，以致引起从事消费品生产的人们收入的增加。如此连锁发展，结果增加的国民收入总量会是原增加投资量的若干倍。他还认为，国民收入增加的倍数取决于"边际消费倾向"。如果"边际消费倾向"为0，那么人们会把增加的收入全部用于储蓄，而一点儿也不消费，所以国民收入就不会增加；如果"边际消费倾向"为1，那么人们会把增加的收入全部用于消费，而一点儿也不储蓄，所以国民收入增加的倍数为1+1+1+…，直到无穷大；如果"边际消费倾向"介于0与1之间，那么人们会把增加的收入以1/2或1/3或…用于消费，所以国民收入增加的倍数在1和无穷大之间。

乘数K的计算公式为

$$K = \frac{1}{1-边际消费倾向} \tag{2-2}$$

$$国民收入增加量(\Delta Y) = 乘数(K) \times 投资的增加量(\Delta I) \tag{2-3}$$

在国内投资乘数理论的基础上，凯恩斯的追随者引申出对外贸易乘数理论。这一理论认为，一国出口量的增加和国内投资一样，对国民收入的扩大也是乘数关系。一国的进口则和国内储蓄一样，有减少国民收入的作用。当一国出口的商品和劳务增加时，会引起其他产业部门生产增加、就业增多、收入增加……如此循环往复，结果国民收入的增加量则是出口增加量的若干倍。当一国进口商品和劳务增加时，必然向国外支付更多的货币，引起国内收入减少，消费下降，与存储一样，成为国民收入中的漏洞。于是，他们得出结论：只有贸易出超或国际收支为顺差时，对外贸易才能增加一国的就业量，提高国民收入。此时，国民收入的增加量将是贸易顺差的若干倍。这便是对外贸易乘数理论的含义。这一理论主张扩大出口，减少进口，认为贸易顺差越大，对一国经济发展和劳动就业越有好处。为了实现贸易顺差的目标，各国竞相使用超贸易保护措施，对外贸易乘数理论为超贸易保护政策提供了理论依据。

（三）对凯恩斯主义超贸易保护学说的评价

从局部看，这一学说推动了超贸易保护政策的实施，而超贸易保护政策的实施，对这些国家经济发展、扩大就业、增加国民收入产生了重大影响。

凯恩斯主义超贸易保护学说具有明显的局限性，主要有以下两点：

1. 从整体看，存在自身的矛盾性

对外贸易乘数理论的核心是扩大出口，实现贸易顺差，以促进本国经济发展和就业，但

是超保护贸易政策主张减少进口,如果各国都减少进口,那么一国出口量的增加就无法实现。也就是说,对外贸易乘数理论发生作用的条件是世界总进口量增加,超贸易保护政策又必然导致世界总进口量不会增加,这显然是自相矛盾的。它使对外贸易乘数理论失去了普遍发挥作用的条件。

2. 阻碍国家贸易的发展

凯恩斯主义超贸易保护学说推动了超保护贸易政策的发展,如果各国为了追求贸易顺差,无节制地奖出限入,其结果必然导致关税高筑,非关税壁垒盛行,贸易战烽烟四起,阻碍各国经济和国际贸易的发展。

四、战略性贸易保护理论

20世纪70年代以来,随着不完全竞争和规模经济被引入国际贸易分析框架内,战略性贸易保护政策逐渐成为主流。现实中,越是非完全竞争的行业,其非关税壁垒越明显,如汽车、钢铁以及半导体行业。20世纪80年代兴起的战略性贸易保护理论逐渐成为新贸易保护的理论基石。战略性贸易保护理论是建立在不完全竞争和规模报酬递增的假设基础上的,即规模经济贸易学说。

战略性贸易保护理论主张政府对战略产业进行贸易干预,给予本国企业生产补贴(Production Subsidy),对外国竞争产品征收进口税或者实行配额,对本国消费者购买本国产品进行补贴等,进而谋取规模经济之外的战略收益,同时占领他国市场份额,并分享更多的工业利润,主要包括利润转移理论和本地市场效应理论两大核心体系。

(一) 利润转移理论

与自由贸易理论的基础不同,战略性贸易保护理论建立在规模经济和不完全经济的框架下,垄断企业或寡头企业的商品价格不是市场外生给定的,而是企业根据市场需求量确定的。战略性贸易保护理论认为,政府可以通过征收关税来转移外国垄断企业的利润,以弥补本国消费者的损失,如图2-3所示。

假设外国垄断企业A在进口国B的市场上具有明显的市场力量。图2-3中,横坐标为单个厂商的产量Q,纵坐标为单个厂商的定价P与边际成本MC,D为外国垄断企业A在进口国

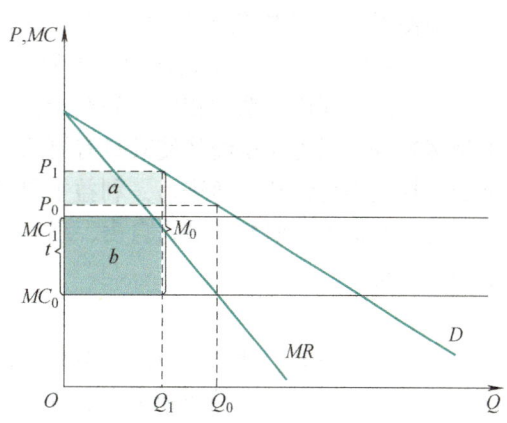

图2-3 通过征收关税转移外国垄断企业利润

B的市场上面临的需求曲线,MR为该需求曲线对应的边际收益曲线。根据垄断竞争厂商边际成本等于边际收益($MC=MR$)的利润最大化原则,A企业会根据MC与MR的交点确定其在B国市场上的供给量,即图2-3中的点Q_0,同时根据B国的需求函数确定价格水平为P_0。此时,A企业的加价空间为$M_0=P_0-MC_0$。如果B国政府征收从价关税($t=100\%$)后,边际成本变为MC_1。在新的边际成本与边际收益相等的均衡条件下,A企业的供给量会下降至Q_1,价格上升至P_1。但由于进口国B的需求曲线并非完全缺乏弹性,商品价格上升的幅度(P_1-P_0)小于边际成本提高的幅度(t)。也就是说,A企业通过提高销售价格从B国消费者手中得到的额外收益小于对关税的支付。从国家角度来看,关税收益(b)很有可能

会大于消费者福利损失的部分（a）。

表面上看，通过征收关税可以将出口国垄断企业的利润转移至进口国，但从一国内部来看，征收关税使得原本较高的垄断价格雪上加霜，最终仍是本国消费者承担，除非政府将所征收的关税用于补偿本国消费者。

同时，战略性贸易保护理论还涉及通过补贴来加强国内厂商在国际市场上与外国对手竞争的战略地位。在具有规模经济的条件下，拥有较高市场份额的国家从国际市场上获得的超额利润就较多。因此，应对国内规模企业实施补贴，占领更多国际市场份额，以阻止国外竞争者进入该产业，确保本国企业获得更多的垄断利润。

（二）本地市场效应理论

克鲁格曼在1984年提出，如果只允许某些厂商进入某一特定市场或该市场的一部分，就会有助于这些厂商在其他市场上改善业绩。克鲁格曼设定了一个最简单的规模经济的情形。假定只有一个本国厂商和一个外国厂商。在没有保护的情形下，即使生产完全一样的产品，两个厂商都会在所有市场上进行销售，如果本国市场对外国厂商是关闭的，本国厂商通常会增加其在国内市场上的产出。随着产出的上升，边际成本下降，国内厂商会发现自己可以毫不费力地扩大国外的市场份额并从中获利。

维纳布尔斯（Vernables）考察了另一种比较复杂的情况。假设本国厂商和外国厂商在各自的市场上竞争，也可能在别的市场上竞争。但此时不是仅有一个外国厂商和一个本国厂商的国际双寡头，而是假设市场足够大，能容纳相当多的厂商。自由进入时每个厂商只能获得"正常"水平的利润。边际成本不是递减的，而是不变的，但固定成本相当大。这种成本结构使得平均成本随产量的增加而下降。这种情况下，进口关税（Import Duty）和出口补贴（Export Subsidy）都能改善国家福利。

上述两种理论体系的相似之处在于，二者都遵循这样的逻辑——对本国厂商而言，生产得越多越好，因为规模经济使其具有更低的平均成本或边际成本。二者主要差异在于，克鲁格曼的模型不允许新厂商进入，利益主要来自寡头所获得的超额利润，而维纳布尔斯的模型中，规模经济不太明显，进入自由，利润维持在自由竞争水平，利益主要来自国内消费者所享受的低价。

（三）对战略性贸易保护理论的评价

战略性贸易保护理论是新国际贸易理论在贸易政策领域的应用和体现。战略性贸易保护理论论证了一国在规模经济和不完全竞争条件下，通过保护性干预，可以战略性地提高本国企业的国际竞争力和贸易福利。因其与幼稚产业保护理论具有类似的战略意义，因此也被称为新幼稚产业保护论。这一理论体系考虑了更加复杂的市场条件下，如何确保两国企业更加有效地参与国际竞争的政府策略，是产业内贸易大背景下的新型保护模式，为众多发达经济体和发展中经济体参与国际贸易并最大化获取贸易利益提供了有益的指导，但其本身也存在一定缺陷。

它对规模经济和不完全竞争的讨论建立在国家利益与个人利益等价的基础上，忽略了国家贸易政策对个人利益最大化可能存在的负面影响。此外，往往因为信息不对称，被保护的企业与政府的策略并不一致。因此，战略性贸易保护理论具有片面性。

战略性贸易保护理论是建立在企业同质性的假设下，并没有涉及异质性企业的市场策略，其理论假设与现实仍存在一定的脱节。更为重要的是，这种所谓"战略性"，在很大程度上容易引起贸易伙伴"以牙还牙"(Tit-for-tat)的报复性反应。

本章小结

　　自由贸易理论在19世纪中叶随着英国资本主义的迅速发展和新兴资产阶级的要求而产生，其代表人物是亚当·斯密和大卫·李嘉图，他们的理论分别是绝对优势理论和比较优势理论。此后，赫克歇尔-俄林要素禀赋理论对其进行了重大发展。然而，20世纪60年代以来，由于科技革命的影响，传统的国际贸易理论已逐渐不适用，促使了新的国际贸易理论的出现。新贸易理论强调规模报酬递增，新新贸易理论以企业异质性理论为代表。同时，贸易保护理论也在发展，包括重商主义学说、李斯特贸易保护学说、凯恩斯主义超贸易保护学说和战略性贸易保护理论。

思 考 题

1. 李嘉图比较优势理论的主要内容是什么？
2. 赫克歇尔-俄林要素禀赋理论的假设条件是什么？
3. 论述企业异质性理论的最新进展。
4. 解释全球价值链视角下的贸易利得。
5. 主要的贸易保护理论有哪些？

第三章

关税政策措施

教学目的和要求

通过本章的学习，掌握关税的定义及关税实施的作用，熟悉关税政策的发展趋势。系统掌握关税的分类，理解关税政策的基本原理和目标。了解国际贸易中的关税问题，掌握应对关税的策略与方法，培养分析和解决问题的能力。

第一节 关税概述

一、关税的定义

关税是进出口商品进出一国关税境域时，由政府设置的海关向进出口商所征收的税。它是国际贸易中最常见的贸易政策措施之一，用于调节国际贸易，影响进出口商品的价格和数量。关税通常以货物的货值为基础计算，并按一定税率征收。关税的征收通常由海关或相关税收部门负责，是各国政府管理贸易的重要手段之一。

关税的历史可以追溯到很早的时候。在古代，关税主要用于收税和控制贸易，以维护国家财政和经济利益。随着现代国际贸易的发展，关税逐渐成为国家保护本国产业、调节贸易平衡和增加财政收入的重要工具。然而，随着全球化的加速和国际贸易的深度融合，关税政策也受到了更多的挑战和争议。

（一）海关

海关是设在关税境域上的国家行政管理机构，是贯彻执行本国有关进出口政策、法令和规章的重要工具。其任务是根据这些政策、法令和规章对进出口货物、货币、金银、行李、邮件、运输工具等实行监督管理、征收关税、查禁走私货物、临时保管通关货物和统计进出口商品等。海关还有权对不符合国家规定的进出口货物不予放行、罚款，甚至没收或销毁。

（二）关境

海关征收关税的领域叫作关境或关税领域。通常关境和国境是一致的，但设有经济特区的国家，关境小于国境；在组成关税同盟的国家，关境大于各成员的国境。

（三）关税属性

关税是一种间接税。这是因为关税主要是对进出口商品征税，其税负由进出口贸易商垫付税款，然后把它作为成本的一部分加在货价上，当货物出售给买方时收回这笔垫款。这样，关税负担最后便转而由买方或消费者承担。

二、关税的双重作用

（一）关税的积极作用

1. 对外贸易政策的重要措施

根据国际关系，设置不同关税栏目，达到相互贸易促进、发展、维护和抑制的作用，贯彻国家对外贸易政策。

2. 增加国家财政收入

关税是各国国家财政收入的一部分，但比重在下降。由于发达国家国内市场的发达程度高于发展中国家，发达国家关税在国家财政收入中的比重比较低，而发展中国家则比较高。

3. 保护国内幼稚和新兴产业的发展

通过设置较高的关税，削弱国内幼稚和新兴产业的进口商品的竞争能力，保护这些产业的发展。

4. 弥补国内市场的短缺

通过设置较低税率或免税，鼓励本国不能生产或生产不足的原料、半制成品、生活必需品或生产急需品的进口，以满足国内生产和生活需要。

5. 通过关税调整平衡贸易差额

当贸易逆差过大时，提高关税或征收进口附加税以限制商品进口，缩小贸易逆差。当贸易顺差过大时，通过减免关税、扩大进口，缩小贸易顺差，以缓和与有关国家的贸易摩擦。

6. 调节生产和市场的运行

通过调整关税结构，调节生产要素的流动方向，实现产业布局的合理化和国民收入的再分配，满足国内不同阶层的需要。

（二）关税的消极作用

1）进口关税设置过高，会刺激走私活动，造成关税流失。

2）进口关税设置过高，会造成保护过分，使被保护的产业和企业产生依赖性，影响竞争力的培育和提高。

3）关税结构不合理，对企业的保护作用下降，甚至出现负保护。

4）一般不设置出口关税，因为出口关税不利于出口的扩大。

三、关税的影响与效果

（一）对本国产业的影响

关税的存在对本国产业有双重影响。高关税能够保护本国产业免受外国竞争，提高本国产业的竞争力，并有助于本国产业的发展。但是，过度保护可能导致本国产业过于依赖国内市场，降低了其创新和竞争力，长期来看可能对经济产生负面影响。

在某些情况下，高关税可能会导致本国产业对外竞争缺乏动力，降低了产业创新和竞争力。此外，高关税可能会导致本国产业过于依赖国内市场，减少了与外国企业的合作机会，使得本国产业难以融入全球产业链，影响了国家的经济发展。

（二）对国际贸易的影响

关税往往被视为一种贸易壁垒。征收高关税会导致进口商品的价格上涨，从而限制国际贸易的规模和范围。这可能会降低国际贸易的自由化程度，增加了国际贸易的不确定性，导致贸易争端和贸易战的发生。

（三）对消费者与生产者的福利效果

高关税使进口商品价格上涨，对消费者不利，因为他们需要支付更高的价格购买进口货物。然而，对本国生产者来说，高关税则可能提高其产品的竞争力，有利于提高本国生产者的市场份额和利润。

四、关税的争议与挑战

（一）贸易保护主义争议

贸易保护主义是指国家采取各种手段保护本国产业和市场免受外国竞争的冲击。关税往往被视为贸易保护主义的一种重要手段。支持者认为，关税可以保护本国产业免受外国竞争的冲击，维护国家的经济安全。批评者认为，过度保护本国产业可能导致产业效率降低，限制市场竞争，损害消费者利益。

（二）关税与贸易平衡

政府通过调整关税率，试图实现贸易平衡。然而，关税政策并非总能取得预期效果。在全球化的背景下，国际贸易与产业链高度相互依赖，过度保护本国产业可能导致其他国家采取报复性措施，加剧贸易不平衡。

关税政策对贸易平衡具有一定的影响。在贸易逆差较大的情况下，政府可以通过提高进口关税，限制进口，减少贸易逆差，达到平衡贸易的目的。然而，贸易平衡不仅取决于关税政策，还受到多种因素的影响，如国内生产力情况、产业结构、外汇政策等。因此，关税政策需要与其他经济政策相互配合，综合考虑国家的整体利益。

五、关税的未来趋势

随着全球化的不断推进和国际贸易的深度融合，越来越多的国家开始倾向于开放和自由贸易。在这一背景下，关税政策可能会面临更多的挑战和调整。

（一）贸易自由化趋势

全球贸易自由化的趋势将继续推进，许多国家将倾向于降低关税，推进贸易自由化。通过降低关税，国家可以提高本国产品的竞争力，促进产业升级和创新发展。

（二）区域贸易协定的发展

越来越多的国家将通过签署区域贸易协定，推进区域贸易自由化。这些协定可能约定关税的逐步降低和取消，以促进区域内贸易的发展。

（三）关税与技术发展的关系

随着科技的进步和数字经济的发展，国际贸易方式正在发生变革。关税政策也可能面临与新技术的结合，以应对新型贸易挑战的问题。

（四）国际贸易争端的解决

国际贸易争端可能会对关税政策产生重要影响。随着国际贸易纠纷的增多，各国政府可能需要审时度势，采取更加谨慎和成熟的关税政策，以维护国家利益和参与国际贸易合作。

专栏 3-1

中国诉美钢铝关税措施案（DS554）专家组报告裁决胜诉

2017 年 4 月，在特朗普政府执政期间，美国商务部依据美国 1962 年《贸易拓展法》第

232 节对来自包括中国在内的全球的多型号钢、铝产品发起保障国家安全调查，2018 年 1 月发布相关报告，经总统签署，2018 年美国对来自包括中国在内的多国钢、铝产品实施超出在世贸组织承诺的最惠国税率以上的额外关税，钢的额外关税为 25%（其中对土耳其的额外关税是 50%），铝的额外关税为 10%，同时豁免了自澳大利亚、阿根廷、巴西、韩国、加拿大、墨西哥进口的钢和铝产品的额外关税。

中国、欧盟等多国世界贸易组织成员就美国加征额外关税采取了反措施。中国就美国上述措施向世界贸易组织提起争端解决程序，瑞士、土耳其、欧盟、印度、俄罗斯等分别提起争端程序。此次发布的有四个报告：中国诉美国 232 钢铝关税案（DS544）、挪威诉美国 232 钢铝关税案（DS552）、瑞士诉美国 232 钢铝关税案（DS556）、土耳其诉美国 232 钢铝关税案（DS564）。

这是针对贸易保护主义的一次胜利。这是特朗普执政期间为保护国内钢铝产业对进口的钢铝产品采取的单边加征关税的保护主义措施，遭到众多世界贸易组织成员的坚决反对，若干成员采取了加征关税的反制措施。包括中国在内的九个世界贸易组织成员联合提起世界贸易组织争端解决诉讼，建立了以美国为被告的九个专家组审查美国的措施，除欧盟、加拿大和墨西哥中止了案件，印度和俄罗斯要求延期审理外，此次发布了四份专家组报告，一致裁决美国加征额外关税措施违反了 1994 年《关税与贸易总协定》第 2.1 条约束关税条款，其豁免个别成员的做法违反了 1994 年《关税与贸易总协定》第 1.1 条最惠国待遇条款，且两项违反不满足 1994 年《关税与贸易总协定》第 21 条安全例外豁免。这是对世界贸易组织自由贸易原则的捍卫，是对多边贸易规则体系的有力维护。

这是针对"国家安全例外"这一重大敏感条款的一次有力澄清。这份裁决也是对个别世界贸易成员滥用国家安全例外条款行保护主义之实的一次审查。一段时期以来，世界贸易组织成员援引《关税与贸易总协定》第 21 条国家安全例外条款的情形增多。国家安全例外条款不同于一般例外条款，俗称世界贸易组织规则体系中的"核武器"，由于这一条的例外情形须与核聚变、战争等特别紧急的国家核心安全利益相关，成员轻易不会使用。自 2018 年以来，十几个案件密集涉及该条款，成为国际贸易领域一个值得高度关注的倾向。本案是继乌克兰诉俄罗斯过境运输案（DS512），欧盟诉俄罗斯生猪案执行之诉（DS475），卡塔尔分别诉阿联酋、巴林、沙特的贸易限制案（DS526、DS527、DS528），卡塔尔诉沙特知识产权案（DS567）以来，又一次涉外国家安全例外条款的一组案件。这份裁决报告对于澄清世界贸易组织规则体系中现有的国家安全例外条款、厘定涉案成员在适用该条款时的权利和义务具有特别的意义，是对世界贸易组织多边规则和纪律的捍卫，坚持了条约应当信守的国际基本法原则，彰显了国际法律正义。

值得称道的是，专家组报告的法律分析周密细致、逻辑严谨，专家组按照通常审查逻辑，首先审查是否对本案有管辖权，在双方都确认后，开展实体审理。然后根据中方诉请对美国涉案措施是否符合 1994 年《关税与贸易总协定》第 2.1 条约束关税、第 1.1 条最惠国待遇问题进行审查，再对涉案措施是否符合 1994 年《关税与贸易总协定》第 19 条以及《保障措施协定》的有关条款进行审查，根据双方的辩论，对《保障措施协定》第 11.1 条 c 款的适用及其上下文进行了详细分析，同意美方抗辩基于《保障措施协定》第 11.1 条 c 款可以适用，由此导入对美国主张其措施符合 1994 年《关税与贸易总协定》第 21 条 B 款 C 项"国际核心安全利益"的审查。专家组按照《世贸组织争端解决谅解备忘录》第 3.2 条、

《维也纳条约法公约》关于国际条约解释的相关条款的规定，对 1994 年《关税与贸易总协定》第 21 条国家安全例外条款以及英国、法国、西班牙三种作准文本的文义和语法进行了逐字逐句、详尽周密的分析后，又考察了关于这一条款在 GATT 时期的谈判历史、成员相关谈判立场和主张、"乌拉圭回合"谈判史等相关背景文件，判定美方措施不符合国家安全例外条款规定的"核心国家安全利益"的规定，没有支持美方关于国家安全例外条款的合法性是成员自主判定的主张，而是根据协定的文义认为第 21 条 B 款 C 项的"国际关系紧急情况"至少应指向与"战争"对国际关系的影响程度具有可比性的某种非常严重和严峻的情形。也许，这正是九个起诉美方措施的世界贸易组织成员均认为美国措施应适用《保障措施协定》进行审查的原因吧！事实上，美方的调查报告的绝大部分内容也是关于进口钢铝产品对国内产业的损害的分析，而涉及国家安全的内容不占报告主体，国防进口产品在涉案产品的比例也较低。

2018 年美国上诉机构成员 Jeniffer Hillman 在美国国会就《1962 年贸易拓展法》第 232 节调查举行的听证会上作证时指出，第 232 节国家安全调查程序规定的国家安全条件比其作为成员参加的世界贸易组织规则中的国家安全例外条款条件宽松，不符合世界贸易组织纪律要求。

这也是一场世界贸易组织成员联手抵制美国滥用国家安全例外条款行贸易保护主义之实的胜利维权。起诉之初有九方参与，最后有四方坚持到底，俄罗斯、印度延迟审理，欧盟、加拿大和墨西哥因与美国有自贸协定而中止案件或退出，但仍然彰显了联合行动的威力。

商务部新闻发言人指出，国家安全例外条款不是贸易保护主义的"避风港"。在该专家组报告发出后，美国贸易代表办公室发言人则表示美国一贯主张世界贸易组织成员可以自主决定"国家安全"事项，世界贸易组织无权审理，该案再次证明世界贸易组织争端解决机制需要深度改革。为此，本案下一步走向未定。根据过去三年的情况，美国对于其败诉的专家组报告曾上诉到停摆的上诉机构，以避免使其生效。因此，本案后续进展还需观察。

本案专家组裁决是在世界贸易组织争端解决机制面临重大压力下做出的，又涉及国家安全这一重大敏感事项，因此，该项裁决对维护多边贸易规则体系具有特殊意义，得到众多成员支持。下一步，美国能否履行该裁决还大有悬疑，这也是对美国能否信守多边条约规则、遵守世界贸易组织争端裁决结果的又一次考验。

资料来源：https://www.163.com/dy/article/HOCQRKH70514R9KE.html。

第二节　关税的种类

一、按征收的对象分类

（一）进口税

进口税是指进口国家的海关在外国商品输入时，根据海关税则对本国进口商所征收的关税，又称为一般进口税。这种进口税在外国货物直接进入关境或国境时征收，或者外国货物由自由港、自由贸易区或海关保税仓库提出运往进口国的国内市场销售，在办理海关手续时征收。进口税是关税中最主要的一种形式，很多情况下，我们所说的关税即指进口税。通过对进口的商品征收进口税，可以增加进口商品的成本，削弱其市场竞争力，保护本国产品和市场。关税壁垒指的是高额进口税,它被形象地比喻为高筑的城墙,阻挡了外国商品的进入。就关税水平而言,工业制成品的进口税率普遍高于初级产品。对奢侈品或国内能大量生产的商品则制定较高的税率。

各国除了对不同商品制定不同税率外,还对来自不同国家的同一种进口商品实行差别待遇,制定不同的税率。这样就形成进口关税有普通税率与优惠税率的区别。普通税率适用于与该国没有签订关税互惠贸易条约的国家或地区的商品。优惠税率适用于与该国签订关税互惠贸易条约的国家或地区进口的商品。优惠税率比普通税率低,二者税率差往往较大。

(二) 出口税

出口税是指出口国家的海关对本国产品输出国外时,对出口商所征收的关税。由于出口税不利于本国产品出口,目前大多数国家对绝大部分商品不征收出口税,只有少数国家对一部分商品征收出口税,其目的有:①增加财政收入。有些非洲或拉丁美洲国家,对部分本国资源丰富、出口量大,或在国际市场上有垄断性的名特产品,征收出口税,作为财政收入的来源之一,其税率一般不高。拉丁美洲一些国家的出口税一般按货值征收 1%~5%。②保证国内供应。通常对于出口的原料及本国需求量大而供给不足的生活必需品征收出口税,或在战争、灾荒时,对战略物资和粮食征收出口税,以限制出口数量,保证国内供应并抑制物价上涨。③保护本国生产。有些国家某种资源丰富,既出口原料,又出口此种原料的加工产品。这时对原料出口征税,抬高原料价格,也就加大了国外对此类加工产品的成本,从而提高本国同类加工产品的竞争能力。④发展中国家为保护本国资源和经济权益而对初级产品出口征收出口税。

(三) 过境税

过境税又称通过税,是指一国对通过其关境输往另一国的外国商品征收的关税。在资本主义自由竞争时期,过境税流行于欧洲各国,其征收目的是增加国家的财政收入。但是由于过境税不利于商品的自由流通,不利于国际贸易的深入发展,而且征收过境税有可能减少该国在运输和其他服务方面的收入,19 世纪中期以来,一些国家相继取消了过境税。第二次世界大战后,《关税与贸易总协定》第 5 条明文规定:"缔约国对通过其领土的过境运输,不应受到不必要的耽延或限制,并应对它免征关税、过境税或有关过境的其他费用。但运输费用以及相当于因过境而支出的行政费用或提供服务成本的费用,不在此限。"因此目前大多数国家在外国商品通过其领土时只征收少量的准许费、印花费、登记费和统计费等。

二、按征收的目的分类

(一) 收入关税

收入关税是政府为了增加财政收入而征收的关税。通过征收关税,政府可以从进口货物中获得一定的税收,用于满足公共支出、改善基础设施、提供公共服务等方面的财政需求。收入关税的主要目的是弥补国家财政预算中的赤字,支持国家的基础设施建设和社会福利,满足公共需求。在征收收入关税时,政府通常会根据货值或商品数量来计算税收金额。这样的关税征收方式不但可以增加国家的财政收入,而且相对简单明了,有利于税收管理。

(二) 保护性关税

保护性关税是为了保护本国产业免受外国竞争的冲击而征收的关税。政府通过征收高关税,使进口商品价格上涨,从而减少本国市场上的外国商品竞争,保护本国产业的利益。保护性关税的主要目的是保护国内产业免受国外竞争的侵害，为本国产业提供竞争优势，促进本国产业的发展。政府可能采取保护性关税的措施，以防止本国产业在国际市场上被低价竞争的商品所取代。需要注意的是，保护性关税可能会引发贸易争端和贸易战，对国际贸易造成不稳定因素。因此，在实施保护性关税时，政府需要综合考虑国内产业的实际情况和国际贸易的影响，避免采取过度保护主义措施，以平衡本国产业的发展和国际贸易的利益。

三、按征收的性质分类

（一）进口附加税

进口附加税是指进口国对进口商品征收正常关税之外加征的进口税，又称为特别关税。进口附加税是一种特定的临时性措施，只在一段时间内或发生特定情况时征收，其目的主要有：①应付国际收支危机；②维持进出口平衡；③防止外国商品低价倾销；④对某个国家实行歧视或报复等。进口附加税是限制商品进口的重要手段。例如，1971年8月15日，美国尼克松政府为了应付国际收支危机，实行新经济政策，宣布对来自国外的进口商品一律征收10%的进口附加税，以限制国外商品的进口。除了这种对所有进口商品征收进口附加税的情况外，有些国家有时还针对个别国家和个别商品征收进口附加税。

（二）反补贴税

反补贴税又称抵消税或补偿税，是指对直接或间接地接受补贴或奖金的外国商品进口所征收的一种进口附加税。进口商品在生产、制造、加工、买卖、输出过程中接受了直接或间接的奖金或补贴，并使进口国生产同类产品遭受重大损害，这是构成征收反补贴税的重要条件。反补贴税的征收税额一般以"补贴数额"为依据，其目的在于增加进口商品成本，抵消出口国对该项商品所做的补贴。

近几年，发达国家之间就补贴税与反补贴税问题经常发生贸易摩擦。因此，WTO就反补贴税问题做出了一些具体规定：第一，只有在断定补贴的后果已对国内某项已建产业造成重大损害或产生重大威胁，或者已经严重阻碍国内某一产业新建的情况下，才能征收反补贴税。第二，征收反补贴税应获得WTO成员的批准。第三，对任何进口商品征收的反补贴税不得高于已经确认存在的补贴额。第四，对来自任何国家或地区的、被认定是受补贴的进口商品，应无歧视地征收反补贴税。第五，反补贴税的执行期以抵消补贴造成的损害所必需的时间为准，但除非调查机构有充足理由继续执行，反补贴税应在执行5年之后取消。第六，进口国不得同时对一种商品既征收反补贴税又征收反倾销税。第七，对商品在原产地国或输出国所缴纳的各种捐税，在出口时退还或因出口而免税，进口国对这种退税或免税不得征收反补贴税。第八，对初级产品的补贴，不得征收反补贴税。

然而，从发达国家的反倾销案的实际情况看，被指控倾销的出口国家大多数是发展中国家。不仅如此，在实施反倾销措施的过程中，发达国家在某些方面往往对市场经济国家和所谓非市场经济国家实行差别待遇。例如，美国在确定进口商品价格是否低于"公平价格"标准时，将商品出口国家分成两种类型：一类是市场经济国家，对其出口商品价格采用该出口国国内市场价格作为确定公平价格标准的基础；另一类是非市场经济国家，对其出口商品价格则采用替代计算法，即由美国商务部选定一个与该非市场经济国家在经济发展水平上相似的市场经济国家作为替代国，以该替代国的国内市场价格作为确定公平价格标准的基础。结果往往构成倾销，或扩大倾销差额幅度，严重损害了这些国家的利益。

(三) 反倾销税

反倾销税是指进口国对于实行倾销的进口商品所征收的一种进口附加税。进口商品以低于正常价值的价格进行销售的行为为倾销。倾销行为对进口国的同类产品造成重大损害是构成征收反倾销税的重要条件。反倾销税的征收一般以倾销差额为依据，其目的在于抵制商品倾销，保护本国的市场和产业。

1. 反倾销措施的形式

反倾销措施主要包括临时反倾销措施和最终反倾销措施两种形式。临时反倾销措施是指在进口方主管机构经过调查初步认定被控产品存在倾销行为，并对国内相关产业造成损害时，进口方主管机构可在全部调查结束前，通过采用征收临时反倾销税或者收取与临时反倾销税等额的保证金或保函的方式防止在调查期间国内相关产业继续受到损害。在全部反倾销调查结束后，如果有充分的证据证明被调查的商品存在倾销，国内相关产业受到损害，且倾销与损害之间存在因果关系，则进口方主管机构可以采取最终反倾销措施，即征收反倾销税。

2. WTO 对反倾销的规定

WTO 对征收反倾销税做出了明确、具体的规定。第一，必须在确认存在倾销、产业损害及两者之间有因果关系之后，才能由进口国政府决定是否征收反倾销税。第二，征收的反倾销税不得超过倾销幅度。如果实际征收的反倾销税金额高于倾销幅度之余额，所征收部分应予以退还。第三，在进口国政府进行反倾销调查期间，对于未被抽查的出口商或生产商的倾销商品，所使用的反倾销税率不得高于对所有被实际抽查的出口商或生产商所使用税率的加权平均值。第四，在进口国政府反倾销调查及征收反倾销税后，才开始出口相同产品的出口商或生产商应分别确定新的反倾销税率，而不能适用过去的税率。第五，对于存在倾销造成损害的历史，或者进口商已知道或应知道出口商在实施倾销，并且损害是由于在相当短的时间内进入大量倾销商品造成的，进口国政府可以对反倾销税正式实施之前 90 天内进入本国的倾销商品追溯地征收反倾销税。第六，对于来自任何国家或地区的、被认定是倾销的商品，应无歧视地征收反倾销税。第七，反倾销税直至抵消倾销损害的期间内有效，但最长一般不超过 5 年。

3. 我国的反倾销现状

我国反倾销措施实施的依据是《中华人民共和国对外贸易法》和《中华人民共和反倾销条例》。中华人民共和国商务部承担反倾销的立案调查和损害调查工作，具体机构为商务部贸易救济调查局，国务院关税税则委员会裁决反倾销税的征收和税率水平。

截至 2023 年 12 月底，中国正在实施的最终反倾销措施共 113 项，分别适用于来自 16 个国家或地区的进口（当措施适用于所有欧盟成员国时，将欧盟视为一个地区）。在贸易伙伴中，从美国进口的产品适用的反倾销措施最多，其次是日本、欧盟和韩国，与往年趋势大致相同。化学产品仍然是反倾销措施主要适用的产品，中国针对化学产品正在实施的反倾销措施有 67 项；其次是树脂、塑料和橡胶制品，中国针对其正在实施的反倾销措施有 34 项。反倾销措施执行最长时限为 10 年，而后自动终止。

（四）普惠税

普惠税是普遍优惠制（Generalized System of Preference，GSP）下适用的进口关税。普遍优惠制简称普惠制，是发展中国家在联合国贸易和发展会议上进行长期斗争，在 1968 年通过普惠制决议之后取得的。该决议规定，发达国家承诺对从发展中国家或地区输入的商品，特别是制成品和半制成品，给予普遍的、非歧视的和非互惠的关税优惠待遇。这种优惠关税称为普惠税。

1. 普惠制的基本原则

普惠制的基本原则是普遍的、非歧视的、非互惠的。普遍的，是指发达国家应对发展中国家或地区出口的制成品和半制成品给予普遍的关税优惠待遇。非歧视的，是指应使所有发展中国家或地区都不受歧视、无例外地享受普惠制的待遇。非互惠的，是指发达国家应单方面给予发展中国家或地区关税优惠，而不要求发展中国家或地区提供反向优惠。普惠制的目的是增加发展中国家或地区的外汇收入，促进发展中国家或地区工业化，提高发展中国家或地区的经济增长率。

2. 普惠制方案

截至 2023 年 12 月，世界上有 39 个给惠国家或国家集团，实行 10 个普惠制方案，即欧盟、日本、新西兰、挪威、加拿大、瑞士、澳大利亚、美国、亚美尼亚、白俄罗斯的方案，其中欧盟 27 个成员国执行一个共同方案。接受普惠制关税优惠的独立发展中国家有 100 多个，非独立国家和地区有 17 个，最不发达发展中国家受益国有 44 个，国家联盟或联合体有 6 个。

普惠制的给惠国在提供普惠税待遇时是通过普惠制方案（GSP Scheme）来执行的。这些方案是由各给惠国或国家集团单独制定和公布的，各有特点，不尽相同，主要有以下几个方面：

1）对受惠国或地区的规定。各个普惠制方案中都列有受惠国或地区的名单。

2）对受惠产品范围的规定。各给惠方案都列有自己的给惠产品清单与排除产品清单。

3）对受惠产品减税幅度的规定。减税幅度又称普惠制优惠幅度。受惠产品的减税幅度的大小取决于最惠国税率和普惠制税率间的差额。例如，2019 年欧盟最惠国税平均税率为 6.3%，农产品平均税率为 13.6%，非农产品平均税率为 4.2%，但欧盟普惠制项下的平均税率为 4.1%，其中农产品平均税率为 12.3%，非农产品平均税率为 1.9%。

4）对给惠国保护措施的规定。各给惠国一般都在给惠方案中规定保护措施，以保护本国某些产品的生产。保护措施主要包括：①免责条款（Escape Clause），又称例外条款，是指当从受惠国进口某项产品的数量增加到对给惠国相同产品或有直接竞争关系的产品的生产者造成或即将造成严重损害时，给惠国保留对该产品完全取消或部分取消关税优惠待遇的权利。②预定限额（Prior Limitation），是指预先规定在一定的时期内某项受惠产品的短惠进口限额，对超过限额的进口按规定恢复征收最惠国税率。③竞争需要标准（Competitive Need Criterion），又称竞争需要排除条款。美国规定，在一个日历年内，来自受惠国或地区的某项进口产品，如超过竞争需要限额或超过美国进口该项产品总额的一半，或超过一定的进口金额（2016 年的标准是 1.75 亿美元），则取消下一年度该受惠国或地区这项产品的关税优惠待遇。如该项产品在以后年进口额降至上述限额内，则下一年度仍可恢复关税优惠待遇。④毕业条款（Graduation Clause）。美国从 1981 年 4 月 1 日起采用这项规定。当某些受惠国或地区的某项产品或其经济发展到较高的程度，在世界市场上显示出较强的竞争力时，则取消这些受惠国或地区的该项产品或全部产品享受关税优惠待遇的资格，这称为"毕业"。

毕业条款按适用范围的不同，可分为"产品毕业"和"国家毕业"。前者是指取消从受惠国或地区进口的部分产品的关税优惠待遇；后者是指取消从受惠国或地区进口的全部产品的关税优惠待遇，即取消其受惠国或地区的资格。

5) 对原产地的规定。对原产地的规定又称原产地规则，是衡量受惠国出口产品是否取得原产地资格、能否享受优惠的标准。其目的是确保发展中国家或地区的产品利用普惠制扩大出口，防止非受惠国的产品利用普惠制的优惠扰乱普惠制下的贸易秩序。各给惠国的普惠制方案中的原产地规则一般包括原产地标准、直接运输规则和原产地证书三部分。下面介绍原产地标准。

普惠制的原产地标准分为两大类：①完全原产的产品，是指完全用受惠国的原料、零部件并完全由其生产或制造的产品。完全原产的产品是一个非常严格的概念，稍微含有一点进口或来源不明的原料、零部件的产品，都不能视为完全原产的产品。②非完全原产的产品，又称含有进口成分的产品，是指全部或部分地使用进口（包括来源不明的）原料或零部件制成的产品。这些原料或零部件经过受惠国或地区充分加工或制造后，其性质和特征达到了"实质性变化"的程度，变成了另外一种完全不同的产品，才可享受关税优惠待遇。

所谓"实质性变化"有两个标准：一是加工标准（Process Criterion）；二是增值标准（Value-added Criterion）。欧盟、日本等采用加工标准。一般规定进口原料或零部件的税则税号和利用这些原料或零部件加工后的制成品的税则税号不同，其税号发生了变化，就可以认为经过充分加工发生了实质性变化，该种产品就符合原产地标准，具有原产地资格。

因此，使用加工标准的给惠国又规定了附加的具体条件作为这一规定的例外，分别列出附加清单，区别对待。一般列有两张清单：①清单 A，又称否定清单，是指产品中进口成分的税号虽然改变了，但进口成分未达到实质性变化的程度，不符合加工标准，除非它符合一些附加的加工条件，发生了实质性变化，才能取得原产地资格；②清单 B，又称肯定清单，是指产品中进口成分经加工后已发生实质性变化，但其税号仍未改变，该种进口成分只要符合加工标准，即可取得原产地资格。

增值标准又称百分率标准，澳大利亚、新西兰、加拿大、美国等采用这项标准。它通过规定进口成分（或本国成分）占制成品价值的百分比来确定其是否达到实质性变化的标准，但各自的百分比是不相同的。例如，美国要求 35% 的增值要在受惠国完成。又如，澳大利亚规定，产品的最后加工工序是在该受惠国进行，本国成分价值的百分比不得小于产品出厂成本的 50%。本国成分价值是指该受惠国或其他受惠国或澳大利亚提供的原料和劳务价值。

关于原产地标准，除了上述规定外，给惠国还不同程度地采用了原产地累积制（Cumulative Origin System）。所谓原产地累积制，是指在确定产品的原产地资格时，把若干个或所有受惠国视为一个统一的经济区域，在这个区域内进行生产、加工产品时所得的增值，可以作为受惠国的本国成分而加以累积。目前累积主要有以下几种：①区域性原产地累积。把同属于一个区域性经济集团的国家视为一个整体，给予普惠制原产地累积待遇。②全球性原产地累积。把世界上所有的受惠国或地区视为一个整体，给予普惠制原产地累积待遇。③给惠国原产地累积，又称给惠国成分累积，即允许受惠国使用某个给惠国生产的原料、零部件，并全部计入该受惠国原产产品的价值中可视为该受惠国原产产品成分的一部分，当再出口到该给惠国时，可给予普惠制原产地累积待遇。

四、按征收方式分类

按征收方式分类，关税可分为从量税、从价税、复合税和混合税等①。

（一）从量税

从量税是根据商品的数量或重量来征收的关税，也被称为"特定关税"或"按单位征税"。在从量税制度下，无论商品的价值如何，征收的关税金额都是固定的，与货值无关。从量税通常以商品的数量或重量为基准，例如每吨、每个或每单位征收固定金额的关税。

例如，如果国家 A 征收 10 美元/t 的特定关税，那么每吨进口商品都需要缴纳 10 美元的关税，无论商品的实际价值是多少。从量税额的计算公式为

$$从量税额 = 商品数量 \times 每单位从量税$$

各国征收从量税时，大部分以商品的重量为单位，但各国对应纳税商品重量的计算方法各有不同，分为毛重、半毛重、净重（Net Weight）三种标准②。

（二）从价税

从价税是根据商品价值的一定比例来征收的关税。这是最常见的关税征收方式。从价税的税率与商品价值成比例，无论货物的价格如何，征收的关税相对稳定，与商品的市场价格变动有关。从价税额的计算公式为

$$从价税额 = 商品价值 \times 从价税率 \tag{3-1}$$

从价税额与商品价值有直接关系。它与商品价值的涨落成正比，其税额随着商品价值的变动而变动，所以它的保护作用与价值有着密切的关系。

较为复杂的问题是确定进口商品的完税价格。完税价格是经海关审定用于计征关税的商品价格，是决定税额的重要因素。因此，如何确定完税价格是十分重要的。发达国家所采用的完税价格标准很不一致，大体上可概括为以下三种：①以成本、保险费加运费（CIF）价格作为征税价格标准③；②以装运港船上交货（FOB）价格作为征税价格标准；③以法定价格作为征税价格标准。

《关税与贸易总协定》第 7 条对海关估价做了具体规定，即海关对进口商品的估价，应以进口商品或相同商品的实际价格，而不是以国内商品的价格或者以武断的或虚构的价格，作为计征关税的依据。实际价格（Actual Value）是指在进口国立法确定的某一时间和地点，在正常贸易过程中于充分竞争的条件下，某一商品或相同商品出售或兜售的价格。

（三）复合税

复合税即在从价税的基础上增加或减少一个从量税，如+12.00 美元/kg 或-12.00 美元/kg。复合税额的计算公式为

$$复合税额 = 从价税额 \pm 从量税额 \tag{3-2}$$

---

① 2016 年，在欧盟进口应征税目中，从量税占 6.9%，从价税占 89.4%，复合税占 2.1%，混合税占 0.68%。2019 年，在欧盟 8 位编码 9533 项最惠国进口税目中，从价税占 89.18%，从量税 7.18%，复合税占 2.11%，混合税占 0.65%，基本没有变化（资料来源于 WTO《欧盟贸易政策审议报告》）。

② 我国采用净重标准。

③ 欧盟对进口税目的 90%征收从价税，完税价格标准采用 CIF。

美国从量税和复合税征税税目占总税目的 11%⊖。

（四）混合税

混合税是同时采用特定关税和从价税的形式来征收的关税制度。在混合税制度下，对进口商品的关税既与商品的数量或重量相关，也与商品价值相关。这样的关税制度通常是为了兼顾征收的简便性和税收的弹性。例如，可以规定对某类商品征收固定的特定关税，再加上其价值的一定比例作为从价税，两者相结合形成混合税。

（五）选择税

选择税是针对同一种商品，根据不同情况可以灵活选择特定关税或从价税中的一种进行征收。政府根据具体情况可以自主决定征收哪一种关税。选择税的优势在于根据国家需要和市场状况，随时调整关税的征收方式，以适应不同的经济环境和贸易需求。

专栏 3-2

2022 年 1 月 1 日起我国调整部分商品进出口关税

为完整、准确、全面贯彻新发展理念，支持构建新发展格局，继续推动高质量发展，经国务院批准，国务院关税税则委员会印发通知，2022 年将调整部分商品的进出口关税。

立足国内发展需要，统筹利用国内国际两个市场两种资源，进一步发挥关税宏观调控作用，2022 年 1 月 1 日起，我国将对 954 项商品实施低于最惠国税率的进口暂定税率。一是为减轻患者经济负担，不断提升人民健康福祉，对新型抗癌药氯化镭注射液实施零关税，降低颅内取栓支架、人造关节等部分医疗产品的进口关税。二是为满足人民美好生活需要，顺应消费升级趋势，营造浓厚北京冬奥会氛围，降低部分消费品的进口关税，包括鲑鱼、鳕鱼等优质水产品，以及婴儿服装、洗碗机、滑雪用具等。三是适应文化消费需求，对超过 100 年的油画等艺术品实施零关税。四是为改善环境质量，推动绿色低碳发展，对可提高车辆燃油效率、减少尾气排放的汽油机颗粒捕集器、汽车用电子节气门，以及可用于土壤修复的泥煤，降低进口关税。五是助力制造业优化升级，降低高纯石墨配件、高速动车使用的高压电缆、燃料电池用膜电极组件和双极板等关键零部件的进口关税，降低可可豆、植物精油、动物毛皮等食品加工、日化、皮革制造行业所需原材料的进口关税。六是降低国内短缺的黄铁矿、纯氯化钾等资源产品的进口关税。

2022 年 1 月 1 日起，根据国内产业发展和供需情况变化，在我国加入世界贸易组织承诺范围内，提高部分商品进出口关税。其中，对部分氨基酸、铅酸蓄电池零件、明胶、猪肉、间甲酚等取消进口暂定税率，恢复执行最惠国税率；为促进相关行业转型升级和高质量发展，提高磷、粗铜的出口关税。

2022 年 7 月 1 日起，我国还将对 62 项信息技术产品的最惠国税率实施第七步降税。调整后我国关税总水平继续维持 7.4%。

为持续推进高水平对外开放，根据我国与有关国家或地区签署的自贸协定和优惠贸易安排，2022 年将对原产于 29 个国家或地区的部分商品实施协定税率。其中，我国与新西兰、秘鲁、哥斯达黎加、瑞士、冰岛、韩国、澳大利亚、巴基斯坦、格鲁吉亚、毛里求斯等双边

⊖ 2018 年，美国《商品名称及编码协调制度》税则总税目有 10878 项，关税配额占总税目的 1.9%，免税占 37.5%，关税简单算术平均关税水平为 4.8%，WTO 农产品平均税率为 9.4%，非农产品平均税率为 4.0%。

自贸协定以及亚太贸易协定将进一步降税；《区域全面经济伙伴关系协定》（RCEP）、中国－柬埔寨自贸协定自2022年1月1日起生效并实施降税。

2022年继续对与我国建交并完成换文手续的最不发达国家实施特惠税率。

根据世界海关组织修订的《商品名称及编码协调制度》及世界贸易组织有关规则，2022年将对税则税目税率进行技术性转换。同时，为适应产业发展及便利贸易监管需要，还将调整部分税则税目。调整后，税则税目总数为8930个。

上述调整措施坚持以人民为中心，统筹发展与安全，立足国内发展需要，有利于维护国内产业链、供应链安全稳定，支持经济跨周期平稳运行并长期向好；有利于引导资源配置，支持科技创新和产业转型升级，促进绿色低碳发展；有利于发挥我国超大规模市场优势，主动参与全球产业链重塑，构建面向全球的高标准自由贸易区网络，持续推进高水平对外开放。

资料来源：新浪财经。

第三节　关税的保护度

目前，各国一般以平均关税水平来比较各国之间关税的高低，以名义保护率和有效保护率来表示对某种或某类产品的保护程度。关税水平是指一国的平均进口税率。

一、名义保护率

对于关税的名义保护率，世界银行的定义为"对一种商品的名义保护率是由于实行保护而引起的国内市场价格超过国际市场价格的部分与国际市场价格的百分比"，用公式表示为

$$名义保护率 = \frac{国内市场价格 - 国际市场价格}{国际市场价格} \times 100\% \tag{3-3}$$

从公式可以看出，实际上一国关税的名义保护率等于该国对该产品征收进口关税的从价税率，因而有时我们又把名义保护率称为名义关税税率。在其他条件相同或不变的情况下，名义关税税率越高，对本国同类产品的保护程度越高。例如，2020年，中国全部产品进口关税税率水平为7.5%，农产品为13.8%，非农产品为6.5%；欧盟全部产品进口关税税率水平为5.1%，农产品为11.2%，非农产品为4.1%；美国全部产品进口关税税率水平为3.4%，农产品为5.1%，非农产品为3.1%。[一]对于全部生产过程均在一国完成的产品，名义保护率能够真实反映现行进口关税税率对国内产品提供的保护程度；但对于一部分生产过程在国外完成，并且这部分投入在进口时也被征收了进口关税的国内产品，名义保护率不能真实反映现行关税税率对该种产品提供的保护程度。鉴于此，经济学家提出了"有效保护率"的概念。[二]

二、有效保护率

有效保护率用来测定关税或其他保护措施（主要是关税）对某类产品生产过程中每单位产出增加值的影响或提供的保护程度，又称有效关税。这一概念的提出主要是考虑一国对

[一] 数据为最惠国税率的简单算术平均数，来自《2021年世界关税报告》。

[二] 最早提出"有效保护率"概念的学者是加拿大经济学家巴伯（Barber）。

某一产业产品的保护因为对其生产过程中的投入物也计征关税而有所下降,因此要分析进口关税的征收对某一产品的实际保护程度,不仅要考虑对该产品进口征收的关税税率水平,还要考虑由于对其生产过程中的投入物征收关税而对这种保护带来的负面影响。有效保护率 ERP_j 的公式为

$$ERP_j = \frac{V'_j - V_j}{V_j} \times 100\% \quad (3\text{-}4)$$

式中,V'_j 为存在关税或其他保护措施条件下 j 行业单位产品的增加值;V_j 为自由贸易条件下 j 行业单位产品的增加值。

我们举例来说明公式的使用。假定在自由贸易条件下,某轿车售价为 10000 美元,其中生产过程的购入价值(投入物)是 6000 美元,国内汽车制造商实现的增加值是 4000 美元。现在政府对整车进口征收 50% 的进口关税,而对购入价值部分(如发动机、零部件等)不征收进口关税。此时,如果不考虑其他因素,国内该车的市场价格将升至 15000 美元,国内制造商的增加值也从原来的 4000 美元上升到 9000 美元。根据有效关税的计算公式,我们可以计算出现行对整车进口适用的 50% 的关税税率对国内汽车制造商每辆已定排量汽车提供的有效保护程度为

$$ERP_{汽} = \frac{(15000-6000)-(10000-6000)}{10000-6000} \times 100\% = 125\%$$

现在情况发生了变化,进口国家对购入价值部分也开始征收进口关税,税率为 20%。根据有效关税计算公式,对整车进口征收的 50% 的进口关税对国内汽车制造商每辆已定排量汽车提供的有效保护程度为

$$ERP_{汽} = \frac{10000 \times (1+50\%) - 6000 \times (1+20\%) - (10000-6000)}{10000-6000} \times 100\% = 95\%$$

如果进口国家对购入价值部分的进口关税提高到 50%,对整车进口征收 50% 的进口关税对国内汽车制造商每辆已定排量汽车提供的有效保护程度会发生什么变化?

$$ERP_{汽} = \frac{10000 \times (1+50\%) - 6000 \times (1+50\%) - (10000-6000)}{10000-6000} \times 100\% = 50\%$$

如果对购入价值部分的关税税率提高到 100%,又会是什么结果?

$$ERP_{汽} = \frac{10000 \times (1+50\%) - 6000 \times (1+100\%) - (10000-6000)}{10000-6000} \times 100\% = -25\%$$

通过上面对不同情况有效保护率的计算,我们发现,当进口最终产品的名义关税税率大于购入价值部分的名义关税税率时,最终产品的有效保护率高于名义保护率;当进口最终产品的名义关税税率等于购入价值部分的名义关税税率时,最终产品的有效保护等于名义保护率;当进口最终产品的名义关税税率小于购入价值部分的名义关税税率时,最终产品的有效保护率小于名义保护率,甚至出现负的有效保护率,即关税实际上起了保护最终产品进口或鼓励进口的作用⊖。考虑到生产过程中投入物的多样性和关税税率的差异性,有效保护率还

⊖ 我国进口关税结构升级特征不明显。根据《国际标准产业分类》,中国的化工、非金属矿产品、组合金属产品和机器设备行业产品的进口关税税率随着加工程度的提高而提高,纺织、皮革行业的半加工产品进口关税低于初级加工产品,食品、饮料和烟草行业对半加工产品进口征税最高,依照税率高低排序,分别为半加工产品、产成品、初级加工产品。总体上,我国对进口产品征收的最惠国税率,非加工品高于半加工品,产成品高于半加工品。

有另外一个计算公式：

$$\text{ERP}_j = \frac{t_j - \sum a_{ij} t_i}{1 - \sum a_{ij}} \times 100\% \tag{3-5}$$

式中，t_j 为 j 行业最终产品的名义关税；a_{ij} 为自由贸易条件下，生产最终产品的各种投入物 i 占产品价格的比例；t_i 为对投入物 i 征收的名义关税。

我们将上述情况分别代入新公式，来检验一下结果是否与前面公式计算出的结果相同。

第一种情况，在对整车、生产过程购入价值部分进口不征收进口关税的条件下，不存在名义保护和有效保护。

第二种情况，在对整车进口征收 50% 的进口关税，对购入价值部分不征收进口关税的条件下，有效保护率为

$$\text{ERP}_{汽} = \frac{50\% - 0.6 \times 0}{1 - 0.6} = \frac{0.5}{0.4} = 1.25 = 125\%$$

第三种情况，对购入价值部分征收 20% 的进口关税，有效保护率为

$$\text{ERP}_{汽} = \frac{50\% - 0.6 \times 0.2}{1 - 0.6} = 0.95 = 95\%$$

第四种情况，对购入价值部分征收的进口关税税率提高到 50%，有效保护率为

$$\text{ERP}_{汽} = \frac{50\% - 0.6 \times 0.5}{1 - 0.6} = 0.5 = 50\%$$

第五种情况，有效保护率为 -25%。

由此看出，两个公式计算出的结果完全相同。

通过研究新公式，我们发现，事实上，在对最终产品和购入价值部分（原材料等）征收的名义关税税率一定的条件下，有效关税或关税的有效保护程度的高低取决于购入价值部分在产品价格中的比重，随着购入价值部分比重的提高，关税对最终产品的有效保护程度将逐步降低。在前面的公式中，实际上也隐含着这样的事实，只是被淹没在计算过程中了。

由此可见，有效保护率受进口国最终产品名义关税税率、进口原料（购入价值部分）名义关税税率以及所用原料在最终产品中所占比重的影响。因此，即使各国对某种进口商品的名义关税税率相同，对这一进口商品的有效保护率也可能不同。换一种情况，即使同一国家对不同商品征收的名义关税税率相同，也可能由于各类商品生产过程购入价值比重不同或购入价值适用的关税税率不同而有所不同。

名义保护率与有效保护率的区别主要在于：名义保护率只考虑关税对某种成品（最终产品）价格的影响，没有考虑到由于对生产过程投入物征收进口关税及投入物价值占最终产品价值比例的不同而对成品提供保护程度的影响；有效关税成功地解决了这一问题，它能够更真实地反映现行名义关税税率对产品的实际保护程度。

专栏 3-3

美国宣布将对从欧盟进口钢铝产品实施关税配额制

美国商务部 2021 年 10 月 31 日宣布，从 2022 年 1 月 1 日起，美国将以关税配额制取代在"232 条款"下对欧盟输美钢铝产品征收的现有关税，以缓和美欧已持续三年的钢铝关税争端。

美国商务部当天发表声明称，根据关税配额制，美国将允许基于以往进口数据的欧盟钢铝产品豁免"232条款"关税进入美国市场，以满足美国钢铝下游行业用户需求。

具体来讲，美国为欧盟钢铝产品设定的年度进口配额分别是54种钢铁产品总计330万t和16种铝产品总计38.4万t，超过进口配额限制的欧盟钢铝产品仍需分别缴纳25%和10%的"232条款"关税。

作为交换，欧盟方面宣布，将暂停实施2018年6月因美加征钢铝关税而出台的反制措施，同时暂停实施原定于2021年12月1日生效的进一步反制措施。此外，美欧双方同意在世界贸易组织暂停与"232条款"关税相关的贸易诉讼。

欧盟委员会执行副主席东布罗夫斯基斯表示，美方有关钢铝关税的决定缓和了欧美贸易关系。

美国商界和制造商欢迎美欧暂缓钢铝关税争端，但对于关税配额制表示担忧。美国全国对外贸易理事会会长杰克·科尔文说，关税配额制会削弱竞争和增加供应链成本，对中小企业的不利影响更大，将继续给大西洋两岸的工人和企业带来不确定性。

美国金属制造商与用户联盟担心用关税配额取代"232条款"关税会损害美国制造商的利益。该联盟表示，美国政府对原材料进口的限制和干预会造成"市场操纵"，小型制造商将更处于竞争劣势。

2018年3月，美国总统特朗普根据美国《1962年贸易拓展法》第232条款，以维护国家安全为由对进口钢铁和铝产品分别加征25%和10%的关税，遭到美国业界及国际社会的广泛反对，并引发美欧钢铝关税持久争端。

资料来源：新浪财经。

专栏3-4

关于中美经贸摩擦的事实与中方立场

中美贸易争端是中美经济关系中的重要问题。贸易争端主要发生在两个方面：一是我国比较具有优势的出口领域；二是我国没有优势的进口和技术知识领域。前者基本上是竞争性的，而后者是市场不完全起作用的，它们对两国经济福利和长期发展的影响是不同的。2019年9月11日，国务院关税税则委员会公布第一批对美加征关税商品第一次排除清单。10月，美国商务部称将自10月31日起对中国3000亿美元加征关税清单产品启动排除程序。12月13日，中美第一阶段经贸协议文本达成一致，美方将履行分阶段取消对华产品加征关税的相关承诺，加征关税将由升到降。12月19日，国务院关税税则委员会公布了第一批对美加征关税商品第二次排除清单。中美贸易摩擦以"升级—接触试探—再升级—再接触试探—双方妥协"的逻辑演化，于2020年1月正式签署的中美第一阶段经贸协议是中美双方妥协的结果，并非意味着中美贸易摩擦的结束。

世界贸易组织所提倡的互惠互利原则，是各国就所有产业开放市场实现总体互惠和利益平衡，并非狭义局限于每个产业或产品承诺水平对等。由于资源禀赋、产业竞争力的差异，很难实现两个经济体绝对对等开放，不同产业关税水平是有差异的。如果按照美国绝对对等逻辑，美国自身也有大量不公平和不对等的情况。例如，我国对带壳花生、乳制品和货车征收的关税分别为15%、12%和15%~25%，而世界贸易组织关税数据显示，美国相应的关税分别为163.8%、16%和25%，均高于中国（见表3-1）。

表 3-1 中美部分关税税率对比

项　目	美国关税税率	中国关税税率
货车	25%	15%~25%
乳制品	16%	12%
带壳花生	163.8%	15%
去壳花生	131.8%	15%
花生酱	131.8%	30%
针织衬衫	30%	16%~17.5%

事实上，我国在切实履行加入世界贸易组织承诺后，还主动通过单边降税扩大市场开放。截至2010年，我国货物降税承诺全部履行完毕，关税总水平由2001年的15.3%降至9.8%。我国并未止步于履行加入世界贸易组织承诺，而是通过签订自由贸易协定等方式推进贸易投资自由化，给予最不发达国家关税特殊优惠，多次以暂定税率方式大幅自主降低进口关税水平。根据世界贸易组织数据，2015年中国贸易加权平均关税税率已降至4.4%，明显低于韩国、印度、印度尼西亚等，已接近美国（2.4%）和欧盟（3%）的水平；在农产品和制成品方面，我国已分别低于日本农产品和澳大利亚非农产品的实际关税水平（见表3-2）。2018年以来，我国进一步主动将汽车整车最惠国税率降至15%，将汽车零部件最惠国税率从25%降至6%；大范围降低部分日用消费品进口关税，涉及1449个税目，其最惠国平均税率从15.7%降至6.9%，平均降幅达55.9%。目前，我国关税总水平已进一步降为8%。

表 3-2 我国贸易加权平均关税税率及国际比较

国家（地区）	全　部	农产品	非农产品
日本	2.1%	11.1%	1.2%
美国	2.4%	3.8%	2.3%
欧盟	3.0%	7.8%	2.6%
澳大利亚	4.0%	2.4%	4.1%
中国	4.4%	9.7%	4.0%
韩国	6.9%	55.4%	4.0%
印度尼西亚	6.8%	7.8%	6.7%
印度	7.6%	38.0%	5.6%

资料来源：新浪财经。

本章小结

关税是一种常见的贸易政策措施，用于调节国际贸易，影响进出口商品的价格和数量。它是进出口商品进出一国关税境域时，由政府设置的海关向进出商所征收的税。关税通常以货值为基础计算，并按一定税率征收。关税的征收通常由海关或相关税收部门负责，是各国政府管理贸易的重要手段之一。

关税具有双重作用：一方面可以通过设置不同关税栏目，达到相互贸易促进、发展、维护和抑制的作用，贯彻国家对外贸易政策；另一方面可以增加国家财政收入。此外，关税还可以保护国内幼稚和新兴产业的发展，以及弥补国内市场的短缺。

然而，随着全球化的加速和国际贸易的深度融合，关税政策也受到了更多的挑战和争议。未来，各国政府需要更加注重贸易政策的协调和合作，以促进国际贸易的平衡和可持续发展。

关税按照征收对象、目的、性质与方式可分为多种类型，关税的保护度一般有名义保护率与有效保护率两种计算方法。

思 考 题

1. 关税的作用是什么？
2. 关税可以分为哪些类型？
3. 关税有效保护率的政策意义有哪些？
4. 假定在自由贸易条件下，某品牌汽车售价20000美元，生产过程的购入价值是8000美元，其中包括发动机5000美元、轮胎500美元、其他零配件2500美元。现在，政府对整车进口征收50%的进口关税，而对购入价值部分不征收进口关税（计算结果保留一位小数）。

（1）计算上述关税税率下的关税有效保护率。

（2）若进口国家同时对购入价值中的发动机征收50%的进口关税，对轮胎征收20%的进口关税，对其他零配件征收40%的进口关税，计算此时的关税有效保护率。

第四章

非关税政策措施

教学目的和要求

通过本章的学习，了解非关税措施的概念、特点和影响，熟悉传统的非关税措施，并掌握非关税措施发展的新趋势，理解非关税措施的经济效应。

第一节 非关税措施概述

自20世纪70年代以来，随着贸易保护主义的日益加强，非关税措施层出不穷，已成为自由贸易的重要障碍。与关税措施不同，非关税措施透明度不高，且种类繁多，对国际贸易的影响作用更大，是限制外国产品进入本国市场的软措施。随着国际贸易的发展，非关税措施已经从20世纪60年代末的850多种，增加到20世纪末的3000多种，且仍有不断增加的趋势。非关税措施已成为贸易政策中的一个突出问题，目前全球正在使用的非关税措施数量总计超过250万项，影响超过78%的全球贸易。我国自加入世界贸易组织（WTO）以来，所受的非关税壁垒逐年上升，已成为遭受非关税壁垒最多的国家。

一、非关税措施的概念

非关税措施也称非关税壁垒。从广义上讲，非关税措施包括除关税以外各种形式的贸易限制和减少贸易的措施，也包括为其他目的而采取的导致进口减少的措施。从狭义上讲，非关税措施是指除关税以外的一切影响一国对外贸易的政策措施。在WTO规则体系中，非关税措施包括进口配额制、"自动"出口配额制、进口许可证制、反倾销壁垒、反补贴壁垒、技术性贸易壁垒、保障措施壁垒、绿色贸易壁垒等。

二、非关税措施的特点

非关税措施与关税措施都有限制进口的作用，但与关税措施相比有其特点。

（一）弹性更大

与关税措施不同，非关税措施更加灵活，可以根据需求进行调整和变化。一般来说，关税是一种相对长期的制度性措施，各国的关税制定必须经过立法程序，且一经确定具有稳定性和连续性。调整和更改关税税率，需要经过烦琐的法律程序和手续。同时，关税还受最惠国待遇条款的约束，从有协定的国家进口同种商品适用同样的税率，且WTO成员调整进口税率还会受到世界多边贸易体制的约束。因此，关税对经济条件的变化反应比较迟缓，缺乏弹性。但非关税措施通常采用行政程序，手续简捷，制定程序简单，调整弹性大，可以根据经济条件的变化及时采取措施，从而较快地达到限制进口的目的。

(二) 有效性更强

非关税措施可以直接影响进口商品的数量、种类、质量等方面，能够对进口市场起到更全面的限制作用。关税实际上是一种间接限制进口的手段，主要通过价格机制影响进口，且对商品进口的限制是相对的，如果出口国以出口补贴、商品倾销等手段降低出口商品价格，则关税可能无法达到进口国预期的效果。另外，在税率一定时，由于受到进口国进口需求弹性和出口国出口供给弹性的影响，关税的保护作用具有不确定性，并不能确定进口规模。一些非关税措施，如进口配额等，可以预先规定进口的数量和金额，超过限额部分会被直接禁止进口，在限制进口方面更直接、更严厉，因而更有效，出口商一般无法绕过这种壁垒。

(三) 隐蔽性更强

非关税措施通常不像关税那样明显地显示在进口商品价格上，更多地体现在进口监管规定和程序上，因此更具隐蔽性。一般而言，关税一经制定，会以法律形式公之于众，并依法执行，进出口商比较容易获得有关信息。一些非关税措施往往不公开，或者规定了极为复杂的标准和手续，使进出口商难以应对和适应；非关税措施涉及的大多是各种产品标准、技术标准、环境标准等，且经常处于变化中，因此具有很大的隐蔽性。例如，一些国家对某些商品的质量、规格、性能和安全等规定了极为严格和特殊的标准，检验手续烦琐、复杂、多变，商品往往由于不符合某一规定不能进入市场。

另外，非关税措施往往以国际、国内公开立法为基础，具有形式上的合法性。例如，WTO有关协议允许各成员采取反倾销措施，以美国为例，美国除《关税法》和《反倾销法》外，还有《购买美国产品法》、"超级301条款"、《1988年综合贸易与竞争力法》，以及2023年5月颁布的《通过管理反倾销和反补贴税法以改进和加强贸易救济执法的规定》等。同时，一些国家常常会针对某个国家采取相应的限制性的非关税措施，进一步加强了非关税措施的差别性和歧视性。

专栏4-1

美国涉华337调查

337调查起源于美国1930年《关税法》第337节，1974年《贸易法》、1979年《贸易协定法》、1988年《综合贸易竞争法》，以及1994年《乌拉圭回合协议法》对"337条款"进行的修改。根据规定，无论美国企业（自然人）还是非美国企业（自然人），只要其认为进口产品侵犯了其在美国登记或注册的专利权、商标权、版权或集成电路布图设计权，并能够证明美国国内已经存在或正在形成相应的国内产业，都可以依法向美国国际贸易委员会提起337调查申请。一旦起诉合格，美国国际贸易委员会将启动对被诉产品的调查，若认为侵权行为成立，国际贸易委员会可以向海关发布命令，禁止该项产品进口，被诉产品则失去进入美国市场的机会。从诉讼实践看，"337条款"主要是用来针对侵犯专利、商标等知识产权方面的不公平贸易行为。

随着美国对外贸易政策从自由贸易向保护贸易转变，"337条款"已经成为管制外国生产商向美国进入产品侵犯知识产权的法律规则和单边制裁措施。自21世纪开始，为维持美国优势地位，337调查案件数量开始大幅增加，并于2011年迎来最高峰，立案69起（见表4-1）。与之对应，我国自2001年加入WTO以来，几乎一直是337案件占比最高的国家，337立案数量总体呈增加趋势，且我国企业涉案绝大多数的案由是专利侵权。

表 4-1　2001—2021 年中国涉案美国 337 调查数量

年份	全球总数（起）	涉及中国企业的调查数量（起）	中国企业涉案调查占比	中国企业因专利侵权涉案的调查数量（起）	中国企业因专利侵权涉案调查占比
2001	24	1	4%	1	100%
2002	17	5	29%	4	80%
2003	18	8	44%	5	63%
2004	26	10	38%	9	90%
2005	29	10	34%	10	100%
2006	33	8	24%	6	75%
2007	35	10	29%	10	100%
2008	41	11	27%	11	100%
2009	31	8	26%	8	100%
2010	56	19	34%	18	95%
2011	69	16	23%	14	88%
2012	40	13	33%	11	85%
2013	42	14	33%	13	93%
2014	39	13	33%	11	85%
2015	36	8	22%	7	88%
2016	54	18	33%	16	89%
2017	59	22	37%	21	95%
2018	50	19	38%	19	100%
2019	45	22	49%	18	82%
2020	48	19	40%	19	100%
2021	51	13	25%	11	85%

资料来源：金桢烨. 美国涉华非关税贸易壁垒分析及应对措施：以 337 调查为例 [J]. 产业创新研究，2022（23）：105-107；冉瑞雪，黄胜，王俣，等. 2021 年度中国企业应诉美国 337 调查综述 [EB/OL]. (2022-05-16) [2023-06-12]. https://mp.weixin.qq.com/s/rwAMXAiefzpk5XeJO-lwqg。

三、非关税措施的影响

非关税措施名目繁多，对国际贸易和有关进出口国家的影响较难估计。

（一）对国际贸易的影响

1. 对国际贸易发展的影响

非关税措施对国际贸易发展具有阻碍作用，在其他条件不变的情况下，全球性的非关税措施加强的程度与国际贸易增长的速度成反比。20 世纪 70 年代中期以后，由于许多国家采取非关税壁垒措施，1973—1979 年全球贸易年均增速仅为 4.5%，1980—1985 年降为 3% 左右。进入 21 世纪，随着非关税措施的持续增加，2010—2019 年进一步降至 2.4%。

2. 对商品结构和地理方向的影响

第二次世界大战以来，受非关税措施影响的总体情况为农产品贸易受影响的程度超过工业品，劳动密集型产品贸易受影响的程度超过技术密集型产品，发展中国家受影响的程度比发达国家更严重。这些现象影响着国际贸易商品结构与地理方向的变化，发展中国家对外贸易深受其害。全球范围内，初级部门和加工食品出口面临的非关税措施数量最多，初级产品在其出口市场中平均受到 20 多项非关税措施约束。在合规成本方面，饮料产品受制于国际上最昂贵的非关税措施，将饮料产品的贸易总额提高了 150%。发达国家通常比发展中国家和最不发达国家更多地运用非关税措施，其中，美洲地区的非关税措施数量最多，平均每种产品 15 项；非洲最少，平均每种产品 4 项。

（二）对进口国的影响

对进口国而言，非关税措施可以限制进口，保护本国国内市场和生产，但也会在一定程度上引起国内市场价格上涨。例如，如果进口国采取直接的进口数量限制措施，则不论国外的价格上升还是下降，也不论国内的需求多大，都不增加进口，进而引起国内外价格间的差异拉大，使进口国国内价格上涨，从而保护了进口国同类产品的生产，这在一定条件下可以起到保护和促进本国有关产品的生产和发展的作用，但进口国消费者需要付出更高的代价去购买所需的进口商品。同时，国内出口商品的成本与出口价格也会由于价格的上涨而提高，出口商品的竞争能力削弱。例如，20 世纪 80 年代，由于石油危机影响，美国通过非关税措施迫使日本限制对美汽车出口，虽然保护了美国本土汽车制造商，但导致其国内汽车价格上涨，消费者为此承担了巨额代价。

（三）对出口国的影响

进口国加强非关税措施，特别是实行直接的进口数量限制措施，将造成出口商品增长率下降或出口数量减少以及出口价格下跌。一般而言，如果出口国出口商品的供给弹性较大，则该国出口的商品受进口国非关税措施影响而引起的价格下跌幅度较小；反之，如果出口国出口商品的供给弹性较小，则该国出口的商品受进口国非关税措施影响而引起的价格下跌幅度将较大。由于大部分发展中国家出口产品的供给弹性较小，全球性非关税措施会给发展中国家造成更为严重的损害。

第二节 传统的非关税措施

一、进口配额制

（一）进口配额制的含义

配额制是一国政府为了控制本国与其他国家间的贸易而施加的对商品或服务进出口数量的限制。进口配额制（Import Quotas System）又称进口限额制，是指一国政府在一定时期（通常为一年）内对某些商品的进口数量或金额加以直接限制。在规定的期限内，配额以内的货物可以进口，超过配额部分不准进口，或者征收更高的关税或罚款后才能进口。进口配额制是实行进口数量限制的重要手段之一。

（二）进口配额的种类

根据限制的严格程度，进口配额可分为绝对配额（Absolute Quotas）和关税配额（Tariff Quotas）。

1. 绝对配额

绝对配额是指在一定时期内，对某些商品的进口数量或金额规定一个最高限额，达到这个限额后，便不准进口。根据实施方式的不同，绝对配额又分为全球配额、国别配额和进口商配额。

（1）全球配额

全球配额（Global Quotas）属于世界范围的绝对配额，对于来自任何国家或地区的商品一律适用。主管当局通常按进口商的申请顺序或过去某一时期内的实际进口额发放一定的额度，直至总配额发完为止，超过总配额就不准进口。由于全球配额不限定进口国别或地区，在配额公布后，进口商往往竞相争夺配额，且获得配额后的进口商可以从任何国家或地区进口。因此，邻近国家或地区因地理位置接近，到货较快，比较有利，而较远的国家或地区处于不利的地位。

（2）国别配额

国别配额（Country Quotas）是将总配额按国别或地区进行分配，分配给固定的配额，超过规定的配额便不准进口。为了区分来自不同国家和地区的商品，在进口商品时进口商必须提交原产地证明书。因此，实行国别配额具有较强的选择性和歧视性。按照配额的分配由单边决定还是多边协商，国别配额分为自主配额和协议配额。

1）自主配额又称单方面配额，是由进口国家完全自主地、单方面强制规定在一定时期内从某个国家或地区进口某种商品的配额。自主配额无须征求输出国家的同意，一般参照某国过去某年的出口实绩，按一定比例确定新的进口商品的数量或金额。例如，美国就是采用自主配额来决定每年的纺织品配额。自主配额往往带有不公正性和歧视性，容易引起某些出口国家或地区的不满或报复，因而更多的国家趋于采用协议配额，以缓和进出口国家或地区之间的矛盾。

2）协议配额又称双边配额（Bilateral Quotas），是由进口国家和出口国家政府或民间团体之间协商确定的配额。其中，如果协议配额通过双方政府的协议订立，一般需要在进口商或出口商中进行分配；如果配额由双边的民间团体达成，应事先获得政府许可，方可执行。由于协议配额是双方协调确定的，通常不会引起出口方的反感与报复，并且可以使出口国对于配额的实施有所谅解与配合，比较容易执行。

（3）进口商配额

进口商配额是指进口国政府将某些商品的进口配额在少数进口商之间进行分配。例如，日本的食用肉进口配额就是在 29 家大商社间进行分配的。

2. 关税配额

关税配额是指对商品进口的绝对数额不加限制，而对在一定时期内，在规定配额以内的进口商品，给予低税、减税或免税待遇，对超过配额的进口商品则征收较高的关税、附加税或罚款。按征收关税的优惠性质，关税配额又可以分为优惠性关税配额和非优惠性关税配额。

1）优惠性关税配额。优惠性关税配额是对关税配额内进口的商品给予较大幅度的关税减让,甚至免税,而对超过配额的进口商品征收原来的最惠国税率,如西欧的普惠制税率。

2)非优惠性关税配额。非优惠性关税配额是在关税配额内仍征收原来的进口税,但对超过配额的进口商品,则征收较高的附加税或罚款。例如,2017年,中国对大米、小麦、玉米实施关税配额,关税配额量分别为小麦963.6万t、玉米720万t、大米532万t,对应的关税分别为配额内关税3%、配额外关税65%(最惠国)、普通国180%。

综上所述,绝对配额与关税配额的主要区别在于:绝对配额规定一个最高进口额度,超过就不准进口,而关税配额在商品进口超过规定的最高额度后,仍允许进口,只是超过部分被课以较高关税。

专栏4-2

我国农产品的进口关税配额管理

根据《中国加入世界贸易组织关税减让表》所承诺的配额量,确定实施进口关税配额管理农产品的年度市场准入数量。属于关税配额内进口的货物,按照配额内税率缴纳关税;属于关税配额外进口的货物,按照配额外税率缴纳关税。

商务部、国家发展和改革委员会于2003年发布《农产品进口关税配额管理暂行办法》(商务部、国家发展和改革委员会令2003年第4号),其中第三条规定,实施进口关税配额管理的农产品品种为小麦(包括其粉、粒)、玉米(包括其粉、粒)、大米(包括其粉、粒)、豆油、菜籽油、棕榈油、食糖、棉花、羊毛以及毛条。

商务部发布2005年第93号公告,自2006年1月1日起,取消豆油、棕榈油、菜籽油进口关税配额和进口国营贸易管理。

2019年11月30日,《商务部关于废止和修改部分规章的决定》(商务部令2019年第1号)对《农产品进口关税配额管理暂行办法》进行修订,明确实行关税配额管理的农产品有7类:小麦、玉米、大米、食糖、棉花、羊毛、毛条。

农产品进口关税配额为全球配额。其中,小麦、玉米、大米、棉花、食糖进口关税配额分为国营贸易配额和非国营贸易配额,国营贸易配额须通过国营贸易企业进口,非国营贸易配额通过有贸易权的企业进口,有贸易权的最终用户也可自行进口。

关税配额核发单位:小麦、玉米、大米、棉花进口关税配额由国家发展和改革委员会核发,食糖、羊毛、毛条进口关税配额由商务部核发。

关税配额的分配原则是:小麦、玉米、大米、食糖按照企业申请数量、历史进口实绩和生产加工能力进行分配;棉花根据申请企业的实际生产经营能力和其他相关商业标准进行分配;羊毛、毛条实行凭合同先来先领的方式进行分配。

资料来源:http://chinawto.mofcom.gov.cn/article/ap/p/202107/20210703181411.shtml。

(三)进口配额制与进口关税的比较

尽管进口配额制与进口关税的经济效应在许多方面基本相同,但二者仍存在明显的区别。

1. 对进口数量的限制强度不同

进口关税通过提高进口商品的价格来降低进口商品数量,但由于外国商品的国内供给弹性和本国的需求弹性难以准确估计,因此很难确定需要多高的进口关税税率才能将进口限制在期望的水平上。进口配额制的数量是明确的,可以将进口限制在一个确定的水平上。

2. 对垄断的影响程度不同

进口关税在发挥保护作用时，由于不能完全隔绝来自国际市场的竞争，从而限制了生产者对本国市场的垄断权利，生产者不可能无限制地提高价格。因为只要价格超过了国际价格和关税之和，消费者就会无限制地购买进口商品。但实行进口配额制时，由于与国内竞争的进口商品不可能超过配额，因此国内生产者就可以非常容易地确定为获取最大利润应该生产的商品数量。当国内需求缺乏弹性时，由于具有垄断权力，国内企业往往趁机通过抬高价格而非降低成本来攫取垄断利润。另外，一国实行进口配额制后，如果国内外市场差价扩大，外国出口厂商就可协调行动，抬高出口价格，在不增加出口数量的前提下提高利润率，而在进口关税的情况下不可能存在这样的情况。

3. 对生产者提供的保护不同

在实行进口关税时，外国出口厂商不仅可以通过提高劳动生产率、降低成本来降低出口价格，部分或全部抵消进口关税的保护作用，也可以通过降低利润率的方式降低出口价格，以抵消进口关税引起的价格上涨，使得关税对国内生产者的保护作用被大大削弱，国内企业仍然面临国外企业的竞争。但在实行进口配额制的情况下，由于允许进口商品的数量是由配额决定，外国厂商将无法利用降价的方式扩大出口。因此，关税对国内生产者的保护具有不确定性，而进口配额制对生产者提供的保护具有确定性。

4. 管理方法不同

进口配额制和进口关税在管理方法上存在差异。在实行市场经济体制的情况下，由于关税并没有排除价格机制的作用，其管理在一定程度上是自动进行的。征收进口关税，带动进口价格的变动，出口国的供给和进口国的需求相应地得到调节，关税收入流进了国库。进口配额制在一定程度上排除了价格机制，其管理主要受政府干预。

综上所述，如果从保护效果的角度看，进口配额制比进口关税更好，因此，进口配额制更受进口竞争行业的欢迎。在WTO成立以前，发达国家多采用进口配额制措施保护本国缺乏竞争力的行业和部门，特别是用来保护已失去比较优势的纺织、服装等成熟产业以及农业。发展中国家也广泛利用进口配额制限制进口数量，以达到保障进口替代工业的发展和用于国际收支平衡的目的。

但是，如果从生产效率、消费者主权和社会经济影响来看，进口配额制则比进口关税更为有害。其一，进口配额制只考虑保护生产者利益，一般由政府主管机构硬性规定，很难考虑消费者需要，容易使消费者遭受更大的福利损失；其二，进口配额制取代了市场机制的作用，失去了对进口竞争产业的刺激力量，使生产效率降低，并且容易滋生腐败。

二、"自动"出口配额制

(一)"自动"出口配额制的含义

"自动"出口配额制（Voluntary Export Quota）又称"自动"限制出口（Voluntary Restriction of Export）或自愿出口配额制，是指出口国在进口国的要求或压力下，"自动"规定某一时期内（一般为3~5年），对该国某些商品的出口进行限制，在限定的配额内自行控制出口，超过配额部分禁止出口。其目的在于避免因出口国商品出口过多而严重损害进口国生产者的利益，导致进口国采取严厉的措施限制从该国的进口。

"自动"出口配额制与进口配额制在形式上略有不同。进口配额制是由进口国直接控制进口配额来限制商品的进口，而"自动"出口配额制是由出口国直接控制商品对指定进口国家的出口。但就进口国而言，"自动"出口配额制同进口配额制一样，都起到了限制商品进口的作用。

"自动"出口配额制最早出现于 20 世纪 30 年代的美日纺织品贸易中，到六七十年代，"自动"出口配额制被广泛采用，范围从纺织、钢铁、小汽车扩大到彩电、电子元件和船舶等，甚至涉及奶酪、苹果、肉类等农产品。1995 年 WTO 成立后，"自动"出口配额制逐渐减少使用，被更为透明和非歧视性的贸易管理措施取代。随着时间的推移，国际贸易逐渐向自由化方向发展，"自动"出口配额制被进一步减少使用和取消。根据 WTO 的规定，"自动"出口配额制应被逐步取消或转变为其他非歧视性的贸易管理措施，以促进全球贸易的自由化和公平竞争。

"自动"出口配额制属于关税与贸易总协定的"灰色区域措施"。所谓"灰色区域措施"（Grey Area Measure），是指关税与贸易总协定中无明确适用条款，其法律地位不清楚，既不是合法的也不是非法的贸易限制措施。"自动"出口配额制就是利用关税与贸易总协定不明确、不全面性的特点，采取双边的和不透明的隐蔽形式实行贸易限制，以避免关税与贸易总协定的监督，具有选择性、双向性和隐蔽性的特点。另外，"自动"出口配额制带有明显的强制性。进口国往往以商品大量进口使其有关产业部门受到严重损害，造成所谓"市场混乱"为理由，要求有关国家的出口实行"有秩序地增长"，"自动"限制商品出口，否则就单方面强制限制进口。在这种情况下，一些出口国被迫实行"自动"出口配额制。

(二) "自动"出口配额的种类

"自动"出口配额一般分为非协定"自动"出口配额和协定"自动"出口配额。

1. 非协定"自动"出口配额

非协定"自动"出口配额是出口国迫于来自进口国方面的压力，自行单方面规定出口配额，以限制商品出口，又称单方"自动"出口配额。非协定"自动"出口配额包括：①政府有关机构规定配额，并予以公布，出口商必须向有关机构申请配额，领取出口授权书或出口许可证才能输出；②出口国的出口厂商或同业公会根据政府的意图规定额度控制出口。非协定"自动"出口配额形式上是出口国单方的自愿行为，不受国际协定的约束，但事实上总是受到进口国警告，或受到进口国的压力，才由出口国做出的行为。

2. 协定"自动"出口配额

协定"自动"出口配额由进出口双方通过谈判签订"自限协定"（Self-restriction Agreement）或"有秩序销售协定"（Orderly Marketing Agreement）。在协定有效期内规定某些商品的出口配额，出口国据此配额实行出口许可证制或出口配额签证制，自行限制这些商品出口，进口国则根据海关统计进行检查。"自动"出口配额大多数属于协定的"自动"出口配额。协议达成的谈判形式有：①政府间的双边谈判；②政府间的多边谈判；③进口国政府与出口企业间的谈判；④进出口国家的双边企业谈判。

(三) "自动"出口配额制协定的内容

"自动"出口配额制内容较为复杂，各种协定内容不尽相同，一般包括以下四个方面：

1. 配额水平

配额水平（Quota Level）规定了有效期内各年度自动出口的限额。通常以签约前一年的实际出口量为基础，商定第一年限额，并确定其他各年度的增长率。

2. "自动"限制出口的商品分类和细目

早期"自动"限制出口的商品的品种较少,分类比较笼统。自 20 世纪 70 年代以来,品种增多,分类日趋复杂。例如,1974—1977 年的《日美纺织品协定》中,将日本出口美国的棉、化纤、毛三大类纺织品共分成 6 组 243 项,按组分别规定各自限额,对组内"特别项目"又规定个别限额;1985 年由澳大利亚牵头颁布的《澳大利亚集团防扩散控制指南》(Australia Group Control List) 限制清单中包括大量的商品分类和细目,涵盖了多个领域和技术,如化学品、生物技术、导弹技术、核技术等。

3. 限额的融通

限额的融通即各种受限商品的限额相互之间适用的权限与数额问题,主要有水平融通和垂直融通两种。

1)水平融通是指同一年度内组与组、项与项之间在一定百分率内的融通使用。这种替换率一般在 1%~15%,有些品种禁止移用。

2)垂直融通是指同组同项水平在上下年度间的融通,即在协定中规定留用额(Carry-over)和预用额(Carry-in)。其中,留用额是指当年未用完的配额拨入下年度使用的额度和权限;预用额是指当年配额不足而预先使用下年度额度的权限。留用额和预用额的规定一般都有一些限制条件,如留用额不得超过实际余额,某些项目的留用额只限于同类项目使用,某些特定商品规定较低的留用额,甚至禁止使用留用额;预用额必须在下年度配额中扣除,且预用额不得超过 5%。

4. 保护条款

保护条款是指协定规定进口国方面有权通过一定的程序限制或停止进口某些造成市场混乱或使进口国厂商受损害的商品。

(四)采取"自动"出口配额制措施的原因

与其他保护措施相比,要从经济的角度来理解进口国政府要使用"自动"出口配额制而不是关税和进口配额制的原因比较困难。使用关税和进口配额制,经济租金会保留在进口国内部,而"自动"出口配额制是有选择性的,并不能覆盖所有供给,进口国政府必须总是准备把新的供给商排除出去。另外,从福利和效率的角度看,"自动"出口配额制排在关税和进口配额之后。那么,如何才能解释进口国政府所表现出来的对"自动"出口配额制的偏爱胜过进口配额制和关税,并一再实施"自动"出口配额制的现象呢?

1. 与传统手段被 GATT/WTO 限制有关

通过"自动"出口配额制对出口方的限制,GATT/WTO 成员避免了与其所签署的 GATT/WTO 规则文件的冲突。尽管"自动"出口配额制实际上是与 GATT/WTO 的精神相违背的,但对使用传统贸易保护主义手段的限制,会刺激新手段的出现。

2. "自动"出口配额制提高出口企业的利润和出口国的福利

"自动"出口配额制的作用同出口关税类似,可以将全部经济租金转移到出口国,因此"自动"出口配额制会提高出口企业的利润和出口国的福利。既然出口关税不受 GATT/WTO 的支持,则适当的"自动"出口配额制可以作为出口国政府的临时选择。

3. "自动"出口配额制在出口国形成了一个特殊的利益集团

这一特殊利益集团对出口国而言可能是一个施加压力的团体,目的在于确保其从持续的"自动"出口配额制中获得经济租金收入。这种转移到出口国的经济租金能够削弱出口国政府对"自动"出口配额制的反对。从进口国角度看，这种经济租金转移削减了报复的风险和对外政策的摩擦。

4. 从政治角度看，"自动"出口配额制特别容易实施

直接的进口限制如关税和进口配额制，必须通过法律程序（如在美国）或高度透明的管理渠道（如在欧盟）进行。"自动"出口配额制可以秘密地进行谈判，不会被公开的政治过程和公众监督妨碍。

5. "自动"出口配额制促使进口国取消限制

出口国偏爱于"自动"出口配额制，原因是这种协议为出口国提供了一种每隔几年就可以对进口国施加压力，使其取消限制的选择，或者至少改变或放宽"自动"出口配额种类的定义，使之更好地符合出口国的出口产品组合。当然这可能是一柄"双刃剑"，使限制更为繁杂。

专栏 4-3

日本车企对美国的自愿出口限制

20世纪70年代后期，石油危机，尤其是1979年石油价格急剧上涨，促使美国国内对节能型小汽车需求急剧增加。日本生产的汽车恰巧以小型、节能为主，使得美国市场对日本汽车需求大幅上升，造成本土汽车销量迅速降低，通用、福特和克莱勒斯三大汽车制造商相继出现亏损，失业人员大量上升。

为限制日本汽车进口，又不违反美国在GATT的承诺，1981年3月美国派代表访问日本，与日本进行磋商。同年5月，日本迫于美国压力同意自愿限制对美国汽车出口，主要内容如下：

1）第一年（1981年4月到1982年3月）自愿将汽车出口限制在168万辆以内。

2）第二年（1982年4月到1983年3月）限制额在原有基础上增加16.5%。

"自动"出口限额制原定1984年3月结束，但由于种种原因，双方都默许将时间向后延，直到1994年才最终取消。在此期间，日本甚至主动降低出口，不愿将额度用完，如1991年日本汽车的配额是230万辆，但只向美国出口了180万辆；1992年3月，日本将配额降低至165万辆。

"自动"出口配额制的影响如下：一方面，虽然日本出口美国的汽车数量减少，但这使得美国国内汽车价格上涨，从1981年到1984年，日本进口车在美国价格平均上涨了11%，美国本土汽车价格平均上涨了4.4%。另一方面，美国国内汽车价格上涨，保护了美国汽车产业，美国三大汽车制造商扭亏为盈，美国汽车产业工人由此获益，保住了2.6万个工作岗位，但却给美国消费者带来了巨大的负担，如1984年，美国汽车生产者获益26亿美元，而消费者因为涨价损失了58亿美元；1985年，生产者获益9.2亿美元，消费者损失33亿~50亿美元。

资料来源：https://baijiahao.baidu.com/s?id=17869387381952055699&wfr=spider&for=pc。

三、进口许可证制

(一) 进口许可证制的含义

进口许可证制（Import Licence System）是一国规定某些商品的进口必须申领许可证，

没有许可证，海关不予进口的制度。它是全球贸易中应用较为广泛的非关税措施。进口许可证制与进口配额制一样，也是一种进口数量限制，是运用行政管理措施直接干预贸易行为的手段。大多数国家将配额制和进口许可证制结合起来使用，即受配额限制进口的商品，进口商必须向有关部门申请进口许可证，政府发放进口配额许可证，进口商凭证进口。例如，2018年8月29日，印度宣布对生物燃料出口进行限制，生物燃料进口需要获得许可证。

实行进口许可证制，不仅可以在数量、金额以及商品性质上进行限制，而且可以控制来源国国别和地区。有的国家将进口许可证的发放与出口联系起来，以达到促进出口的目的。例如，法国一些经营出口业务的商人或企业就比较容易获得进口绸缎和绸缎服装的许可证，获得进口许可证的商人可以将其转给服装的专业进口商，获取5%~15%的佣金。

（二）进口许可证的种类

1. 根据与进口配额的关系分类

根据与进口配额的关系，进口许可证可以分为有定额的进口许可证和无定额的进口许可证。

（1）有定额的进口许可证

进口国预先规定有关商品的进口配额，然后在配额的限度内，根据进口商的申请，对每笔进口货物发放一定数量或金额的进口许可证，配额用完即停止发放。此类进口许可证一般由进口国当局颁发给本国提出申请的进口商，也有的将此权限交给出口国自行分配使用（通常是国别配额情况），从而转化为出口国依据配额发放的出口许可证。

（2）无定额的进口许可证

进口国预先不公布有关商品的进口配额，只是在个别考虑的基础上发放有关商品的进口许可证。因为是个别考虑的，没有公开的标准，发放权完全由进口国主管部门掌握，所以更具有隐蔽性，可以起到更大地限制进口的作用。

2. 根据进口商品的许可程度分类

根据进口商品的许可程度，进口许可证一般可分为公开一般进口许可证（Open General Licence, OGL）和特种许可证（Special Licence, SL）。

（1）公开一般进口许可证

公开一般进口许可证又称公开进口许可证、一般进口许可证或自动进口许可证，是指对国别或地区没有限制的许可证。凡属于公开一般进口许可证制下所列商品，进口商只要填写此许可证即可获准进口。此类商品实际上是自由进口的商品，填写许可证只是履行报关手续，供海关统计和监督需要。

（2）特种许可证

特种许可证又称非自动进口许可证，即进口商必须向有关当局提出申请，获准后才能进口。特种许可证适用于特殊商品以及特定的目的申请，如烟、酒、麻醉物品、军火武器或某些禁止进口物品。进口许可直接受管理当局控制，往往都是规定商品的进口国别或地区以贯彻国别地区政策。

进口许可证制是与WTO的基本原则相违背的，如果这种做法运用不当，不仅会妨碍贸易的公平竞争，还容易导致对出口国实行歧视性待遇。此外，特种许可证的发放如果没有法律保障，很容易成为进口国有关机构腐败的温床。因此，WTO要求，如果有关成员因特殊情况需要采用进口许可证制，也要使用公开一般许可证，并且保障发放程序的透明。

四、其他非关税措施

(一) 外汇管制

1. 外汇管制的含义

外汇管制（Foreign Exchange Control）是一国政府通过法令对外汇的收支、结算、买卖和使用所采取的限制措施。其目的是控制外汇的使用，限制外汇资本流动，稳定汇率，改善或平衡国际收支。

在外汇管制下，进口商必须向外汇管制机构指定的银行购买外汇，本国货币出入国境的携带也受到严格限制等。政府通过控制外汇的供应数量来掌握进口商品的种类、数量和来源国别，从而起到限制进口的作用。例如，2021年5月28日，斯里兰卡央行宣布，将出口商外汇收入中须兑换成卢比的比例由10%再次调回至25%，即出口商须在获得外汇收入30天内，通过持牌商业银行将收入的25%兑换成卢比。针对原料或中间品进口比例高且国内无相关替代品的出口商或出口产品加工企业，可适当提高外汇支付比例。同时，斯里兰卡央行货币委员会将根据外汇市场流动性和官方外汇储备水平，视情况调整对出口商外汇支付比例。

2. 外汇管制的种类

外汇管制的方式较为复杂，一般可分为以下几种：

1) 数量性外汇管制，主要是指国家外汇管理机构对外汇买卖的数量直接进行限制和分配。一些国家实行数量性外汇管制时，往往与进口许可证制相结合。

2) 成本性外汇管制，是指国家外汇管理机构对外汇买卖实行复汇率制，利用外汇买卖成本的差异，间接影响不同商品的出口。实行成本性外汇管制的国家，对于国内需要而又供应不足或不生产的重要原料、机器设备和生活必需品，采用较为优惠的汇率；对于国内可大量供应和非重要的原料和机器设备，采用一般的汇率；对于奢侈品和非必需品，使用最不利的汇率。

3) 混合性外汇管制，是指同时使用数量性和成本性的外汇管制，对外汇实行更为严格的控制，以控制商品的进出口。

外汇管制从第一次世界大战期间开始出现，20世纪30年代大多数资本主义国家采用这种手段管理国际收支；50年代以来，随着资本主义国家经济的恢复和发展，国际收支状况改善，特别是国际货币基金组织发挥作用，大多数发达国家都不同程度地放宽了外汇管制；90年代以来，一些发展中国家也逐渐放宽了外汇管制。我国基本上禁止外币在境内市场流通，对于在境内的外汇交易和国际结算都实施管制措施。进入21世纪，我国开始放宽外汇管制，不再实施强制结售汇制度，允许境内机构或个人的外汇收入自行调回境内或者存放境外，但相关的条件、期限等仍由国务院外汇管理局管理。

(二) 进出口的国家垄断

进出口的国家垄断（State Monopoly），又称国营贸易，是指对外贸易中某些商品的进出口由国家直接经营，或者把这些商品的经营权给予某些垄断组织。经营这些受国家专控或垄断的商品的企业，称为国营贸易企业。一般而言，进出口国家垄断的目的在于，保证国内的供应和生产，防止国内市场的混乱，通过国家垄断贯彻政府的经济政治意图。各国主要对以下四类商品进行进口和出口的垄断：

第一类是烟和酒。政府可以从烟和酒的进出口垄断中获得巨大的财政收入。

第二类是农产品。国家往往将对农产品的进出口垄断作为国内农业政策措施的一部分。例如，美国的农产品信贷公司，高价收购国内的"剩余"农产品，然后以低价向国外倾销，或者"援助"给缺粮国家。

第三类是军火武器。军火武器关系到国家安全与世界和平，自然要受到国家专控，各种军火武器基本上由国家垄断。

第四类是石油。石油是一国的经济命脉，主要的石油出口国和进口国都设立国营石油公司，对石油贸易进行垄断经营。

（三）歧视性政府采购政策

歧视性政府采购政策（Discriminatory Government Procurement Policy）是指国家通过法令和政策明文规定政府机构在采购商品时必须优先购买本国产品，从而形成对外国产品的歧视，限制外国商品的进口。例如，日本有几个省规定，政府机构使用的办公设备、汽车、计算机、电缆、导线、机床等不得采购外国产品。歧视性政府采购政策的主要做法如下：

一是优先购买本国产品与服务。不少国家通过制定法令规定，政府机构必须优先购买本国产品。例如，美国 1933 年通过的《购买美国货法案》（*Buy American Act*）规定，联邦政府必须购买美国产品，除非该商品的价格超过国际市场同类商品的 6% 以上，对于国防部的采购，这一标准为 12%，甚至一度达到 50%。许多国家规定公务员必须乘坐本国航班，有些国家虽然没有法令规定，但政府在财务或外汇制度上做了限制。

二是强调产品与服务中的国产化程度。在一些政府不得不使用的外国产品和服务中，有时会提出其他一些要求，如零部件国产化程度、当地产品含量或本国提供服务的比例等。

三是偏向国内企业的招标。在政府出资的工程招标中采用偏向国内企业的标准或程序。一些国家虽然没有明文规定外国企业不能投标，但通过一些苛刻的歧视性标准和不透明的程序使得外国企业实际上不可能中标。

四是直接授标。有的政府工程不通过招标而直接将标授予一家特定企业（一般都是本国企业）。

政府的歧视性采购如果小于自由贸易情况下本国的供给量，对进口量和国内生产都不会产生影响。本国的生产量满足政府的购买量，政府采购对生产也不会产生任何扭曲，只是将一部分消费者从购买本国商品挤到了购买进口产品的行列。但是，如果政府的采购量超过自由贸易情况下本国的供给量，歧视性采购政策将会影响国内生产和贸易。

（四）国内税

国内税是指在一国的国境内，对生产、销售、使用或消费的商品所应支付的捐税。一些国家往往采取国内税制度直接或间接地限制某些商品进口。国内税通常不受贸易条约或多边协定限制，是一种比关税更灵活、更易于伪装的贸易政策手段。例如，欧盟国家在推进增值税改革过程中，针对电子货物和数字服务的增值税规定进行了修订，要求非欧盟企业在向欧洲消费者销售这些产品和服务时缴纳增值税；美国、瑞士和日本进口酒精饮料的消费税都高于本国制品。

（五）海关估价制

海关估价（Customs Valuation）是指一国在实施从价征收关税时，由海关根据国家的规定，确定进口商品完税价格，并以海关估定的完税价格作为计征关税基础的一种制度。但是，海关估价若被滥用，违背《海关估价协议》，人为高估进口商品的价格，无疑就增加了进口商的税收负担，对商品进口形成障碍。

根据《海关估价协议》的规定，海关估价应以货物的成交价格为标准。成交价格是指货物出口到进口方时实付或应付的价格（如发票价格），并视情况进行调整，包括由买方支付的某些费用，如包装费和集装箱费、辅助费用、专利费和许可证费。只有在海关认定第一种标准无法使用的情况下，方可按顺序根据下述标准进行海关估价：①相同货物的成交价格。②相似货物的成交价格。前两种方法所选择的交易必须是向进口方输出的进口货物，货物出口的时间应大致相同。③扣除价格，即应税的进口商品在其国内市场的单位销售价格，或其相同或类似商品在其国内市场的单位销售价格，扣除相关的利润、关税和国内税、运输费和保险费，以及在进口时产生的其他费用。④推算价格，即被估价货物的生产成本加上"利润和相当于反映在由该出口国生产者向进口方出口与被估价货物同等级和同品种货物的销售环节中的大致费用"。⑤合理确定。如果上述四种方法均不能确定价格，那么在符合1994年《关税与贸易总协定》第7条的情况下，可以灵活使用上述任何一种方法来确定价格。但是，价格不得依据下述方法加以确定：①出口到第三国市场的货物价格；②海关最低限价；③武断或虚假的价格。

在各国专断的海关估价制度中，以"美国售价制"最为典型。美国售价制的特殊估价标准使焦油产品、胶底鞋类、蛤肉罐头和毛手套等商品的国内售价较高，从而使这些商品的进口税收负担大大增加。

（六）进口押金制

进口押金制（Advanced Deposit）又称进口存款制或进口担保金制，是指进口商在进口商品时，必须预先按进口金额的一定比率和规定的时间，在指定的银行无息存入一笔现金，才能进口。进口押金制增加了进口商的资金负担，影响了资金的流转，起到了限制进口的作用。例如，意大利政府曾对400多种进口商品实行进口押金制度，规定无论从任何一国进口，必须先向中央银行缴纳相当于进口货值半数的现款押金，无息冻结6个月，这项措施相当于征收5%以上的进口附加税。巴西的进口押金制规定，进口商必须按进口商品船上交货价格缴纳与合同金额相等的为期360天的存款，方能进口。

（七）最低限价制

最低限价（Minimum Price）是指一国政府规定某种进口商品的最低价格，若进口商品的价格低于最低价格，则禁止进口或征收进口附加税。其中，附加税税额为进口价格和最低限价之间的差额。进口国有时把最低限价定得较高，进口商若以最低限价进口，则无利可图。例如，2023年2月，印度外贸总局发布修订槟榔进口政策和条件的通知，将整个槟榔、槟榔坚果、槟榔碎的最低进口价格从每千克251卢比修订为每千克351卢比；如果大于或等于此限价，则进口免费。

（八）禁止进口

禁止进口（Prohibitive Import）是进口限制的极端措施，当一些国家感到实行进口数量限制已不足以解救国内市场所受冲击的困境时，往往会颁布法令，禁止这些商品的进口。例如，2018年1月，阿尔及利亚政府近日宣布，暂停进口包括手机、电子产品、家具、部分蔬菜、水果、肉类、奶酪、桶装水、巧克力及部分建筑材料等在内的900种商品，同时对126种商品增加海关税，以缩小由于石油和天然气出口收入减少带来的贸易赤字。

第三节　非关税措施发展的新趋势

1986年"乌拉圭回合"谈判进一步削弱了关税壁垒，传统的非关税壁垒也受到诸多有关协议的约束。各国在保护环境、维持生物多样性和本国人民生命安全的名义下，实施或加强了一系列新的非关税壁垒措施。

一、反倾销壁垒

（一）反倾销的含义

从近年来的中美贸易摩擦开始，反倾销作为贸易救济的方式之一，成为各个国家限制中国贸易的重要方式，反倾销一度成为近年来的一个热点。反倾销是针对倾销而来，根据《关于实施1994年关税与贸易总协定第6条的协定》，如果从一国出口到另一国的产品的出口价格低于正常情况下的可比价格，即以低于其正常价值的价格进入另一国家的商业领域，则将被视为倾销。

反倾销（Anti-dumping）是指进口国对外国产品在本国市场上的倾销所采取的一种贸易保护手段，是进口国依法针对给本国产业造成损害的倾销行为征收附加税以抵消损害后果的一种抵制措施，这种附加税称为"反倾销税"。

倾销经常是企业用以提升产品海外市场竞争力的手段，但它导致了市场不公平、不公正的竞争。为此，GATT/WTO在努力降低关税的同时，为了市场的公正公平，允许成员对倾销征收"反倾销税"。

WTO的《反倾销协议》对某一产品的出口是否存在倾销做出规定：主要看一个产品是否低于相同产品在出口国正常情况下用于国内消费时的可比价格；如果没有这个价格，则采用：①低于同类产品出口至一个恰当的第三国的最高可比价格；②低于产品在原产国的生产成本加上合理的管理费用、销售费用和一般费用及正常利润所构成的结构价格。符合以上任何一个条件都称为倾销。

（二）实施反倾销的条件

倾销成立只是进口国家实施反倾销的必要条件，不是充分条件。为了防止乱用反倾销税，《反倾销协议》规定只有满足以下三个条件方能征收反倾销税：

一是确认外国出口商存在倾销。
二是外国商品的倾销对国内同类行业造成了严重损害，或严重影响了同类行业的兴起。
三是倾销和损害存在因果关系。

（三）WTO《反倾销协议》相关规定

1. 倾销的损害

WTO《反倾销协议》明确规定，在确定倾销对本国同类产业造成严重损害时，不能根据少数几个厂商的情况就认定行业损害，应根据以下几个方面来判定：

一是倾销进口的产品数量是否大幅增加。
二是倾销进口商品对进口国的同类商品的价格造成了影响。
三是倾销对进口国的同类商品生产者造成了影响。

只有同时满足上述三个条件才能判定进口国受到了倾销损害。

2. 倾销的调查

根据 WTO《反倾销协议》的规定，反倾销的调查可以由受影响的生产部门提出申请或者由政府相关部门直接进行。申请书要有证据说明存在倾销并造成了损害以及损害与倾销存在因果关系。有关当局如果掌握了有关倾销的条件和损害的依据可以调查。调查当局有义务将要调查的内容以及相关信息通知被调查的当事人，当事人收到调查表后至少有30天的时间准备应诉。如果确定进口商品倾销幅度小于2%，或者倾销进口商品的数量小于该产品进口总量的3%，且小于3%的国家累积进口份额小于7%，则立即停止反倾销调查。

3. 反倾销措施

在反倾销调查当局已经做出倾销的存在和损害的初步决定后，如果当局认定采取临时性措施能够有效阻止在调查期间继续损害，则可以采取临时性的措施，包括反倾销税、担保或者支付保证金等形式。其中，反倾销税和保证金不得高于初步裁定的倾销幅度，反倾销税是最主要的反倾销措施。WTO《反倾销协议》对反倾销税的征收做了明确的规定：一是征收的金额不得大于倾销的幅度；二是多退少补的原则。如果最终裁定的反倾销税高于临时反倾销税，不能要求进口商补交；如果最终确定的反倾销税低于临时反倾销税，则应该退还进口多交的部分。

当今，WTO对反倾销做了一系列的规定，但西方国家并没有遵守。例如，在裁定是否存在倾销的时候，西方国家将所有国家分为市场经济国家和非市场经济国家两类，对其采取不同的确定正常价值的方法。西方国家认为市场经济国家的市场体系健全，其出口国的国内销售价格为正常价值，而非市场经济国家存在价格扭曲。因此，西方国家往往会对非市场经济国家采取替代国，将替代国的类似产品的价格作为正常价值。但是，西方国家在替代国家的选择和替代国家产品价格的选择上具有较大的随意性，往往存在着明显的不合理性，具有明显的歧视性，这使得对倾销的判断基础丧失。

反倾销已成为一些发达国家实行贸易保护的一种工具。一些国家不仅通过反倾销税阻止外国商品的流入，还可能利用反倾销调查的方法暂时阻碍某种商品的进口。根据中国贸易救济信息网的数据，1995年1月1日至2021年3月31日，全球发起反倾销调查案件次数共计5815次，其中我国遭受反倾销调查次数高达1509次，占比约为25.95%，我国已连续25年成为全球遭遇反倾销调查最高频率国家。

专栏4-4

美国裁定中国为"非市场经济国家"

2017年10月30日，美国商务部公布了其在铝箔反倾销调查中有关"中国市场经济地位"的调查结论，仍将中国视为"非市场经济国家"，并表示在对华反倾销调查中将继续适用"替代国"做法。采用"替代国"这一歧视性做法，美国对中国的铝箔产品将裁出96.81%~162.24%的高税率。

对此，中国商务部新闻发言人表示，美方依据其国内法继续适用"替代国"价格，违反了其在《中国加入世界贸易组织议定书》第15条下应承担的国际义务。中方敦促美方切实履行国际义务，采取实际行动纠正错误做法。

美国商务部详述了美方判定中国仍为"非市场经济国家"的原因。根据美国1939年的《关税法》，当一个国家符合美国制定的市场经济地位六项标准时，美国将承认对方的市场经济地位，而美国商务部得出的结论是，中国尚未符合这六项标准。具体来说，这六项标准为：①该国货币在多大程度上可以转换成其他国家的货币；②该国的工资水平在多大程度上是由劳动和管理层之间的自由谈判决定的；③该国允许来自其他国家的公司开设合资企业或进行其他投资的程度；④该国政府拥有或控制生产资料的程度；⑤政府对资源配置的控制程度以及对企业价格和产出决策的影响；⑥美政府认为适当的其他因素。

但是，美方的"非市场经济国家"概念其实并不存在于世界贸易组织（WTO）的规则表述之中。

中国商务部新闻发言人也再次做出澄清，所谓"非市场经济国家"的概念并不存在于WTO的多边规则中，在对华反倾销中采用替代国价格计算倾销幅度的做法必须终止。新闻发言人强调，所谓非市场经济国家的概念，只是个别WTO成员在冷战时期的国内产物，WTO的164个成员中有此国内法的成员寥寥无几。这与全面、彻底履行WTO国际条约义务，不能混为一谈。

中国商务部贸易救济局局长王贺军就此发表谈话，称《中国加入世界贸易组织议定书》第15条关于反倾销"替代国"的规定已于2016年12月11日失效，所有WTO成员均应在该日期之后的对华反倾销调查和裁决中弃用"替代国"做法。

资料来源：https://www.yicai.com/news/5362742.html。

二、反补贴壁垒

（一）反补贴的含义

一个国家可以通过出口补贴措施鼓励本国企业的出口，通过补贴降低出口成本，提升本国企业的竞争力，从而出口更多的商品。补贴破坏了自由贸易的基础，给进口国家带来经济利益损害，为实现公正、公平的贸易，WTO制定了《反补贴协议》。如果出口商品直接或者间接接受了出口给予的补贴，对进口国家已建产业造成了重大损害、严重威胁，或者严重阻碍了进口国某一产业的兴建，进口国可以征收反补贴税。

（二）补贴的分类

根据WTO《反补贴协议》，将除农产品之外的其他补贴分为禁止性补贴、可诉讼补贴和不可起诉补贴。

1. 禁止性补贴

禁止性补贴又称"红灯补贴"，是指对进口替代产品或者出口商品在生产、销售环节，直接给予补贴。它扭曲了进出口贸易，或者损害了别国的经济利益。根据《反补贴协议》，WTO成员不可以使用禁止性补贴，成员一旦实施，任何受其影响的其他成员都可以直接采取反补贴措施。

2. 可诉讼补贴

可诉讼补贴又称"黄灯补贴"，是指WTO成员根据自己的政治、经济发展需要，在一定范围内可以对生产者或销售者进行的补贴。若这种补贴对其他成员的利益造成了严重损害，受损成员可以向补贴成员提出反对意见或提起申诉，但必须证明存在不利影响或严重损害，上诉WTO成功后，可以对出口方的补贴行为征收反补贴税，以抵销出口方补贴行为带来的利益损害。

3. 不可起诉补贴

不可起诉补贴又称"绿灯补贴",是指成员采取的对国际贸易影响不大的补贴,具有普遍适应性和发展经济的必要性,对其他成员不会造成利益损害,往往不会引起其他成员的反对或者采取反补贴措施。不可起诉补贴包括两大类:一是不具有专向性的补贴;二是符合特定要求的专向性补贴,包括政府对研究和开发的补贴、扶持落后地区的补贴、环境保护的补贴等。

(三) 征收反补贴税的条件

补贴往往会被作为实施贸易保护主义的工具,已成为国际贸易中的非关税壁垒。因此,《反补贴协议》在具体的操作上做了明确规定,政府必须有足够的证据证明,只有满足以下三个条件的进口国才可以实施反补贴税:

1) 补贴确实存在。
2) 同类或者相同产品的国内产业已受到实质性损害。
3) 补贴与损害存在因果关系。

反补贴税的征收原则是征收与外国政府对外国商品生产者发放的补贴相对的关税,反补贴税的总额不得超过进口商品在原产地直接或间接获得的补贴。

专栏 4-5

欧美国家对中国光伏进行"双反"调查

欧美国家对中国光伏进行"双反"(反倾销和反补贴)调查的历程,以美国为例进行说明。

2011年10月18日,德国 SolarWorld 美国分公司联合其他6家生产商向美国商务部正式提出针对中国光伏产品的"双反"调查申请;11月8日,美国商务部正式立案对产自中国的太阳能电池进行"双反"调查;12月2日,美国国际贸易委员会(ITC)宣布中国光伏产品对美国相关产业造成损害,该案正式进入美国商务部调查阶段。

2012年3月20日,美国商务部宣布了对中国光伏产品反补贴调查的初裁结果,决定向中国进口的太阳能电池板征收2.90%~4.73%的反补贴税,并追溯90天征税;5月17日,美国商务部公布反倾销初裁决定,税率为31.14%~249.96%。英利、无锡尚德、天合光能将分别被征收31.18%、31.22%、31.14%的反倾销税,未应诉中国光伏企业的税率为249.96%;10月10日,美国商务部对进口中国光伏产品做出反倾销、反补贴终裁,征收14.78%~15.97%的反补贴税和18.32%~249.96%的反倾销税。

2012年11月7日,美国国际贸易委员会(ITC)做出终裁,认定从中国进口的晶体硅光伏电池及组件实质性损害了美国相关产业,美国将对此类产品征收反倾销和反补贴关税;12月7日,美国商务部发布命令,即日起,开始向中国进口太阳能电池征收关税。预计该关税将至少征收5年。

2014年,美国又发动二次"双反",对除2011年"双反"调查涉及产品以外的其他电池片、组件开展"双反"反规避调查,并将调查范围从中国大陆扩大至中国台湾地区,最终为这些进口产品设定了26.71%~151.98%的倾销税和27.64%~49.21%的补贴税。

欧美国家对中国光伏"双反"的合理性评判,以倾销的确定为例进行说明。

倾销的确定关键在于"正常价格"的选择。由于我国的市场经济地位一直没有被欧美国家认可,因此需要以可比的第三方替代国价格作为正常价格参考。美国和欧盟分别选取泰国和美国作为替代国。但泰国和美国的价格与我国的市场价格可比性较低。一是泰国和美国在电池、组件等产品的生产规模上根本不能和我国相比较，作为规模经济十分显著的光伏产业，泰国和美国的生产成本必定高于我国；二是我国的劳动力和其他资源成本较低，而美国的劳动力成本远高于我国，泰国劳动力成本虽然低于我国，但其他相关资源成本远高于我国。因此，泰国和美国均不能反映我国真实的生产水平和价格水平。

资料来源：欧美中国光伏双反对决历程［EB/OL］.（2012-10-15）［2023-06-20］.https://guangfu.bjx.com.cn/news/20121015/394363.shtml；姬海臣.欧美对我国光伏"双反"的研究［D］.厦门：厦门大学，2014。

三、保障措施壁垒

保障措施是指没有预见到急剧增长的进口，为了补救国内因此遭受的严重损害或者严重威胁的行业，政府可以临时采取进口限制以保护国内生产者。保障措施具体实施的手段主要有：①提高关税；②进口数量限制；③提高关税和进口数量限制相结合。例如，欧盟2019年2月1日宣布，自2018年7月起对部分进口钢铁产品采取的临时保障措施，将于2月2日被最终保障措施取代，保障措施将持续到2021年6月，期间欧盟会对涉及的26项钢铁产品设置进口配额，对超出配额的部分征收25%的关税。

在关税和非关税保护日益受到限制时，一些发达国家采用保障措施对本国企业实施"紧急保护"。WTO《保障措施协议》规定成员在特定的条件下，可以免于承担关税减让原则和一般取消数量限制原则的义务，实施"紧急保护"。《保障措施协议》实施的条件是：某项商品的进口量大幅增加对进口国内的同类型或者直接竞争的产品造成或者即将造成严重损害。保障措施只与进口数量有关，与价格、成本无关。

同反补贴、反倾销相比，即使出口商是在公正、公平的前提下，仍然可能遭受到保障措施的制裁。

WTO《保障措施协议》对发展中国家给予了特殊待遇，协议明确规定如果来自发展中国家的产品的进口数量不超过进口国同一产品总进口量的3%，则进口国不能对这个发展中国家采取保障措施。但是，如果发展中国家的出口产品数量超过该国总进口量的9%，免责条款失效。为了防止各国利用保障措施实行贸易保护，WTO《保障措施协议》对紧急保障措施的实施有明确的时间限制。一项保障措施的初始保障期限为4年，最多延长至8年，发展中国家为10年。

四、技术性贸易壁垒

（一）技术性贸易壁垒的含义

技术性贸易壁垒（Technical Barriers to Trade，TBT）是非关税壁垒中发展最为广泛的一种形式，主要是指货物进口国所制定的强制性的和非强制性的技术法规、标准以及检验商品的合格性评定程序所形成的贸易障碍[一]。技术性贸易壁垒主要通过颁布法律、法令、条例、

[一] 技术性贸易壁垒措施可以从狭义和广义两方面进行理解：狭义上的技术性贸易壁垒可以理解为《技术性贸易壁垒协议》中的内容；广义的技术性贸易壁垒指的是任何影响进出口贸易的技术性壁垒措施，不仅涵盖了《技术性贸易壁垒协议》中的内容，还包含《实施动植物卫生检疫措施的协议》（SPS协议）、《知识产权协定》以及《服务贸易总协定》中有关绿色条款的内容。

规定，建立技术标准、认证制度、检验检疫制度等方式对外国进口商品制定严苛烦琐的技术、卫生检疫、商品包装和标签等标准，从而提高进口商品要求，以增加进口难度，最终达到限制进口的目的。技术性贸易壁垒主要由技术法规与标准、质量认证制度、标签和包装要求、商品检疫和检验规定、环境壁垒、信息技术壁垒六个体系构成。

由于具有名义上的正当性、技术上的复杂性、手段上的隐蔽性等特点，TBT已成为一些国家或地区推行贸易保护主义、人为设置贸易壁垒、限制他国产品进口的一种常见措施，对国际正常的贸易发展造成了较大的影响。2020年WTO秘书处数据显示，2019年WTO成员共提交3337份（含勘误）TBT通报，较2018年增加8.9%。2019年国家质检总局发布的国外技术性措施对我国出口企业影响调查结果显示，2018年30.98%的出口企业不同程度地受到国外技术性措施的影响，全年出口贸易直接损失2177.5亿元；企业新增成本426.4亿元。其中，美国实施的技术性贸易措施对中国企业出口影响最大，造成直接损失1302.4亿元，占直接损失总额的59.8%。

（二）技术性贸易壁垒的种类

根据WTO《技术性贸易壁垒协议》，技术性贸易壁垒的主要类别有技术法规、技术标准和合格评定程序。其中，技术法规是规定产品特性或与其有关的加工生产方法，包括使用的管理条款并强制执行的文件；技术标准是经公认机构批准的、自愿的、非强制性的产品标准；合格评定程序是指任何用于直接或间接确定产品是否符合技术法规和标准有关要求的程序。

（三）技术性贸易壁垒的主要措施

1. 繁杂的技术标准

发达国家对于许多制成品规定了极为严苛烦琐的技术标准，进口货物必须符合这些标准才能进口，其中有些规定往往是针对某些国家的。例如，原联邦德国禁止在国内使用车门从前往后开的汽车，这种汽车正是意大利菲亚特500型汽车的式样；法国禁止含有葡萄糖果汁的进口，其目的是抵制美国货物，因为美国这类产品经常添加这种物质。

繁杂的技术标准不仅在条文本身上限制了外国产品的销售，而且在实施过程中也为外国产品的销售设置了重重障碍。以英、日汽车争端为例，英国方面规定，日本出口英国的汽车可由英国派人到日本进行检验，如果发现有不符合英国的技术安全规定，可在日本检修或更换零件，比较方便。但日本方面规定，英国出口日本的汽车运到日本后，必须由日本人进行检验，如不符合规定，则要求由日本雇员进行检修，导致费时费工，加上日本有关技术标准公布迟缓，给英国汽车出口日本带来了严重困扰。

2. 严格的卫生检疫规定

目前，发达国家经常利用卫生检疫的规定限制商品的进口，要求进行卫生检疫的商品越来越多，且卫生检疫规定越来越严。例如，美国对其他国家或地区出口美国的食品、饮料、药品及化妆品规定，必须符合美国的《联邦食品、药品及化妆品法》（*Federal Food, Drug and Cosmetic Act*），否则不准进口。日本、加拿大、英国等要求花生黄曲霉素含量不超过百万分之二十，花生酱不超过百万分之十，超过者不准进口。日本对茶叶农药残留量规定不超过百万分之零点二至百万分之零点五。美国、加拿大规定瓷器中含铅量不得超过百万分之七，澳大利亚规定瓷器中的含铅量不得超过百万分之二十。

3. 商品标签的规定

许多国家对商品包装和标签规定了苛刻的要求和烦琐的内容，使出口商增加商品成本，削弱了商品的竞争能力。例如，美国联邦贸易委员会（FTC）要求纺织品标有成分和保护标签；美国食品与药品管理局（FDA）负责对进口食品、药品、保健品、化妆品、洗涤用品、医疗设备的管理和监测，对商品的纯度和标签等要求严格，在商品入境时会进行抽检；1987年以来，我国每年被美国海关扣留的食品中约有25%是由于不符合《美国食品标签法》的规定。

（四）技术性贸易壁垒的作用

1. 技术性贸易壁垒的积极作用

技术性贸易壁垒对于提高产品质量、实现生产和消费的规模经济、维护消费者的合法权益、保护人类安全健康和环境等方面具有十分重要的作用，科学合理的技术壁垒能够促进国际贸易的健康发展，传播先进科学技术，规范市场准入条件。

1）技术性贸易壁垒推动技术贸易标准化。技术贸易标准化是各国政府在对外贸易中出于保护健康、安全环保方面的原因所做的一系列强制合法的对产品性能进行检验的技术标准和测试方法。随着技术性贸易壁垒的实施，国际组织、各国纷纷建立产品质量体系，如ISO 9001、ISO 14001、ISO 18000等。这些被广泛接受的产品技术方法可以使生产上采取统一的设计生产，有利于形成规模效应，同时保证了产品质量，促进国外权威认证机构相互认可机制的形成，规范国际市场。

2）促进出口企业立足技术创新，提高核心竞争力，促进世界科技进步。技术性贸易壁垒使各国企业意识到主动提高自身技术水平和管理水平、增强出口产品的国际竞争力是应对别国技术性贸易壁垒的关键。从技术促进角度而言，进口方只有依靠较先进的技术才能构成技术性贸易壁垒，而出口方为打开市场必须改进技术，采取合理的TBT，特别是采用国际标准并取得国际认证，调整、优化企业出口产品结构，加速技术改造和产品的升级换代，以获得国际市场通行证，这在客观上促进了全球科技进步。同时，技术性贸易壁垒，特别是知识产权壁垒是将知识产权的保护范围扩大到世界市场的一种行为，其目的是为保护创新创造健康的规制。从中长期看，技术壁垒的知识产权保护功能可能成为激发出口方奋起应对、提高出口产品质量、提升技术水平、跨越知识产权壁垒的动力。

3）环境壁垒及绿色标准在客观上促进了可持续发展的实施。合理的技术性贸易壁垒可以保护环境，保障人类及动植物的健康和安全，提高生活质量。随着经济全球化和自由化的发展，国际贸易在给各国人民带来巨大利益的同时，也产生了严重的环境问题。由于资源的过度开发，污染物过量排放，对环境造成了巨大破坏。尤其是在个别发展中国家，由于资金有限，根本无力顾及环保。毁林而田、竭泽而渔的做法使现在地球的环境急剧恶化。绿色标准的实施将迫使各国企业在生产过程中减少对环境的污染，采用绿色生产体系生产绿色产品。这在客观上会促进各国可持续发展战略的实施。

4）检疫标准保护了人类的生命安全和身体健康。技术性贸易壁垒不断提高的检疫标准和包装设计标准，促使各国提高本国产品的质量和卫生及安全性能，这对人类的生命安全和身体健康有积极作用。尤其是在世界各国动植物流行病时有爆发，再加上转基因产品的安全性仍无法科学测定，所以在国际贸易中，各国制定相关的检疫标准并严格执行是非常必要的。国际贸易中也存在不合格甚至假冒伪劣产品，如不安全家电、儿童玩具、含汞化妆品、假药、旧服装、未经过安全证明的转基因食品、农药含量超标的食品等。如果不对这些商品的国际贸易严加限制，就会危害进口国人民的健康，技术性贸易壁垒确定了一定的卫生检疫措施和检验检疫的标准流程，对有关产品的进口进行控制，保护了消费者的健康。

5）技术性贸易壁垒具有知识产权保护功能。知识产权壁垒的核心目的是限制知识产权使用人对知识产权的非法使用，保护知识产权所有人的经济利益，使生产者的预期稳定化，增强生产者提高产品质量的动力，鼓励创造性的智力活动。正是对知识产权的尊重和保护，才孕育了知识经济，而知识经济以知识的创新、生产与使用为使命，是推动经济、社会进步的强大驱动器。

6）促进企业积极履行社会责任。技术性贸易壁垒一方面是为了保护本国产业的发展，另一方面督促企业承担起自己的社会责任，企业履行社会责任，最基本的应当做到四点：①保障人类生命健康；②保证人民生活安全；③尽量减少环境污染；④认真履行节能降耗。目前，一些综合的技术性贸易壁垒在某种程度上说是促进贸易自由化和促进企业履行社会责任两者之间博弈的结果。技术性贸易壁垒会抑制某类产品在国际市场上的流通，却会促进企业更好地履行社会责任。企业如果把社会和环境等问题的解决与自身的生产制造过程统筹考虑，就能既履行了企业的社会责任，又提高了企业的竞争能力，还有效规避了技术性贸易壁垒对自身的不利影响，促进社会的和谐发展。

2. 技术性贸易壁垒的消极作用

技术性贸易壁垒将会长期存在，对国际贸易的影响会越来越大，其特点也更加复杂和隐蔽，成为当前较普遍、难以对付的贸易壁垒。据国家知识产权局统计，当前世界贸易壁垒的80%来源于技术性贸易壁垒。

1）阻碍国际贸易的自由发展。技术性贸易壁垒阻碍国际贸易的自由发展，不利于世界资源的自由流通和优化配置，并且与经济全球化、贸易自由化的社会发展潮流背道而驰。发达国家通过制定法规、法令等方式设置技术性贸易壁垒的程度非常高，导致发展中国家的许多种产品无法进入这些发达国家的市场。这给市场准入带来了相当大的难度，削弱了出口商品的竞争能力，直接或间接地给出口国造成了巨大的经济损失。例如，美国在进口管理上，除了坚持多年来实行的进口产品卫生许可证制度和美国食品药物管理局的良好食品市场规范等注册认证制度外，近年来又实行 ISO 14000 系列质量认证和水产品危害分析关键控制点认证制度，许多指标数据要求精确到小数点后二三位，技术欠缺的发展中国家往往难以达到要求，给发展中国家的产品进入其市场带来较大的不便。

2）使发展中国家在国际贸易格局中处于越来越不利的地位。发达国家从自身利益和技术水平出发制定的标准是许多发展中国家所难以达到的。因此，发达国家经常利用技术标准设置贸易壁垒，甚至发动技术贸易战，以保护他们的国际贸易利益，从而继续控制发展中国家和占据国际贸易的主导地位。据统计，在生命科学与生物技术、信息技术、新材料等关键技术领域，西方发达国家所拥有的专利数量，大约占全球专利总量的90%，而包括我国在内的发展中国家仅拥有10%左右。如此大的技术差距，不可能在短期内缩小。在很长一段时期内，发展中国家在国际贸易格局中将处于越来越不利的地位。

3）技术性贸易壁垒造成各国贸易摩擦增多，妨碍贸易关系的正常发展。当前发达国家之间经常发生技术贸易战，其名义是为了保护环境或人民的健康和生命安全，但实际上，其更大的目的是使本国贸易商在国际贸易中获得更多的利益。各个国家为了限制存有争议的和对本国经济产生不利影响的高技术产品的进口，不得不制定越来越多、越来越严格的技术性贸易壁垒，引发的国际贸易争端不断发生。

五、绿色贸易壁垒

（一）绿色贸易壁垒的含义

绿色贸易壁垒又称环境壁垒，是指进口国政府以保护生态环境、资源和人类健康为由，以限制进口保护贸易为目的，通过颁布复杂多样的环保法规、条例，建立严格的环境技术标准和产品包装要求，建立烦琐的检验认证和审批制度，以及征收环境进口税方式对进口产品设置的贸易障碍。与传统的非关税壁垒相比，绿色贸易壁垒具有名义上的合理性、形式上的合法性、保护的广泛性、保护方式的隐蔽性和实施效果的歧视性等特征。

绿色贸易壁垒始于20世纪80年代后期的"绿色潮流"，90年代开始兴起。工业化进程的加强，全球环境污染日益严重，甚至威胁到人类自身的生存和发展。人们的环保意识逐渐增强，"可持续发展"的观念日益为各国所接受，各种类型的国际环保公约和协议也越来越多，对国际贸易产生了明显的影响。但贸易保护主义者混淆环境保护与贸易保护的关系，趁机设置各种绿色贸易壁垒，这种贸易壁垒比其他措施更有效、更隐蔽，甚至更加"名正言顺"。当前绿色贸易壁垒被滥用的情况越来越严重。由于发达国家的环境标准普遍高于发展中国家，特别是少数发达国家对进口产品和本国产品采取不同的标准，使发展中国家的产品更难进入发达国家市场。例如，美国拒绝进口委内瑞拉的汽油，因为含铅（Pb）量超过了本国规定；20世纪90年代开始，欧洲国家严禁进口含氟利昂的冰箱，导致我国的冰箱出口由此下降了59%等。

绿色贸易壁垒主要有两种情况：一是假环境保护之名，行贸易保护之实，违反世界贸易组织关于自由贸易的原则，对进口商品的要求超过本国产品的要求。例如，委内瑞拉与美国之间关于美国限制汽油进口的纠纷案，美国的做法带有明显的歧视性，限制了外国汽油的进口。二是进口国单方面颁布的环保法规、条例、技术标准等违背有关国际公约或贸易协定，给国际贸易制造了不必要的障碍。例如，在美国汽车行业受到越来越大的挑战的同时，美国政府出台了《防治污染法》，要求所有进口汽车都必须装有防治污染装置，并制定了近乎苛刻的海关技术标准。

（二）绿色贸易壁垒的形式

1. 绿色关税和市场准入

绿色关税和市场准入是指进口国对一些污染环境和影响生态环境的商品征收进口附加税或者禁止其进口。例如，美国食品与药品管理局规定，所有在美国出售的鱼类都必须是来自经美方证明未受污染的水域。原则上讲，任何一个国家不能将本国的环保价值观强加于另一国。但在实际中，出口国通常允许进口国对其国内企业的生产设备进行检查，提出较高的标准，从而保证出口产品能够满足进口国的环保标准。这种检查对于出口商来说无疑是一种壁垒。

2. 绿色技术标准

进口国凭借其技术优势，规定出口国难以达到的环境保护技术标准，对于一切不符合该标准的产品，都有权拒绝进口。例如，欧盟在1992年就开始禁止含有51种化学物质的棉布制造的服装，1994年德国联邦健康委员会制定了保护消费者健康的"一揽子计划"，其中包括禁止一些可能致癌的偶氮染料加工的纺织品进入德国市场。

3. 绿色标志

绿色标志又称环境标志、生态标志，是根据有关环境标准和规定，由政府管理部门或民间环境团体依照严格的程序和环境标准将该标志印于产品及包装上，以向消费者表明该产品或服务从研制、开发到生产、使用直至回收利用的整个过程均符合环境保护的要求，对生态系统无危害或危害极小。因此，绿色标志又叫作绿色通行证，具有该标志的产品在进口时往往可以享受优惠。绿色环境标志作为一种标签只不过是产品生产、销售、消费、处理过程的一种外化，其真正奥妙之处在于有权授予标签、有权进行检查的机构是谁。如果仅限于进口国的某些机构授权贴这种标签，则由于申请成本加大、检查程序过于烦琐等原因在很大程度上制约了发展中国家的出口。自从 1987 年德国首先使用"蓝色天使"标志以来，现在已有美国、日本、加拿大、法国等 30 多个发达国家、20 多个发展中国家和地区推出绿色标志制度，涉及的产品范围越来越广。

4. 绿色包装制度

绿色包装是指能节约资源、减少废弃物、用后易于回收再用和再生、易于自然分解、不污染环境的包装。由于在资源节约、环境保护和循环利用等方面的作用，绿色包装在发达国家市场广泛流行，许多国家纷纷出台包装标准，用来限制进口产品的包装对本国环境的污染。例如，丹麦曾颁布法令，要求所有进口的啤酒、矿泉水软饮料一律使用可再装的容器，否则拒绝进口。

5. 绿色卫生检疫制度

为了确保人类和动植物免受污染物、毒素、微生物、添加剂等的影响，防止超标产品进入国内市场，许多国家，特别是发达国家制定了严格的卫生检疫制度。发达国家对食品的安全卫生指标十分敏感，尤其对农药残留、放射性残留、重金属含量等的要求日趋严格。在日本，有关农药残留量方面的标准多达 6000 多个。在农产品和食品出口中，我国正是一些发达国家名目繁多的卫生和检疫措施的直接受害者。例如，我国出口日本的大米，日方规定的检验项目多达 56 个，其中有 90% 以上是卫生和检疫措施项目。又如，我国输入日本的家禽，其卫生标准要求竟高出国际卫生标准 500 倍。

（三）绿色贸易壁垒的特性

1. 虚假性

绿色贸易壁垒一般都打着"保护地球生态环境与人类健康"的幌子，貌似合理，实则是为限制进口、不合理地制造贸易障碍的贸易保护主义行为。

2. 广泛性

绿色贸易壁垒的内容非常广泛，不仅涉及与资源环境、人类健康有关商品的生产、销售方面的规定和限制，而且对安全、卫生、防污等标准的工业制成品也有规定和限制。

3. 隐蔽性

绿色贸易壁垒不像配额和许可证管理措施那样明显带有分配上的不合理性和歧视性，因此不容易引起贸易摩擦。此外，建立在现代科学技术基础之上的各种检验标准不仅极为严格，而且烦琐复杂，使出口国难以应付和适应。例如，1995 年 4 月国际标准化组织实施了"国际环境监察标准制度"，许多国家利用此标准限制和拒绝国外产品进口。

4. 不平衡性

发达国家无视发展中国家的现实情况，以其先进的技术、雄厚的资金提出过高标准，把发展的不平衡导入国际贸易领域，引致更多的不平衡。发达国家甚至提出远高于国内标准的标准，利用双重标准，更加剧了不平衡性。

专栏 4-6

新型绿色贸易壁垒——碳关税

碳关税，又称边境调节税（BTAs），是对国内没有征收碳税或能源税、存在实质性能源补贴国家出口的商品征收特别的二氧化碳排放关税，主要是发达国家针对进口产品在生产过程中所产生的二氧化碳总量而采取的一种边境税调整措施。

"碳关税"的概念最早由法国总统希拉克提出，旨在对未履行《京都议定书》的国家的进口产品征收特殊的二氧化碳排放关税，以消除欧盟碳排放交易机制运行后欧盟国家的碳密集型产业在国际竞争中可能遭受的不公平竞争。

2015年12月12日达成的《巴黎协定》，为全球气候治理提供了有效的解决方案，主张改善全球气候需要国际社会的强有力合作和支持。但欧盟并不完全认同《巴黎协定》的全球减排目标，因而提出了碳边境调节机制（CBAM，又称欧盟碳关税）。2021年7月，欧盟委员会公布了《建立CBAM》的提案细则；2023年5月16日，《欧盟官方公报》正式发布《CBAM法案》，标志着欧盟CBAM完成了立法程序，成为欧盟法律。

根据《CBAM法案》的规定，欧盟将对水泥、电力、化肥、钢铁、铝、化工（氢）六大类进口货物的直接排放以及钢铁、铝、化工的间接排放征收碳关税，即要求欧盟国家的进口商在进口特定种类的货物时，参照欧盟排放交易体系（ETS）的碳排放价格，缴费购买相应的CBAM证书。原则上，从所有非欧盟国家进口货物的欧盟进口商都将承担碳关税。但是进口某些加入ETS或拥有与欧盟相关联的排放交易系统的第三国货物的欧盟进口商不必承担碳关税，如冰岛、列支敦士登、挪威、瑞士及5个欧盟海外领地。此外，《CBAM法案》没有体现对发展中国家的特殊待遇。

当前，世界各国对于是否应当征收碳关税仍然存在较大争议。以欧盟为代表的发达国家积极支持并推动碳关税的征收；以中国和俄罗斯为代表的发展中国家则对此持反对意见；美国则在不同时期对碳关税持不同态度，总体上处于摇摆状态。其中，反对征收碳关税的国家和地区的理由主要体现在以下方面：①征收碳关税可能违反WTO的非歧视和最惠国待遇原则；②征收碳关税可能违反相关国际公约和协定；③碳关税在实质上是一种单边贸易保护措施。

自拜登政府上台后，美国对于碳关税的态度发生了转变，计划征收碳关税。随着美国等发达国家对欧盟征收碳关税这一措施的逐渐认同，未来全球征收碳关税将成为一种发展趋势。对于发展中国家来说，由于对碳排放限制较为宽松，发展中国家将成为欧盟等发达国家征收碳关税的主要对象。与此同时，欧盟等发达国家通过施行碳关税的方式，将会要求发展中国家按照欧盟等发达国家的碳排放标准生产产品。这实质上是通过碳关税将欧盟等发达国家的碳税问题和内部矛盾转移给发展中国家，进而影响发展中国家的碳减排进程。与此同时，欧盟等发达国家通过征收碳关税等方式，实行贸易保护主义，减少发展中国家向欧盟等发达国家的货物出口，使得发展中国家在国际贸易中处于更加不利的地位。这就使得发展中国家的高耗能企业将会面临商品出口难、产品库存堆积严重、企业转型困难、减碳成本上升和企业关门倒闭等问题。发展中国家的企业倒闭，则又将会带来大量人员的失业，进而引发国内社会秩序混乱等一系列社会问题，严重损害发展中国家的利益。

当然，碳关税的实施也会产生一定的积极效应。例如，碳关税的实施将会倒逼出口国的企业进行转型升级，减少煤炭等资源的使用，积极开发低碳环保的新能源，以此来实现全球碳排放量的减少，达到应对全球气候变暖挑战的目的。

资料来源：肖京，张洁. 碳关税的国际现状与我国的应对之策 [J]. 中国石油大学学报（社会科学版）2023，39（4）：12-21；周桃，周婵，李许，等. 欧盟碳关税落地对中欧贸易的影响及应对策略 [J]. 集成技术，2024，13（1）：30-43。

六、企业社会责任标准认证

在欧美先后出现了一些关于"企业社会责任"（Corporate Social Responsibility，CSR）的多边组织，逐步形成了一些评价体系和认证制度，企业社会责任标准认证 SA 8000（Social Accountability 8000）就是其中较有影响力的一种标准。SA 8000 是根据《国际劳工组织公约》《世界人权宣言》及联合国《儿童权利公约》制定的一套可被第三方认证机构独立审核、认证的标准体系，其宗旨是确保生产商及供应商所提供的产品符合社会责任的要求，主要包括雇用童工、强迫劳工、安全卫生、结社自由和集体谈判权、歧视、惩罚性措施、工作时间、工资报酬及管理体系共九方面内容。2004 年 5 月欧美一些国家开始强制推行 SA 8000，将企业道德规范纳入企业经营管理体系，要求供应商必须接受并通过社会责任审核才能获得订单。

SA 8000 作为全球第一个用于第三方认证社会责任管理体系标准，社会责任标准认证是责任也是工具，绝不仅仅是一道门槛，社会责任的推行将成为发达国家实施劳工贸易壁垒的又一借口。社会责任标准这类新贸易壁垒具有介于合理与不合理的双重性，非常隐蔽和复杂。同时，新贸易壁垒涉及技术、法律以及行政管理等各个方面和各个部门，国内企业和政府部门须及早应对，提高企业综合竞争力，突破新贸易壁垒。

七、动物福利

随着人类文明的进步，人类与自然的和谐发展得到广泛认同。当今，西方发达国家以尊重和保护动物为由，利用自身文化教育和传统习俗方面的优势，制定了一系列歧视性法律法规和动物福利标准，以限制发展中国家的动物产品进口。目前，有 100 多个国家制定了动物福利（Animal Welfare）法案，以欧盟最为典型，欧盟及其成员国强制规定了动物在饲养、运输和屠宰加工各个环节的福利标准，主要包括五个方面：

一是生理福利，为动物提供充足的清洁水以及相应的一些需要的食物，保证动物享有不受饥渴的自由。

二是环境福利，为动物提供适当的房舍或栖息场所。

三是卫生福利，为动物做好防疫，预防疾病和对患病动物及时治疗，使其少受额外的疼痛，以保证动物享有不受痛苦、伤害和疾病的自由。

四是行为福利，为动物提供足够的空间、适当的设施等，保证动物享有表达天性的自由。

五是心理福利，保证动物享有生活无恐惧和悲伤感的自由。

简而言之，动物福利就是在动物饲养、运输、宰杀过程中，要尽可能地减少其痛苦，不得虐待动物，保持动物的康乐状态。

第四节　非关税措施的经济效应

非关税壁垒种类繁多，无法对其效应逐一进行具体分析，这里仅以进口配额和"自动"出口配额为例，分析其经济效应。

一、进口配额的经济效应

（一）价格效应和贸易条件效应

进口配额具有与关税相似的价格效应和贸易条件效应。

若进口国为大国，实行配额制后，进口量减少，从而使国际市场价格下跌。实行配额后的国内市场价格虽然上涨，但上涨幅度小于国际市场价格下跌的幅度。另外，大国本身的出口商品价格不变而该进口商品国际市场价格下跌，一定量的出口商品能换回更多的该商品，这意味着，实行配额制后，大国的贸易条件得到了改善。

小国的情况完全不同，由于小国需求量的增减不能引起国际市场价格的变化，因此配额的负担完全由国内消费者承担，而贸易条件却没有变化。

（二）经济效应

假定实行进口配额的是小国，则当该国实行进口配额时，不会改变国际市场价格。在图4-1中，D_d为该国某进口商品的需求曲线，S_d为该国某进口商品的供给曲线，P_w为国际市场价格。当该国开展自由贸易时，该国此商品的价格就会与国际市场价格相一致，在价格为P_w时，需求量为Q_2，供给量为Q_1，需求量超过供给量的部分由进口填补，即进口量为Q_1Q_2。

假定该进口国对该产品实行进口配额制，配额量为ED，其结果是国内价格提高，从而总供给增加，总需求减少，直至供需达到新的均衡。此时该国国内购买者面临的国内供给曲线就会发生移动，移动后形成新的供给曲线S_{f+d}。可见，实行进口配额后的供求平衡点为D。

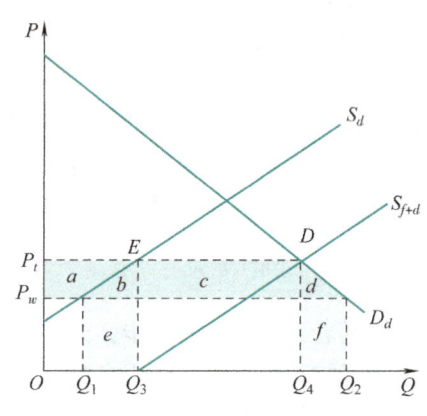

图4-1　进口配额的经济效应

将实行进口配额前后对比，可以看出进口配额措施具有如下经济效应：

1. 消费效应

进口国商品价格上升，消费量由Q_2减少至Q_4，减少了Q_4Q_2，消费者剩余减少了（$a+b+c+d$），此为进口配额的消费效应。

2. 生产效应

进口国商品价格上升，供给量由Q_1增加至Q_3，增加了Q_1Q_3，生产者剩余增加了a，此为进口配额的生产效应。

3. 国际收支效应

进口价格不变，仍为 P_w，但进口量减少了（$Q_1Q_3+Q_4Q_2$），因此贸易支出减少了（$e+f$），此为进口配额的国际收支效应。

4. 配额利润效应

获得配额的进口者，将从国际市场上以 P_w 买进此商品，在国内市场上以 P_t 价格卖出，每单位获益 P_t-P_w，进口量为配额限量 ED，因此可以从中获得相当于 c 的配额利润。

5. 整体福利水平效应

进口配额的整体福利水平效应，等于生产者剩余的增加量、进口商配额利润和消费者剩余减少量的差额，即 $(a+c)-(a+b+c+d)=-(b+d)$。

在实施进口配额的情况下，面积 c 的归属取决于进口国分配配额的方式，分配进口配额常常与进口许可证相结合，取得进口许可的方式不同，其带来的福利变化也不相同。

第一种方式为竞争拍卖方式，是指政府通过公开拍卖的方法分配许可证，并将进口一定数量商品的配额分配给出价最高的需求者。一般情况下，进口商所付购买许可证的成本要加到商品的销售价格上。竞价结果可能会形成一个近似于商品国内外差价的许可证价格，拍卖收益成为政府的收入。如果政府在竞争性市场上将进口许可证拍卖给最高出价者，面积 c 则作为进口国公开拍卖配额的收入归政府所有。此时，配额与关税的效果完全相同。

第二种方式为按固定参数分配，是指政府按照特定标准将固定的进口配额无偿分配的做法。一般而言，根据现有进口某种产品的企业上一年度在进口该商品总额中的比重来确定。如果政府免费发放配额或许可证，则许可证持有者就能以世界市场价格购买进口产品，然后以国内市场价格出售，获得 c 的全部利益。这里有三种情况：①若将许可证无偿发给进口商，则 c 只是一种国内福利转移，国家的净损失不变；②若把配额分配给出口商，或出口国采取"自愿"出口配额制，那么面积 c 的经济利益就会流失到国外，进口国的净福利损失就会增加至（$b+c+d$）；③如果许可证的发放效率较低、手续繁杂，那么面积 c 的利益就会白白浪费掉，进口国的净福利损失也为（$b+c+d$）。

第三种方式为按一定程序申请，是指在一定时期内，政府根据进口商递交进口配额管制商品申请书的先后顺序分配进口商品配额的办法。这种方法形成了申请者获得所需进口产品的自然顺序，即按照先来后到的顺序获取所需配额。其缺点是可能给管理部门留有利用职权获取贿赂的机会，形成企业的"寻租"活动，以期借助管理部门的不公正行为获取某种超额收益。

不管政府怎样分配进口配额，社会的整体福利水平变动至多与征收关税时相似，不会比征收关税更好。

二、"自动"出口配额的经济效应

"自动"出口配额对进口国国内价格、生产、消费的影响和进口配额相同，如图 4-2 所示。"自动"出口配额的具体数量可以由进口国与出口国协议商量，也可以由进口国提出。但"自动"出口配额一旦确定，将由出口国自行分配这些配额，这样一来，在实行配额时本属于国内进口商的那部分利益就由外国出口商获得，对进口国而言，福利净损失为（$b+c+d$）。

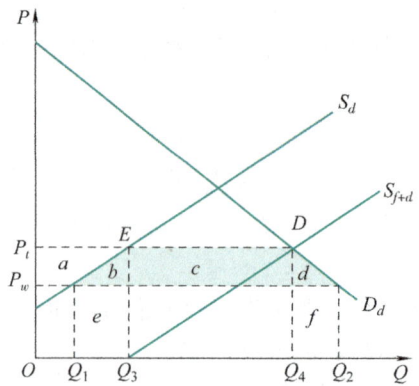

图 4-2 "自动"出口配额的经济效应

本章小结

与关税措施相比,非关税措施具有更强的灵活性、有效性、隐蔽性和歧视性特点。进口配额在其发展过程中出现了绝对配额与关税配额两种形式。与关税相比,配额的经济效应更具有管制性。自动出口配额制是进口国威迫出口国"自动"限制本国产品出口的一种非关税壁垒。若成功实施这项措施,其经济影响与等价的进口配额相同。各国在保护环境、维持生物多样性和国民生命安全的名义下,实施或加强了一系列新的非关税壁垒措施,如技术性贸易壁垒等,对国际贸易和世界经济发展的影响和作用越来越大。

思 考 题

1. 什么是非关税措施?相对于关税措施,非关税措施有何特点?
2. 非关税壁垒有哪些主要种类?
3. 什么是进口配额制?绝对进口配额与关税配额、"自动"出口配额的主要区别是什么?
4. 进口许可证主要有哪些分类?
5. 试述歧视性政府采购政策的福利影响。
6. 试述技术性贸易壁垒的作用。

第五章
出口鼓励和出口管制

教学目的和要求

通过本章的学习,了解和掌握鼓励出口措施的概念、种类和作用,熟悉出口管制的原因、对象、形式与方式。

第一节 出口鼓励措施

出口鼓励措施是国家支持和鼓励本国出口企业或潜在出口企业增强其在国际市场上的竞争能力并扩大出口的贸易政策措施。历史上有很多国家都想通过扩大出口贸易的方式,来达到促进本国经济的快速增长或经济快速恢复增长的政策目的,如第二次世界大战后日本的"以进养出"的扩大出口贸易政策、韩国的"扩大出口动员令"以及美国的"出口倍增计划"等。常见的出口鼓励措施包括出口信贷、出口信贷国家担保制、出口补贴、商品倾销、外汇倾销以及经济特区政策等。

一、出口信贷

出口信贷是指一个国家为了鼓励本国商品的出口,增强本国出口商品的国际竞争力,支持和鼓励本国银行对本国的出口厂商、外国的进口厂商或进口方银行提供的贷款。出口信贷通常是在出口成套设备、船舶、飞机等金额较大的商品时由出口银行提供的贷款,这类商品价格高昂,进口方难以立即支付,若得不到贷款,出口商又无法正常进行资金周转,这时需要本国银行对出口方或进口方提供资金融通,促成进出口双方达成交易合约,促进本国商品出口。

第二次世界大战后,出口信贷就被各国用来鼓励本国商品出口,运用非常普遍,且延长了信贷期限,降低了贷款利息。例如,1978年美国国会决定今后5年内拨给美国进出口银行的资金总额由原来的250亿美元增加至400亿美元。运用财政政策鼓励出口容易受到国际法律法规的制约,同时也容易引起其他国家的反对和报复,因而信贷政策的作用越来越大。出口信贷的国际约束比较少,且进出口国对其都比较欢迎,实行起来也比较方便,因此被广为使用。当前发达国家大型设备、成套设备的出口约有40%是依靠出口信贷实现的。

出口信贷又分为卖方信贷和买方信贷。

(一) 卖方信贷

卖方信贷(Supplier's Credit)是指由出口方的官方金融机构或银行向本国出口厂商(即卖方)提供的贷款支持,以扩大本国出口厂商的出口能力。这种贷款合同由本国出口厂商和银行签订。在国际贸易往来中,出口厂商与进口厂商的谈判如果涉及金额较大的商品贸易,进口厂商一般要求采用延期付款或长期分期付款的方式支付货款。但这类付款方式等于在一定时间里占用了出口厂商的资金,从而会影响出口厂商的资金周转乃至正常经营,因此需要出口国银行对出口商提供信贷资金,卖方信贷便应运而生。

卖方信贷的大致操作流程是:在签订买卖合同后,进口商须先支付货款的5%~15%作为履约的一种保证金;在分批交货、验收和保证期满时再分期支付10%~15%的货款;其余货款在全部交货后若干年内分期摊还(一般是每半年还款一次),并附交延期利息。出口商需要把所借款项及其利息偿还给出口方银行。因此,卖方信贷实际上是银行直接资助出口厂商向进口厂商提供延期付款,促进商品出口的一种信贷形式。

(二) 买方信贷

买方信贷(Buyer's Credit)是指出口方银行直接向进口厂商(买方)或进口方银行提供的贷款,用以支持进口厂商进口贷款国的商品。买方信贷是约束性贷款,贷款合同规定贷款必须用以进口贷款国的商品为贷款条件,并常常以签订的商品贸易合同为准。

买方信贷在具体运用时有两种形式。

第一种形式是出口方银行直接把贷款提供给外国的进口厂商。其具体的做法是,在进口商与出口商签订贸易合同后,进口商先交相当于货价15%的现汇定金,然后进口商再与出口商所在地的银行签贷款协议(该协议以上述贸易合同为基础,如果进口商不购买出口国的设备,则进口商不能从出口商所在地银行得到此项贷款)。进口商用其借得的贷款,以现汇付款条件向出口商支付货款。进口商对出口商所在地银行的欠款,依照双方签订的贷款协议条件进行分期还款付息。

第二种形式是出口方银行直接将贷款提供给进口方银行,这是更为普遍的一种买方信贷方式。其具体做法是,进口商与出口商洽谈贸易,签订贸易合同后,进口商先交相当于货价15%的现汇定金。进口方银行与出口方银行签订贷款协议(该协议也是以贸易合同为基础,但具有相对的独立性),进口方银行以其借得的款项贷给进口商,然后进口商以现汇条件向出口商支付货款。进口方银行根据贷款协议分期向出口方银行偿还贷款。进口商与进口方银行之间的债务按双方商定的办法在国内清偿结算。

二、出口信贷国家担保制

出口信贷国家担保制(Export Credit Guarantee System)是指国家为了鼓励商品出口,对于本国出口厂商或商业银行向外国进口厂商或银行提供的贷款,由国家设立的专门机构出面担保,当外国债务人拒绝付款时,该国家机构即按照承保的数额予以补偿的一种制度。出口信贷国家担保的承保范围主要有两类。

一是政治风险,包括由于进口国国内发生的政变、战争、革命、暴乱以及出于政治原因而实行的禁运、冻结资金、限制对外支付等给出口商或出口国银行带来的损失。政治风险的承保金额一般是合同金额的85%~90%,有的国家,如美国,甚至高达100%。

二是经济风险,包括由于进口商或进口国银行破产倒闭、无理拒付,或由于汇率变动异常、通货膨胀等给出口商或出口国银行造成的损失。经济风险赔偿率一般为合同金额的70%~85%。

除上述两种外,出口信贷保险可能还会包括一些专项保险险种。由于出口信贷国家担保是一种政策性的保险,目的是鼓励出口,因此各国的保险费率普遍较低,以减轻出口商和银行的负担。根据保险期限、保险金额、保险险种、输往国别的不同,保险费率也不相同。另外，各个国家的保险费率亦有差异，如英国一般为 0.25%~0.75%，而德国为 1.0%~1.5%。

我国自 20 世纪 90 年代以来开始对出口信贷实行国家担保制。例如，1996 年 7 月 19 日，中国人民保险公司与山东机械设备进出口集团公司向印度尼西亚某公司出口水产冷冻成套设备提供出口卖方信贷保险并签署了合同，该笔出口业务金额为 800 万美元，采用延期 2 年付款方式，中国进出口银行为该项目提供出口卖方信贷，中国人民保险公司提供出口卖方信贷保险。

三、出口补贴

出口补贴是本国政府为了鼓励和刺激本国商品出口，在出口商品时给予本国出口厂商以现金补贴或财政上的优惠政策措施，从而降低本国商品的出口成本和价格，提高本国商品的国际竞争力，最终达到扩大出口的目的。由于出口补贴可以直接刺激本国商品扩大出口，因此被各国政府普遍使用。例如，欧盟是全球最大的出口补贴使用者，1995—1998 年，欧盟每年平均出口补贴支出高达 60 亿美元，其占全球出口补贴支出总额的 90%。美国也是全球主要出口补贴的使用者，其农业产品普遍得到政府价格支持补贴，是全球出口补贴的主要使用国家之一。美国和欧盟等是全球出口补贴的主要使用国家和地区，这些国家和地区的出口补贴支出比例约占全球的 97%。

(一) 出口补贴的方式

从形式上看，出口补贴主要有直接补贴和间接补贴两种方式。

一种是直接补贴。直接补贴是指本国政府在商品出口时，直接给予出口厂商以现金补贴的方式，其目的是降低本国商品的国际价格，从而扩大本国商品的出口规模。例如，欧盟对农产品的补贴方式就是现金补贴，1994 年欧盟对农业的补贴高达 800 亿美元；2023 年 5 月 15 日，欧盟委员会批准向波兰提供 1.226 亿欧元，以支持波兰农业生产部门。

另一种是间接补贴，使用更为普遍。间接补贴是指本国政府在某些商品出口时给予财政上的优惠政策措施，如退还或减免出口商品所缴纳的消费税、增值税等各种国内税，对进口原材料或半制成品加工出口给予暂时免税或退还已缴纳的进口税，以及免征出口税或出口商品延期缴纳出口税，还有提供低息贷款、实行优惠汇率政策及对出口企业开拓国际市场给予补贴等政策措施。间接出口补贴的目的是降低本国出口商品的成本，提高本国商品的国际竞争力，最终刺激和扩大本国商品的出口规模。

(二) 出口补贴的经济效应

从经济效应上看，出口补贴一般会使出口国生产增加，国内消费减少，出口增加，国内价格上涨。由于出口补贴使得出口比在国内销售更加有利可图，且政府没有限制出口数量，因此企业往往会扩大生产，并倾向于出口，除非国内销售也能获得同样收入。但由于补贴只针对出口的商品，要想在国内市场获得同样收入，只能提高国内销售价格，从而导致国内减少。从另一个角度说，国内消费者也必须支付与生产者出口所能得到的一样的价格，才能确保一部分商品留在国内市场而不是全部出口。

如图 5-1 所示，出口产品的国际价格为 P_w，在没有补贴时，生产量为 Q_3，国内需求量为 Q_2，出口量为 Q_2Q_3。现假设政府对每单位商品的出口补贴为 S，单位商品出口的实际所得变成 P_w+S，此时，生产者愿意扩大生产增加出口，新的生产量为 Q_4，国内的需求量因国内市场价格的上升而减至 Q_1，供给在满足了国内需求之后的剩余 Q_1Q_4，即为出口。由于国内价格上涨，消费者剩余减少了（a+b），生产者剩余增加了（a+b+c）。因政府又提供了（b+c+d）的补贴，政府补贴与消费者损失之和减去生产者盈余后，整个社会福利的净损失为（b+d）。

但如果受补贴方是大国，出口补贴对其国内价格、生产、消费及社会利益虽然具有相同的经济效应，但影响程度不同。当出口大国增加出口时，往往会造成国际市场价格下降，出口商品的生产者将不能得到全额出口补贴效应，生产和出口的增长也会小于小国，虽然国内市场价格的涨幅和需求量的下降也会小于小国，但整个社会福

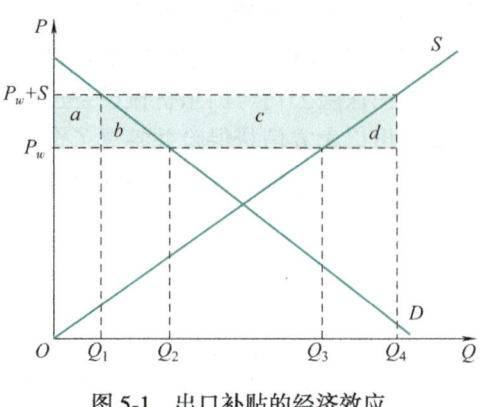

图 5-1　出口补贴的经济效应

利的净损失却比小国实行补贴时的要大。因此，对于出口大国而言，用补贴刺激出口未必是明智之举。

一般而言，出口补贴行为会扭曲商品在国际市场上的价格，从而在价格竞争中获取一定优势，甚至会对进口国的商品或同类商品的生产造成损害，显然是国际贸易中的不公平行为。然而，对于发展中国家来说，给予某些出口工业制成品适度的补贴，仍是减少其国际收支逆差的重要一环。鉴于此，WTO 原则上反对出口补贴行为的同时，允许某些发展中国家在特殊情况下可以适度运用出口补贴。因此，我们应该正确对待和运用这种手段，既充分遵循国际规则，又不放弃可以增强本国出口制成品竞争力的时机。

（三）出口补贴现象的原因

长期以来，各国普遍采用出口补贴措施促进本国商品出口，在国际贸易中也多因此发生纠纷。尽管出口补贴政策可能会被贸易成员方征收反补贴税以削弱这种出口补贴行为给进口贸易成员方带来的损害或损害威胁，从而也导致出口补贴的政策效果下降，但各国政府仍然以或明或暗的方式对本国产品提供种类繁多的出口补贴行为，以达到提高出口商品的国际竞争能力和扩大出口的目的。出现这种现象的原因主要有两个方面。

一是出口国出于自身经济与贸易发展的目的，需要大力刺激本国商品出口，带动国内经济与贸易发展，不会把成员方的反补贴措施作为主要考虑目的。

二是即使成员方对出口国的出口补贴行为征收反补贴税，但这种反补贴最终得以实施需要很长一段时期，而这段时间里出口补贴政策可以刺激本国商品的出口规模。

因此，出口补贴政策被各国政府普遍使用，涉及的商品种类包括农产品、工业半成品及其制成品，几乎覆盖所有的商品种类，是一种被普遍使用的出口鼓励措施。

四、商品倾销

商品倾销是一国企业经常使用的一种扩大出口的贸易方式，是指一国企业以低于正常价格在国外市场抛售商品，从而达到打击竞争对手、占领国外市场和扩大出口的目的。倾销意味着商品的国外市场价格低于正常价格，正常价格一般理解为正常的市场经济秩序下的国内市场价格或商品的生产成本。商品倾销一般会给进口国的同类产品或同类具有竞争关系的商品带来损害，因而会受到进口国政府的反倾销措施抵制。商品倾销一般分为偶然性倾销、持续性倾销和掠夺性倾销三种类型。

(一) 偶然性倾销

偶然性倾销是为了防止商品大量积压危及生产运营，在短期内向国外市场大量低价抛售商品的行为。这种倾销行为对进口国工业的不利影响是暂时的，而本国消费者也能得到低价商品的好处，因而企业一般不会被征收反倾销税。

(二) 持续性倾销

持续性倾销又称长期倾销，是指企业为实现规模经济效应而大规模生产，在维持国内价格稳定的同时，在海外市场长期维持低价格销售的行为。这种倾销行为对进口国的工业损害是一次性的，而进口国消费者可以不断获得低价销售的好处，因而不应当受到反倾销措施的抵制。

(三) 掠夺性倾销

掠夺性倾销是出口企业一贯以低于国内市场甚至低于生产成本的价格在国外市场上销售商品，打击竞争对手，形成市场垄断；待击败大部分竞争对手后，利用其形成的垄断力量提高价格，获取超额垄断利润的行为。这种倾销行为不仅伤害进口国的生产厂商，还会伤害进口国的消费者，违反公平贸易原则，普遍受到各国反倾销措施的抵制。

不论是哪种类型的倾销行为，对外实行低价格的商品倾销可以提高本国产品的国际竞争力，从而扩大本国的出口规模。倾销是各国出口企业普遍使用的一种有效方式，但这种方式有可能对进口国的工业造成损害，因此各国会利用反倾销措施进行抵制，以达到保护本国工业不受或免受损害，从而使商品倾销行为受到一定的抑制。

五、外汇倾销

外汇倾销是指本国企业利用本国货币对外贬值的机会，降低本国商品用外国货币表示的价格，从而达到扩大本国出口商品规模的行为。外汇倾销既可以刺激本国商品出口，又会抑制外国商品进口，具有改善本国国际收支不平衡的作用。

本国货币对外贬值后，出口商品用外国货币表示的价格会降低，故而提高了本国商品的国际竞争力，达到扩大出口的目的。因此，在本国经济与贸易发展不利的情况下，一些国家可能采用本国货币对外贬值的手段刺激本国出口规模的扩大，从而带动经济增长。例如，被称为"安倍经济学"的日元贬值政策，在"安倍经济学"政策指导下日元兑美元大约贬值了20%。日本财务省的统计数据显示，2013年5月在日元贬值的刺激下，日本的出口贸易总额为5.77万亿日元，同比增长了10%，远高于4月出口增长的3.8%，这是2010年以来最高月出口增长率。同时，进口增长率大致平稳，5月进口增长10.1%，略高于4月进口增长的9.5%。数据表明，"安倍经济学"的日元贬值效应已见成效。

尽管外汇倾销具有扩大出口贸易的潜力，但是外汇倾销不能无限制和无条件地实行，只有具备以下几个条件，外汇倾销才可以起到扩大出口的作用：

一是本国货币贬值的速度要高于本国物价上涨的幅度。一般而言，对外货币贬值不仅会导致出口商品的国内价格上涨，还会导致进口商品的国内价格上涨，如果货币贬值导致国内物价上涨幅度超过货币贬值幅度，出口商品的国外价格甚至会超过贬值前的价格水平，反而导致出口商品以外币表示的价格上升，出口规模下降。所以，外汇倾销会受到国内物价水平上升的影响。

二是其他国家不实行同等程度的货币贬值。当一国实行货币对外贬值时，如果其他国家也实行同等程度的货币贬值，就会导致两国货币之间的汇率不变，从而使出口商品的外币表示价格不变，以致通过外汇倾销扩大本国商品出口的目的无法实现。

三是其他国家不同时采取报复性措施。如外国采取提高关税等报复性措施，也会提高出口商品在国外市场上的价格，从而抵消外汇倾销的作用。

四是本国出口商品的供给弹性和外国对出口商品的需求弹性均较高。当一国的货币贬值时，受到当前贸易合约的影响，本国出口规模一开始会呈现下降趋势；只有本国出口商品具有较高的出口供给弹性和外国对本国出口商品具有较高的需求弹性时，在外汇贬值效应的推动下，本国的出口规模才会上升，这就是国际贸易中著名的"J曲线效应"。

五是外汇贬值不会引起本国外资的大量抽逃。本国货币贬值会导致外国投资者在本国资产以外币计价的会计账户产生损失，如果本国货币贬值幅度过大，则可能导致外资大规模流出，从而引发本国经济与金融危机的风险，这也是本国外汇贬值幅度受到抑制的重要因素。

由于受到1997年亚洲金融危机的影响，脆弱的俄罗斯货币卢布遭受国内高通货膨胀和高外资债务的多重拖累，1998年5—6月卢布兑美元汇率贬值了50%，美元兑卢布比例由1∶6.3扩大到1∶9.5。由于俄罗斯卢布大幅度的贬值效应，大约有150亿美元资金从俄罗斯流出，尽管此时俄罗斯国债利率提升了30%，卢布大幅贬值导致的外资流出仍然迅猛，俄罗斯股市也暴跌了30%。危机爆发后，俄罗斯经济受到严重冲击，当年GDP下降了2.5%，工业生产下降了3%，粮食产量下降了2400万t，物价急剧上涨，人民生活水平严重下滑。俄罗斯外汇储备损失惨重，卢布蛇形浮动汇率制度失守，卢布的大幅贬值导致俄罗斯外债还本付息压力大增，考虑到国债利率的狂升，俄罗斯政府的借贷成本之高令人难以想象。因此，一国货币贬值空间有限，否则大幅贬值将引发外资抽逃，股市暴跌，经济严重衰退。

六、经济特区政策

为了刺激和扩大出口贸易，各国还会普遍实行经济特区政策，经济特区常见的政策之一就是特区企业可以享受各种地区税收优惠和出口贸易便利化等政策支持，从而扶持特区的经济与出口贸易增长。各国或地区设置的经济特区名目繁多，规模不一，主要有以下几种：

（一）自由港和自由贸易区

自由港（Free Port）又称自由口岸，是指全部或绝大多数外国商品可以豁免减税自由进出口的港口。

自由贸易区（Free Trade Zone）又称对外贸易区、自由区、工商业自由贸易区等，是由自由港发展而来，以自由港为依托，将范围扩大到自由港的邻近地区。

自由港和自由贸易区都是划在关境以外，对进出口商品全部或大部分免征关税，并且准许在港内或区内开展商品自由储存、展览、拆散、改装、重新包装、整理、加工和制造等业务活动，以便于本地区的经济和对外贸易的发展，增加财政收入和外汇收入。

一般来说，自由港和自由贸易区可以分为两种类型：一种是包括港口或设区的所在城市，另一种是仅包括港口或设区的所在城市的一部分。例如，汉堡自由贸易区是由汉堡市的两部分组成的，而只有划在卡尔勃兰特航道以东的归自由港以及划在卡尔勃兰特航道以西的几个码头及其邻近地区才是汉堡自由贸易区。汉堡自由贸易区位于港区的中心，占地5.6平方英里（约合14.5平方千米），外国商品只有运入这个区内才能享有免税等优惠待遇，不受海关监督。

（二）保税区

保税区（Bonded Area）又称保税仓库区，是海关所设置的或经海关批准注册的，受海关监督的特定地区和仓库。外国商品存入保税区内，可以暂时不缴纳进口税；如再出口，不缴纳出口税；如要运进所在国的国内市场，则需要办理报关手续，缴纳进口税。外国商品可在保税区内进行储存、改装、分类、混合、展览、加工和制造等。此外，有的保税区还允许区内经营金融、保险、房地产、展销和旅游业务。有些国家如日本、荷兰等，没有设立自由港或自由贸易区，但实行保税区制度。对保税区的规定与自由港、自由贸易区的规定基本相同，起到了类似自由港或自由贸易区的作用。

例如，日本规定外国货物运入或运出保税区，可暂时免征关税，但应预先向日本海关呈交申报单，取得海关人员的监督，如以后运入日本国内市场时再行纳税。保税区的外国货物如作为样品暂时运出，须经海关批准。我国沿海地区于20世纪90年代逐步建立起保税区。1990年我国开发上海浦东时，设立了第一个保税区——上海外高桥保税区。

（三）出口加工区

出口加工区（Export Processing Zone）是一个国家或地区在其港口、国际机场附近，划出一定的范围，新建和扩建码头、车站、道路、仓库和厂房等基础设施以及提供减免税等优惠待遇，鼓励外国企业在区内投资设厂，生产以出口为主的制成品的加工区域。其目的在于吸引外国投资，引进先进技术与设备，促进本地区的生产技术和经济的发展，扩大加工工业和加工出口的发展，增加外汇收入。

出口加工区与自由港或自由贸易区的区别在于：自由港或自由贸易区是以发展转口贸易，取得商业收益为主；出口加工区是以发展出口加工工业，取得工业收益为主。

世界上第一个出口加工区是1956年建于爱尔兰的香农国际机场；我国台湾省高雄市在20世纪60年代也建立了出口加工区；我国大陆在改革开放后，一些城市也开始兴建出口加工区，如深圳出口加工区、昆山出口加工区、成都出口加工区等，取得了显著效果，刺激了特区经济与出口贸易的快速增长。

（四）科学工业园区

科学工业园区是国家或地区为了实现产业结构调整和促进高科技产业的发展而在本国境内划出的，以新兴工业产品的研究和开发、高科技产品的生产为主要内容的区域。该类型经济特区对科技进步和工业化起到了巨大的促进作用。

科学工业园区的主要特点是：有充足的科技和教育设施，以一系列企业组成的专业性企业群为依托；区内企业设施先进、资本雄厚、技术密集程度高；园区地址一般选在靠近信息渠道畅通和交通网络发达的大城市附近；优惠政策更加完善，并注重形成创新和创业的环境，使投资者可以顺利地进行高科技产业的投资活动。

世界第一个科学工业园区是1951年建在美国加利福尼亚州的"斯坦福科研工业区"，后发展成为"硅谷"。作为高科技发展的一种新趋势，科学工业园区在一些发展中国家和地区也有不同程度的发展。1988年5月经国务院批准建立的北京新技术产业开发试验区是我国第一个高科技开发区，北京中关村科技园是我国典型的高新技术产业开发区。

（五）综合型经济特区

综合型经济特区又称多种经营的经济特区，是指一国在其港口或港口附近划出一定的范围，新建或扩建基础设施和提供减免税收等优惠待遇，吸引外国或境外企业在区内从事外贸、加工工业、农畜业、金融保险和旅游业等多种经营活动的区域。1979年以来，我国先后设立了深圳、珠海、汕头、厦门和海南省五个经济特区，特区致力于发展以工业为主的外向型经济，是我国现代化建设的技术窗口、管理窗口、知识面窗口和对外政策窗口。

我国社会主义性质的经济特区具有以下几个基本特点：

1）属于综合性多种经营的经济特区，包括工业、农业、商业、房地产、旅游、金融、保险和运输等行业，经营范围广泛。

2）经济特区的经济发展资金主要靠利用外资，产品主要供出口。

3）对前来投资的外商，在税收和利润汇出等方面给予特殊的优惠和方便，改善投资环境，以便吸引较多外资，促进特区的经济与对外贸易的发展。

4）实行"外引内联"，特区与非特区的经济联系非常紧密，特区不仅发挥对外开放的基地和窗口作用，而且发挥着经济体制改革试验场所的作用。

（六）自由边境区

自由边境区（Free Perimeter）是指设在本国的一个省或几个省的边境地区，对于在区内使用的生产设备、原材料和消费品可以免税或减税进口。如从区内转运到本国其他地区出售，则须照章纳税。在自由边境区内加工制造的商品主要用于区内使用，仅少数用于出口。因此，设立自由边境区的目的，主要在于利用外国投资开发边区的经济。自由边境区仅见于拉丁美洲少数国家。

（七）过境区

过境区（Transit Zone）是指某些沿海国家为了便利内陆邻国的进出口货运，开辟某些海港、河港或国境城市作为过境货物的自由中转区。过境区规定，对于过境货物，简化海关手续，免征关税或只征小额的过境费用。过境货物一般可在过境区内短期储存，重新包装，但不得加工。

专栏 5-1

我国保税区的历史发展

1990年5月，国务院批准设立了我国第一个保税区——上海外高桥保税区。1992年以来，国务院又陆续批准设立了14个保税区和一个享有保税区优惠政策的经济开发区，即天津港、大连、张家港、深圳沙头角、深圳福田、福州、海口、厦门象屿、广州、青岛、宁波、汕头、深圳盐田港、珠海保税区以及海南洋浦经济开发区。2008年，青岛保税区和张家港保税区升级为保税港区，海口保税区转型为综合保税区。

保税区的主要功能包括出口加工、进口保税仓储、国际贸易、商品展示等，享受"免证、免税、保税"的政策，实行"进口货物二线管理，出口货物一线管理"的监管模式。保税区作为我国最早设立的海关特殊监管区，对于当时我国扩大国际贸易发挥了积极作用。但是，保税区没有出口退税功能，货物只有在实际离境之后才能进行出口退税，在一定程度上不利于进出口贸易的平衡发展和提升进出口速度，这也是后来国务院停止批准设立新保税区的重要原因。

2012年11月2日公布的《国务院关于促进海关特殊监管区域科学发展的指导意见》，提出将逐步整合现有各类海关特殊监管区域，统一为"综合保税区"。

截至2021年年底，全国有保税区168个，其中，保税港区2个，综合保税区155个，一般保税区 9 个，出口加工区 1 个，珠澳跨境工业区（珠海园区）1 个。全国保税区总规划面积超过 445 平方千米。根据中国保税区进出口总值进行竞争梯队的划分，可分为三个竞争梯队。其中，进出口总值大于 5000 亿元的保税区有上海外高桥保税区和成都高新综合保税区，进出口总值在 1000 亿~5000 亿元的保税区有郑州新郑综合保税区、深圳福田保税区、昆山综合保税区、重庆西永综合保税区、松江综合保税区等共 18 个保税区，其余保税区的进出口总值在 1000 亿元以下。

2022 年 1 月 1 日，海关总署发布《中华人民共和国海关综合保税区管理办法》（海关总署第 256 号令，以下简称《综保区管理办法》），自 2022 年 4 月 1 日起施行。《综保区管理办法》的出台，将有力提升综合保税区管理的规范化、法制化水平，进一步优化综合保税区营商环境，对于打造对外开放新高地，推动综合保税区发展成为具有全球影响力和竞争力的加工制造中心、研发设计中心、物流分拨中心、检测维修中心、销售服务中心，进一步促进综合保税区高水平开放、高质量发展，具有积极意义。

资料来源：https://www.daoxuwl.com/wuliuzhishi/596400.html；https://www.qianzhan.com/analyst/detail/220/220415-12b1f9ec.html。

七、促进贸易发展的组织措施

第二次世界大战后，西方国家为了促进出口贸易的扩大，在制定一系列鼓励出口政策的同时，还不断加强出口组织措施。这些措施主要有以下几方面：

1）成立专门组织，研究与制定出口战略。
2）建立商业情报网，加强国外市场情报工作，及时向出口商提供商业信息和资料。
3）建立贸易中心，组织贸易博览会。
4）组织贸易代表团出访和接待来访，以加强国际经贸联系。
5）组织出口厂商的评奖活动，以形成出口光荣的社会风气。

专栏 5-2

中国自贸试验区建设十年结硕果

2023 年是我国自由贸易试验区（简称自贸试验区）建设 10 周年。10 年来，自贸试验区从无到有、从少到多，已成为我国高水平对外开放合作的重要平台。

当前，我国正在加快构建以国内大循环为主体、国内国际双循环相互促进的新发展格局，需要深度参与国际大循环，引入优质要素，弥补产业链中的短板。历经 10 年，21 个自贸试验区已发展成我国开放型经济最为活跃、商品服务要素跨境流动最为自由便利的区域之一，集聚了大量国际化高素质人才、跨国公司区域性总部和高水平的专业服务机构，也集聚了一批重要的国际贸易中心、金融中心。依托自贸试验区，我国对外合作模式不断创新发展，在全球分工中的层次持续提升，有效形成了"引入优质要素→供给质量提升→需求层次升级→进一步引入优质要素"的良性循环，大幅提升了国内国际双循环相互促进的效率，为构建新发展格局提供了重要支撑。

作为全面深化改革和扩大开放的试验田，自贸试验区建设坚持"大胆试、大胆闯"，取得显著成效。据商务部统计，10 年来，自贸试验区累计形成 278 项制度创新成果，涵盖投资便利化、贸易便利化、金融开放创新、事中事后监管等多个领域类型。例如，上海洋山特殊综合保税区海关首创构建以"一线径予放行、二线单侧申报、区内不设海关账册"的全新海关监管制度体系，提升了贸易便利化水平，为上海发展高水平的转口贸易和离岸贸易、建设国际贸易中心和航运中心创造了良好条件，目前正在积极探索向其他地区推广；四川自贸试验区整合政府、银行、担保机构等多方面资源，针对中小微企业资产轻、抵押少的现实情况，通过充分发挥政府积极作用，有效降低了中小企业的融资成本和相关费用，这一制度目前已在全国大范围推广。

通过积极探索破除阻碍国内外创新资源和要素集聚的体制机制性障碍，自贸试验区持续推动优质要素在区域内集聚发展，成为我国新产业、新业态、新模式的发展高地。目前，各自贸试验区相继在高端制造、现代服务等领域初步建成了一批具有较强竞争力的产业集群，如江苏自贸试验区聚焦芯片之城、基因之城和新金融中心"两城一中心"建设，其中芯片之城集聚了国内集成电路设计10强企业的一半以上。同时，大量优质跨国公司也将自贸试验区作为其开拓中国市场的首要目的地。2023年上半年，21家自贸试验区高技术产业实际使用外资同比增长21.2%；进出口增长8.6%，高出全国整体增速6.5个百分点。

展望未来，自贸试验区在贸易投资自由化便利化、优化项目建设核准程序、提升知识产权保护水平等方面仍有较大发展空间。随着中国加快构建更高水平开放型经济新体制，稳步拓展制度型开放，自由贸易试验区必将进一步发挥"先行先试"的优势，完善改革创新体系，积极参与国际经济合作与竞争，推动更高水平对外开放，为中国经济高质量发展和世界经济增长发挥更大作用。

资料来源：http://k.sina.com.cn/article_1686546714_6486a91a02001x97f.html。

第二节　出口管制措施

出口管制是一国政府通过一系列审查和限制手段，以直接或间接的方式防止本国限定的商品和技术通过各种途径流通或扩散至某些目标国家，从而实现本国的安全、外交和经济等综合利益的行为。随着全球经济、技术和安全越来越复杂和深化，各国对本国商品和技术管制的范围越来越广泛且频繁，以维护国家长远的经济和安全等利益。因此，出口国通过制定出口的规章和法律条例，控制出口商品和技术的出口范围与出口国别，以维护自身的政治、经济、军事和外交政策等综合利益。

一、出口管制的原因

各国进行出口管制的原因一般包括以下几个方面：

（一）政治原因

冷战结束后，世界政治格局发生了新的变化。为了稳定国际新秩序，促进国际政治环境稳定，破坏世界安定的战争行为受到了世界各国人民的谴责。联合国在国际事务中日益发挥着重要的作用，对实行战争侵略的国家实行制裁、禁运就是迫使发动战争的国家停止侵略行为的主要措施。

（二）军事原因

为了彻底制止核战争的爆发，禁止无核国家发展核武器，国际社会通过了《核不扩散条约》，各国都有义务对可能用于核武器制造的技术与装置、原料的出口实施出口管制。同样，国际社会对化学武器及其原材料的出口也应限制。

（三）经济原因

发达国家为了保持在技术上对其他国家的领先地位，对高技术及相关产品的出口加以限制；为了缓和与进口国家在贸易上的摩擦，在进口国的压力下，出口国实行"自动"出口配额制，限制出口；为了保护国内生产秩序和资源，出口国对某些物资的出口加以限制。

二、出口管制的商品

出口管制的商品主要分为以下几类：

一是战略物资及尖端技术，如军事装备、高技术产品等，这些产品对维护国家安全、保持科学技术的优势地位具有重大意义。

二是国内紧缺物资。包括国内市场紧缺的商品及国内生产所需的原材料、半成品等，这些商品直接影响国内市场的供应，是保持经济稳定发展的重要物资。

三是珍贵文化艺术品、贵金属（如黄金、白银）等特殊商品。

四是"自动"限制出口的商品。为了缓和或避免与进口国家的贸易摩擦，或迫于进口国的压力，被迫管制具有竞争力的商品，如发展中国家的纺织品。

五是出口国或组织垄断的商品。例如，石油输出国组织（OPEC）对其成员国石油产量及出口量的管制，其目的是维持垄断价格。

三、出口管制的形式

出口管制主要分为两种形式：单边出口管制和多边出口管制。

（一）单边出口管制

单边出口管制是指一国根据本国的需要，制定出口管制方面的法案，设立专门的执行机构，对本国某些商品的出口进行审批和颁发出口许可证，实行出口管制。单边出口管制由一国单方面自主决定，是实施歧视性贸易政策的手段。例如，早在 1917 年美国国会就通过了《1917 年与敌对国家法案》，禁止对敌对国进行财政金融和商业贸易。随着国际政治经济形势变化，又相应地制定并多次修改了各种出口管制法规条例。

（二）多边出口管制

多边出口管制是指几个国家政府通过一定的方式建立国际性多边出口管制机构，商讨和编制多边出口管制货单和出口管制国别，规定出口管制的办法，以协调彼此的出口管制政策和措施，达到共同的政治和军事目的。

1949 年 11 月，在美国操纵下西欧 12 国成立的巴黎统筹委员会就是一个实行多边出口管制的组织机构，其主要宗旨就是管制对社会主义国家出口商品，其主要功能是编制增减多边禁运货单，规定禁运的国别和地区等。随着冷战的结束，该组织失去了过去的意义，于 1994 年 4 月 1 日正式解散。

四、出口管制的方式

一国控制商品出口的方式多种多样，最普遍使用的方式是出口许可证制度。出口许可证根据商品类型和管制程度可分为一般许可证和特种许可证。

（一）一般许可证

一般许可证无须向有关机构申请，只要在出口报关单上填明该商品的一般许可证编号，经海关核实，就可办妥出口手续。

（二）特种许可证

特种许可证即需要由有关机构审批颁发的许可证。例如，对于一些敏感商品的出口，必须向有关机构申请特种许可证。出口商品要在许可证上填写出口的内容和目的地以及用途等，再附上其他有关证件一起报批，批准后方能出口。

总之，出口管制是国家全面管理本国对外贸易的一种经济手段，也是对外实行差别待遇和歧视政策的政治工具。20世纪70年代以来，各国的出口管制有所放松，出口管制的政治倾向也有所减弱，但它仍作为一种重要的经济手段和政治工具而存在。目前各国的出口管制松紧状况因不同国家和各自的国家政策而异，美国一直是全球最重要的出口管制国家之一。根据国家安全和外交政策的需要，美国对敏感技术、军用装备、双重用途物品等实施了严格的出口管制。近年来，美国政府采取了一系列措施加强对先进技术（如人工智能、半导体等）的出口管制以保护其国家安全和经济利益。我国也实施了一定的出口管制政策，我国政府将与国家安全、重要军民融合领域和关键技术相关的产品和技术列入出口管制清单，并对其进行审批和监控，主要包括一些高级制造业、信息技术、生物技术等领域。欧盟实行的出口管制制度主要遵循联合国制裁决议和国际协定的要求，主要对军用装备、双重用途物品、核技术等实施出口控制，并根据需要不断修订和调整相关法规。日本对敏感技术和军事装备实施了严格的出口管制措施，日本政府对出口产品的目的和最终用户进行审查和控制，特别关注一些可能被用于恶意目的的商品和技术。

本 章 小 结

鼓励出口和出口管制措施是各国根据本国的实际情况，在世界贸易组织规则的约束下，在保证本国生产需求、政治稳定、经济发展的前提下，积极扩大商品出口、维护本国利益的有效手段。各国采取的鼓励出口措施主要包括出口补贴、出口信贷、出口信贷国家担保制、商品倾销、外汇倾销及促进出口的其他措施等。出口管制措施主要是对特殊商品的出口管制和采取单边或多边的组织管制措施。

思 考 题

1. 什么是买方信贷？什么是卖方信贷？两者的区别是什么？
2. 出口补贴的基本形式有哪些？其目的是什么？
3. 什么是外汇倾销？实施的条件有哪些？
4. 一个国家为什么要对出口进行管制？
5. 商品倾销的类型及弥补倾销造成亏损的途径有哪些？

第六章
世界贸易组织与中国

教学目的和要求

通过本章的学习，了解关税与贸易总协定发展成为世界贸易组织的历史，掌握世界贸易组织的总体框架、基本原则、运行机制与发展新趋势；了解我国加入世界贸易组织的总历程，以及"入世"后我国与世界贸易组织之间的相互影响。

第一节 WTO 的总体框架

世界贸易组织（World Trade Organization，WTO）是国际贸易领域最大的国际性经济组织，是现在唯一协调国际贸易关系的多边贸易体制，从其前身关税与贸易总协定（GATT）的创立算起已有 70 多年的历史，在促进世界贸易自由化、实现公平贸易、提高贸易在世界各国特别是发展中经济体成员的影响力等方面发挥了巨大作用。

一、从关税与贸易总协定到世界贸易组织

（一）关税与贸易总协定的产生

第二次世界大战后，世界多边贸易体制逐渐形成和发展，其诞生标志为关税与贸易总协定的产生。关税与贸易总协定（General Agreement on Tariff and Trade，GATT）简称关贸总协定，是关于调整缔约国对外贸易政策和国际贸易关系方面的相互权利、义务的国际多边协定，其机构总部设在日内瓦。

关贸总协定的产生可以追溯到 1929 年，当时世界经济陷入"大萧条"，国际贸易秩序混乱。1944 年 7 月在美国新罕布什尔州的布雷顿森林召开的国际货币与金融会议（44 个国家参加）建议成立国际货币基金组织（International Monetary Fund，IMF）、国际复兴开发银行（International Bank of Reconstruction and Development，IBRD，通称世界银行）和国际贸易组织（International Trade Organization，ITO），作为支撑世界经济的三大支柱性组织来协调全球经贸关系，推进世界经济的复苏与发展。1946 年 10 月，联合国经济与社会理事会决定召开一次国际贸易与就业会议，并成立了一个筹备委员会，着手起草国际贸易组织章程。1947 年 4—10 月，在日内瓦召开了第二次筹备会议，23 个国家在双边谈判基础上，签订了 100 多项双边关税减让协议，并与联合国经社理事会第二次筹备会议通过的《国际贸易组织宪章草案》中有关商业政策的部分加以合并，形成了一个新协定，命名为《关税与贸易总协定》。1947 年 10 月 30 日，23 个缔约方签订了《关税与贸易总协定》。鉴于该协定的条款生效之日尚不明确，会议期间，美国提议以"临时"适用议定书形式，联合英国、法国、比利时、荷兰、卢森堡、澳大利亚和加拿大等国家于 1947 年 11 月 15 日前签署《关税与贸易总协定临时适用议定书》，使《关税与贸易总协定》提前在上述 8 个国家的领土范围内实

施，1948年1月1日将《关税与贸易总协定》第一、第三部分暂时实施，第二部分在与各国现行立法不违背的情况下最大限度地临时实施。从1948年1月1日《关税与贸易总协定》临时实施到1995年1月1日世界贸易组织正式成立（二者并行一年），《关税与贸易总协定》拥有48年的历史，截至1994年年底，共有128个缔约方（Contracting Parties）。

关税与贸易总协定为国际贸易提供了一个"谈判场所"，通过谈判促使了缔约方的进口税率不断下降，在很大程度上启动和推进了世界贸易自由化进程，从而在促使各国乃至整个世界经济的发展方面起到了重大的历史作用。从1947年到1994年，关税与贸易总协定先后进行了八次多边贸易谈判。

1. 第一轮多边贸易谈判

1947年4—10月，关税与贸易总协定第一轮多边贸易谈判在瑞士日内瓦举行，共有23个创始缔约方（包括中国）参加谈判。第一轮谈判确立了关税与贸易总协定多边谈判的基本原则，即多边的、无条件最惠国待遇的原则。根据该原则，谈判一方与另一方在互惠互利原则基础上达成的关税减让协议，应立即无条件地适用于缔约国全体。在为期7个月的关税减让谈判中，通过有选择的、产品对产品的、由主要供应国之间进行的谈判，达成了123项关税减让协议，涉及45000项商品的关税减让，其成果形成了《关税与贸易总协定》的独立部分，即第二条"减让表"部分。由于适用了最惠国待遇原则后，在双边基础上达成的关税减让协议立即就会自动地、无条件地适用于全体缔约方。第一轮谈判成为有史以来最大规模的多边关税减让谈判，使占进口值54%的应税商品平均降低税率35%，影响世界贸易额100亿美元。此外，起草委员会将关税减让协议与《哈瓦那宪章》中有关贸易政策的内容合在一起，形成了《关税与贸易总协定》前三部分的基本条款，即有关最惠国待遇、国民待遇和禁止规定数量限制或实施配额制等指导原则，作为《关税与贸易总协定临时适用议定书》于1948年1月1日起开始实施。

2. 第二轮多边贸易谈判

1949年4—10月，关税与贸易总协定第二轮多边贸易谈判在法国安纳西举行，共有33个国家或地区参加。本轮谈判的目的是，给处于创始阶段的欧洲经济合作组织成员提供进入多边贸易体制的机会，促使这些国家为承担各成员之间的关税减让做出努力。因此，本轮谈判除在原23个缔约方之间进行外，又与丹麦、多米尼加、芬兰、希腊、海地、意大利、利比里亚、尼加拉瓜、瑞典和乌拉圭10个国家进行了加入谈判。第二轮谈判总计达成147项关税减让协议，增加5000项商品的关税减让，使占应税进口值5.6%的商品平均降低关税35%。此外，本轮谈判的另一成果是美国关税水平大幅下降。

3. 第三轮多边贸易谈判

1950年9月至1951年4月，关税与贸易总协定第三轮多边贸易谈判在英国举行，共有39个国家或地区参加。本轮谈判的一个重要议题是，讨论奥地利、联邦德国、韩国、秘鲁、菲律宾和土耳其的加入问题。由于缔约方增加，关税与贸易总协定缔约方之间的贸易额已经超过当时世界贸易总额的80%。在关税减让方面，美国与英联邦国家（主要指英国、澳大利亚和新西兰）谈判进展缓慢。英联邦国家不愿在美国未做出对等减让条件下放弃彼此间的贸易优惠，使美国与英国、澳大利亚和新西兰未能达成关税减让协议。第三轮谈判共达成150项关税减让协议，涉及商品8700项，使占应税进口值11.7%的商品平均降低关税26%。

4. 第四轮多边贸易谈判

1956年1—5月,关税与贸易总协定第四轮多边贸易谈判在瑞士日内瓦举行,共有33个缔约方参加。由于美国国会认为前三轮谈判美国的关税减让幅度明显大于其他缔约方,因此对美国政府代表团的谈判权限进行了限制。本轮谈判中,美国对进口只给予了9亿美元的关税减让,而其所享受的关税减让约4亿美元;英国做了较大幅度的关税减让,以弥补其前两轮的保留;日本在对《关税与贸易总协定》的各缔约方做了相当的关税减让后,加入了关贸总协定。本轮谈判达成近3000余项商品的关税减让,使占应税进口值16%的商品平均降低关税15%,相当于25亿美元的贸易额。

5. 第五轮多边贸易谈判

1960年9月至1962年7月,关税与贸易总协定第五轮多边贸易谈判在日内瓦举行,共有45个缔约方参加。本轮谈判由美国副国务卿格拉斯·狄龙倡议,后称为"狄龙回合"。谈判分两个阶段:前一阶段为1960年9—12月,着重对第四轮谈判有关内容进行再谈判,就欧洲共同体建立所引出的关税同盟和共同体农业政策问题,与有关缔约方进行协商;后一阶段于1961年1月开始,就缔约方进一步减让关税进行谈判。《关税与贸易总协定》工作组检查了欧共体实施统一对外关税的法律后,决定可按《关税与贸易总协定》关税同盟条款进行谈判。最后,欧共体的统一关税约束取代了欧共体国别的关税约束,欧共体对由此导致的任何单一国家(包括欧共体以外成员)的收支不平衡,都将予以补偿。第五轮谈判就4400种商品达成了关税减让协议,使占应税进口值20%的商品平均降低关税20%,涉及49亿美元的贸易额。此外,欧洲共同体六国统一对外关税也达成减让,关税水平平均降低6.5%。

6. 第六轮多边贸易谈判

1964年5月至1967年6月,关税与贸易总协定第六轮多边贸易谈判在日内瓦举行,共有54个缔约方参加。本轮谈判是时任美国总统肯尼迪根据1962年美国《贸易拓展法》提议召开的,又称"肯尼迪回合",是第一轮谈判以来关贸总协定所有谈判中最广泛、最复杂的一次,共有占世界贸易额约75%的54个国家或地区参加,其中包括实行中央计划经济的波兰,开创了"中央计划经济国家"参加关税与贸易总协定的先例。美国提出缔约方各自减让关税50%的建议,而欧洲共同体则提出"削平"方案,即高关税缔约方多减、低关税缔约方少减,以缩小关税水平差距。本轮谈判首次涉及非关税壁垒,美国、英国、日本等21个缔约方签署了第一个实施《关税与贸易总协定》第6条有关反倾销的协议,并于1968年7月1日生效。为使发展中经济体成员承担与其经济发展水平相适应的义务,本轮谈判期间,《关税与贸易总协定》新增了"贸易与发展"条款,规定了对发展中缔约方的特殊优惠待遇,明确发达缔约方不应期望发展中缔约方做出对等的减让承诺。第六轮谈判达成关税减让商品60000种,涉及贸易额400多亿美元,规定在5年内工业品进口关税降低35%。此外,本轮谈判在《关税与贸易总协定》中新增加了第四部分内容。

7. 第七轮多边贸易谈判

1973年9月至1979年4月,关税与贸易总协定第七轮多边贸易谈判在日内瓦举行,共有73个缔约方和29个非缔约方参加了谈判。因发动本轮谈判的贸易部长会议在日本东京举行,又称"东京回合"。本轮谈判历时5年多,取得的主要成果有:①开始实行按既定公式削减关税,关税越高减让幅度越大,减税范围除工业品外,还包括部分农产品,涉及3000

多亿美元贸易额，世界上9个主要工业国家的制成品平均关税率由7%下调至4.7%，减让总值相当于将进口关税水平下降35%。②产生了只对签字方生效的一系列非关税措施协议（通常称为"东京回合"守则），涉及补贴与反补贴措施、技术性贸易壁垒、进口许可程序、政府采购、海关估价、反倾销、牛肉协议、国际奶制品协议、民用航空器贸易协议共9个协议，包括修订了《反倾销守则》，这是"东京回合"对前六轮谈判最大的超越。③通过了对发展中缔约方的授权条款，允许发达缔约方单方面给予发展中缔约方普遍优惠制待遇，发展中缔约方可以在实施非关税措施协议方面享有差别和优惠待遇，发展中缔约方之间可以签订区域性或全球性贸易协议，相互减免关税，减少或取消非关税措施，而不必给予非协议参加方这种待遇。此外，"东京回合"对《关税与贸易总协定》的基本条款也进行了修改和补充。

8. 第八轮多边贸易谈判

1986年9月15日关税与贸易总协定第八轮多边贸易谈判在乌拉圭首都埃斯特角举行，又称"乌拉圭回合"。本轮谈判至1993年12月15日在日内瓦完成，于1994年4月15日在摩洛哥马拉喀什城举行会议，由参加"乌拉圭回合"的谈判方草签了"乌拉圭回合"最后文件和《建立世界贸易组织协定》。参加谈判的国家和地区从开始时的103个增加到谈判结束时的125个。本轮谈判达成45个协议，减税商品涉及贸易额高达1.2万亿美元。1995年1月1日世界贸易组织正式成立，原1947年的《关税与贸易总协定》失效，被世界贸易组织的相关协议及其附件所取代。

（二）世界贸易组织的产生

关税与贸易总协定在历史上有着重要的积极作用，但它是特定历史条件下的产物，具有明显的内在局限性。例如，在机构性质方面，只是一个临时性的协定，不是一个正式的国际组织，不具有法人地位；在管辖范围方面，仅限于货物贸易，对飞速发展的服务贸易显得无能为力；在贸易规则方面，存在很多漏洞，有大量例外条款，"灰色区域"措施泛滥，反倾销和反补贴规则中也有很多规定不明确等；在争端解决机制方面，存在严重缺陷，专家小组的权限过小，争端解决的过程过长，对后续行动监管不力，对违反规则的缔约方采取制裁行动时坚持过于苛刻的"全体一致同意"原则；广大发展中经济体成员的地位和利益没有在该协定中得到充分体现。关税与贸易总协定的局限性决定了其不能适应新形势的需要，在新的历史条件下，必然会被新的更完善的多边贸易体制（即世界贸易组织）所替代。

1990年年初，欧共体轮值主席国意大利提出建立多边贸易组织的倡议，7月9日，欧共体将这一倡议以12个成员国的名义向关税与贸易总协定体制职能谈判小组正式提出；同年4月，加拿大非正式地提出建立一个体制机构；瑞士与美国也分别于1990年5月17日和10月18日向关税与贸易总协定体制职能谈判小组正式提出提案，各国家从各自不同的角度提出了未来国际贸易组织机构的职责及性质。

1990年12月，在"乌拉圭回合"布鲁塞尔部长级会议上，贸易谈判委员会提议起草一个组织性决议，"建立多边贸易组织协定"成为1992年12月的"乌拉圭回合"谈判最终协议草案的一个重要组成部分。后经两年多的修改和各谈判方的讨价还价，1993年11月，"乌拉圭回合"谈判结束前，各方原则上形成了"建立多边贸易组织协定"。在美国代表的提议下，决定将"多边贸易组织"易名为"世界贸易组织"。1994年4月15日，在摩洛哥的马拉喀什召开的GATT部长会议上，"乌拉圭回合"谈判的各项议题的协议均获通过，并采取"一揽子"方式（无保留例外）加以接受，经104个参加方政府代表签署，1995年1月1日正式生效。至此，根据《建立世界贸易组织协定》的规定，1995年1月1日WTO正式成立。

WTO成立伊始便面临诸多矛盾和重重困难，甚至当WTO诞生时，总干事都没有推选出来。在总干事人选问题上，美国与欧盟存在激烈的矛盾。美国最后同意由欧盟推举的意大利前贸易部部长雷纳托·鲁杰罗出任总干事。鲁杰罗于1995年5月1日正式上任。1999年4月30日，WTO首任总干事任期届满，各国对新的总干事人选又发生了诸多争议。最后经多方协调，决定由新西兰前总理穆尔和泰国副总理素帕猜轮流担任，任期各三年。

WTO继承了GATT的基本原则和精神，但与GATT之间存在重要的差别，主要表现在以下几方面：

1）GATT是临时生效的，从未经过缔约方各国或地区议会的法律批准，不是一个实质性的组织；WTO是一个正式的组织，其协议是永久性的，其成员在法律上批准了WTO的协议。

2）WTO的法律规定是强制性的，而GATT的法律规定只具有规劝性。

3）GATT的主要功能是处理国际货物贸易，而WTO还适用于服务贸易和知识产权等其他领域。

4）WTO的争端解决体制比GATT体制更有效率，缩短了解决国际贸易争端的时间。

二、WTO的宗旨和目标

（一）WTO的宗旨

《建立世界贸易组织协定》序言部分规定了WTO的宗旨：

第一，提高生活水平、保证充分就业，大幅度稳步地提高实际收入和有效需求。

第二，扩大货物、服务的生产和贸易。

第三，坚持走可持续发展之路，各成员应促进对世界资源的最优利用、保护和维护环境，并以符合不同经济发展水平下各成员需要的方式，加强采取各种相应的措施。

第四，积极努力以确保发展中经济体成员尤其是最不发达国家成员，在国际贸易增长中获得与其经济发展水平相适应的份额和利益。

（二）WTO的目标

WTO的目标是建立一个完整的包括货物、服务、与贸易有关的投资及知识产权等更具活力、更持久的多边贸易体系，以包括《关税与贸易总协定》贸易自由化的成果和"乌拉圭回合"多边贸易谈判的所有成果。为促进开放贸易体制的形成，WTO以管理鼓励不同国家（地区）厂商间公平竞争的规则为基础，而不是以管理贸易的流动来决定贸易利益的分配。

为实现上述目标，WTO规定各成员应通过达成互惠互利的安排，大幅削减关税和其他贸易壁垒，在国际经贸竞争中，消除歧视性待遇，坚持非歧视贸易原则，对发展中经济体成员给予特殊和差别待遇，扩大市场准入程度及提高贸易政策法规的透明度，实施通知与审议等原则，从而协调各成员间的贸易政策，共同管理全球贸易。

三、WTO的法律框架

WTO作为一个国际经贸组织，自身具有相对完善的法律体系，其根本性的法律文件为《马拉喀什建立世界贸易组织协定》（*Marrakesh Agreement Establishing the World Trade Organi-*

zation），又称《建立世界贸易组织协定》。WTO 法律框架由《建立世界贸易组织协定》及其 4 个附件组成：协定正文包括 16 个条款，就世界贸易组织的结构、决策过程、成员资格、接受和加入以及生效等程序性问题做了原则性规定；附件 1 包括《货物贸易多边协定》《服务贸易总协定》《与贸易有关的知识产权协议》；附件 2 为《关于争端解决规则与程序的谅解》；附件 3 为《贸易政策审议机制》；附件 4 包括《政府采购协议》《民用航空器贸易协议》《国际奶制品协议》《国际牛肉协议》。其中，《国际奶制品协议》和《国际牛肉协议》于 1997 年 12 月 31 日终止。前三个附件作为多边贸易协定，所有成员方必须接受；附件 4 属于诸边贸易协定，仅对签署方有约束力，其他成员可自愿选择参加。

四、WTO 的组织结构

根据《建立世界贸易组织协定》的规定，WTO 建立了各种组织机构，形成了比较完善的组织结构（见图 6-1）。

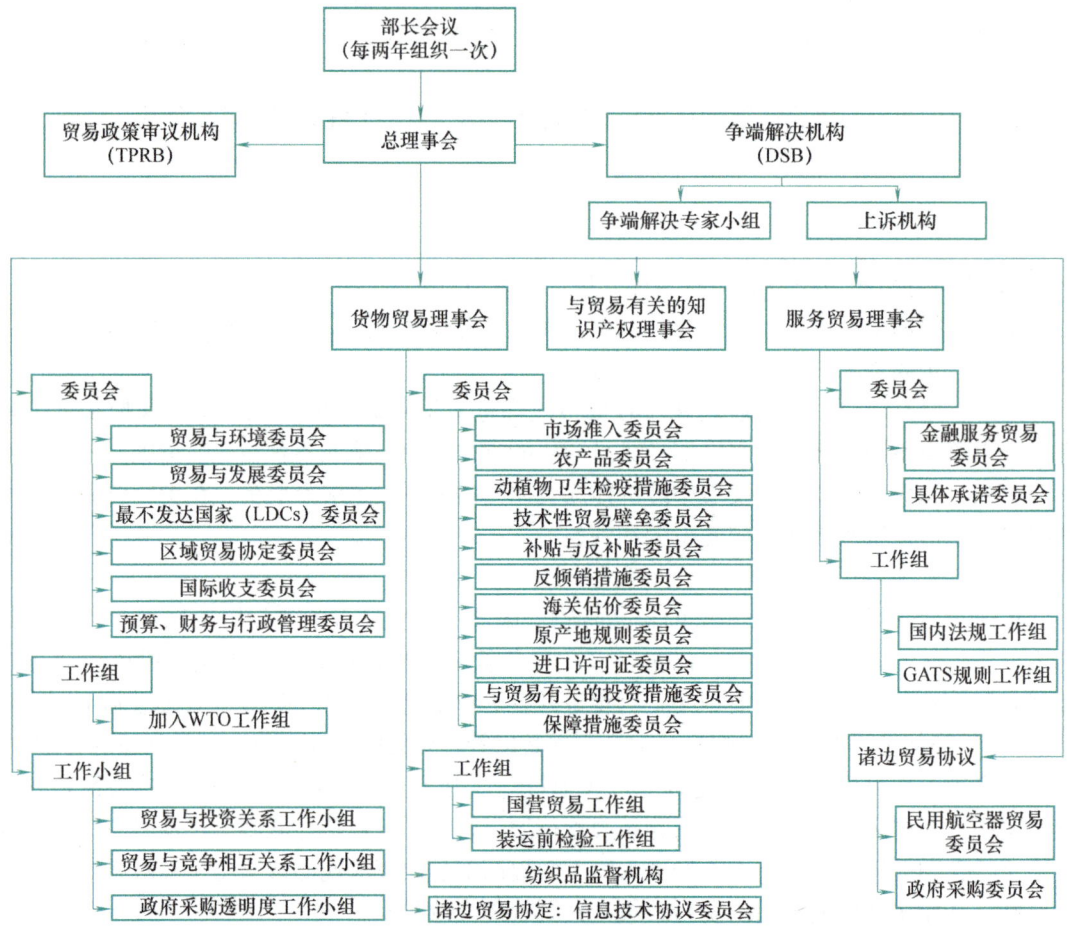

图 6-1 世界贸易组织结构

（一）部长会议

部长会议（The Ministerial Conference）是各成员最重要的谈判场合，是 WTO 的最高决策机构，由所有成员主管外经贸的部长、副部长级官员或其全权代表组成的部长会议，至少每两年举行一次。部长会议具有立法权、解释权、裁决争议的准司法权，还能豁免某个成员的特定义务以及批准非世贸成员取得观察员资格的请示。

部长会议决议经合议（Consensus）做出，每个成员享有一票，保证了 WTO 在不经成员同意的情况下不能通过任何约束成员的决议。WTO 部长会议的任务包括：①贯彻 WTO 协定和多边贸易协定；②提供多边贸易协议的执行框架；③为成员在协定范围内处理相关问题的谈判提供论坛，以及为其他谈判提供论坛。

（二）总理事会及其附属机构

在部长会议之下是四个理事会以及两个分别负责贸易政策审议和争端解决的机构。四个理事会中最上层是一个享有监督权的总理事会（General Council），总理事会是一种会议制度，由所有成员方代表组成。在部长会议休会期间，由全体成员代表组成的总理事会代行部长会议职能。总理事会可视情况需要随时开会，自行拟订议事规则及议程，随时召开会议以履行其解决贸易争端和审议各成员贸易政策的职责。另外，总理事还具有执行部长会议决议、通过预算和其他财政事项等职能。

总理事会下设三个分理事会：①货物贸易理事会（Council for Trade in Goods），负责 1994 年《关税与贸易总协定》和各项货物贸易协议的贯彻执行；②服务贸易理事会（Council for Trade in Services），监督《服务贸易总协定》的贯彻执行；③与贸易有关的知识产权理事会（Council on Trade-related Aspects of Intellectual Property Rights），监督《与贸易有关的知识产权协议》的贯彻执行。另外，三个分理事会建有若干负责处理相关事宜的专门委员会，如贸易与环境委员会、贸易与发展委员会、国际收支委员会等相对独立的机构。

总理事会下设贸易政策核查机构，监督各个委员会并负责起草国家政策评估报告。其中，对美国、欧盟、日本、加拿大每两年起草一份政策评估报告，对最发达的 16 个国家每 4 年一次，对发展中经济体成员每 6 年一次。

（三）秘书处与总干事

WTO 设立秘书处（The Secretariat），秘书处由总干事负责，秘书处的工作人员以及他们的职责、任职条件由总干事决定。总干事及秘书处工作人员必须具有国际性质，在履行职责时不得寻求或接受任何政府或 WTO 之外机构的指示。各成员亦应尊重总干事和秘书处工作的国际性质，不得影响他们履行职责。WTO 秘书处正式取得合法资格，由于其地位提高、职责拓宽、作用扩大，因此起到了不断促进国际贸易的作用。在《贸易政策审议机制》（TPRM）方面，秘书处负责定期审议各国的贸易政策，如写出被审议成员的贸易报告，要求有关成员澄清其贸易政策和实践，甚至指出成员应予以纠正或改进的贸易实践，敦促其做出必要的改革。秘书处有 420 多人，行政首脑为总干事长，其具体权利、义务、职责、任职条件及日期由部长会议决定。总干事长的主要工作是建立秘书处，确定组织机构的设置以及 WTO 的近期工作。

（四）次一级专门委员会及临时性机构

在三个分理事会之下，可以根据需要设立相应的附属机构，即次一级专门委员会，以处理有关方面的专门问题和监督相关协议的执行。例如，货物贸易理事会下设市场准入委员会、农产品委员会、动植物卫生检疫措施委员会、反倾销措施委员会、进口许可证委员会、补贴与反补贴委员会和海关估价委员会等。

为了支持上述机构的动作，WTO每年预算约8300万美元，预算金额以其成员在世界贸易总额中所占份额为基础计算，由各成员分别支付。

五、WTO 的管辖范围

（一）多边贸易与协定

1. 1994 年《关税与贸易总协定》

1994年《关税与贸易总协定》（General Agreement on Tariffs and Trade 1994）是WTO管辖的一项多边贸易协定，是关税与贸易总协定"乌拉圭回合"多边贸易谈判对1947年的《关税与贸易总协定》进行了较大修改、补充后形成的，但在法律上与1947年《关税与贸易总协定》有明显的不同。1994年《关税与贸易总协定》由序言和四部分共38条组成，主要内容有：①规定缔约方之间在关税和贸易方面相互提供无条件的最惠国待遇原则以及关税减让事项；②对缔约方贸易政策，包括国民待遇、反倾销、反补贴、保障措施、一般性取消数量限制、法规统一与透明度、国营贸易企业和磋商程序等，做出规定；③规定了协定的适用范围、谈判和活动方式、协定的修订、减让的停止或撤销；④规定了对发展中缔约方的贸易和经济发展方面给予特殊差别待遇。1994年《关税与贸易总协定》的宗旨是为货物贸易确定贸易自由化的规则，达成互惠互利的协议，以求大幅度地削减关税，取消贸易壁垒，消除国际贸易上的歧视待遇。WTO设立货物贸易理事会，负责1994年《关税与贸易总协定》及其他货物贸易协议的实施。

2.《农产品协议》

《农产品协议》（Agreement on Agriculture）由21条、5个附件组成。该协议要求各成员将现行的对农产品贸易的数量限制（如配制、许可证等）进行关税化，并承诺不再使用非关税措施管理农产品贸易和逐渐降低关税水平，从而使农产品贸易更多地由国内外供求关系决定价格，不至于造成农产品价格的过度扭曲。例如，日本的大米市场长期受高关税和进口数量限制的扭曲，使其平均价格水平比国际市场高3~5倍。

3.《卫生和动植物检疫措施实施协议》

《卫生和动植物检疫措施实施协议》（Agreement on the Application of Sanitary and Phytosanitary Measures）由14条和3个附件组成，包括基本权利与义务、检疫保护、地区条件、透明度、控制、检查和通过程序、特殊与差别待遇等内容。该协议对卫生及动植物检疫措施进行了定义，明确承认每个国家制定保护生命与健康所必需的法律、规定和要求的主权，同时，详细说明了旨在防止缔约方利用卫生及动植物检疫措施作为隐藏的贸易壁垒的规定和惩罚措施，并要求提前通知其他成员方，同时给予其他成员方评论和进行全球调查的机会。

4.《纺织品与服装协议》

《纺织品与服装协议》（Agreement on Textiles and Clothing）由9条和1个附件组成，包括协议的适用、经济条款、反舞弊措施、保障措施等内容。该协议规定，在WTO生效后的10年内，发达经济体成员分三个阶段逐步取消进口数量限制和进口年增长率，以实现纺织品和服装贸易自由化。发达经济体成员逐步取消数量限制的同时，发展中经济体成员也必须开放国内市场。在过渡期间，如进口商品激增，对进口方造成破坏性的冲击，允许进口方对造成这种损害的国家和地区实行进口配额限制，但一般应在磋商后实行，特殊情况可先实行后磋商和公布实施，限制期限为3年；进出口双方必须加强配合打击非法转口，如打击无效，进口方可扣减配额。协议规定建立纺织品监督机构，以监督协议的实施，任何有关协议实施的争端由纺织品监督机构负责审理。

5.《贸易技术壁垒协议》

《贸易技术壁垒协议》（Agreement on Technical Barriers to Trade）是一项制约基于技术理由的贸易壁垒的协议，由15个条款和3个附件组成。其中，贸易技术壁垒是指一国以不符合本国的技术要求为理由，阻止外国产品或服务进入本国市场。

6.《与贸易有关的投资措施协议》

《与贸易有关的投资措施协议》（Agreement on Trade-Related Investment Measures）由9条和1个附件组成，包括适用范围、国民待遇与数量限制、例外、过渡安排、磋商与争端解决等内容，其核心是取消一切与WTO国民待遇规则和取消数量限制规则不一致的投资措施。该协议要求对外来投资所给予的国内税收待遇和国内规章待遇不得低于本国同类投资，不得采用可导致限制或禁止其他成员方产品输入或向其他缔约方输出产品的投资措施，如当地要素投入比例要求、对设备的特别要求、设备用途上的限制、外汇平衡要求、最低出口要求等。该协议生效后，发达经济体成员在2年内、发展中经济体成员在5年内、最不发达国家成员在7年内取消一切与国民待遇条款和取消数量限制条款不一致的投资措施，为增加透明度，各成员方必须完全公开其投资措施。另外，该协议还规定在特定情况下可适当实施有违于国民待遇条款和取消数量限制条款的投资措施。

7.《反倾销协议》

《反倾销协议》（Agreement on Anti-dumping）由18条、2个附件组成。该协议详细规定了调查当局在进行反倾销调查时可以使用的一整套方法，使所有的反倾销做法具备了可预测性。同时，它还规定了在倾销问题上的争端解决程度、机构和审查标准。

8.《海关估价协议》

《海关估价协议》（Agreement on Customs Valuation）由24条、3个附件组成。该协议确定了海关估价的六种方法，即成效价格、相同商品的交易价格、相似商品的交易价格、扣除法、海关估价、计算顺序类推法等，要求对进口商品征收关税时要公平合理，客观地确定商品的价值，不能武断或歧视性地确定商品的价值或分类，以便各国商品以合理税赋水平在进口国竞争。

9.《装运前检验协议》

《装运前检验协议》（Agreement on Preshipment Inspection）由9条组成，涉及使用范围、用户成员方和出口成员方的义务与争端解决等内容。

10.《原产地规则协议》

《原产地规则协议》（Agreement on Rules of Origin）由9条、2个附件组成，涉及使用范围、约束原产地规则实施的规定、通知、评审、磋商和争端解决的程序、原产地规则等内容。该协议规定了各成员方应遵循的行为准则，如对进口商品和出口商品实施的原产地规定不得比国内产品实施的原产地规定更加严格，原产地规定的实施应该始终如一、公正合理等，并规定了在过渡期间原产地规定不得用来影响贸易或造成贸易的扭曲或对贸易进行限制，成员方至少在60天前公布其对原产地规定所做的改变，然后才能付诸实施。

11.《进口许可证程序协议》

《进口许可证程序协议》（Agreement on Import Licensing Measures）由9条组成，涉及总

则、自动进口许可、非自动进口许可、机构、通知、磋商和争端解决等内容。该协议要求各成员方尽量不要使用许可证管理贸易，如果授权允许使用，则尽量使用可以扩大而不是缩小该领域贸易的方式来管理；如采用公开一般许可证，只要进口商向政府指定的部门申请登记即可进口，不需要经过多个关卡进行审批。

12.《补贴与反补贴措施协议》

《补贴与反补贴措施协议》（Agreement on Subsidies and Counter Vailling Measures）由 32 条、7 个附件组成，包括总则、禁止性补贴、可诉讼补贴、不可起诉补贴、反补贴措施、对发展中经济体成员的特殊待遇、过渡期安排与争端解决等内容。

13.《保障措施协议》

《保障措施协议》（Agreement on Safeguards）由 14 条、1 个附件组成，包括总则、条件、严重伤害或受到威胁的确定、保障措施的实施、对发展中经济体成员的特殊待遇、磋商与争端解决等内容。该协议明确地规定了实施保障措施的条件和规则，实施保障措施的基本条件是某种产品的进口大量增加，并对进口方境内生产此种产品或直接竞争产品的产业造成严重威胁或构成严重损害。在实施保障措施前，成员方必须首先按照公布的法定程序进行公开调查；实施保障措施必须无歧视、无选择、不问产品来源地等。该协议进一步明确了发展中经济体成员在适用保障措施方面的特别待遇，如发展中经济体成员针对进口产品的保障措施的实施期可延展 2 年，即最长可达 10 年等。该协议还确定了保障措施多边监督机制，明确了有关保障措施的争端解决办法，并设立一个对所有成员方开放的保障措施委员会来负责监督该协议的实施。

14.《服务贸易总协定》

《服务贸易总协定》（General Agreement on Trade in Services，GATS）由 29 条、8 个附件组成。其中，序言规定了各缔约方参加与缔结《服务贸易总协定》的目标、宗旨和总原则。该协定要求各成员方在非歧视原则基础上，通过分阶段谈判，逐步开放本国服务市场，以促进服务及服务提供者间的竞争，减少服务贸易及投资的扭曲，对促进国际服务贸易起到了积极作用。分阶段逐步开放市场的承诺涉及商业服务、金融、电信、分销、旅游、教育、运输、医疗与保健、建筑、环境、娱乐等服务领域，即我国所指的第三产业。该协定希望在尊重国家政策目标的同时，通过不断进行的、旨在促进所有参加国的互惠利益和确保权利与义务平衡的多边谈判，为服务贸易逐步达到更高水平的自由化奠定基础。

15.《与贸易有关的知识产权协议》

《与贸易有关的知识产权协议》简称《知识产权协定》（Agreement on TRIP），有 7 部分共 73 条。其中，第一部分为总则和基本原则；第二部分为知识产权适用范围和标准；第三部分为知识产权的实施；第四部分为获取和维持知识产权及其有关程序；第五部分为争端的防止和解决；第六部分为过渡性安排；第七部分为机构设置和最后条款。

（二）诸边贸易协议

诸边贸易协议（Plurilateral Trade Agreement）是只有 WTO 部分成员接受的协议，现主要有《民用航空器贸易协议》（Agreement on Trade in Civil Aircraft）、《政府采购协议》（Agreement on Government Procurement）、《国际奶制品协议》（International Dairy Agreement）和《国际牛肉协议》（International Bovine Meat Agreement）。其中，《国际奶制品协议》和《国际牛肉协议》因参加方太少，协议无法履行而于 1997 年年底废止。从法律上来说，诸

边贸易协议不属于"乌拉圭回合"谈判"一揽子接受"的范围，其生效与接受从其自身的规定。换言之，WTO 的加入方，即使不接受诸边贸易协议，也可以成为 WTO 的成员。

六、WTO 的主要职能

（一）制定和规范国际多边贸易规则

WTO 制定和实施的一整套多边贸易规则涵盖面非常广泛，几乎涉及当今世界经济贸易的各个方面，从原先纯粹的货物贸易，到后来的服务贸易以及与贸易有关的知识产权投资措施，一直延伸到新一轮多边贸易谈判可能要讨论的一系列新议题。

（二）组织多边贸易谈判

WTO 及其前身 GATT 通过八个回合的多边谈判，使各成员方大幅削减了关税和非关税壁垒，极大地促进了国际贸易的发展。自 GATT 成立以来的 70 多年间，发展中经济体成员的加权关税水平已降到 12.3%左右，发达经济体成员的平均关税水平已从 1948 年的 40%左右降到了目前的 4%左右。

2001 年年底，WTO 第四届部长会议（即"多哈会议"）通过《部长宣言》，授权 WTO 贸易与环境委员会（CTE）开始贸易与环境议题的谈判。

（三）解决成员之间的贸易争端

WTO 的争端解决机制在保障 WTO 各协议有效实施以及解决成员间贸易争端方面发挥了重要的作用。自 1995 年 WTO 争端解决机制正式运行以来，截至 2020 年年底，WTO 共受理了 598 起争端协商请求，对其中 356 起争端启动专家组程序，有效避免了贸易摩擦，维护了多边贸易秩序。特别是发展中经济体成员对争端解决机制的使用不断增加，且主要诉讼目标是美国、欧盟等发达经济体成员，充分体现出多边贸易体系的公平性。

第二节　WTO 的基本法律原则

WTO 的基本原则是在继承 GATT 原则的基础上，进行必要的补充和修改而来的，主要来源于 1994 年 GATT、《服务贸易总协定》和历次多边贸易谈判所达成的一系列协议，这是世界多边贸易体制的核心。

WTO 的基本原则主要有六类：非歧视原则、贸易自由化原则、透明度原则、公平贸易原则、允许例外和保障措施原则、发展中经济体成员优惠待遇原则。其中，前四大原则反映了其规则的普适性，后两大原则体现了其规则的灵活性。WTO 的基本原则可以概括为公正、公平、公开三个特征。

一、非歧视原则

非歧视原则（Rule of Non-discrimination）又称无差别待遇原则，是所有原则中最重要的原则。这一原则要求成员方在实施某种限制和制裁措施时，不得对其他成员方实施歧视待遇，在 WTO 中具体表现为最惠国待遇原则（Most Favored Nation Treatment，MFN）和国民待遇原则（Principle of National Treatment）。

（一）最惠国待遇原则

最惠国待遇是国际经济贸易关系中常用的一项制度，又称无歧视待遇，即对于任何两个或多个成员方来说，缔约一方现在或将来给予任何第三方在贸易上的特权、优惠和豁免，也无条件地、无补偿地、自动地适用于缔约对方或其他成员方。

最惠国待遇又分为无条件最惠国待遇和有条件最惠国待遇两种。前者是指缔约方的一方现在或将来给予第三方的一切优惠，应无条件地、无补偿地、自动地适用于缔约方的另一方；后者是指缔约方的一方现在或将来给予第三方的优惠，缔约方的另一方必须提供同样的补偿才能享受。

最惠国待遇范围广泛，其中主要是进出口商品的关税待遇。在贸易协定中一般包括以下内容：第一，有关进口、出口或者过境商品的关税和其他捐税；第二，在商品进口、出口、过境、存仓和换船方面的有关海关规定、手续和费用；第三，与进出口有关的规则和程序，包括进出口许可证的发放；第四，国内税和其他国内费用；第五，有关影响产品销售、购买、运输、分配和使用的规则和要求。

在通商航海条约中，最惠国待遇条款适用的范围更广，将缔约方的船舶和船上货物驶入、驶出和停泊时的各种税收、费用和手续等也包括在内。

在特殊条件下，最惠国待遇源于自由贸易原则，即各国在世界市场上享有平等的、不受歧视的贸易机会，是用来作为对付重商主义贸易保护政策的一种手段。到自由资本主义时期，被各资本主义国家普遍采用。后来各资本主义国家往往利用它们签订的最惠国条款，在殖民地、附属国中享受各种特殊优惠，而后者则由于所处的从属地位，实际上难以享受到相应的优惠。

当然，关税普遍优惠制是最惠国待遇原则的一个例外。普惠制主要是指发展中经济体成员可以按照区域性和全球性安排相互给予关税减让，而WTO的成员也可以根据这一普惠制向发展中经济体成员提供关税减让。在非关税措施方面，可通过多边谈判达成协议，给予发展中经济体成员有差别和更为优惠的待遇。发展中经济体成员还可以根据相互之间规定的标准，就相互减少或取消非关税措施达成协议。在这些情况下，有关减让不必给予其他成员。

根据《关税与贸易总协定》，最惠国待遇的原则还可以有例外。其中，第20条规定，可以出于安全、健康、道德、环保等原因，限制来自特定国家的进口产品；第24条第3款a项规定，为了便利边境贸易，可以只给予邻国某种好处或减让关税；第24条第5款规定，基于关税同盟或自由贸易区的安排，参加此类安排的成员可仅在相互之间取消关税。

（二）国民待遇原则

国民待遇原则与最惠国待遇的义务是互补的，主要是指成员方之间相互保证给予对方自然人和法人在本国境内享有与本国自然人与法人同等的待遇，这种待遇主要限于国内税收和国内规章等方面。根据该原则，违反国民待遇原则的行为包括：①只对进口产品征收某种国内税或征收比国内产品较高的税的；②规定对进口产品进行特别的测试的；③规定外国直接投资的投资者在生产某种产品的过程中必须以某个最低的购买比例购买本国国内的原材料的；④对购买国产品提供金融、税收等方面的便利的；⑤规定进口产品必须使用特定的销售或者运输以及仓储等渠道的。

当然国民待遇原则也有例外，主要有以下几种情况：第一，对货物的政府采购行为可例外；第二，有关电影片的国内放映数量规定可免于适用；第三，给予某种产品的国内生产补贴不属于违反该原则；第四，发展中经济体成员以使用国产品为条件提供补贴，最不发达国家成员可将此项补贴保留8年，其他发展中经济体成员可保留5年，自1995年1月1日起计算。

二、贸易自由化原则

贸易自由化原则（Rule of Free Trade）是指所有 WTO 成员方限制和取消一切关税和非关税壁垒，消除国际贸易中的歧视待遇，扩大本国市场准入的程度。这一原则主要体现在关税保护原则、禁止数量限制原则和市场准入原则等方面。

（一）关税保护原则

关税保护原则（Tariff Protection Principle）主张各成员方应主要通过关税来保护国内工业，即关税是各成员方保护国内工业的唯一合法方式。究其原因：第一，在市场经济的贸易管理中，关税占重要地位；第二，关税比其他贸易措施给进口带来的损失小；第三，在关税制度下，最惠国待遇和国民待遇易于执行；第四，通过关税，易于辨认一国是否采取歧视性政策，使保护程度一目了然，便于对各国关税保护水平进行比较。

从国际贸易的发展趋势来看，不断降低关税水平成为贸易发展的大趋势。关税减让（Rule of Tariff Concession）也一直是多边国际谈判的主要议题。关税减让谈判一般在产品主要供应者与主要进口者之间进行，其他国家也可参加。双边的减让谈判结果，其他成员按照最惠国待遇原则可不经谈判而适用。在关税减让方面，对发展中经济体成员一般有 5~10 年的缓冲期。

WTO 及其法律体系的建立使得国际贸易自由化成为可能，逐步减少和消除了成员方政府以关税、管制立法、数量限制和通过其他国内立法与行政措施设置的贸易壁垒以及其他扭曲国际贸易的自由平等竞争行为。

（二）禁止数量限制原则

禁止数量限制原则（Rule of General Crimination of Quantitative Restrictions）又称只允许关税保护原则，是指成员方实行规则允许的贸易保护措施时，禁止实行数量限制，而只允许实行关税手段。其中，数量限制的主要形式有配额、进口许可、自动出口约束和禁止。

《关税与贸易总协定》中的第 11 条规定，任何缔约方除征收税捐或其他费用外，不得设立或维持配额、进出口许可证或者禁止其他缔约方领土产品的输入，或向其他缔约方领土输出或销售出口产品。但禁止数量限制也有一些重要的例外，例如，为防止或缓和输出缔约方的粮食或其他必需品的严重缺乏而临时实施的禁止出口或限制出口，国际收支困难的国家被允许实施数量限制，发展中经济体成员的"幼稚工业"也被允许加以保护等。

这一原则还要求在实施允许使用的数量限制时，应该非歧视地实施数量限制，《关税与贸易总协定》第 13 条对此做了规定：除非对所有第三方的相同产品的输入或对相同产品所有第三方输出同样予以禁止或限制外，任何缔约方不得限制或禁止另一缔约方领土的产品的输入，也不得禁止或限制产品向另一缔约方领土输出。此外，实行数量限制必须通过协商，就限制的影响交换意见，并请国际货币基金组织（IMF）就实行数量限制国家的国际收支状况提出报告，证实确实存在国际收支困难时，才能实施数量限制。

（三）市场准入原则

市场准入（Market Access）是 GATT/WTO 谈判中经常使用的一项术语，是指一缔约方允许其他缔约方的货物、服务进入其市场的程度。影响市场准入的因素有很多，具体来说，在货物贸易方面主要有：第一，关税约束的程度及范围大小；第二，非关税壁垒的实施情况，包括对进口产品实施数量限制的措施，进口许可制程序的繁简，海关估价的方法、手续及程序，实行贸易技术壁垒的规定，原产地规则，装船前检验的规则，反倾销、反补贴的实施情况等；第三，国家政策法令、法规、行政命令等的透明度大小；第四，对进口产品实行国民待遇的情况等。在服务贸易方面，体现在一缔约方为其他缔约方的服务与服务供应者能够进入其市场提供什么样的渠道，设置哪些障碍。市场准入的程度也是谈判各方关心的热点，在国际贸易谈判中，市场准入的程度往往被缔约方利用作为一种交换利益的筹码，以保持其在谈判中总体利益的平衡。

WTO 一系列协定或协议都要求各成员方分阶段逐步实行贸易自由化，以此扩大市场准入水平，促进市场的合理竞争和适度保护。

三、透明度原则

透明度原则（Rule of Trans Piracy）是指各成员方一切影响贸易活动的政策和措施都必须及时公开，以便于各成员方政府和企业了解和熟悉。根据这一原则，WTO 成员需要公布有效实施的、现行的贸易政策法规有：第一，海关法规，即海关对产品的分类、估价方法的规则，海关对进出口货物征收的关税税率和其他费用；第二，进出口管理的有关法规和行政规章制度；第三，有关进出口商品征收的国内税、法规和规章；第四，进出口商品检验、检疫的有关法规和规章；第五，有关进出口货物及其支付方面的外汇管理和对外汇管理的一般法规和规章；第六，引进外资的立法及规章制度；第七，有关知识产权保护的法规和规章；第八，有关出口加工区、自由贸易区、边境贸易区、经济特区的法规和规章；第九，有关服务贸易的法规和规章；第十，有关仲裁的裁决规定；第十一，成员方政府及其机构所签订的有关影响贸易政策的现行双边或多边协定、协议；第十二，其他有关影响贸易行为的国内立法和行政规章。

以上这些规则的公布应迅速，但如果公开后会妨碍法令执行、违反公共利益，或损害某一企业的利益，则可以不要求公开。透明度原则还规定，地方政府颁布的有关上述事项的法规不应与中央政府有任何抵触。但是，中央政府授权的特别行政区地方政府除外。

四、公平贸易原则

公平贸易原则（Rule of Fair Trade）是基于这样的理解：总协定认为倾销和出口补贴是不公平的贸易手段，允许缔约方采取措施来抵消倾销和出口补贴对进口方造成的损害。这一原则具体体现为互惠贸易原则和公平竞争原则。

（一）互惠贸易原则

互惠贸易原则（Rule of Reciprocal Trade）是指 WTO 成员方之间相互给予对方以贸易上的优惠待遇。互惠又包括双边互惠和多边互惠两大类。WTO 就是通过成员方以对等减让及相互提供互惠的方式来保持贸易平衡，谋求贸易自由化的实现。

（二）公平竞争原则

公平竞争原则（Rule of Fair Competition）是指通过消除各成员方对贸易活动的人为干预及其带来的扭曲，维护自由市场原则，促进各成员方生产者之间的公平竞争。这一原则主要体现在 WTO 的反倾销和反补贴规则中。此外，消除歧视性待遇、削减非关税壁垒、扩大多边贸易规则的适用范围和保护知识产权等措施也都体现了公平竞争原则。

尽管如此，受损害的进口国在征收反倾销、反补贴税时也应遵循一定的程序进行，征收反倾销税和反补贴税的条件必须是有倾销或补贴的事实存在，并且倾销或补贴造成了进口国国内工业的实质性损害或实质性损害威胁，同时 WTO 也反对各成员方以滥用反倾销和反补贴来达到保护主义的目的。

五、允许例外和保障措施原则

在某些特殊条件下，WTO 成员可以不履行已承诺的义务，对进口采取一些紧急的保障措施，如提高关税、实施数量限制等。当出现以下情况时，成员方可以实施例外条款：

一是为保障人民和动植物的生命健康所必需的措施。

二是为维护公共道德所必需的措施。

三是为保护本国具有艺术、历史和考古价值的文物而采取的措施。

四是有关输入黄金或白银的措施。

五是有关劳改产品的措施。

六是在国内原料的价格被压低于国际价格水平，而这又作为政府稳定经济计划的一部分的期间内，为了保证国内加工工业对这些原料的基本需要，有必要采取限制这些原料出口的措施。

七是为了保证某些与本协定的规定并无抵触法令或条例贯彻执行所必需的措施。

八是与国内限制生产和消费的措施相配合，为有效保护可能用竭的自然资源的有关措施。

九是如果某项国际商品协定所遵守的原则已向成员方全体提出，成员方全体未表示异议，为履行这种国际商品协定所承担的义务而采取的措施。

六、发展中经济体成员优惠待遇原则

发展中经济体成员优惠待遇原则又称"非互惠原则"，即为促进发展中经济体成员的出口贸易和经济发展，从而带动整个世界贸易和经济的健康发展，WTO 各项规则允许发展中经济体成员在相关的贸易领域在非对等的基础上承担义务。这一原则具体体现在以下四个方面：

一是发展中经济体成员可以承诺相对发达经济体成员较低水平的贸易自由化义务。如按照"乌拉圭回合"谈判达成的协议，WTO 全体成员方的平均关税水平将降低 34.3%，其中发达经济体成员降低 40.3%，发展中经济体成员只降低 29.7%。

二是允许发展中经济体成员用较长的时间履行义务或者有较长的过渡期。如在关税减让和取消数量限制措施方面，发达经济体成员的过渡期为 5~6 年，而发展中经济体成员一般为 10 年。

三是允许发展中经济体成员对特定工业及幼稚产业实行保护。

四是允许发展中经济体成员为维持国际收支平衡而实施数量限制。

第三节　WTO 的运行机制与发展

一、WTO 的决策机制

（一）协商一致规则

协商一致规则（Principle of Consultation and Consensus）是 GATT/WTO 及其法律制度运

作的一项基本准则，是 WTO 进行决策时主要遵循的原则。只要出席会议的成员方对拟通过的决议不正式提出反对就视为同意，包括保持沉默、弃权或进行一般的评论等均不能构成反对意见。下列事项的决策一般应实行协商一致规则通过才有法律效力，除非有特殊规定：

第一，对《建立世界贸易组织协定》和多边贸易协定的修改，有特殊规定的除外。

第二，下列豁免成员方的义务：豁免决定所涉及的是某一成员方在有关期限内履行过渡期或分阶段实施期的任何义务；某项有关 WTO 章程的豁免请示且在提交部长会议 90 天内。

第三，对 WTO 协定附件 4 诸边贸易协议的增加。

第四，争端解决机构按照《关于争端处理规则和程序的谅解》做出决定时，需要一致同意。

（二）简单多数规则

对于 WTO 一般的决议如果不能达到一致同意，则采用简单多数规则，但《世界贸易组织协定》另有规定的除外。

（三）2/3 多数通过规则

下列事项采用 2/3 多数通过规则：第一，对《建立世界贸易组织协定》附件 1 中的《多边货物贸易协定》和《与贸易有关的知识产权协议》的修改建议；第二，对《服务贸易总协定》一~三部分以及附件的修改建议；第三，对《建立世界贸易组织协定》和《多边货物贸易协定》的某些条款修改意见提交成员方接受的决议；第四，新成员方加入 WTO；第五，财务和年度预算决议。

（四）3/4 多数通过规则

对于非常重大事项，如果成员方不能达成一致同意，则采用 3/4 多数通过规则：第一，条款的解释；第二，各项协定的修改；第三，豁免义务。

（五）反向协商一致规则

反向协商一致规则，即只要不是有权投票者全体一致对有关事项提出反对，则视为全体一致同意。该项规则避免了 1947 年《关税与贸易总协定》"一致同意"规则的弊端，是一个重大的创新。该规则主要体现在《关于争端解决规则和程序的谅解》第 16 条等条款之中。

（六）必须接受规则

WTO 的有些决议通过后只有经过所有成员方的接受才具有法律效力。下列决策采用必须接受规则：第一，对世界贸易组织决策制度（投票程序）的修改；第二，对 1994 年《关税与贸易总协定》第一条款（最惠国待遇）和第二条款（关税减让）的修改；第三，对《服务贸易总协定》第二条款（最惠国待遇）的修改；第四，对《与贸易有关的知识产权协议》第四条款（最惠国待遇）的修改。

二、WTO 的进入与退出机制

WTO 的成员方分为两类：创始成员方（Original Member）和加入成员方（Acceding Member）。

（一）创始成员方

凡 WTO 章程生效时的 1947 年《关税与贸易总协定》的缔约方和欧盟成员，接受该章程和各项多边贸易协定的，其各项减让和承诺表附于 1994 年《关税与贸易总协定》，且其具体承诺表附于《服务贸易总协定》的，均应成为 WTO 的创始成员方。原来的 GATT 缔约方并不当然属于 WTO 的创始成员方，还必须同时具备以下三个条件：①必须按章程规定的程序和期限履行接受 WTO 章程和"乌拉圭回合"谈判的各项多边贸易协定的手续；②必须按"乌拉圭回合"谈判各项多边贸易协定做出关税减让表和各种非关税承诺表；③必须在服务贸易领域做出具体的市场准入承诺表。

（二）加入成员方

WTO 是一个开放性的国际组织，任何主权国家，任何单独关税区，即在对外商务及 WTO 规则规定的其他事项的处理方面拥有完全自主权的地区，均可申请成为 WTO 的成员方。在中国一个主权国家范围内，中国以主权国家的身份成为 WTO 的成员方，而香港、澳门、台湾则以单独关税区的身份加入 WTO，即"一国四方"。

一国或地区要加入 WTO，成为加入成员方，要经过提出申请、贸易体制的审议、双边谈判、完成加入条件、通过加入五个阶段。

1. 提出申请

申请加入 WTO 的国家或单独关税区，应首先向 WTO 提出正式申请。在提出申请的同时，应递交有关其对外贸易政策的备忘录。

2. 贸易体制的审议

WTO 接受加入的申请后，将成立专门的工作组对其贸易体制进行审议。在审议中，如对其备忘录内容有疑问，申请者应进行解释。在审议期间，如申请者的对外贸易政策发生了重大变化，应做出补充说明。

3. 双边谈判

WTO 各成员方可提出要求与申请者进行双边谈判，双方就履行 WTO 的各项协议做出承诺，达成双边协议。根据 WTO 的非歧视原则，申请者在这些协议中所做承诺将同时适用于其他成员方。

4. 完成加入条件

当工作组完成对申请者贸易体制的审议并且双边谈判结束后，进入这一阶段。工作组将审议贸易体制的结果和双边谈判达成的协议列在工作组报告、加入议定书和减让表中。

5. 通过加入

工作组提出最终报告，其内容包括加入议定书草案以及由双边谈判达成的承诺表，提交给总理事会或部长会议以备通过。如 WTO 成员的 2/3 多数投赞成票，申请方便可签署议定书从而在 30 天后正式成为 WTO 的加入成员方。

（三）WTO 的退出

根据《建立世界贸易组织协定》第 15 条的规定，任何成员方可自愿退出 WTO。对其退出没有实体条件的约束，但应符合程序条件，即成员方的退出在 WTO 总干事收到退出的书面通知之日起 6 个月期满时方能生效。截至目前，WTO 的成员方还没有退出的先例。

三、WTO 的争端解决机制

（一）WTO 争端解决机制的特点

WTO 争端解决机制是一种保障世界多边贸易体系的可靠性和可预测性的重要机制，具有如下基本特点：

1. 鼓励成员方通过双边磋商解决贸易争端

发生贸易摩擦时，争端当事方的双边磋商是 WTO 争端解决的第一步，也是必经的程序。即使争端进入专家组程序后，当事方仍然可通过双边磋商解决争端。

2. 以保证 WTO 规则的有效实施为首要目标

该机制的目的是积极解决各种贸易争端，但在未能达成各方满意的解决办法时，其首要目标是保证撤销与 WTO 任何协议的规定不一致的有关措施。在不能立即撤销该项措施时，可采取补救措施，但该补救措施只能是一项临时性的措施。在规定时间内不能达成满意补偿方案的，经争端解决机构授权，申述方可采取报复措施。

3. 严格规定争端解决的时限

为了及时解决贸易争端和救济受害方，提高争端解决机制的有效性，维护国际经济贸易的正常秩序，WTO 对争端解决程序的各个环节规定了严格、明确的时间表。

4. 禁止未授权的单边报复

WTO 要求，争端的当事方严格按照《关于争端解决规则与程序的谅解》的规定来妥善解决争端，禁止采取任何单边的、未经授权的报复措施。

5. 允许交叉报复

如果某一成员在某一领域的措施被裁定违反 WTO 的协定或协议，且该成员未在合理期限内纠正，经争端解决机构授权，利益受到损害的其他成员可以进行报复。报复分为平行报复、跨领域报复和跨协议报复三种，应依次采用。平行报复是在被 WTO 裁定违反该组织协定或协议的措施的相同领域进行。跨领域报复是在同一协定或协议的不同领域内进行。跨协议报复是在不同协定或协议所管辖的领域内进行。

（二） WTO 争端解决的基本程序

1. 磋商

磋商是 WTO 争端解决程序中的首要强制性阶段。一成员方向另一成员方提出磋商要求后，被要求方应在接到请求后的 10 天内做出答复，若同意举行磋商，则磋商应在接到请求后 30 天内开始。若被要求方在接到请求后 10 天内没有做出反应，或在 30 天内或在相互同意的其他时间内未进行磋商，则要求进行磋商的成员方可直接向争端解决机构（Dispute Settlement Body, DSB）要求成立一个专家组。如果在接到磋商请求之日后 60 天内磋商未能解决争端，投诉方可以请求设立专家组。在紧急情况下（如涉及易变质货物），各成员方应在接到请求之日后 10 天的时间内进行磋商，若在接到请求之日后 20 天内磋商未能解决该争端，则投诉方可以请求成立一个专家组。此后的相关程序应最大限度地有利于争端的快速解决。

2. 专家组审理

在磋商未果的情况下，或在斡旋、调解或调停等辅助手段未能解决争端的情况下，投诉方可以向 DSB 请求成立专家组。专家组最终应在该请求被首次列入 DSB 议程后的会议上予以设立。专家组通常由 3 人组成，除非争端当事人在自设立专家组之日起 15 天内同意设立 5 人专家组。专家组的成员可以是政府官员或独立人士，这些成员均以个人身份工作，不能代表任何政府或组织。各成员方也不得对他们做指示或施加影响。考虑到发展中经济体成员的特别利益，当发展中经济体成员为争端的当事人一方时，专家组中至少要有一名成员来自发展中国家。

专家组一旦设立，一般应在 6 个月内（紧急情况下 3 个月内）完成全部工作，并提交最终报告。若专家组认为其不能如期提交报告，则应书面通知 DSB 其延误的原因及提交报告的预期时间。从专家组设立到向各成员方提交报告不得超过 9 个月。应投诉方请求，专家组的工作可以暂停 12 个月，但不得超过 12 个月，若超过 12 个月，专家组的授权应予终止。专家组提交的报告散发给各成员方 60 天内，除非争端一方正式通知 DSB 其上诉决定，或 DSB 经磋商一致决定不通过该报告，否则该报告应在 DSB 会议上予以通过。

3. 上诉机构审理

由于存在"反向协商一致"的决策原则，专家组报告的审议比较容易通过，这样就有必要实行上诉机构审理，以避免专家组报告可能导致的消极因素和不公正结果。上诉机构仅审理专家组报告所涉及的法律问题和专家组所做的法律解释。上诉机构可以维持、修改或推翻专家组的结论。

上诉机构的审议自争端一方提起上诉之日起到上诉机构散发其报告之日止，不得超过 60 天，如遇到紧急情况，上诉机构应尽可能缩短这一期限。上诉机构如认为不能如期提交报告，则应书面通知 DSB 其延误的原因及提交报告的预期时间，但不得超过 90 天。

对于上诉机构提交的报告，除非 DSB 在向各成员方散发上诉机构报告后 30 天内磋商一致决定不予通过，否则，该报告应予以通过并得到争端当事方无条件接受。专家组报告或上诉机构报告一经通过，其建议和裁决即对争端当事各方有约束力，当事各方应予执行。

4. DSB 裁决的执行及其监督

在专家组或上诉机构报告通过之日后 30 天内举行的 DSB 会议上，有关成员方应通知 DSB 其履行 DSB 建议或裁决的意愿。如果不能立即执行建议或裁决，该成员方应在合理期限内履行。"合理期限"的长短既可以由当事方协商确定，也可由当事方聘请仲裁员确定。

如果被诉方的措施被确认违反了相关协议的规定，且其未在合理期限内实施 DSB 的建议或裁决，则在合理期限到期后，申诉方可以要求与被诉方谈判补偿问题。所谓补偿，并非是指一般意义上的补偿，而是指被诉方在贸易机会、市场准入等方面给申诉方相当于其所受损失的减让。补偿只是一种临时手段，应与有关协议相一致。

如果在合理期限到期后 20 天内未能达成双方能够接受的补偿方案，申诉方可以要求 DSB 授权报复，即终止对被诉方承担的减让或其他义务。在违法措施已被撤销、被诉方对申诉方所受的利益损害提供了解决办法、争端当事人各方达成了相互满意的解决办法的情况下，应终止报复措施。

在 DSB 通过有关建议和裁决后，任何成员都可以随时在 DSB 提出有关执行的问题。除非 DSB 另有规定，建议或裁决的执行问题在前述的合理期限确定之日起 6 个月后列入 DSB 会议的议程，直到该问题解决。在 DSB 每一次会议前至少 10 天，有关成员应向 DSB 提交一份关于执行建议或裁决进展的书面情况报告。

四、WTO 贸易政策审议机制

WTO 贸易政策审议机制（Trade Policy Review Mechanism，TPRM）是指 WTO 成员集体对各成员的贸易政策及其对多边贸易体制的影响，定期进行全面审议。实施该机制的目的主要是促使成员方提高贸易政策和措施的透明度，履行所做的承诺，更好地遵守 WTO 的规则，进而有助于世界多边贸易体制的平稳运行。

(一) 贸易政策的审议对象和范围

贸易政策审议对象主要是 WTO 各成员的全部贸易政策和措施。审议范围是从货物贸易扩大到服务贸易和知识产权领域。贸易政策审议机制还要求对世界贸易环境的发展变化情况进行年度评议。贸易政策审议的结果不能作为启动争端解决程序的依据，也不能以此要求成员增加新的政策承诺。

(二) 贸易政策审议的频率和程序

WTO 成员方接受贸易政策审议的频率，取决于该成员对多边贸易体制的影响程度。确定这种影响程度的主要依据是成员方在世界贸易中所占的份额。成员方在世界贸易中所占份额越大，接受审议的次数就越多。在世界贸易额中排名前四的成员每两年审议一次，对排名在其后的 16 个成员每 4 年审议一次，其余的成员每 6 年审议一次，对最不发达国家成员的审议可以间隔更长。

真正的审议由贸易政策审议机构进行，对所有成员开放。从参与审议的成员中选取两位讨论人，以个人身份参加会议，不代表各自的政府。

第一次审议会议通常由被审议成员首先发言，然后由讨论人发言，随后与会者发表意见。第二次审议会议上，讨论主要围绕会前确定的主题进行，被审议成员就各成员方提出的问题进一步做出答复；如有必要，被审议方也可在 1 个月内做出书面补充答复。审议会议在总理事会主席做出总结后结束。主席和秘书处随即向新闻界简要通报审议情况，公布秘书处报告的意见摘要及主席总结。

五、WTO 的发展历程与贡献

(一) WTO 的发展历程

部长会议是 WTO 的最高决策权力机构，其讨论和决定涉及 WTO 职能的所有重要问题，并采取相应行动。因此，WTO 历次部长会议的召开情况直接反映了其发展状况。WTO 自从 1995 年 1 月 1 日成立以来，先后召开了以下 12 次部长会议。

1996 年 12 月 9—13 日，WTO 第一次部长会议在新加坡举行，来自世界贸易组织 128 个成员和相关国际组织的 2800 多名代表参加了会议。会议主要审议了 WTO 成立以来的工作及上一轮多边贸易谈判（即"乌拉圭回合"谈判）各项协议的执行情况，并决定成立"贸易与投资""贸易与竞争政策"和"政府采购透明度" 3 个工作组，同时将贸易便利化纳入货物贸易理事会的职责范围。会议通过了总理事会报告、《新加坡部长宣言》和《信息技术产品贸易的部长宣言》。

1998 年 5 月 18—20 日，WTO 第二次部长会议在瑞士日内瓦召开，主要围绕"乌拉圭回合"谈判各项协议的执行情况、第三次部长会议的议程以及发动新一轮多边贸易谈判的准备工作等内容开展讨论。会议通过了《部长会议宣言》，该宣言除了总结多边贸易体制在过去半个世纪中所发挥的作用外，还就新一轮多边贸易谈判的相关事宜做了安排。会议还提出了一项新议题——电子商务，并就此达成了临时协议，在未来 18 个月内所有 WTO 成员对电子商务实行零关税。

1999 年 11 月 30 日至 12 月 3 日，WTO 第三次部长会议在美国西雅图召开，主要任务是确定新一轮多边贸易谈判（也是 WTO 成立以来第一轮多边贸易谈判）的框架、议题和时间表。会议召开前，50 多个 WTO 成员和一些地区组织提交了 150 多份提案。与会期间，各成员主要围绕农业、"乌拉圭回合"谈判各项协议的执行、市场准入以及新议题4个主题开展磋商。但是由于有关各方均提出了代表各自利益的谈判方案，而且在诸多问题上都不愿让步，尤其是在农业、非农产品关税和纺织品等一系列问题上存在严重分歧，最终导致该会议陷入僵局，没能启动新一轮多边贸易谈判。但会议决定2000年在日内瓦继续进行新一轮谈判议题的磋商。

2001年11月9—14日，WTO第四次部长会议在卡塔尔首都多哈召开，142个成员、37个观察员和50多个国际组织参加了本次会议。会议批准中国加入世界贸易组织，通过了《多哈部长会议宣言》，一致同意开始新一轮多边贸易谈判，启动了被称为"多哈发展议程"(Doha Development Agenda)的"多哈回合"谈判，并决定"多哈回合"谈判应在2005年1月1日前结束。"多哈回合"谈判的基本宗旨是促进WTO成员削减贸易壁垒，通过更公平公正的贸易环境来促进全球特别是发展中经济体成员的经济社会发展，主要包括农业、非农产品市场准入、服务贸易、规则谈判、争端解决、知识产权、贸易与发展、贸易与环境八个议题。"多哈回合"谈判的关键是农业和非农产品市场准入问题，主要包括削减农业补贴、削减农产品进口关税及降低工业品进口关税三个部分。

2003年9月10—14日，WTO第五次部长会议在墨西哥海滨城市坎昆举行，主要目标是对"多哈回合"谈判进行中期评估，内容涉及"乌拉圭回合"谈判各项协议的执行、农产品出口补贴、服务贸易、非农产品市场准入、与贸易有关的知识产权、WTO规则、贸易争端解决机制、贸易与环境以及贸易与投资等多方面内容。但由于各成员方在一些关键领域不愿让步，特别是发达经济体成员与发展中经济体成员在农业问题以及"新加坡议题"上存在较大分歧，最终导致会议无果而终。

2005年12月13—18日，WTO第六次部长会议在中国香港召开。会议通过了《部长宣言》，规定发达经济体成员和部分发展中经济体成员2008年前向最不发达国家成员所有产品提供免关税、免配额的市场准入；发达经济体成员2006年取消棉花的出口补贴，2013年年底前取消所有形式农产品出口补贴。但在事关"多哈回合"谈判成败的削减农业补贴、降低非农产品关税和开放服务业等关键问题上仍未取得突破。

2008年7月21—29日在日内瓦召开了一次WTO小型部长会议，来自35个主要WTO成员的贸易部和农业部部长参与了此次会议，试图就"多哈回合"谈判的农业和非农产品市场准入问题取得突破，但是由于各方存在复杂的分歧，谈判难以取得进展，最后还是以失败告终。

2009年11月30日至12月2日，WTO第七次部长会议在日内瓦召开，来自全球的100多位贸易部部长参加了本次会议。会议坚持FIT总体原则，即全面参与(Full Participation)、包容性(Inclusiveness)和透明度(Transparency)，围绕"WTO多边贸易体制和当今全球经济环境"主题，回顾和审议了2005年中国香港部长会议以来，WTO各项工作包括"多哈回合"谈判的进展情况，讨论了WTO对世界经济复苏和增长的贡献。本次会议取得了一定的共识，主要体现在以下四个方面：第一，成员们普遍认识到仅仅向发展中经济体成员提供市场准入是不够的，还需要通过加强能力建设解决其供给方面的局限；第二，部长们普遍认为应增强WTO运作机制的有效性，改善通报以及证据的收集、分析与传播；第三，成员们普遍认为新成员加入对扩大和加强WTO具有重要意义；第四，在"多哈回合"谈判方面，会议认同贸易和多哈回合谈判对经济复苏和发展中经济体成员减贫具有重要作用，部长们重申要在 2010 年结束谈判。虽然会议对"多哈回合"谈判有明确安排,但未能为推动"多哈回合"谈判取得明显进展。

2011 年 12 月 15—17 日,WTO 第八次部长会议在日内瓦举行,153 个成员和 20 多个观察员政府悉数派代表团参加。会议正式批准俄罗斯、萨摩亚和黑山三个国家加入世界贸易组织。由于各成员方在一些谈判领域存在较大分歧,"多哈回合"谈判陷入困境。

2013 年 12 月 3—7 日,WTO 第九次部长会议在印度尼西亚巴厘岛举行。会议达成"多哈回合"早期收获,"多哈回合"谈判 12 年僵局终获历史性突破。会议发表了《巴厘部长宣言》,达成了"巴厘一揽子协定",这是 WTO 首个全球贸易协定,包含贸易便利化、农业、棉花、发展和最不发达国家成员 4 项议题共 10 项协定,涉及简化海关及口岸通关程序、允许发展中经济体成员在粮食安全上有更多选择权、协助最不发达国家成员发展贸易等内容。

2015 年 12 月 15—19 日,WTO 第十次部长会议在肯尼亚首都内罗毕召开。这是 WTO 成立 20 年来首次在非洲召开的最高级别会议,主要议题为最不发达国家成员发展问题、农业谈判中的出口竞争以及"多哈回合"核心议题后续谈判框架等。会议通过了《内罗毕部长宣言》及 9 项部长决定,各方在一系列贸易谈判中达成历史性成果,主要成果有以下四项:一是 WTO 成员首次承诺全面取消农产品出口补贴,并就出口融资支持、棉花、国际粮食援助等方面达成了新的多边协议;二是达成了近 18 年来 WTO 首个关税减让协议——《信息技术协定》(ITA)扩围协议,涉及国际贸易额 1.3 万亿美元;三是在优惠原产地规则、服务豁免等方面切实给予最不发达国家成员优惠待遇;四是正式批准阿富汗和利比里亚加入世界贸易组织。

2017 年 12 月 10—15 日,WTO 第十一次部长会议在阿根廷首都布宜诺斯艾利斯举行,讨论议题包括渔业补贴、公共粮食储备、农产品特殊保障机制,以及投资便利化、电子商务等新议题。尽管分歧较多,会议仍然取得了一些成果。例如,近 120 个成员通过了一份关于妇女与贸易的宣言,这是 WTO 历史上第一个把重点放在妇女赋权上的宣言。我国在会议期间成功主办了投资便利化活动,最终达成了 70 个成员联署的《关于投资便利化的部长联合声明》,为推动投资便利化这一新议题最终纳入 WTO 工作范围奠定了良好基础。会议期间,我国宣布正式与毛里求斯启动自贸协定谈判,中—毛自贸区一旦建成,将成为中国与非洲国家的第一个自贸区。另外,阿根廷、巴西、哥伦比亚、智利、巴拉圭、秘鲁等 10 个拉美国家在会议开幕式上签署了《布宜诺斯艾利斯宣言》,重申多边贸易体制是应对国际贸易挑战的最佳策略,坚决维护多边贸易体制至关重要。

2022 年 6 月 12—15 日,WTO 第十二次部长会议在瑞士日内瓦举行。会期由原定的 4 天延长至 6 天,最终取得"1+4"成果。其中,"1"即发布《MC12 成果文件》⊖,各方重申加强以世界贸易组织为核心的多边贸易体制,推进世界贸易组织必要改革。"4"包括:一是《关于〈与贸易有关的知识产权协议〉的部长决定》和《关于世贸组织新冠疫情应对和未来疫情应对准备的部长宣言》,帮助发展中经济体成员提高新冠疫苗的可及性和可负担性,推动构建人类卫生健康共同体,推动疫后经济复苏;二是《渔业补贴协定》,这是世界贸易组织过去 9 年达成的首份多边协定,为实现联合国 2030 年可持续发展议程做出重要贡献;三

⊖ "WTO 第 12 届部长级会议"简称"MC12"。

是《关于紧急应对粮食安全问题的部长宣言》和《关于世界粮食计划署购粮免除出口禁止或限制的部长决定》，维护自由开放的农产品贸易环境，增强全球粮食和农业市场的韧性；四是《关于电子商务的工作计划》，将电子传输临时免征关税的做法延续到下一届部长会议。

（二）WTO 对多边贸易体系的贡献

作为现行国际经济治理体系的重要组成部分，WTO 在推动国际贸易增长、解决贸易争端、帮助发展中经济体成员融入多边贸易体系等方面发挥了不可替代的作用。总体来看，WTO 基本实现了成立之初的预期目标，加入 WTO 能够使各成员从中受益良多，而未加入 WTO 的国家则容易陷入经济发展与出口受阻的困境。

1. 全球贸易体量显著增长

在多边贸易体系的推动下，国际贸易在和平、自由、透明的环境中蓬勃发展并取得巨大成功。从 WTO 成立前的 1994 年到新冠疫情暴发前的 2019 年，全球货物出口由 4.2 万亿美元增长至 18.9 万亿美元，增长 3.5 倍；全球服务出口从 1.1 万亿美元增长至 6.1 万亿美元，增长 4.5 倍。国际贸易活动日益频繁，带动全球经济实现了较长时期的快速增长。同时，发展中经济体成员对外贸易获得更为突出的成长，WTO 发展中经济体成员占全球货物贸易的比重由 1995 年的 27% 增长至 2019 年的 43%，占全球服务贸易的比重由 25% 增长至 35%。发展中经济体成员的贸易势力扩张说明多边贸易秩序在一定程度上实现了以发展为导向的目标。

2. 多边贸易体系覆盖面不断扩大

截至 2020 年年底，WTO 已有 164 个成员，囊括了全球所有大型经济体和绝大多数国家。WTO 消除了成员间大部分货物贸易障碍，全球超过一半的贸易流量已经免于关税，各成员间的经贸关联水平前所未有，WTO 成员贸易额占全球贸易的比重超过 98%。

3. 国际贸易规则不断完善

自中国"入世"以来，WTO 持续推进贸易自由化便利化谈判，并将谈判领域延伸至一系列新的议题。2013 年达成的《贸易便利化协定》是 WTO 成立以来首份全球贸易协定，打破了"多哈回合"12 年谈判僵局，协定在降低贸易成本方面超过了消除全部剩余关税的效果，相关条款完全生效将会使全球贸易成本降低 14%，带动全球货物出口每年增长 1 万亿美元。2015 年由 25 个参与方、54 个 WTO 成员达成的《信息技术协定》扩围，消除了占全球贸易总额 7% 的高技术产品关税，协定成果在最惠国待遇的基础上对全体世贸组织成员适用。2021 年 9 月，WTO 结束关于服务业国内规制的诸边谈判，并将在第 12 届 WTO 部长会议上完成协定签署。

4. 公平公正的国际贸易秩序逐渐稳固

WTO 成立取得的突破性成果之一就是构建了较为完备的争端解决机制。截至 2020 年年底，WTO 共受理了 598 起争端协商请求，对其中 356 起争端启动专家组程序，有效避免了贸易摩擦发生，维护了多边贸易秩序。特别是发展中经济体成员对争端解决机制的使用不断增加，且主要诉讼目标是美国、欧盟等发达经济体成员，充分体现出多边贸易体系的公平性。正因为如此，外部评价认为 WTO 发挥的重要作用之一就是阻止贸易战，在缺少 WTO 的情况下，国际贸易将会出现"强权即是公理"的局面，回到恃强凌弱的"丛林时代"。

六、WTO 面临的困境与原因

（一）WTO 面临的困境

随着全球经济格局的不断变化，WTO 面临的困境更加显现。

一是 WTO 的权威性受到严重威胁。单边主义和贸易保护主义之风在部分国家盛行，多边贸易体系备受打击。美国以国家安全例外和贸易救济为由，滥用单边措施，绕过 WTO 提供的磋商与争端解决机制，直接利用其国内法，采用单边措施对其他成员方加征关税，给其他 WTO 成员方利益带来极大损害，破坏了以规则为基础、自由开放的国际贸易秩序。作为 WTO 创始成员方的美国，本应为维护 WTO 秩序承担更多责任，但现在却成为 WTO 最大的挑战者。

二是国际社会对 WTO 的质疑日趋严重。在谈判功能方面，"多哈回合"谈判停滞不前，多边贸易规则谈判在推动发展包容性方面进展甚微，各成员对部分传统议题，如农业补贴和渔业补贴等，迟迟难以达成共识，对反映当前全球经济贸易新发展趋势的电子商务、数字贸易、投资便利化等新议题没有及时更新。相较之下，双边和区域自由贸易协定在推进新贸易议题和区域贸易一体化方面成果显著。此外，WTO 也未有效地执行贸易政策审议和监督功能，各成员贸易政策透明度有待加强，世界贸易组织机构运行效率亟待提高。

三是 WTO 争端解决机制面临瘫痪危机。WTO 争端解决机制被喻为 WTO "皇冠下的宝石"，是 WTO 最重要的职能，在解决成员方国际贸易纠纷、平衡成员方利益、促进 WTO 协议的执行方面做出了重大贡献。但在特朗普政府时期，美国一再行使否决权，阻挠启动上诉机构成员遴选程序，导致 WTO 上诉机构陷入瘫痪，WTO 争端解决机制几乎难以运行。此外，美国特朗普政府对新任总干事任命人员的固执己见也曾一度致使总干事不能按计划时间上任，严重影响了 WTO 日常办事机构的有效运转。

（二）WTO 陷入困境的原因

WTO 陷入困境是多方因素共同作用的结果，总体而言可归结为三个方面。

一是 WTO 自身制度设计存在缺陷，这是多边贸易规则谈判停滞不前的直接原因。以谈判职能为例，WTO 谈判决策机制与关贸总协定时期一脉相承，采取协商一致的原则，所有多边协议必须获得所有成员方同意才能通过。这一决策机制的初衷在于尊重所有成员方意见、凝聚各方共识，但相应的也给予全部成员决策否决权，导致任何一项决策都需要进行反复磋商。这种决策方式在成员方数量较少、议题范围集中的情况下尚能运行，但随着 WTO 成员方数量的不断增多，成员方间的发展水平、利益诉求、关注领域日趋多元化，要想全员达成一致十分困难，自其创建以来几乎没有再产生有意义的多边协议。这削弱了 WTO 在贸易规则制定方面的领导力，各方纷纷选择双边或区域性自贸协定作为谈判和践行新贸易规则的平台。此外，虽然 WTO 争端解决机制的实践运行得到了 WTO 成员方的普遍认可，但是其上诉机构裁决的一致性和连贯性却引发担忧，公平与合理的问题也在实践操作中不断显现。贸易政策审议制度缺乏对成员方的约束力、与其他职能的协作能力有限等，诸如此类的内生性因素和缺陷是限制 WTO 职能有效发挥的重要因素。

二是全球政治经济格局加速演变导致的国际权力结构变化。WTO 成立之初，各成员方经济发展水平差异较大，国际经济治理权力分布极度不均，多边贸易规则制定和治理体系构建在很大程度上是由美国、欧盟等少数发达经济体成员主导的，这种相对集中的领导结构虽然容易导致贸易利益分配不均,但能够赋予贸易规则谈判较高的执行效率。21世纪以来,伴随着新兴市场经济体的迅速崛起,传统发达经济体成员囿于内部问题困扰,国际政治经济版图发生根本性变化,这些变化理应反映在多边贸易体系的改革中,然而现实却不尽然。多边贸易体系与全球政治经济发展趋势的脱节致使WTO改革困顿难行。同时,大国之间的地缘政治竞争延伸至多边贸易规则体系,主要大国之间的信任危机和关系摩擦很容易引发连锁反应,加剧在多边贸易治理体系的立场冲突,对多边贸易秩序带来毁灭性打击。

三是成员方发展水平和诉求的差异导致存在共同价值取向的空白。美国、欧盟等发达经济体成员,由于自身贸易自由化水平已经处在较高水平,在全球贸易中所占的比重不断下滑,缺乏继续主导贸易规则谈判的筹码。部分发展中经济体成员,如巴西、印度等,自身贸易壁垒较多,甚至在关税减让等最基本的开放领域仍存在较大的自由化空间。目前,农业领域开放属于各成员方关注度较高的议题,但发达经济体成员出于照顾国内利益集团、对发展中经济体成员关税减让需求不强等原因,并无降低农业补贴的紧迫意愿。发达经济体成员和发展中经济体成员在各类贸易议题上也存在立场分歧,发达经济体成员贸易政策主张由推进贸易自由化逐渐转向"公平性",发展中经济体成员则多是希望保留自主政策空间推动自身发展。

虽然当前WTO面临种种挑战,但绝大多数成员方仍然认同WTO的重要性。欧盟在贸易政策议程中明确提出,多边贸易体系是欧盟贸易政策的基石,欧盟应该尽其所能地恢复WTO作为贸易谈判平台的核心地位。日本、加拿大等发达经济体成员同样积极参与当前WTO改革的进程。即便是对多边贸易秩序破坏最多的美国,在谈及WTO时也不是一味地否定其价值。总体来看,经济全球化仍是当今时代的主流趋势,健康的WTO符合国家利益,削弱WTO的作用最终将对所有成员利益造成损害,不利于全球经济的复苏和发展。

七、全球化发展新趋势及WTO改革前景

20世纪中后期以来,以规则为基础的多边贸易体系及其他全球经济治理安排为经济全球化发展提供了有利条件,为国际经济贸易活动提供了稳定、可预见的制度规范。当前经济全球化陷入瓶颈期,但这并不意味着经济全球化本身不符合历史发展趋势。相反,全球化是人类社会的客观需要和生产力发展的必然结果,逆全球化问题不可能改变历史大势。与此同时,全球化发展迈向新阶段,呈现出一些新的特征和趋势,这些新情况将会对未来全球化发展方向以及全球治理体系所关注的内容带来重要影响,而WTO的改革和发展也需要对这些新的趋势和需求有所适应。

第一,数字技术的进步和应用深刻改变了全球化的模式和结构。数字技术已经成为全球经济贸易发展的关键因素之一。数字技术衍生出新的业态和模式,进而催生了新的跨境经济活动内容。数字赋能传统行业转型升级,推动全球产业链、供应链、价值链和创新链深刻变革,成为经济全球化再起航的关键动力。数字技术进步还对多边经贸治理提出了前所未有的新要求,对全球贸易规则体系影响深远。

第二,绿色转型成为经济全球化发展的必由之路。人类社会的高速发展已经给地球资源环境带来了极大的压力,世界越来越接近生态环境承载能力的临界点,经济全球化亟须绿色、低碳、可持续转型。这场转型将深刻改变人类生产生活方式、全球能源消费和产业布局,由此也将给经济全球化带来深刻影响。当前全球经济绿色转型已经步入行动阶段,一些

与绿色相关的议题和规则呼之欲出，如欧盟提出"碳边境调节机制（CBAM）"议案等。绿色成为经济全球化深入发展的显著特征。

第三，新冠疫情加剧全球产业布局区域化倾向。疫情冲击之下，美国等发达经济体成员暴露出在产业链布局过程中存在的关键领域产业环节缺失、外部供应链依赖程度高、供应链来源集中等问题，主要国家对供应链的安全和稳定的关注持续增加，相继调整对外经济政策，强调国家安全、供应链弹性和关键供应自主，国家政策内向化特征更加明显，区域协定、区域安排的重要性不断提升，区域一体化成为产业链区域化的结果和保障。CPTPP、RCEP、USMCA等代表性大型区域贸易协定，同时包含发展中经济体成员和发达经济体成员，能够更好地协调不同经济体的利益诉求，且具有更强执行效率，因而在国际贸易规则发展方面将起到无可替代的助推作用。未来全球贸易格局由多边体系主导逐步转向多边与区域并重发展。

从多边贸易体系自身来看，当前推进WTO改革面临的内外部条件与过去相比已经出现了结构性变化。多边贸易体系70多年的发展历史中经历过两次重大变革，第一次是第二次世界大战结束后《关税与贸易总协定》（GATT）的签订与生效，第二次是"乌拉圭回合"谈判达成和WTO的建立。这两次重大变革的出现以及多边贸易体系一系列的成长经历都表明，多边贸易体系发展的基本条件在于：一是存在强有力的领导，能够在多边贸易谈判中发挥引领和关键作用；二是多边贸易体系各成员在贸易议题立场和经济发展方向等方面具有基本共识，从而能够达成多边贸易谈判。虽然多边贸易体系并未明确规定领导者的存在，但美国在很长时间里充当了事实角色，且以美国为代表的发达经济体成员在国际贸易体系中长期处于优势地位，彼此间共识大于分歧，具备同步减让的空间，因而多数谈判能够取得成功。但从目前的情况看，曾经的经济全球化主导者的美国出现明显转向，同以中国为代表的新兴经济体及发展中经济体成员短时间内难以达成共识，因此目前WTO所面临的各类挑战和问题，必然要经历长期、渐进式的调整。

第四节　中国与WTO

一、中国与关税与贸易总协定

（一）中国与关税与贸易总协定的关系变迁

中国是关税与贸易总协定的创始缔约国。1947年4—10月，中国参加了联合国贸易与就业会议第二次筹委会，与会期间与美国、英国、法国、荷兰、比利时、卢森堡等18个国家进行了双边关税减让谈判并达成协议，还参与了拟订关税与贸易总协定条款的工作，并于10月30日签署了关税与贸易总协定。1948年4月21日，中国作为最后文件签字国之一签署了《关税与贸易总协定临时适用议定书》。

1949年10月1日，中华人民共和国成立并成为代表中国的唯一合法政府。1950年3月6日，中国台湾宣布退出关税与贸易总协定，5月5日起生效。

1971年10月，中国恢复了在联合国的合法席位，此后逐步恢复了与关税与贸易总协定的联系。1972年5月，中国成为联合国贸发会议和关税与贸易总协定下属机构国际贸易中心的成员。1980年8月，中国派代表出席了国际贸易组织临时委员会执委会会议，投票选举了该委员会的总干事。1981 年 5 月，中国获得了关税与贸易总协定纺织品委员会观察员资格，并于当年 7 月派代表列席了该委员会第三个《多种纤维协定》⊖的谈判。

1982 年 11 月，在不损害中国主权缔约国席位的前提下，中国首次以观察员身份派代表列席了关税与贸易总协定第 38 届缔约方大会，此后中国每年都列席关税与贸易总协定的缔约方大会。1984 年 1 月成为纺织品委员会的正式成员。1986 年 9 月以来，中国政府派代表团参加了"乌拉圭回合"历次重要谈判，并就农产品、非农产品市场准入、服务贸易和知识产权等议题提交了具体义务承诺表。1994 年 4 月 15 日，在摩洛哥马拉喀什部长会议上，中国政府和其他 103 个缔约方政府代表一起签署了"乌拉圭回合"谈判的最后文件。

（二）中国复关的原则与过程

中国政府早在 1982 年就确立了重返关税与贸易总协定的三项基本原则：一是中国要求恢复关税与贸易总协定的创始缔约国席位，而不是加入或重新加入关税与贸易总协定；二是以关税减让为承诺条件，不承担具体进口义务；三是以发展中经济体成员的身份"复关"，享受发展中经济体成员的待遇。

1986 年 7 月 11 日，中国向关税与贸易总协定秘书处正式提交了恢复中国缔约方席位的申请，并于 1987 年 2 月 13 日向关税与贸易总协定递交了《中国对外贸易制度备忘录》；同年 3 月 4 日关税与贸易总协定理事会决定成立中国工作组，负责审议中国"复关"问题，中国工作组在 1988 年 2 月举行了首次会议。概括起来，中国的"复关"谈判经历了两个阶段。

第一阶段，从 1986 年 7 月中国提出"复关"申请到 1992 年 2 月。中国正式提出"复关"申请后，关税与贸易总协定缔约方对中国提出了 2600 多个问题，这些问题主要集中在中国的外经贸体制和经济运作体制方面，中国一一做了答复。在此期间，中国与主要缔约方进行了十几次双边磋商，就"复关"的一些核心问题基本达成了谅解与共识。中国工作组召开了七次会议，基本结束了对中国外贸制度的答疑和综合评估工作，中国"复关"议定书框架草案基本形成。

第二阶段，从 1992 年 2 月到 1994 年 12 月。1992 年年初邓小平"南方谈话"引发了中国深化改革和全方位对外开放，党的十四大又确立了建立社会主义市场经济的目标，并做出了深化改革的一系列重大举措，从而为中国的"复关"谈判注入了新的动力。在 1992 年 2 月中国工作组第十次会议上，"复关"谈判重新启动后便有了重大转折和突破性进展，进入权利与义务如何平衡的实质性谈判阶段。但由于美国、欧盟及日本等国家无视中国现实的经济发展水平，不断提出超过中国承受能力的过高要价，导致最终未能达成协议，中国未能在"乌拉圭回合"一揽子协议生效前恢复关税与贸易总协定缔约方席位，未能成为 WTO 的创始成员方。

二、中国加入 WTO 的过程

WTO 成立后，中国的"复关"谈判转为"入世"谈判。1995 年 7 月 11 日，中国正式提出加入 WTO 的申请，自此从"复关"转为"入世"；同年 11 月，应中国政府的要求，"中国'复关'谈判工作组"更名为"中国'入世'工作组"。中国政府根据实际情况，多

⊖ 《国际纺织品贸易协定》又称《多种纤维协定》。

次重申了"入世"的基本立场，概括起来为以下三个基本原则：一是根据权利与义务对等的原则承担与本国经济发展水平相适应的义务；二是以"乌拉圭回合"多边协议为基础，与有关世界贸易组织成员方进行双边和多边谈判，公正合理地确定"入世"条件；三是作为一个低收入发展中经济体成员，中国坚持以发展中经济体成员身份"入世"，享受发展中经济体成员的待遇。

1996年3月，世界贸易组织中国工作组第一次正式会议在日内瓦召开，中国代表团出席了会议。同时，为加快经济建设及国内经济与世界经济接轨的速度，1996年4月1日和1997年10月1日，中国政府两次大幅降低关税税率，逐步取消了各种名目繁多的非关税壁垒，在1998年4月中国工作组第七次会议上，中国代表团向WTO秘书处提交了一份近6000个税号的关税减让表。但总体而言，这一阶段的工作组会议与双边磋商进展缓慢。

1999年后，中国"入世"进程明显加快。1999年4月，朱镕基总理访美，与美国在市场准入谈判方面取得实质性进展，双方签署了中美双边协议中最重要的《中美农业合作协议》，并就中国"入世"问题发表联合声明。然而1999年5月8日，以美国为首的北约轰炸了中国驻南斯拉夫大使馆，中国"入世"谈判被迫终止。1999年9月11日，江泽民总书记和克林顿总统在新西兰亚太地区经济合作组织领导人非正式会议上举行会晤，同意两国恢复谈判。

1999年11月10日，美国贸易代表团访华，与中国就中国"入世"问题进行双边谈判，最终在11月15日双方签署了《中美关于中国加入世界贸易组织的双边协议》，这标志着中国与美国就此正式结束双边谈判，也为中国与其他主要贸易伙伴的谈判奠定了基础。2000年5月19日，中国与欧盟达成双边协议；2001年9月13日中国与墨西哥签署双边协议，至此中国与要求与中国进行双边谈判的37个世界贸易组织成员方全部结束了谈判。

2001年9月17日，WTO中国工作组第18次会议举行正式会议，通过了中国"入世"的所有法律文件，包括《中国加入世界贸易组织工作组报告书》《中华人民共和国加入WTO议定书》以及《中国加入世界贸易组织货物贸易减让表》和《中国加入世界贸易组织服务贸易具体承诺减让表》等附件，同时也结束了WTO中国工作组的全部工作，2001年11月10日，在多哈举行的WTO第四次部长会议上审议并批准了中国"入世"，我国随即递交了全国人大常委会批准中国加入WTO议定书的通知书。按照WTO规则，一个月后，中国于2001年12月11日正式成为WTO成员方。

三、加入WTO后中国的权利和义务

（一）加入WTO后中国应享受的权利

1. 享有多边的、无条件的和稳定的最惠国待遇

加入WTO以后，中国可以在所有的100多个成员方享有多边的、无条件的、稳定的最惠国待遇，这将使中国产品在最大范围内享受有利的竞争条件，从而促进出口发展。中国受到的一些不公正待遇将取消。

2. 享有"普惠制"待遇及其他给予发展中经济体成员的特殊照顾

加入WTO可以使中国对所有发达经济体成员出口制成品和半制成品享有"普惠制"待遇，以及其他给予发展中经济体成员的特殊照顾。

WTO实施管理的多边协议与协定，规定了对发展中经济体成员的某些特殊容让和优惠，

加入 WTO 将使中国在更大范围内和更大程度上享受这些优惠。这些特殊容让和优惠是单方面给予的，发展中经济体成员无须给予对等的优惠。

3. 充分利用争端解决机制

在双边贸易中，发达经济体成员往往利用国内的、单边主义的，甚至过时的法律条款对中国实施歧视待遇。中国加入 WTO 就可以通过 WTO 特设的解决贸易争端的机构和程序，比较公平地解决贸易争端，维护中国的贸易利益。

4. 获得在多边贸易体制中"参政议政"的权利

WTO 是"经济上的联合国"，成为 WTO 成员方后，中国有权参与各个议题的谈判，与其他成员平等地参与有关规则的制定、修改以及多边贸易体制的建设。此外，中国还能利用 WTO 的平台，宣传中国改革开放政策，积极发展和世界各国的经济合作、贸易和技术交流。中国还将得到 WTO 汇集的世界各国经济贸易的信息资料，有利于制定外贸政策和策略。

（二）加入 WTO 后中国应履行的义务

1. 削减进口关税

1994 年《关税与贸易总协定》第 28 条附加第 1 款规定，各成员方在互惠互利基础上进行谈判，以大幅降低关税和进出口其他费用的一般水平，特别是降低那些使少量进口都受阻碍的高关税。经过 8 个回合的关税减让谈判，发达经济体成员方的加权平均进口税已从 45 年前的 40% 下降到 3.8% 左右，发展中经济体成员方也下降到 10% 左右。由于种种原因，中国平均税率仍然高于发展中经济体成员的平均水平。所以，中国成为 WTO 正式成员方后，首要义务就是要降低关税。为了适应 1994 年《关税与贸易总协定》的关税减让要求，中国需要根据经济发展水平和产业政策目标，逐步将中国关税加权平均水平降到关税与贸易总协定要求的发展中经济体成员水平，并将最高关税一般地约束在 15% 以下。这将使中国许多产业更直接地面临国外产品的竞争，同时国家财政收入有可能会相应减少，但最终可使广大国内消费者受益。

2. 逐步取消非关税壁垒

1994 年《关税与贸易总协定》第 11 条第 1 款规定，不得设立或维持配额、进出口许可证或其他措施，以限制或禁止其他缔约方的产品的输入，或向其他缔约方输出或销售出口产品，从而为实现自由贸易创造条件。在中国"复关"和加入 WTO 谈判中，主要议题之一就是要中国削减非关税壁垒（如取消进口许可证、配额以及外汇管理、技术检验等）。非关税措施和关税一起被纳入市场准入的谈判。在市场准入谈判中达成的任何协议，都将按 WTO 的最惠国待遇原则同等地给予所有成员方。

3. 取消被禁止的出口补贴

中国自 1991 年 1 月开始，在调整汇率的基础上，对所有产品，包括工业制成品和初级产品出口实行企业自主经营、自负盈亏的经营机制，已达到了世界贸易组织的有关要求。取消补贴后，亏损商品主要通过汇率调整和出口退税的方法获得补偿。1994 年《关税与贸易总协定》附件 9 规定，退还与所缴数量相当的关税或内地税，不能视为一种补贴。

4. 增加贸易政策的透明度

WTO 成员方应在经济贸易政策制度上有透明度，这是 WTO 的基本原则。WTO 建立了对各成员方贸易制度定期审查和通报的制度。中国除公开颁布一些重要法律、条例外，还分步废除了以往众多的内部决定，以适应 WTO 的要求。

5. 开放服务业务市场

"乌拉圭回合"谈成的《服务贸易总协定》(GATS),要求成员方对服务贸易执行与货物贸易同样的无歧视和无条件的最惠国待遇、国民待遇、透明度,并逐步降低贸易壁垒,开放银行、保险、运输、建筑、旅游、通信、法律、会计、咨询、商业批发、零售等行业。WTO统计的服务行业多达150多种,都将属于开放范围。中国将逐步地、有选择地、有范围地开放一些服务业,引进竞争机制,提高中国服务业的质量并带动服务业的出口。同时,中国服务业也将面临市场被外国同行挤占的巨大压力。

6. 扩大对知识产权的保护范围

中国成为WTO正式成员后,根据达成的有关知识产权的协定,对知识产权扩大保护范围以后(如扩大到对化工产品、药品、食品、计算机软件等),有关企业必须通过支付专利许可证费用来合法地购买西方发达经济体成员的专利,政府也将严惩任何损害国家和企业名誉的侵权行为,如假冒外国名牌商标的行为将受到法律处理。

7. 放宽引进外资的限制

中国自改革开放以来已经颁布了有关引进外资的各种法律和条例,对外资引进实行各种鼓励外国投资者的无差别待遇。但是中国引进外资的法规还不够完善,成为WTO正式成员方后,这方面的政策需要做出重大调整,允许外商投资的范围还要进一步扩大,硬件和软件环境也将进一步改善。

8. 缴纳WTO活动费用

缴纳会员费是任何WTO成员方的基本义务。

四、加入WTO给中国经济带来的机遇和挑战

成为WTO正式成员后的权利为中国对外经贸发展提供了机遇,成为WTO正式成员后应尽的义务又对中国对外经贸发展提出了挑战,关键在于如何利用机遇和应付挑战。

(一) 加入WTO给中国经济带来的机遇

第一,使中国经济与世界经济同步发展,有利于进一步地对外开放,更快、更好地融入国际经济社会,促进中国出口贸易特别是中国具有优势产品的出口。

第二,使中国经济在多边贸易体制中得到保护,有利于维护中国的利益,更好地反映发展中经济体成员的要求。

第三,有利于中国发展与世界各国的经贸合作和技术交流,更多地利用外资,这将促进中国经济体制改革和中国产业结构的调整。

第四,有利于公平、客观、合理地解决与其他国家的经贸摩擦,从而为中国对外经济贸易的发展营造良好的外部环境。

(二) 加入WTO给中国经济带来的挑战

一是中国经济全面融入世界经济的潮流会增加政府宏观调控的难度。加入WTO将使中国的国内市场成为世界统一大市场的有机组成部分,世界经济的波动将对中国的经济发展产生或多或少的直接和间接影响。

二是中国制定政策的自主性会减弱。要向其他成员方提供最惠国待遇,降低关税不得随意实行进口限制,增加外贸政策的透明度,开放服务贸易,必须按国际规范管理,建成能对市场做出及时正确反应的宏观调控和微观管理体系。

三是会对中国产业造成一定的冲击。中国必须向经济实力较强的发达经济体成员开放国内市场，成本高于国外同类产品、非价格竞争因素劣于国外同类产品的行业将受到严重冲击。

五、中国在 WTO 中的角色演变

伴随着多边贸易体系内外部条件变化以及中国综合实力的提升，中国在多边贸易体系中的角色也在不断变化。从加入 WTO 之初多边贸易规则的接受者，到成为影响 WTO 的关键变量，中国在 WTO 中的参与度和影响力越来越大，在当前 WTO 面临生存危机的背景下成为多边贸易体系的坚定维护者。

（一）2001—2007 年：多边贸易体系的积极参与方

"入世"之初，作为 WTO 的新成员方，中国积极履行承诺，加快完善社会主义市场经济体制，全面对接多边贸易规则。一是大幅降低关税税率。中国关税总体水平从 2001 年的 15.3% 降至 2005 年的 9.9%，其中，制成品关税下降至 8.9%，信息技术产品关税税率由 13.3% 削减至零关税。二是全面放开外贸经营权。2004 年中国进出口经营由审批制改为备案制，大大提升了企业参与外贸活动的自由度。三是削减非关税壁垒。2005 年中国按照承诺全部取消了进口配额、进口许可证和特定招标等非关税措施，转为实施包括关税配额、非自动进口许可和自动进口许可等在内的进口许可制度。四是开放服务贸易市场准入。中国在服务贸易领域承诺的开放水平远高于发展中经济体成员平均水平，2007 年中国履行完成了在服务贸易领域全部开放的承诺，涉及《服务贸易总协定》列表（12 大部门、160 多个分部门）中的 9 个大部门、100 个服务业分部门，接近发达经济体成员平均开放 108 个分部门的开放水平。五是强化知识产权保护。中国主动作为，加强知识产权保护，完成或修订了《著作权法》《商标法》《专利法》等知识产权法，并强化相关法律法规执行力度，建立了完善的知识产权保护法律体系和执法体系。

对中国而言，"入世"即要以多边贸易规则为准绳，对中国特色社会主义市场经济体制进行全方位完善。为兑现"入世"承诺，中国推进了一系列基础性改革。"入世"不到 3 年，中国就完成修订法律 210 项，废止法律 559 项，全国范围内修改、废止的地方各级法规达 19 万多件。在实现涉外经济法律法规与 WTO 规则协调一致的同时，中国法律法规及政策制定的合规性理念得以增强，WTO 所倡导的非歧视、透明度、公平竞争等原则也逐渐内化为政策制定者以及立法和执法人员的自觉行动。

2001 年"多哈回合"谈判启动，中国积极参与谈判进程。中方强调发达经济体成员应该承担更多的责任，发展中经济体成员应当享受更多优惠措施。在义务承担方面，中国履行与发展中经济体成员一致的责任，拒绝承担与欧美等发达经济体成员相应的义务。

（二）2008—2011 年：多边贸易体系的稳定力量

随着中国对"入世"承诺基本履行完毕，"入世"对中国经济贸易的促进效果快速显现，中国跃升为世界第一大货物出口国。2008 年国际金融危机对全球贸易形势带来严峻挑战，在此期间中国将提振内需、刺激出口作为应对危机的关键手段，通过贸易自由化便利化措施支持扩大出口。政策应对得当之下，中国的对外贸易形势快速好转，对抵御贸易保护主义、稳定多边贸易体系运行发挥了实质性作用。

经过"入世"后的七年发展，中国在全球经济贸易格局中的地位有了显著提高，在全球贸易治理中的话语权大大增强。2008 年 WTO 日内瓦贸易部长会议上，中国加入当时 WTO 影响力最大的 G7 集团，成为多边贸易谈判决策的核心力量。为推进"多哈回合"谈判打破僵局，2009 年中国提出"尊重授权、锁定成果、多边谈判为基础"的三项谈判原则，得到了成员方的广泛支持。

（三） 2012 年至今：多边贸易体系的中流砥柱

2012 年以来，随着中国综合国力和国际地位的持续提升，中国在多边贸易体系中的影响力不断扩大。在 2013 年《贸易便利化协定》谈判达成以及 2015 年《信息技术协定》的扩围谈判中，中国均是新兴经济体中最积极的参与方。2016 年中国在担任二十国集团主席国期间，推动多国完成《贸易便利化协定》的国内批准程序，为协定的早日生效做出了积极贡献。中国还参与发起《环境产品协定》谈判，签署《关于电子商务的联合声明》《关于投资便利化的部长联合声明》，启动加入《政府采购协定》谈判，全方位参与新的贸易规则议题。另外，中国还深度参与对最不发达国家成员的技术援助和发展援助事业，全力支持发展中经济体成员融入多边贸易体制。

"中国将坚定不移维护真正的多边主义，支持多边贸易体制包容性发展，并以积极开放态度参与数字经济、贸易和环境、产业补贴、国有企业等议题谈判，维护多边贸易体制国际规则制定的主渠道地位，维护全球产业链、供应链稳定"，中国在第四届中国国际进口博览会上坚定不移支持多边贸易体制的表态，反映出中国愿意主动参与、接纳 WTO 深层次改革议题的意愿，为推动多边贸易体系早日回归正轨注入了一针"强心剂"。

在积极参与多边贸易体系事务的同时，中国还采取了诸多单方面开放举措，探索构建开放型经济体制。在全面履行"入世"承诺的基础上，中国先后多次以暂定税率方式自主降低进口关税税率。据 WTO 统计，2019 年中国的贸易加权平均关税已降至 3.4%，与美国仅相差 1 个百分点，实施关税税率远低于中方承诺的约束水平和发展中经济体成员平均水平。中国通过实施《外商投资法》对外商投资实行准入前国民待遇加负面清单管理模式，并不断缩减外商投资负面清单，大幅放宽外商投资准入。积极推动自由贸易区建设，签署并率先通过《区域全面经济伙伴关系协定》（RCEP），启动加入《全面与进步跨太平洋伙伴关系协定》（CPTPP）程序，维护经济全球化和自由贸易。此外，中国还有效发挥自由贸易试验区、自由贸易港的制度引领创新功能，打造具有中国特色的对外开放新高地。

六、中国对多边贸易体系的贡献和影响

（一） 中国对多边贸易体系的贡献

一是为全球经济贸易发展注入持久动能。作为全球人口规模最大的经济体，中国充分利用自身劳动力比较优势，吸引外来投资，快速成长为全球加工制造工厂，为全世界消费者提供大量低价优质的制成品，扩大了全球市场需求规模，有效平抑商品价格水平，提升消费者福利。中国的市场开放也为全球各国创造了丰富机遇，"大进大出"的贸易结构带动贸易伙伴快速增长，国内产业的蓬勃发展也为跨境资本提供了丰硕的回报，进出口贸易规模由 2001 年的 5096 亿美元增至 2020 年的 4.65 万亿美元。加入 WTO 以来，中国经济稳步增长，GDP 由 2001 年的 1.34 万亿美元增至 2020 年的 14.73 万亿美元，占世界 GDP 的比重由 4% 上升到 17.4%，连续 15 年成为世界经济增长的最大贡献国。中国经济的快速增长和现代化使全球经济度过了一段长期繁荣期。

二是与全球各国实现互利共赢、共同发展。作为世界重要的资本输出国，中国积极通过对外直接投资拉动其他国家经济发展，投资领域日趋广泛，结构不断优化，覆盖国家越来越多。根据《2020年中国对外直接投资统计公报》，2020年中国对外直接投资1537.1亿美元，在新冠疫情的严重冲击下逆势增长12.3%，规模首次位居全球第一。对外直接投资存量总计达到2.58万亿美元，仅次于美国（8.13万亿美元）和荷兰（3.8万亿美元）。截至2020年年末，中国共在全球189个国家和地区投资4.5万家企业，2020年境外中资企业实现销售收入2.4万亿美元，向所在地缴纳各种税金总额合计445亿美元，雇用外方员工218.8万人，与投资东道主国家和地区互利共赢效果凸显。

三是积极助力发展中经济体成员和最不发达国家成员参与多边贸易体系。作为全球最大的发展中经济体成员，中国积极参与WTO对发展中经济体成员和最不发达国家成员的各项发展援助工作。自2011年起，中国出资与WTO秘书处共同发起"最不发达国家成员加入世界贸易组织中国项目"，帮助最不发达经济体参与、融入多边贸易体系并从中获益，项目内容包括支持来自落后经济体的青年学生在WTO秘书处实习、组织最不发达国家成员和新加入成员方经验分享圆桌会、支持协调最不发达国家成员参与WTO各项会议、举办"最不发达国家成员与发展中国家南南对话会"等。除此以外，中国还通过单边措施帮助落后经济体发展对外贸易，如通过零关税和免配额等贸易优惠措施对发展中经济体成员和最不发达国家成员进行经济贸易援助；向最不发达国家成员援助货物检测设备，提升海关效率和贸易便利化水平；举办贸易发展研修班，邀请发展中经济体成员公务人员来华学习，加强贸易技能建设等。

（二）中国对多边贸易体系的影响

随着时间推移，中国与WTO的关系处在不断调整的过程中，中国逐渐由被影响的一方朝着输出影响力的一方转变，中国角色的变化为多边贸易体系带来了积极的推动力量。与此同时，中国独特的发展模式以及庞大的经济规模也使多边贸易体系面临前所未有的情况，当前WTO的运作体系和规则内容显然未充分考虑到中国因素所带来的结构性影响，如何更好地发挥中国在WTO中的积极作用，打造更具包容性和进步意义的多边贸易体系，是未来WTO改革的重心所在。

1. 中国加入WTO显著提升了WTO的完整性

作为最大的发展中经济体成员，中国经历了15年的艰苦努力才成功加入WTO，为WTO更广泛地接纳新成员提供了借鉴。在中国之后，先后有18个经济体加入WTO，其中既包括发展程度相对较高的俄罗斯，也包括尼泊尔、缅甸、老挝等最不发达国家成员，还包括新兴经济体中的后起之秀越南。中国为"入世"而经历的漫长的转型历程，为后续发展中经济体成员尤其是新兴市场国家加入WTO、将内部经济规制与国际惯例对接提供了范式。WTO自身也在处理中国"入世"问题的过程中积累了吸收特殊体制国家的经验，多边贸易体系对采取不同经济发展模式、处在不同经济发展阶段国家的包容性日渐增强，真正成为多边经济组织。

2. 中国和其他新兴经济体集体崛起使国际贸易治理权力的分布更加均衡

中国在加入WTO后的20年中，经济实力持续增强，国际地位不断攀升，极大地充实了发展中经济体成员阵营的国际治理话语权。通过积极参与多边贸易体系事务，中国和其他发展中经济体成员共同改变了WTO由少数发达经济体成员主导的格局，使WTO工作重心和贸易规则谈判进一步向发展议题倾斜，使国际贸易体系的运行朝着更加公平的方向迈进。但这种权力分布格局的均衡化在一定程度上也是当前 WTO 谈判和改革难有成效的重要原因。在"多哈回合"以前，多边贸易体系谈判主要是少数发达经济体成员起决定性作用，其他成员方由于自身实力不足和谈判能力受限等原因，更多处在边缘地带，只能被动跟随、接受发达经济体成员之间形成的共识。自"多哈回合"谈判以来，WTO 成员数量显著增长，中国和其他新兴经济体快速崛起，使 WTO 内部形成了阵营分明、对立明显的发达经济体成员和发展中经济体成员两大集团，加大了在全部成员间取得共识的难度，使得"多哈回合"以及后续的多边贸易规则谈判越来越困难。这致使主要经济体将国际贸易治理的关注点由多边层面转移至区域和双边谈判，以充分发挥实力优势，实现经济利益最大化，多边贸易体系的权威性被严重削弱。

3. 中国的特殊性对 WTO 提出了新的课题

一直以来，中国在多边贸易体系中扮演着独特的角色。"入世"之初，中国实施特色社会主义市场经济体制，与传统意义上的市场经济模式有一定区别，而庞大的人口体量进一步强化了中国角色的特殊性，因此中国在适应多边贸易体系的过程中付出了比其他发展中经济体成员更多的努力，也承担了更多的责任。随着中国经济和贸易大规模扩张以及社会主义市场经济体制的日趋成型，部分成员方开始在 WTO 中对中国提出更多的约束性要求，与中国相关的贸易议题也成为当前 WTO 改革的关注焦点。

然而，虽然当前中国贸易体量已经位居世界前列，部分产业的发展水平也已经赶上甚至超越发达经济体成员，但以人均标准来看，中国距离发达国家水平仍有明显差距，国内经济发展不均衡的问题依然严峻，未来发展仍面临很多复杂的难题。在 WTO 改革中向中国提出大量高于现有规则义务的苛刻要求并不合理，当前多边贸易体系暴露出的诸多问题也并非由中国引致，本质上是源自旧有规则和新秩序的不匹配不协调，以及发达经济体在参与国际治理中过分强调自身利益。

七、推动 WTO 改革的立场和建议

面对当前国际治理困境和亟待解决的 WTO 改革目标，中国始终秉持包容开放、积极推动的态度，重塑多边贸易体系权威和效力也切实符合中国的经贸利益和治理需求。新冠疫情全球大流行对全球经济贸易带来史无前例的冲击，疫情持续蔓延使得各国经济复苏态势一再趋缓，进出口贸易和跨境供应链严重受阻，无疑凸显了加快 WTO 改革、构建更加完备有效的多边贸易体系的重要性。中国作为全球最大的发展中经济体成员和多边贸易体系的中坚力量，主动承担起全球化推动者、维护者的使命，与其他支持全球化的国家一道，旗帜鲜明地反对单边主义和贸易保护主义，推动多边贸易体系进行有效和必要改革，维护全球化的稳定和发展，这也是加快构建"双循环"新发展格局的重要一环。

（一）在核心诉求上坚持原则，守住底线

WTO 是成员驱动型国际组织，应当尊重各成员发展模式的独特性，将提升多边贸易体系包容性作为改革方向。一是坚持 WTO 改革应以发展议题为导向，充分保障广大发展中经济体成员的利益。WTO 改革的基本目的应当是更好地解决发展中经济体成员在融入经济全球化方面的困难，缩小同发达经济体成员之间的差距，而并非为了满足发达经济体成员保全自身竞争优势的主张。二是不应在 WTO 改革中纳入与成员方经济发展模式挂钩的贸易规则，

坚决反对将针对性突出的"市场扭曲"议题纳入WTO多边规则，反对以"公平竞争""竞争中立"规则之名行企业所有制歧视之实。三是密切关注美国、欧盟和日本三方机制的改革方向标作用，尤其要警惕三方提出的"非市场导向"问题，就"市场经济"问题形成更具包容性的政策逻辑。

（二）寻找与不同成员方间的诉求重合点，扩大共识

由于各成员方自身要素及产业优势和所处发展阶段不同，对于WTO改革的关注重点存在差异。中国应深入分析各方诉求异同，协调与兼顾各方立场，扩大各方WTO改革方案的一致性，防止出现极端性方案。对待美国提出的不合理的改革方案，要坚持我方核心诉求，据理力争。处理好与欧盟、日本、加拿大等发达经济体成员在WTO中的关系，深化彼此在维护多边机制权威、反对单边主义等方面的共识，通过推动双边经贸治理合作弥合彼此之间的立场差异，努力寻找合作空间。联合广大发展中经济体成员形成谈判合力。中国与发展中经济体成员之间具有广泛的共同利益，WTO改革中的"公平"和"发展"问题是双方共同关注的焦点，中国应维护并扩大同发展中经济体成员的共识，针对发达经济体成员提出有关发展中经济体成员身份认定和特殊差别待遇的提案共同发声，缓解中国自身面临的压力。

（三）对新议题保持开放心态，针对具体问题提出不同谈判方案

目前各方对于具体规则的改革建议大致可划分为两类。一类是随着全球化运行模式的变化而衍生出的一系列新议题，如电子商务、服务贸易新业态、投资便利化和投资保护等。另一类是认为WTO规则设定存在不合理、不适用的情况，因而需要有所改进，如补贴规则、发展中经济体成员身份认定与特殊差别待遇、知识产权保护等。对于前一类符合全球化发展趋势的新规则，中国应以开放的心态对待，支持采取诸边的谈判方式推进，并且积极参与诸边谈判，把握新规则制定的主动权。对于后一类问题，相当多的内容属于针对中国的议题，对此中国面临较大的谈判和改革压力。其中部分内容，如市场准入、公平竞争、知识产权等与中国深化市场化改革的方向并行不悖，中国可通过深化国内改革，协调自身诉求和国际惯例，并以此作为在各类规则谈判中的"出价"。对于发展中经济体成员身份认定与特殊差别待遇问题，中国可在坚持"发展中经济体成员"身份的前提下，不必一般性地主张享受特殊与差别待遇，而是基于具体行业、议题和能力，通过互惠谈判方式来确定中国应承担的义务和应享受的权利。

（四）多措并举改善WTO运作机制的效率和效力

在谈判模式选择上，对诸边谈判采取更加开放和鼓励的态度，提升WTO在规则制定方面的决策效率。在WTO争端解决机制中引入"票决一致"规则，对上诉机构法律解释进行审议。增强贸易政策审议机制的成员参与度和实质影响力，强化成员通报义务，提升贸易政策透明度。提升WTO秘书处研究和技术援助能力，帮助各成员方尤其是发展中经济体成员更好地参与多边贸易规则谈判和讨论。充分借助商界和学术界的力量，提升WTO对各成员方内部的影响力。

本 章 小 结

关税与贸易总协定（GATT）是关于调整缔约国对外贸易政策和国际贸易关系方面相互权利、义务的国际多边协定。GATT在其生命周期内共主持召开了8轮多边贸易谈判，在关税减让方面取得了巨大成就。其中，历时8年的"乌拉圭回合"的最大成果是成立了世界

贸易组织（WTO），以取代临时性的关税与贸易总协定。

WTO 的基本原则是非歧视原则、贸易自由化原则、透明度原则、公平贸易原则、允许例外和保障措施原则、发展中经济体成员优惠待遇原则等。其运行机制有决策机制、进入和退出机制、争端解决机制和贸易政策审议机制等。

中国加入 WTO 的基本义务有：①削减进口关税；②逐步取消非关税壁垒；③取消被禁止的出口补贴；④增加贸易政策的透明度；⑤开放服务业务市场；⑥扩大对知识产权的保护范围；⑦放宽引进外资的限制等。

思 考 题

1. 什么是世界贸易组织？它与 GATT 有什么区别？
2. 世界贸易组织的基本原则及内容是什么？
3. 世界贸易组织有哪些基本运行机制？
4. 我国加入世界贸易组织有何利弊？对世界会产生怎样的影响？

第七章

区域经济一体化

教学目的和要求

通过本章的学习,了解区域经济一体化的背景、历程及实践,掌握区域经济一体化的内涵及组织形式,理解区域经济一体化的理论基础。

第一节 区域经济一体化概述

一、区域经济一体化的背景

国际区域经济一体化的大规模形成始于20世纪50年代,以欧洲一体化为代表,先后诞生了欧盟(EU)、北美自由贸易组织(NAFTA)、亚太经合组织(APEC)等区域经济一体化组织。下面以欧盟为例,简述区域经济一体化形成的背景及原因。

政治上,重新获得安全保障、经济繁荣和政治稳定成为最重要的目标。20世纪上半期先后爆发的两次世界大战对世界经济、政治、文化产生了深刻影响,两次战争中欧洲各国矛盾激化导致敌对政策的不断升级,最终导致了经济上的彻底崩溃。战后,西欧各国反思战争的错误,因此在各国政府的主导下,敌对政策被制度化的和平共处政策所取代,并在政治和经济上开展合作。同时,第二次世界大战后世界格局发生变化,美国和苏联成为当时世界上毫无争议的两大世界强国,西欧国家难以维持其往日的国际地位,仅自己的力量难以在国际竞争中获得优势和主动权,因此希望通过联合其他国家来增加自己的话语权。1952年成立的欧洲煤钢共同体被视为欧洲区域经济一体化制度保障的第一步,其接管了德国煤炭开采区——鲁尔区的管理权,实质上是战胜国对战败国的一种管制。

经济上,首先,第二次世界大战后出现了以原子能工业、电子工业和高分子合成工业和空间技术为标志的科技革命,这次科技革命对于第二次世界大战后的世界经济产生了巨大的影响,技术进步促进了生产率的极大提高,同时也促使国际分工的地域范围大为扩充,国际分工的部门和分支更加专门化和多样化,从而使各种类型国家之间的经济关系空前密切,其相互依存程度空前提高,也为区域经济一体化奠定了基础。其次,战后人们观念的改变以及合作政策的实施,经济自由主义和功能主义思想的盛行使人们相信,消除对立、增加合作能为各国政府和人民带来利益和好处。最后,第二次世界大战结束后,战胜国的国际地位普遍上升,其国际贸易伙伴不断增加,消除贸易限制有益于国际贸易的发展。

二、区域经济一体化的内涵

随着欧盟的成立和发展,区域经济一体化的概念得到了丰富和发展,但不同的经济学派对其有不同的主张。最早最具代表性的定义是由美国经济学家贝拉·巴拉萨(Bela Balasa)

在其 1961 年著作《经济一体化理论》中提出，区域经济一体化既指过程，也指状态，过程强调各国为消除种种差别待遇而采取的种种举措，而状态则体现各国间各种形式差别待遇的消失。

美国经济学家弗里茨·马克鲁认为巴拉萨的定义相对狭隘，认为区域经济一体化既可以发生在不同国家间，也可以发生在一国不同地区间，并将区域经济一体化分为地区经济一体化和国际经济一体化。荷兰经济学家丁伯根从经济自由主义的观点出发，认为区域经济一体化是指消除影响经济有效运行的人为因素，通过协调和统一，创造适宜的国际经济结构。此外，雅克·佩克曼斯等学者认为区域经济一体化是不同国家和地区间经济边界的消除，如消费市场、要素市场一体化。

我国学者对区域经济一体化的研究中，余怡等学者（2022）认为区域经济一体化旨在实现产品、资本、人力资源等跨国跨区流动，从而实现资源的最优化利用，同时区域经济一体化需要同一地区的两个以上不同国家让渡部分或者全部经济主权。魏景赋等则认为区域经济一体化是通过达成经济合作协定或组建经济合作组织，以实现区域利益最大化、个体发展均衡化。

综合学者们对区域经济一体化定义的研究，将其定义如下：

区域经济一体化是指特定区域内的国家或地区为了共同的利益，通过经济合作协定或合作组织等方式成立经济联盟，以消除贸易壁垒、促进生产要素流动、提高资源配置效率的状态或运行过程。

区域经济一体化总是发生在特定的地理区域，地理位置毗邻为经济合作带来了语言、习俗及交通等天然优势，经济合作组织成员国呈现出集中分布在某一特定区域的特征，欧盟（EU）成员国遍布整个欧洲，东盟（ASEAN）成员国则集中在东南亚。根据区域经济一体化发生的区域的范围大小，可以将区域经济一体化分为国际区域经济一体化和国内经济一体化，参考米特尔曼在《全球综合征》中对两种一体化的分析，二者的差异主要来自一体化行为主体的不同：国家间的政治、文化、经济发展水平差异较大，存在关税及非关税壁垒，且相互间的要素流动性差、资源配置效率低且成本高；国内地区间受同一主权领导，地区间要素流动性高、资源配置效率高且成本低，其文化背景不同，及经济发展水平差别相对较小，仅存在着非关税意义上的壁垒。即使有上述差别，二者的存在目的或发展动因也都一致，即均有赖于统一的产品和要素市场，并通过提高国际或区际贸易投资交流便利性来助推并完善产业分工和产业协作体系。

专栏 7-1

欧盟成员国是否都分布在欧洲？

严格来说，欧盟成员国并非都分布在欧洲，成员国之一的塞浦路斯在地理上分布在亚洲，是位于地中海东北部的岛国，塞浦路斯于 2004 年加入欧盟，2008 年 1 月加入欧元区。塞浦路斯虽然是亚洲国家，地理上与欧洲毗邻，曾为英国殖民地，1960 年独立。2021 年实际控制区人口 91.8 万人，经济发展水平较高，人均国内生产总值达 2.6 万欧元。塞浦路斯的语言、文化、宗教等均与欧洲较为相似，且经济发展水平较高。由此可见，虽然欧盟成员国呈现"跨州"特征，但地理、文化、经济上的限制依然存在。

三、区域经济一体化的组织形式

区域经济一体化根据不同分类标准可以划分为不同类别。例如,巴拉萨将区域经济一体化分为四种类型:①贸易一体化,即消除贸易壁垒,促进商品流通;②要素一体化,即消除要素在一体化成员间流动的限制,实现资源的优化配置;③政策一体化,是指成员间达成经济政策的协调;④完全一体化,是指成员国所有政策均达成一致。以上四种形式一体化的程度不断加深,但随着学者们对区域经济一体化认识的不断深入,可以将区域经济一体化按照程度分为以下六种形式:

(一) 优惠贸易安排

优惠贸易安排(Preferential Trade Agreement, PTA)是一种区域经济一体化较为松散的组织形式,是指两个或多个国家通过签订协定,在世界贸易组织(WTO)的多边贸易制度框架内,相互给予对方特殊的关税优惠或非关税待遇,以促进彼此之间的贸易往来和投资合作。优惠贸易安排是一种经济一体化的形式,它比自由贸易区的范围更广,可以进行更广泛的合作和政策协调。该形式下,各成员国通过协议或其他方式对全部或部分贸易商品的关税进行优惠规定,但各成员国原有的关税结构和制度不变。

优惠贸易安排通过三方面发挥作用。一是关税优惠。成员国之间通过签订协定,相互削减或取消进口关税,降低进口门槛,促进贸易自由化。这种优惠待遇通常适用于成员国的特定产品或部门,旨在帮助成员国的产业发展和结构调整。二是非关税措施。除了关税优惠外,优惠贸易安排还包括其他非关税措施,如简化海关手续、取消数量限制、促进投资合作等。这些措施有助于降低成员国之间的交易成本,提高贸易和投资的便利化程度。三是规则协调。优惠贸易安排通常涉及成员国之间的政策协调,包括技术标准、卫生检疫、知识产权保护等方面的合作。这可以帮助成员国实现更高水平的经济一体化,降低执行协议的成本。

作为一体化程度最低的组织形式,优惠贸易安排仅对已经存在的贸易歧视进行了部分消除,限制商品与生产要素流动的因素仍未完全消除,因此部分学者未将优惠贸易安排作为区域经济一体化的组织形式。但区域经济一体化确实在一定程度上改变了国家间的贸易关税政策,关税优惠规定对各成员国的贸易政策具有一定的约束能力,并且一些一体化程度较高的组织形式也是在优惠贸易安排的基础上发展起来的,因此将其作为区域经济一体化的组织形式之一,非洲木材组织(African Timber Organization)、东南亚国家联盟(ASEAN)都是优惠贸易安排的国际经济组织。

(二) 自由贸易区

签订自由贸易协定的国家组成的贸易区称为自由贸易区(Free Trade Area),自由贸易区制度是指两个或多个国家通过签订协定,在世界贸易组织(WTO)的多边贸易制度框架内,相互取消关税和其他非关税壁垒,促进成员国之间贸易的自由化。自由贸易区是一种经济一体化的形式,它可以包括货物贸易、服务贸易、投资和知识产权保护等方面的合作。在这种组织形式下,成员国之间完全消除关税和数量限制(如配额限制),使贸易商品能够在不同地区之间自由流通,但同时保留对非成员国贸易的税收政策。

自由贸易区的运作主要包括:①关税免除。自由贸易区内的成员国相互取消进口关税和出口补贴,降低贸易成本,促进国际贸易的扩张。这种免税待遇通常适用于成员国的大部分商品,但某些敏感商品可能受到限制。②非关税措施的取消。自由贸易区内的成员国相互取消或减少非关税壁垒,如配额、许可证、技术标准等。这些措施有助于降低成员国之间的交易成本,提高贸易自由化水平。③规则协调。自由贸易区通常涉及成员国之间的政策协调,包括技术标准、卫生检疫、知识产权保护等方面的合作。这可以帮助成员国实现更高水平的经济一体化,降低执行协议的成本。

自由贸易区的特点包括:①自由化程度高。自由贸易区实行高水平的贸易和投资自由化,降低了成员国之间的交易成本,提高了企业和消费者的福利。②协同效应。自由贸易区有助于成员国实现产业协同,促进产业结构调整和升级。这有助于提高成员国的经济竞争力,创造更多的就业机会。③开放性。自由贸易区通常具有开放性,欢迎其他经济体加入,有助于扩大自由贸易区的市场规模,实现更大的经济效应。

相比优惠贸易协定,自由贸易区进一步消除了贸易壁垒。根据功能,自由贸易区可以分为转口集散型、贸工结合以贸为主型、出口加工型和保税仓储型,分别主要从事转口分拨、进出口贸易、出口加工、仓储运输等业务。随着自由贸易区功能的完善,目前世界多数自由贸易区兼具进出口贸易、转口贸易、仓储运输、出口加工、金融功能。自由贸易区实行严格的产地原则,以防止非成员国与关税较低的其他成员国贸易,再通过自贸区转而将货物以低于本国的关税进入市场,即通过关税差获利的"贸易转运"。

世界部分自由贸易区及成员国见表7-1。

表7-1 世界部分自由贸易区及其成员国

自由贸易区名称	成 员 国
北美自由贸易区(NAFTA)	美国、加拿大、墨西哥
美洲自由贸易区(FTAA)	阿根廷、安提瓜和巴布达、巴巴多斯、巴哈马、巴拉圭、巴拿马、巴西、秘鲁、玻利维亚、多米尼加、多米尼克、厄瓜多尔、哥伦比亚、哥斯达黎加、格林纳达、海地、加拿大、美国、墨西哥、尼加拉瓜、萨尔瓦多、圣卢西亚、圣文森特和格林纳丁斯、圣基茨和尼维斯联邦、苏里南、特立尼达和多巴哥、危地马拉、委内瑞拉、乌拉圭、牙买加、智利、圭亚那、伯利兹、古巴、加勒比
中国-东盟自由贸易区(CAFTA)	中国、印度尼西亚、马来西亚、菲律宾、新加坡、泰国、文莱、越南、老挝、缅甸、柬埔寨
中日韩自由贸易区	中国、日本、韩国
全面与进步跨太平洋伙伴关系协定(CPTPP)	日本、加拿大、澳大利亚、智利、新西兰、新加坡、文莱、马来西亚、越南、墨西哥、秘鲁、英国
中欧自由贸易区(CEFTA)	波兰、匈牙利、捷克、斯洛伐克、斯洛文尼亚、罗马尼亚、保加利亚、克罗地亚、阿尔巴尼亚、波黑摩尔多瓦、黑山、塞尔维亚

(三)关税同盟

关税同盟(Customs Union)是在完全取消彼此关税和数量限制的基础上,对非成员国采取统一的关税税率而形成的一体化组织。在自由贸易区中,因自由贸易区对非成员国的关税差别可能会导致贸易转运,如果形成对非成员国关税统一的关税同盟,则不会出现上述情况，因此关税同盟国进口的、通过办理以内销为目的的海关放行手续后获得"关税同盟商品"地位的外国商品，将获得关税同盟全关境自由流动的权利。俄白哈海关联盟是典型的关税同盟，2010年1月1日起俄罗斯、白俄罗斯、哈萨克斯坦三国关税同盟启动，对外实行统一进口关税。自2010年7月6日起，《关税同盟海关法典》正式生效。自2011年7月1日起，三国间建立了统一海关空间，取消海关关境。

（四）共同市场

共同市场（Common Market）意味着成员国之间不仅取消了关税和数量限制，对非成员国也实行统一的税率，更取消了对生产要素流动的限制，允许资本等自由流动。相比关税同盟，共同市场进一步取消了对生产要素流动的限制，能够促进生产要素在成员国之间合理流动，生产要素自然地流动到使用效率更高的地区，即实现了生产要素的合理化配置，因为共同市场是在关税同盟基础上的进一步一体化组织，所以具有关税同盟的一切特点。

（五）经济同盟

经济同盟（Economic Union）是一体化程度较高的组织形式，其要求各成员国在财政政策、货币政策、产业政策、区域发展政策等领域协调一致，制定和实行共同的经济政策、政治政策，一体化从生产一致延伸到分配乃至整个国民经济。目前理论上尚没有明确规定经济政治政策一致的数量与程度，货币政策作为一种重要的经济政策，其在成员国之间是否统一往往作为判断经济同盟的标准。目前达到实行统一的货币政策的国际组织只有欧盟，其成员国之间设有统一的中央银行、发行统一的货币，积累共同的外汇储备。

（六）完全经济一体化

完全经济一体化（Complete Economic Integration）是一种目前仅存在于理论中的区域一体化组织形式，在该模式下，不仅贸易壁垒被完全消除，生产要素可以完全流动，经济、政治政策在成员国之间相互协调，甚至国家主权被模糊，各成员国在政治、经济、军事领域形成统一的对外政策，形成超国家经济组织。

四、当前区域经济一体化的新特征

（一）超级自由贸易区的出现

近年来，超大规模的自由贸易区不断涌现，例如《全面与进步跨太平洋伙伴关系协定》（CPTPP）和《区域全面经济伙伴关系协定》（RCEP）等。这些超级自由贸易区涵盖了多个国家和地区，覆盖全球一半以上的人口和经济总量，对全球贸易格局产生了深远影响。超级自由贸易区的建立有助于降低关税壁垒，促进国际贸易的扩张，增强成员国之间的经济联系。

20世纪90年代以来，以自由贸易区为目标的区域经济一体化协议已遍及全球所有地区，具有真正全球化的规模和声势。以欧盟为核心的一个自由贸易区网圈迅速扩展。早在80年代初，欧共体与欧洲自由贸易联盟就已形成以西欧18个国家为范围的自由贸易区。1992年5月，双方又签订涉及面更广的《建立欧洲经济区协定》。与此同时，欧洲又分别与几乎所有东欧国家签订联系国协定，在为欧洲东扩做准备的基础上，计划在10年内实现囊括整个中东欧国家在内的自由贸易区。欧盟还与南非于2000年1月正式建立自由贸易区，计划建立欧盟-地中海自由贸易区。1995年年底，欧盟与巴西、阿根廷等组成的南方共同市场签署了2005年建成自由贸易区的协议。1998年12月，欧盟与美国签署了《跨大西洋新纲要》，宣布最终目标是建立跨大西洋自由贸易区。1999年6月，欧盟与拉美等48国举行首届首脑会议，就 2005 年建立欧盟与拉美自由贸易区达成原则协议。

美国也没有等闲视之。1998 年 1 月，以美国为中心签订了《美加自由贸易协定》；1994 年 1 月，美国、加拿大、墨西哥正式建立北美自由贸易区。同年年底，在 34 个南北美洲国家参加的首脑会议上，由于美国的积极推动，会议规划在 2005 年建立拥有 7.4 亿人口，北起阿拉斯加、南至火地岛的泛美洲自由贸易区。拉美内部国家之间达成的自由贸易协议则不胜枚举。

在亚洲，东盟国家早在 1993 年就签署了建立东南亚自由贸易区协议。南亚经合组织于 1995 年签署了以实现自由贸易区为目标的协定。2002 年 11 月，中国与东盟签署了《中国与东盟全面技术合作框架协议》，这标志着中国-东盟贸易区正式启动。

在非洲，次区域经济合作和一体化协议此起彼伏，难以厘清。1999 年 9 月，非洲组织第四届特别首脑会议通过了《苏尔特宣言》，宣称要加快包括 3 个国家在内的非洲一体化进程，重申 1991 年签订的 2025 年前分 6 个阶段逐步建立非洲经济体的目标仍然有效。

在大洋洲，澳大利亚、新西兰经济一体化起步较早，1983 年两国就签署了以自由贸易区为目标的协定。

俄罗斯和独联体国家也在加快对应步伐，1999 年 10 月，独联体国家首脑初步拟定了建立自由贸易区的规划。

此外，涉及地域空间最广泛（包括中、美、日、俄四大国在内）的跨洲的亚太经合组织，也在 1994 年印度尼西亚茂物举行的非正式首脑会议上以自愿为原则，宣布不迟于 2020 年前实现区域内贸易自由化的目标。

（二）"朋友圈"合作模式

当前区域经济一体化出现了"朋友圈"式的合作模式，即由一个核心国家或地区带动其他成员国参与，形成以核心国家或地区为中心的网络状合作结构。这种模式有助于提高经济合作效率，实现优势互补，促进各国共同发展。此类型经贸合作框架的例子包括亚太经合组织（APEC）以及非洲联盟（African Union）等。

20 世纪 80 年代以前，人们总是以社会经济制度和政治制度同一、经济发展水平相近、地理位置相邻并具有共同历史文化背景为建立区域经济一体化组织的基本条件，即发展情况相似的国家之间易于建设区域经济一体化，开展经济协调合作。20 世纪 90 年代以来，这一传统的框架逐渐被打破，北美自由贸易区的建立及其顺利运行，向世人表明经济最为发达的美国和发展中国家墨西哥可以同在一个区域组织中相处并获益。亚太经合组织内成员国更是在社会政治制度以及历史、文化、宗教和意识形态都差异较大的情况下走到一起，共同开展经济协调合作活动。例如，东盟扩大到 10 个国家，接纳了越南、缅甸和柬埔寨等国，这种纷繁复杂背景的成员国联合在一起，谋求推进区域经济合作和一体化，在过去简直无法想象。这表明随着国际形势的发展和变化，区域经济合作和一体化中的意识形态因素越来越淡化了，区域经济一体化组织在体制和机制上有了新的重大开拓和突破。这一突破是加强南南合作，尤其是加强南北协调和实现均衡发展的一种新探索。但区域经济组织内部成员国之间的异质性和差距拉大必然会产生不少矛盾和弊端，进而影响区域经济一体化的发展。

（三）数字贸易的崛起

随着数字经济的蓬勃发展，数字贸易成为区域经济一体化的新引擎。数字贸易涉及数据、信息、服务等各种形式的跨境流动，要求各国在数据保护、信息安全、知识产权等方面加强合作，形成统一的规则体系。数字贸易的发展有助于提高经济效益，促进产业升级，创造新的商机。区域经济一体化的上述新趋势和新特点必将对世界经济政治形势的发展变化和国际新格局的形成产生重大、深远、广泛的影响，值得我们高度关注。

五、经济一体化中的国际组织

在理解区域经济一体化的背景、内涵、特征后，关注当前世界上三个具有代表性的区域经济一体化组织。

（一）欧盟

欧洲联盟（European Union，简称欧盟）是一个政治和经济联盟，由27个欧洲国家组成。欧盟的主要目标是促进其成员国的经济繁荣、社会进步，实现和平与正义。欧盟的历史可以追溯到第二次世界大战后的欧洲煤钢共同体，随后成立了欧洲经济共同体和欧洲原子能共同体。1993年，这三个组织合并成立了欧洲联盟。欧盟的主要机构包括欧洲理事会、欧盟委员会、欧洲议会和欧洲法院等。欧盟成员国遵守共同的欧盟法律，包括单一市场规则、关税同盟、共同的贸易政策、公民自由流动等。欧盟的经济规模位居世界第二，仅次于美国。欧盟的货币政策由欧洲中央银行负责，欧元是统一货币。除了经济合作，欧盟还致力于促进其成员国在政治、文化、科技、教育、环境等领域的交流与合作。欧盟的国际影响力不断扩大，尤其是在贸易、气候变化、地区安全等方面的全球治理中扮演着重要角色。然而，近年来欧盟也面临一系列挑战，如难民危机、民粹主义上升、英国脱欧等。尽管如此，欧盟仍继续保持其全球影响力，并继续推动区域一体化和经济全球化的发展。

（二）北美自由贸易区

《北美自由贸易区协定》（North American Free Trade Agreement，NAFTA）是由美国、加拿大和墨西哥三国领导人于1992年12月17日分别在各自国家签署的，1994年该协定生效。该协定旨在消除三国之间的贸易壁垒，创建一个由4.5亿名消费者组成的统一市场，促进三国在投资、服务和货物贸易方面的自由流动。北美自由贸易区的主要目标是：①消除三国之间的关税和贸易壁垒；②减少和消除非关税壁垒，如配额、许可证等；③建立共同规则，以便利三国之间的贸易和投资；④促进服务贸易的自由化；⑤保护知识产权，建立有效的争端解决机制。北美自由贸易区自实施以来，取得了显著的经济成果。三国之间的贸易和投资快速增长，促进了经济增长和就业。然而，NAFTA也引发了一些争议，如对个别产业的负面影响、劳动和环境标准等问题。美国前总统特朗普执政期间，对NAFTA提出了批评，认为该协定导致美国制造业岗位流失和贸易逆差扩大。2018年，美国、加拿大和墨西哥达成了新的《美国-墨西哥-加拿大协定》（USMCA），旨在更新和改进NAFTA的条款。USMCA在2020年7月1日生效，取代了原有的NAFTA。

专栏7-2

《北美自由贸易协定》签订的国际影响

《北美自由贸易协定》的签订对北美各国乃至世界经济都将产生重大影响。

1. 对区域内经济贸易发展的影响

对美国而言，积极影响有：①不仅工业制造业企业受益，高科技的各工业部门也将增加对加拿大、墨西哥的出口。美国同墨西哥的贸易顺差将会因此而增加。②美国西部投资的扩大。③由于生产和贸易结构的调整结果,将会出现大量劳动力投入那些关键工业部门。④该协定对墨西哥向美国和移民问题将起到制约作用。消极影响主要有:技术性不强的消费品工业对美国不利,为改善墨西哥与美国边境环境条件,美国要付出60亿~100亿美元的经济和社会费用,关税削减,美国减少了一大笔收入,加重了美国的负担。协定对加拿大、墨西哥两国同样有较大的影响。

2. 对国际贸易和资本流动的影响

北美自由贸易区的建立,一方面扩大了区域内贸易,但另一方面使一些国家担心贸易保护主义抬头,对区域外向美国出口构成威胁,特别是对以日本为主的企业影响最大。为了保证自身的利益,日本一方面修订自己的贸易战略,另一方面通过外交途径向美国、加拿大、墨西哥三国提出更严格的要求,以确保本国及其他国家的根本利益。

(三) 东盟

东南亚国家联盟(Association of Southeast Asian Nations,ASEAN,简称东盟),是一个由东南亚地区10个国家组成的政府间国际组织,包括印度尼西亚、马来西亚、菲律宾、新加坡、泰国、文莱、柬埔寨、老挝、缅甸和越南。东盟成立于1967年,旨在促进成员国的经济、社会和文化合作,以及维护地区和平与稳定。东盟的主要机构包括首脑会议、外长会议、常务委员会、经济部长会议等。东盟的宗旨是实现以下目标:①加强成员国的经济、社会和文化合作;②促进地区和平与稳定;③推动经济增长、社会进步和环境可持续发展;④建立稳定的国际经济秩序;⑤加强全球和区域合作。东盟成员国在经济、政治和文化方面存在一定程度的差异,但在推动区域一体化方面取得了显著的进展。东盟自1992年开始启动自由贸易区建设,不断消除内部贸易壁垒,促进成员国之间的贸易和投资往来。此外,东盟还与对话伙伴国(包括中国、日本、韩国、澳大利亚、新西兰、印度和美国等)建立对话关系,共同推动区域经济一体化。

东盟是我国推动"一带一路"倡议的重要合作伙伴。中国与东盟于2002年签署了《中国与东盟全面经济合作框架协议》,促进了双边贸易和投资的迅速增长。随着《区域全面经济伙伴关系协定》(RCEP)的签署,东盟及其成员国将在地区经济一体化中扮演更加重要的角色。

专栏7-3

RCEP 对 15 个签署国全面生效

2023年6月2日,《区域全面经济伙伴关系协定》(RCEP)对菲律宾正式生效,标志着RCEP对东盟10国和澳大利亚、中国、日本、韩国、新西兰等15个签署国全面生效。根据协定,各国将在未来20年内逐步取消90%的商品关税。此外,RCEP还将涉及服务贸易、投资、知识产权、电子商务、竞争政策等领域的合作。RCEP的全面生效充分体现了15方支持开放、自由、公平、包容和以规则为基础的多边贸易体制的决心和行动,将为区域经济一体化注入强劲动力,全面提升东亚贸易投资自由化便利化水平,助力地区和全球经济长期稳定发展。中国是RCEP中最大的经济体,也是重要的贸易伙伴。随着RCEP的实施,中国与其他成员之间的贸易往来将更加紧密。中国也是RCEP成员中重要的投资来源国和目的地,RCEP有助于吸引更多的外国投资进入中国,同时也将为中国企业对外投资提供更多机会。

资料来源:商务部。

第二节　区域经济一体化实践：欧洲一体化进程

欧洲是世界上经济最发达的地区之一，区域经济一体化程度的加深进一步促进了欧洲的经济繁荣。欧盟是世界上一支重要的经济力量，经济体量巨大，市场广阔，经济快速发展，数据显示，欧盟的经济总量由1993年的约6.7万亿美元增长到2002年的近10万亿美元。随着欧盟的扩大，欧盟的经济实力将进一步加强，尤其重要的是，欧盟不仅因为新加入国家正处于经济起飞阶段而拥有更大的市场规模与市场容量，而且欧盟作为世界上最大的资本输出的国家集团和商品与服务出口的国家集团，再加上欧盟相对宽容的对外技术交流与发展合作政策，对世界其他地区的经济发展特别是包括中国在内的发展中国家至关重要。因此，特别选择欧盟作为分析区域经济一体化的成功案例，对其早期形成、中期发展和完善扩大三个阶段进行分析。

一、早期形成：《巴黎条约》签订与煤钢共同体的建立

1939—1945年的第二次世界大战所造成的人力与经济损失，带给欧洲极大的打击。战后，欧洲各国认识到，只有通过合作与一体化，才能实现持久和平与繁荣。在第二次世界大战后，欧洲统一思潮进入高潮。1946年9月，英国首相温斯顿·丘吉尔曾提议建立"欧洲合众国"。其他人士的类似声明不断提出，1949年成立的欧洲委员会成为第一个泛欧组织。1950年5月9日，法国外交部部长罗伯特·舒曼提出欧洲煤钢共同体计划（即舒曼计划），整合欧洲煤钢工业，旨在约束德国。1951年4月18日，法国、意大利、比利时、荷兰和卢森堡以及联邦德国签署为期50年的《关于建立欧洲煤钢共同体的条约》（又称《巴黎条约》），1952年成立欧洲煤钢共同体，接管鲁尔区的管理权并取消部分德国工业生产的限制，同时合作推动煤与钢铁的生产销售。

专栏7-4

欧洲煤钢共同体成立的历史渊源

欧洲煤钢共同体的成立具有深刻的历史渊源。法国和德国历时长久的冲突是欧洲战争和动乱的重要原因之一，两国历史上的几次战争，重要的战略目标就是争夺工业和原料基地，德国西部的两大工业区鲁尔区、萨尔区因为丰富的煤炭、钢铁资源，工业基础良好，但地理上与法国、荷兰、比利时的工业区较近或者直接接壤，因此被比喻为"德国裸露在外的工业心脏"。德国在第二次世界大战中战败后，为限制德国发展重工业，萨尔区由法国接管，但遭到德国民众坚决抵抗，双方依然存在矛盾。因此，欧洲统一的突破口正是德、法争夺激烈的焦点。欧洲煤钢共同体的建立，既解决了法国希望从鲁尔区获得工业资源的目标，对德国而言，鲁尔区由一个超国家的共同体领导，免于被部分国家实际控制。同时，如果将合作的范围扩大，任何一国重振军备发动战争的动向就会被其他国家所掌握，因此欧洲煤钢共同体也具有安定人心的作用。所以，欧洲煤钢共同体的意义，早已超过本身对煤炭和钢铁的规定，在政治、军事领域产生了深远影响。同时，欧洲煤钢共同体的成立也让欧洲国家看到联合成立统一组织的可能性，为后续的合作奠定了基础。

资料来源：http://cifer.pbcsf.tsinghua.edu.cn/info/1094/2161.htm。

二、中期发展：《罗马条约》《布鲁塞尔条约》签订与欧共体成立

欧盟的中期发展主要涉及1957年《罗马条约》的签订和欧洲经济共同体（EEC）的成立，以及1965年《布鲁塞尔条约》的签订和欧洲共同体（European Community，EC）的成立。这两个重要条约的签订推动了欧盟的前身——欧洲共同体的建立和进一步发展。

1955年6月1日，参加欧洲煤钢共同体的六国外长在意大利墨西拿举行会议，建议将欧洲煤钢共同体的原则推广到其他经济领域，并建立共同市场。

1957年3月25日，法国、联邦德国、意大利、比利时、荷兰和卢森堡六国在罗马签署了《罗马条约》。该条约旨在建立一个超国家机构，整合成员国的经济资源，实现欧洲经济一体化。根据《罗马条约》，欧洲经济共同体于1958年正式成立。建立欧洲经济共同体的主要目标是取消成员国之间的关税和贸易壁垒，建立共同市场，实现资本、服务和人员的自由流动。此外，共同体还致力于协调成员国在农业、交通、能源和社会政策等方面的政策。

1965年4月8日，欧洲经济共同体六国在布鲁塞尔签署了《布鲁塞尔条约》。该条约旨在强化欧洲经济共同体的机构，扩大其权限，并建立欧洲共同体预算。根据《布鲁塞尔条约》，欧洲共同体于1967年正式成立。欧洲共同体在继承欧洲经济共同体的基础上，进一步深化和扩大了一体化进程，包括制定和执行各种法律和政策、处理成员国之间的关系、代表欧洲在国际舞台上发言等。欧洲共同体的成立是欧洲一体化的重要里程碑，为其后欧洲联盟的建立奠定了基础。

三、扩大完善：成员国范围五次扩大

随着国际局势的变化，特别是竞争压力的增大，欧洲一体化加深势头重现，一体化取得重大进展，在经济方面建立了统一的大市场，并完成了欧元作为统一使用货币的启动，同时不断扩充了成员国数量。

欧盟成员国范围的五次扩大分别发生在1973年、1981年、1986年、1995年和2004年。第一次扩大：欧洲经济共同体（EEC）在1973年吸收了丹麦、爱尔兰和英国3个新成员国。这次扩大使EEC的成员国从6个增加到9个。第二次扩大：1981年，希腊成为欧洲共同体的第10个成员国。这次扩大标志着欧洲一体化进程向东南欧的拓展。第三次扩大：1986年，西班牙和葡萄牙成为欧洲共同体的第11个和第12个成员国。这次扩大标志着欧洲一体化进程开始进入南欧地区。第四次扩大：1995年，奥地利、芬兰和瑞典加入欧洲联盟，使成员国数量增加到15个。这次扩大标志着中欧和北欧国家的加入，极大地拓展了欧盟的地理范围。第五次扩大：2004年，塞浦路斯、捷克、爱沙尼亚、匈牙利、拉脱维亚、立陶宛、马耳他、波兰、斯洛伐克和斯洛文尼亚这10个中东欧国家加入欧盟，使成员国数量增加到25个。这是欧盟历史上最大规模的一次扩大。2007年，罗马尼亚和保加利亚成为欧盟的第26个和第27个成员国。随后，克罗地亚在2013年加入欧盟，使成员国数量达到28个。英国在2020年退出欧盟，使成员国数量减少到27个。随着成员国的扩大，欧盟在不断完善其机构和政策，以适应不断扩大的政治和经济格局。然而，欧盟的扩大也带来了一些挑战，如成员国之间的利益冲突、决策效率降低等。未来，欧盟可能继续寻求扩大。

为了进一步推动欧共体共同市场的建立，时任欧洲委员会主席的德洛尔提出了建立欧洲统一市场的设想，即"单一市场计划"。他提出，在1992年12月31日之前，应在欧共体内

部消除商品、资本、服务与人员的自由流动的阻碍，以建立一个欧共体内部的统一大市场。"单一市场计划"的内容是撤除欧洲现存的所有关税壁垒与非关税壁垒。1993年1月1日，欧洲共同体统一大市场正式诞生。统一大市场的启动标志着欧共体12个成员国的"经济边界"已不复存在，12个各自独立的小市场合并成为一个拥有3.4亿人口、237万平方千米面积的统一的大市场。

统一大市场的形成促进了欧盟货币联盟的形成。早在1969年，欧共体（欧洲经济共同体，European Economic Community）的《魏尔纳报告》（Werner Report）中首次提出了创建欧洲货币联盟的设想。该报告建议分阶段实现货币联盟，包括实现资本自由流动、建立汇率机制，最终实现货币统一。1979年，欧共体建立了欧洲汇率机制（ERM），旨在通过将成员国货币的汇率固定在一个中心汇率上来减少汇率波动。这有助于稳定欧洲的汇率市场，为引入单一货币打下基础。1991年12月，欧共体成员国在荷兰的马斯特里赫特签署了《马斯特里赫特条约》。该条约提出了实现经济与货币联盟（EMU）的目标，其中包括创立欧元，并在1999年1月1日正式启动。1998年，欧洲中央银行（ECB）正式成立，负责制定欧元区的货币政策。欧洲中央银行是一揽子货币政策的制定者和执行者，旨在保持欧元区的价格稳定。1999年1月1日，欧元正式创立。欧元创始国包括德国、法国、意大利、荷兰、比利时、卢森堡、爱尔兰、西班牙、葡萄牙、奥地利、芬兰和希腊。这些国家被称为欧元区国家。2002年1月1日，欧元现金正式流通，取代了欧元区国家的国家货币。这标志着欧元作为统一货币正式启动。

欧元的建立主要取决于欧盟内部自身发展的需要，是欧盟经济一体化以及经济货币联盟深化的重要一步。欧洲共同体的成立拉开了欧洲经济一体化的序幕，为单一货币计划的提出准备了必要的前提条件：1992年年底欧共体统一大市场的正式启动，为统一货币创造了环境前提，同时，统一货币也就成为其进一步深化的内在要求。

第三节 区域经济一体化的理论基础

区域经济一体化的理论包括关税同盟理论（Viner，1951）、大市场理论（Scitovsky，1958）、自贸区理论（Robson，1984）等，而Israel等人（2017）还提出制度与文化认同一体化的观点，其中，关税同盟作为区域经济一体化的重要组织形式，其理论是区域经济一体化的理论核心，大市场理论是现代贸易理论中以共同市场为基础，讨论了区域经济一体化的竞争效应，本节以关税同盟理论和大市场理论为基础，探讨区域经济一体化的理论基础。

一、关税同盟理论

关税同盟作为区域经济一体化的一种组织形式，要求成员国打破彼此间的贸易壁垒，取消商品贸易的税收与数量限制，同时要求对非成员国采取统一的关税税率。根据李嘉图的比较优势理论，无论一个国家的生产效率在国际上是否具有优势，只要其通过国际贸易出口其生产效率具有相对优势（相较于国内产业）的产品，就能够获得利润，因此主流的贸易理论认为，打破贸易壁垒、增进自由贸易能够实现社会福利的增加。美国经济学家维纳（Viner）对关税同盟进行了深入研究，在1950年出版的《关税同盟研究》中，其创造性地将关税同盟印发的贸易效应用贸易创造与贸易转移概括，并指出关税同盟的形成并不一定总是增加自由贸易，因为关税同盟的形成虽然增加了区域经济一体化组织内部的商品贸易，但是同盟外的国家贸易可能因此减少，所以从世界福利的角度看，关税同盟的建立并不总能增加社会福利。

维纳认为，关税同盟取消内部贸易关税与数量限制，同时对外采取统一税率，必然会导致静态效应。静态效应主要分为贸易创造效应与贸易转移效应。

（一）贸易创造效应

贸易创造效应（Trade Creation Effect）是指在关税同盟内部取消关税，实行自由贸易后，关税同盟内某成员国国内成本高的产品被同盟内其他成员国成本低的产品所替代，从成员国进口产品，创造了过去不发生的那部分新的贸易。它由生产利得和消费利得构成。关税同盟建成之后，在比较优势基础上使生产更加专门化，从而使资源利用效率提高，扩大了生产利得；同时，使本国该项产品的消费开支减少，扩大了社会需求，结果会使贸易量增加。

（二）贸易转移效应

贸易转移效应（Trade Diversion Effect）是指由于关税同盟对内取消关税，对外实行统一的保护关税，成员国把原来从同盟外非成员国低成本生产的产品进口转为从同盟内成员国高成本生产的产品进口，从而使贸易方向发生了转变。

假设存在甲、乙、丙三个国家，甲国原先向乙国进口一种商品，甲国与丙国组成关税同盟后，由于甲国向丙国进口商品价格低于甲国向乙国进口同种商品的价格与共同对外关税之和，甲国就不再从乙国进口，而转向从丙国进口。商品原来由甲国从乙国进口，关税同盟后改为甲国从丙国进口。这就是贸易转移效应。贸易转移效应通常被视为一种负效应。如果甲国从乙国进口商品的生产成本低于甲国从丙国进口的商品生产成本，贸易转向导致乙国低成本的商品生产不得不放弃，而高成本的商品生产得以扩大。从世界范围来看，这种生产转换降低了资源配置效率。

假设国家甲同时生产、消费、进口某种商品 X，如图 7-1 所示，横轴代表该种商品的数量（Q），纵轴代表该种商品的市场价格（P）。商品价格越高，甲国厂商能获得的利润越多，因此愿意生产更多的商品 X，甲国厂商愿意生产的产品数量和市场价格两个变量同方向变化，故甲国商品 X 的供给曲线$^{⊖}$是一条向右上方倾斜的曲线。相反，对于甲国消费者，当商品价格越高时，购买意愿就会降低，市场价格与消费者愿意购买的商品数量呈相反方向变化，因此甲国该商品的需求曲线是一条向左下方倾斜的曲线$^{⊖}$。

在贸易转移发生前，甲国商品 X 的供给与需求在 A 点达到均衡，此时商品价格为 P_1，根据需求曲线，商品的需求数量为 Q_3，但甲国厂商愿意生产的产品数量仅为 Q_2，此时需求与供给间的商品数量缺口（Q_3-Q_2）通过国际市场从乙国进口，价格为 P_1。

假如甲国与丙国形成了关税同盟，且商品 X 在丙国的价格为 P_2，低于甲国从乙国购买商品的价格 P_1，因此甲国改从丙国进口商品 X，此时发生了贸易转移。在贸易发生转移后，任何在甲国生产的产品 X，其价格在高于 P_2 的情况下无法卖出，因为消费者可以自由选择从丙国进口的价格为 P_2 的商品，所以甲国生产商品 X 的价格从 P_1 下降为 P_2，供给量从 Q_2

⊖ 假设其他生产条件不变的情况下，价格越高产量也越高，价格与产量同方向变动，因此是一条向右上方倾斜的曲线，此处为了简化分析，图 7-1 中进一步假设供给曲线为直线。

⊖ 为了简化分析，图 7-1 中进一步假设需求曲线为直线。

下降到 Q_1，此时消费者消费产品 X 的需求超过本国生产的部分（Q_4-Q_1）由从丙国进口提供，此时均衡点从 A 移动到 B。

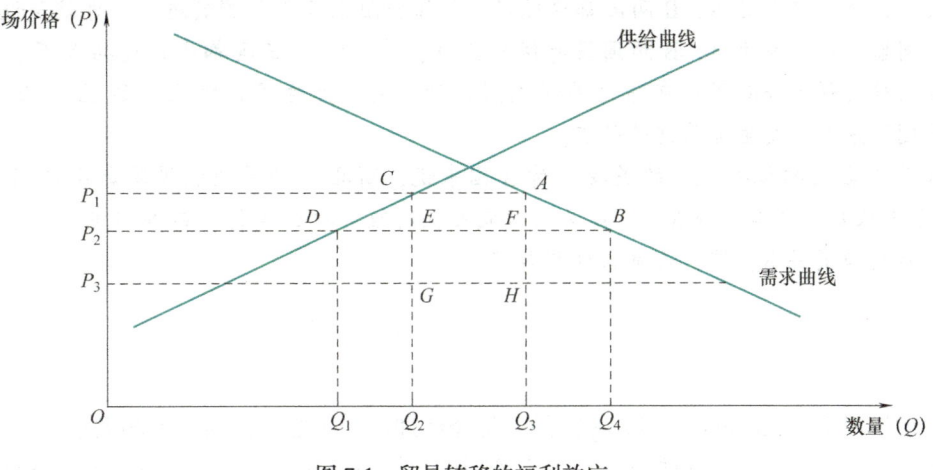

图 7-1　贸易转移的福利效应

贸易转移后，甲国的社会福利发生了三个变化：一是消费者得益，消费者以更低的价格（P_2）享受了更多数量（Q_4）的产品，消费者效用水平增加；二是生产者损失，甲国生产者面临更低的商品价格（P_2），不得不减少商品供应（Q_1）；三是关税损失，关税同盟形成前，甲国向乙国进口商品的数量为（Q_3-Q_2），关税同盟形成后贸易发生转移，甲国向丙国的进口不征收关税，假设原先甲国向乙国进口 1 单位商品征收商品价格比例为 t 的关税，则关税的总损失为 $P_1\times(Q_3-Q_2)\times t$。如果关税同盟的消费者得益部分大于生产者损失和关税损失，意味着甲国总体社会福利有净得益；反之，则有净损失。

以下三种因素决定了关税同盟净收益与净损失的相对大小：①加入关税同盟后国内价格下降的幅度。如果价格下降幅度足够大，加入关税同盟后就能获得净增加。②国内价格供给和需求弹性。一国国内价格供给和需求弹性越大，该国加入关税同盟后获得的消费者剩余就越多，失去的生产者剩余就越少，从而就越有可能获得社会福利的净增加。③加入关税同盟前的关税水平。一国加入关税同盟前的关税水平越高，加入关税同盟后国内价格下降的幅度就越大，因而就越有可能获得福利的净增加。

以下三种因素决定了关税同盟净收益与净损失的相对大小：①加入关税同盟后国内价格下降的幅度。如果价格下降幅度足够大，加入关税同盟后就能获得净增加。②国内价格供给和需求弹性。一国国内价格供给和需求弹性越大，该国加入关税同盟后获得的消费者剩余就越多，失去的生产者剩余就越少，从而就越有可能获得社会福利的净增加。③加入关税同盟前的关税水平。一国加入关税同盟前的关税水平越高，加入关税同盟后国内价格下降的幅度就越大，因而就越有可能获得福利的净增加。

专栏 7-5

贸易创造效应和贸易转移效应

假设商品 X 在 A、B、C 三国的价格分别为 35 美元、26 美元、20 美元，在 A 国征收 100%关税的情况下，商品 X 的最便宜供给者是国内生产者，此时 A 国不会与 B、C 两国发生贸易。假设 A、B 两国结成关税同盟，则 B 国商品 X 的价格 26 美元就成为最低廉的，A 国将不得不停止该商品的生产而从 B 国进口以替代国内生产，这就是贸易创造效应。在上述情况下，当然要假定 A、B 两国都要凭借关税保护阻止来自 C 国的进口。也就是说，在缔结关税同盟以前，因为 A、B 两国设有保护关税，A、B、C 三国都生产商品 X 后，三国之间的贸易被关税给隔断了；在缔结关税同盟以后，由此产生了新的从 B 国至 A 国的贸易，创造出国际分工，发生贸易创造效应。

如果 A 国最初征收 50% 的关税，对 A 国来说，商品 X 的最便宜供给者是 C 国（20 美元），A 国从 C 国进口。现在 A、B 两国结成关税同盟，对 C 国仍保持 50% 的关税，A 国将会从 B 国进口商品 X，这就是贸易转移效应。

二、大市场理论

（一）大市场理论的核心内容

大市场理论（Big Market Theory）是一种经济理论，主要研究国内市场大小对经济发展、技术进步、产业增长等方面的影响。大市场理论的核心内容是：国内市场越大，越有利于经济的增长、技术的创新和产业的扩张。

大市场理论的主要观点包括以下几方面：

1）规模经济效应：大市场有利于企业实现规模经济。较大的市场需求可以吸引更多企业在国内投资，而企业数量的增加会带来分工专业化和资源的有效配置，从而降低平均生产成本。

2）学习效应：大市场有助于企业学习和掌握新技术。企业在生产过程中相互观察、模仿和竞争，有助于推动技术创新和产业升级。市场越大，企业间交流和学习的机会就越多，从而促进技术进步。

3）竞争效应：大市场意味着激烈的竞争环境。竞争可以激励企业提高效率，降低成本，改进产品和服务。这种竞争压力有助于淘汰低效率的企业，同时迫使幸存的企业不断创新和改进。

4）市场规模效应：大市场有利于新产品、新技术的商业化。大规模的市场需求可以为新产品、新技术提供足够的市场空间，吸引企业投资研发。相反，在小市场上，新产品、新技术可能由于需求不足而难以实现商业化。

5）消费多样性效应：大市场可以提供更多的消费多样性。消费者在不同的商品和服务之间进行选择，有助于提高消费者满意度和生活质量。消费多样性还可以促使企业提供更多差异化的产品和服务，进一步刺激市场竞争和创新。

大市场理论为我们理解市场大小与经济发展之间的关系提供了有益的视角，对于制定产业发展政策、优化市场环境等具有重要的启示。这一理论以共同市场为基础，研究了国际区域一体化的竞争效应，即因国际区域一体化组织的建立，先前的贸易和投资壁垒被废除，原有某一成员的内部垄断随之被打破，使其不得不面临其他成员企业的强大竞争。其核心思想是，把那些被保护主义分割的小市场统一起来，结成大市场，通过大市场内的激烈竞争，实现大批量生产的利益。大市场理论的主要代表人物是经济学家托夫斯基和德纽。

（二）大市场的技术优势

大市场的技术优势在于它的专业化规模生产，特别是大批量的流水线作业。大市场为技术研发和创新提供了足够的资源保障。较大的市场需求可以吸引更多企业在国内投资，这为技术研发提供了充足的资金支持。同时，大规模的市场需求还可以降低研发成本，提高研发投资的回报率。大市场促进了企业在生产、研究和开发方面的互动与学习。企业之间在技术、管理、市场等方面的交流与合作，有助于加快技术进步和产业升级。大型市场为企业提供了更多的学习和交流机会，从而促进技术发展。大市场意味着激烈的竞争环境。这种竞争压力可以促使企业不断改进技术、降低成本、提高效率。此外，竞争还可以促使企业寻求新的技术和商业模式，以在市场中获得竞争优势。大市场为新产品、新技术的商业化提供了足够的市场空间。大规模的市场需求可以为新产品、新技术提供成长的土壤，吸引企业投资研发。这将促使企业不断进行技术创新，以在市场中保持领先地位。大市场吸引了大量优秀人才。由于大城市和企业提供了更多的就业机会和高收入，这将吸引更多高水平的研究人员、技术人员和管理人员。人才聚集将为技术研发和创新提供充足的人力资源。

（三）大市场的经济优势

1. 加剧竞争

在大市场中，由于市场需求巨大且竞争者众多，企业面临的竞争压力较大。这有助于形成一种优胜劣汰的机制，激励企业不断提高生产效率、降低成本、提高产品质量和差异化。

1）提高生产效率：为了在激烈的竞争中脱颖而出，企业会不断寻求改进生产流程和生产方法的途径，以提高生产效率。这可能包括引进先进的机器设备、改进管理体系、优化生产布局等。

2）降低成本：竞争压力迫使企业降低成本，以获得价格优势。这可能表现为降低原材料成本、提高能源利用效率、优化人力资源配置等。

3）提高产品质量和差异化：为了提高竞争力，企业会关注产品质量和差异化，以满足不同消费者群体的需求。这将促使企业增加研发投入，开发新产品和新服务，以在市场中保持领先地位。

2. 实现资源合理配置

大市场不仅可以使先进、经济的生产设备得以充分利用，还可以使生产要素自由流动，使资源配置更加合理。大市场通过价格、供求、竞争等市场机制来实现资源的合理配置。市场机制通过价格变动来反映市场的供需关系，进而引导资源的流向和配置。同时，市场竞争也促进了资源的优化配置，通过竞争企业会不断改进技术和提高效率，从而更好地满足市场需求。

3. 降低成本

大市场的规模经济效应有助于降低成本。市场需求为企业提供了大量的采购机会，有助于降低采购成本。随着采购规模的扩大，企业可获得更高的议价能力，从而降低采购成本。大市场为企业提供了更多的研发资金和资源。随着研发投入的增加，企业的研发成本将被稀释，有助于降低研发成本。大市场有助于基础设施建设的规模效应。例如，交通、通信、电力等基础设施的大规模建设将降低单位成本，从而有利于降低企业的运营成本。

本 章 小 结

区域经济一体化是指特定区域内的国家或地区为了共同的利益，通过经济合作协定或合作组织等方式成立经济联盟，以消除贸易壁垒、促进生产要素流动、提高资源配置效率的状态或运行过程。

区域经济一体化根据一体化程度可以划分为六种不同类别：优惠贸易安排、自由贸易区、关税同盟、共同市场、经济同盟、完全经济一体化。

当前区域经济一体化的特征有：①以自由贸易区为主要形式的一体化组织与协定遍及全球；②区域经济一体化组织对成员的包容性增加；③发展中国家在区域经济一体化中的作用逐渐突出等。

思 考 题

1. 试论述亚太经合组织（APEC）在推动亚太地区经济一体化中的作用。
2. 试论述区域经济一体化对成员国的好处和挑战。
3. 简要回答当代经济一体化的特点。
4. 简述共同市场和经济同盟的相同之处。
5. 简述关税同盟和共同市场在经济政策上的差异。

第八章
标的物及相关条款

教学目的和要求

通过本章学习,掌握国际贸易合同中的商品名称、品质、数量、包装及相关条款,理解商品命名的原则及方式、商品数量和包装的相关知识和规定。

第一节　商品的名称与品质

一、国际贸易合同中的商品名称

按照国内、国际通行的贸易合同做法,反映商品名称的条款并没有特别统一的要求,并且形式相对简单,在实践中一般出现在"品名"(Name of Commdity),也有部分合同出现在商品描述中,但在这类条款中往往还需要明晰商品的等级、规格等特征,因此实际是商品品名与质量条款的合并。

二、商品命名的方式

商品命名的方式多种多样,主要有以下形式:①按主要使用的原材料命名,如木桌、铁管;②按商品主要成分命名,如高钙奶粉、人参蜂王浆;③按制作工艺命名,如二锅头酒、初榨花生油;④按生产地命名,如赣南脐橙、山东大蒜;⑤按主要用途命名,如清洁布、保暖服;⑥按照外观特征命名,如黄豆、紫薯。商品命名的方式也在不断发展和变化,一些商品的名称是人们在生产、贸易实践中自发形成的,有的作为商业发展中的宣传手段为大众所熟知,不同地区、不同时代对同一种商品可能有不同的命名(如土豆与马铃薯)。

专栏 8-1

规定商品名称的注意事项

一是商品的命名必须反映商品的实际特征。就卖方而言,合同中的商品名称必须是能够提供的商品,并且是有能力生产的品种或型号。

二是商品名称必须明确具体。同一种商品可能因为外观、产地、品质、品种而产生差异,所以产品名称首先必须明确,在明确的基础上,具体的名称要能够准确地反映商品的性质、功能或者其他特点。

三是商品名称尽可能通用。同一种商品可能在不同的国家或地区具有不同的名称,因此在国际贸易中要特别注意不同国家的海关税则与进口限制规定。

四是考虑商品名称与费用关系。实际贸易操作中,可能出现同一种商品因名称不统一造成的运输费用、税率不一致，因此合理选择商品名称能够降低商品的运输成本与关税。

资料来源：https://baijiahao.baidu.com/s?id=1732581763753557782&wfr=spider&for=pc。

三、商品品质的含义

商品品质（Quality of Goods）也叫货物品质，是指商品的内在质量和外观形态的综合。在国际贸易中，商品品质（Commodity Quality）是指商品内在的特性、特征和标准，它决定了商品的使用价值、性能、安全性和耐用性等方面的质量。

商品品质通常包括以下几个方面：①性能和质量标准。商品应当满足一定的性能和质量标准，如电子设备的技术参数、机械设备的工作效率、纺织品的手感和颜色等。②安全性。商品应当符合一定的安全标准，以确保在使用过程中不会造成安全隐患，如家电产品的绝缘性、化学品的毒性、儿童用品的防吞咽设计等。③耐用性和可靠性。商品应当具备一定的耐用性和可靠性，在使用过程中能够保持良好的性能和稳定性。④环保性和可持续性。商品应当符合环保和可持续性标准，如节能、减排、可回收等。⑤美学和设计。商品应当具有吸引力的外形和设计，以满足消费者的审美需求。提高品质对于一个地区的贸易发展具有非常重要的意义，影响着每一位生产者和消费者。品质反映商品本身的质量优劣，直接影响了商品的使用价值和价值，品质好的商品自然能够带来更多的使用价值，消费者愿意支付高的价格，因此高品质商品生产者往往在国际贸易中拥有竞争优势。

国际贸易中，买卖双方通常会在合同中明确约定商品品质的标准和检测方法，以确保交易的顺利进行。品质条款是国际贸易合同中的重要组成部分，涉及商品的品质标准、检验方法、责任划分等方面。

四、商品的品质标准

（一）国际标准

ISO 9000 系列标准是由国际标准化组织（International Organization for Standardization，ISO）制定的质量管理体系标准，旨在帮助企业提高产品质量和流程质量。ISO 9000 系列标准不是针对某一特定行业或产品的标准，而是涵盖了各种行业和领域的通用质量管理体系要求。ISO 9000 系列标准采用了过程方法，将组织的活动划分为若干过程，通过对每个过程进行控制和改进，实现质量的持续提升，同时强调基于事实的决策，通过收集和分析数据来识别和解决问题，持续改进质量管理体系。

我国于 1992 年引入该标准，并将其转换为 GB/T 19000 系列标准。ISO 9000 系列标准包括：①ISO 9000 标准。它阐述了 ISO 9000 族标准中质量管理体系的基础知识、质量管理八项原则，并确定了相关的术语。②ISO 9001 标准。它规定了一个组织所要满足的质量管理体系要求。③ISO 9004 标准。它帮助组织有效识别能满足客户及其相关方的需求和期望，从而改进组织业绩，协助组织获得成功。这三个标准均为外部质量标准。

通过建立和实施 ISO 9000 系列标准，企业可以提高产品质量，减少不合格品的发生，提高客户满意度，增强企业竞争力。该标准是全球通用的质量管理体系标准，能够帮助企业获得更多的国际市场机会，增强企业的竞争力。使用该标准还可以降低企业的质量风险和损失，提高生产效率和管理效率，从而降低成本，有利于增进国际贸易，消除技术壁垒。在国际经济技术合作中，ISO 9001 标准被作为相互认可的技术基础，ISO 9001 的质量管理体系认证制度也在国际范围中得到互认，并纳入合格评定的程序之中。

(二) 国内法律法规及有关标准

有关商品品质的国内法律法规和标准有《中华人民共和国产品质量法》《中华人民共和国计量法》《中华人民共和国标准化法》《中华人民共和国消费者权益保护法》等法律法规以及各类产品标准、质量管理体系标准等。此外，我国还积极参与国际标准化活动，推动国际标准的制定和实施，参与国际组织的技术法规制定，为国际社会提供中国标准和中国方案。

具体到质量标准，我国政府在不同领域有不同的质量标准体系。例如，在食品领域，我国有《食品安全法》及其相关标准；在机械、电子、化工、医药等工业产品领域，我国有《中国制造2025》等战略文件所提出的质量提升计划；在服务业领域，我国有《中华人民共和国标准化法》及服务业相关标准。

同时，我国政府积极推动企业采用国际先进的质量管理体系，如 ISO 9001 质量管理体系、ISO 14001 环境管理体系、OHSAS 18001 职业健康安全管理体系等，鼓励企业提高质量管理水平，提升产品和服务质量。1988 年，我国将国际标准化组织（ISO）于 1987 年发布的《质量管理和质量保证标准》等国际标准仿效采用为我国国家标准，编号为 GB/T 10300 系列。它在编写格式、技术内容上与国际标准有较大的差别。从 1993 年 1 月 1 日起，我国实施等同采用 ISO 9000 系列标准，编号为 GB/T 19000－ISO 9000 系列，其技术内容和编写方法与 ISO 9000 系列相同，使产品质量标准与国际同轨，以利于适应"复关"形势。目前，我国实施等同采用 ISO 9000：2000 标准，编号为 GB/T 19000－2000 系列。

总体来说，我国政府在质量标准方面采取了一系列措施，旨在提高产品质量、促进经济发展、保护消费者权益和社会公共利益。

国家标准是针对全国范围内需要统一的技术要求，由国务院标准化行政主管部门制定的标准。

五、商品品质的表示方法

国际贸易中的商品数量、种类繁多，商品品质的表示方法也多种多样，总体上可以分为凭实物表示和凭文字说明表示两种。

(一) 凭实物表示

凭实物表示又可以分为看货买卖和凭样品买卖。

1. 看货买卖

看货买卖指双方在交易过程中，不通过第三方平台，而是直接见面进行商品查看、协商和交易的一种方式。这种方式在一些特定场景下可能更加合适，例如当买家需要亲自查看商品实物，了解商品质量、性能、外观等信息时，或者当买家对某些商品不太熟悉，需要卖家提供详细介绍和参考信息时，看货买卖方式可以更好地满足这些需求。

在看货买卖中，买家和卖家直接见面交流，可以更好地了解商品的真实情况，避免信息不对称带来的风险和损失。同时，卖家也可以通过这种方式展示自己的商品，增加销售机会和收益。

看货买卖是指买方在现场确认货物之后买卖，因为商品运输的限制以及大量商品囤积引发的风险，看货买卖一般发生在大型展销会、寄售拍卖、展卖等特殊的交易中。

2. 凭样品买卖

凭样品买卖是国际贸易中更普遍的表示商品品质的方式。样品是指能够代表卖方提供商品平均品质的商品，样品可以从一批生产产品中随机抽出，也可以由卖方专门设计生产。用样品表示商品品质，并以此作为交货依据的交易方式，即为凭样品买卖。凭样品买卖有以下特点：一是样品是对标的物品质的约定。在样品买卖中，出卖人交付的货物必须与样品具有同一品质。它是以样品来确保标的物的品质，而不是以出卖人交付的货物与样品品质相同为生效条件，也不是以出卖人交付的货物与样品不同为解除条件。二是凭样品买卖时样品须在订立合同时就已存在，并且当事人须将这种存在订明于合同之中，如在合同中写明"以样品确定标的物的品质"或者"按样品买卖"等。虽出卖人向买受人提供样品，而并未将样品约定作为买卖合同的条件明示于合同之中，则不构成凭样品买卖；当事人在订立合同之后，出卖人在履行合同之前向买受人提供样品，也不构成凭样品买卖。

凭样品买卖又可以根据样品的所有权进行以下分类：

1) 凭卖方样品（Seller's Sample），即以卖方提供的样品作为最终的交货依据。

2) 凭买方样品（Buyer's Sample），即以买方提供的样品作为最终的交货依据。当一种商品的买卖是卖方市场，或买方对货物的需求较为明确，卖方需要根据买方提供的样品有针对性地生产，并最终完成交易。

3) 对等样品（Counter Sample），在买方提供样品的基础上，卖方仿制或者提供相似的生产产品提交给买方，若买方同意，在交货时以此样品为标准。

（二）凭文字说明表示

当交易的商品不方便提供样品（如某些工业化学品），可以通过文字说明的方式对商品品质做出规定，并作为交货的标准。凭文字说明主要分为：

凭规格买卖：在文字说明中，对商品品质的主要指标进行规定，如化学成分、重量、长度、密度等。

凭等级买卖：商品等级（也称为商品品级、质量分级）是对商品品质划分的不同级别。因为商品等级是对不同商品质量比较的基础上得到的，所以一般是相对的、有条件的，有时会因不同时期、不同地区、不同使用条件及不同个性而产生不同的质量等级和市场需求。根据我国《工业产品质量分等导则》，商品品质可以从高到低划分为优等品、一等品、合格品、不合格四个等级。

凭标准买卖：以国家标准、国际标准、行业标准、企业标准作为买卖双方交货的依据。

凭商标买卖：商标或品牌是商品品质的象征，为了维护商标或品牌在消费者心中的形象，企业或生产者会对商品品质做出最低要求，这种要求是商品品质的一种保证。

凭产地名称买卖：通常与农产品、食品和手工艺品等密切相关，如法国香槟、景德镇陶瓷、佛罗里达橙子、瑞士手表等。

六、贸易合同中的品质条款

贸易合同中的品质条款（Quality Clause）是指对货物品质的要求、检验和标准等内容的规定。品质条款是贸易合同的核心条款之一，直接关系到买卖双方的权益。签订前卖方应提供相应的品质保证，如保证货物在正常使用情况下的寿命、性能等。签订品质条款时，需要明确品质标准，品质条款应明确规定货物的品质标准，如国家标准、行业标准或双方商定的标准。品质条款应约定货物的检验时间、地点和方式,以及由何方负责检验。品质条款应明确约定货物品质不符合约定要求时的处理方式,如退货、换货、降价等。

品质条款作为贸易条款中的要件条款,根据《联合国国际货物销售合同公约》规定,如果卖方不能按照约定的品质条件交货,买方有权要求损害赔偿,也可以要求卖方交付替代货物或修理货物,情节严重的,可以拒收货物或撤销合同。品质条款需要注意以下事项:①为了便于卖方履约,对交付货物的品质要保留一定的宽容度,允许商品品质存在一定合理的浮动,这种浮动即公差。受到技术水平、科技水平的限制,生产过程中产生一定的误差是不可避免的,在这种误差范围内,买方无权要求补偿。②正确运用各种表示品质的方法。在实际业务中,应视商品的特性,选用表示商品品质的方法。③对一种商品同时采用多种表示品质的方法应谨慎。凡能用一种方法表示品质的,一般不宜同时采用两种或两种以上的表示方法,特别是同时采用凭规格和凭样品成交时,会给履约造成困难。

第二节　商品的数量

一、商品数量的统计单位

在国际贸易中,确定数量是商品达成交易的前提。因为商品自然属性与特性的不同,商品数量单位有如下分类:

按重量计算:对于金属、矿产、粮食等商品,通常按照重量进行计量。常用的单位有千克(Kilogram, kg)、公吨(Metric Ton, M/T)等。

按数量计算:对于服装、鞋类、玩具等商品,通常按照数量进行计量。常用的单位有件(Piece, Pc)、套(Set)、双(Pair)等。

按长度计算:对于布匹、纸张等商品,通常按照长度进行计量。常用的单位有罗(Gross, grs.)、米(Meter, m)、码(Yard, yd)等。

按体积计算:对于液体商品,如石油、化工产品等,通常按照体积进行计量。常用的单位有桶(Barrel, bar)、升(Liter, L)、立方米(Cubic Meter, m^3)等。

按包装单位计算:对于部分商品,如饮料、食品等,通常按照包装单位进行计量。常用的单位有箱(Case, cls)、包(Bundle, bdl)等。

按组合单位计算:对于零部件、套装商品等,通常按照组合单位进行计量。常用的单位有套件(Kit)、组(Group)等。

选择合适的统计单位,有助于准确地统计和报告国际贸易中的商品数量。在实际操作中,买卖双方需要在合同中明确约定统计单位的种类和具体的计算方法。

二、商品重量的统计方法

上面介绍的商品数量统计单位及方式都对应详细的计算方法,其中按重量计算作为国际贸易中主要的计算数量方法。商品重量可以进一步分为以下几种类型:

(一) 毛重

毛重是指包括商品包装与商品本身的重量。使用毛重计算数量一般用于包装重量远小于商品数量或商品数量价值较低的情况。

(二) 净重

净重是指去掉商品包装后商品本身的重量。在国际贸易实际操作中，使用净重衡量商品数量是比较常见的做法。净重数量上等于毛重减去包装重量（皮重）。按净重计算数量是按重量计算数量的主要方式，在商品价值较低，商品包装重量可以忽略不计，或者获取净重较为困难的情况下，可以使用毛重作为净重对商品重量进行计量，即"以毛作净"。

皮重是计算净重时从毛重中扣除的包装重量，若对所有商品的包装进行注意衡量，可以得到"按实际皮重"；商品的包装较为统一，可以通过一件（或一批）商品的包装重量进行衡量，再等比例地计算整批货物的包装重量，可以得到"按平均皮重"；如果按照国际已经形成的、公认的商品标准计算包装重量，可以得到"按习惯皮重"；如果按照买卖双方的约定计算包装重量，可以得到"按约定皮重"。

(三) 公量

公量的使用主要针对部分容易吸收水分、重量较不稳定的货物，如生丝、布匹、丝绸等。公量是通过科学的方法将商品中的水分重量扣除，再加上国际公认的标准含水量最终得到的重量，其计算公式为

$$公量 = 商品干净重 \times (1+公定回潮率)$$
$$= \frac{商品实际重量 \times (1+公定回潮率)}{1+实际回潮率}$$

(四) 理论重量

理论重量是指根据商品的体积和密度计算得出的重量。理论重量通常用于某些特定商品，如石油、天然气等，或者用于计算运费和税收等。操作中，理论重量可能与实际重量有所不同，因此需要明确约定以哪种重量方式进行贸易。当商品的外观、规格、形状、尺寸一致时，则认为该批次的商品重量接近，使用一件或者一批商品的数量，等比例推算出整批商品的重量即为理论重量。既然是推算出的重量，其与实际重量一定会存在偏差，实际操作中，一般会规定理论重量与实际重量允许存在的偏差范围。

(五) 法定重量

法定重量是指商品实际测量的重量。在实际操作中，法定重量通常与净重相同，即商品本身的重量，不包括包装材料的重量。法定重量是国际贸易中最常用的重量计量方式，有助于确保量价相符和公平交易。按照一些国家的海关规定，在征收从量税时，商品的重量是以法定重量计算的。所谓的法定重量，是指商品重量加上直接接触的包装物料，将这部分重量扣除后的纯商品重量。

专栏 8-2

关于商品重量偏差的法律规定

《中华人民共和国海关进出口货物征税管理办法》第二十七条规定，散装进出口货物发生溢短装的，按照以下规定办理：

1）溢装数量在合同、发票标明数量3%以内的，或者短装的，海关应当根据审定的货物单价，按照合同、发票标明数量计征税款。

2）溢装数量超过合同、发票标明数量3%的，海关应当根据审定的货物单价，按照实际进出口数量计征税款。

三、商品数量合同条款的注意事项

签订商品数量合同条款时，需要注意以下几点：①明确计量单位。合同中需要明确标明商品的计量单位，如千克（Kilogram, kg）、公吨（Metric Ton, M/T）、件（Piece, Pc）、套（Set）等。②计算方法。约定商品数量的计算方法，包括是否包括或不包括某些零部件、附件等。③允许的正负尾差。规定可接受的数量正负尾差范围，如±0.5%、±1%等。④检验和核对。约定检验商品数量的方式，如出口商提供数量证书、进口商进行复验等。⑤纠纷解决。在合同中约定数量纠纷的处理办法，如重新计量、协商赔偿等。⑥定金条款。在某些情况下，买方可能需要支付定金以确保合同履行。合同应明确定金的比例、支付时间以及退款条件等。⑦违约责任。明确规定如果任一方违约，需要承担的违约责任，如支付违约金、赔偿损失等。⑧不可抗力。在合同中明确不可抗力的范围和免责条件，以便在遇到自然灾害、战争等不可抗力事件时，合理减轻或免除相关方的责任。⑨适用法律和仲裁。在合同中明确适用法律和仲裁地，为可能出现的纠纷提供解决方案。

第三节　商品的包装

一、商品包装的重要性

在国际贸易中，除了极少数价值低或大宗颗粒状或液态商品，如粮食、水泥、石油等商品，绝大多数商品都需要包装才能交易。商品包装最基本的功能是在运输和销售过程中保护商品，其本身也构成了商品使用价值和价值的一部分。除最基本的保护功能外，一些销售包装本身具有辨识度与艺术性，在一定程度上促进了商品的销售。商品包装的费用属于生产成本，特别是具有良好包装的商品可以增加销量。

二、运输包装

（一）运输包装注意事项

运输包装最基本的功能是在运输过程中对商品提供保护。除此之外，运输包装还应注意以下事项：

1. 适应不同的交通方式

在主流的交通运输方式中，海运一般运送大宗商品，因此在运输过程中必须关注包装的抗压、防碰撞属性；空运则一般用于体积小、价值高的商品，因此在使用空运时必须考虑的是包装的轻便、空间占用小等特性；汽车运输与铁路运输介于空运与海运之间，一般比较注重包装的防震功能。

2. 同时考虑不同国家和地区的进出口包装限制与法律

不同国家和地区对进出口包装的规定和法律存在差异。出口商和进口商在签订贸易合同时，应充分考虑目的地国家和地区的进出口包装限制与法律，确保货物的包装符合要求，避免货物滞留、退回或罚款等风险发生。

欧盟各国对包装材料和回收利用方面有严格的规定，如包装材料的重金属含量、循环利用标识等。例如，欧盟要求从2011年起禁止使用含重金属的包装材料，并且包装材料需要印有统一的"绿点"标识，代表可回收利用。美国对进口产品的包装材料也有一些规定，如食品包装需要符合美国食品药品监督管理局（FDA）的规范。此外，美国要求进口货物的包装标签必须用英语标明原产地、重量、数量、集装箱号等基本信息。日本对进口货物的包装材料有一些规定，如包装材料需要符合日本环保标准，避免污染环境。此外，日本对进口货物的包装标志也有要求，如需要标注原产地、品名、重量、体积等基本信息。

出口商和进口商在签订贸易合同时，应充分了解目的地国家和地区的进出口包装限制与法律，并确保货物的包装符合要求。必要时，可向当地海关或专业机构咨询相关法律法规，确保货物顺利通关。

3. 根据商品属性合理选择运输包装

不同的商品类型需要不同的包装进行保护。商品的形状、重量、易碎性、化学性质等特性会影响包装材料的选择。例如，易碎物品需要缓冲包装以减少破损，液体商品需要密封包装以防止泄漏。运输方式（海运、陆运、空运）会影响包装的要求。例如，航空运输对包装的重量和尺寸有限制，需要选择轻便、紧凑的包装。仓储条件和环境会影响包装的选择。例如，潮湿环境需要防潮包装，低温环境需要防冻包装。包装应便于装卸，以提高物流效率，降低成本。例如，大型货物需要设计合理的托盘，以便于叉车操作。对于茶叶、生丝、水泥等商品包装怕潮湿，必须使用防水性好的包装；瓷器、玻璃制品等易碎，需要使用抗震防碰撞属性强的包装；对于一些液体类商品，可以选择耐压、耐跌落、不易破裂、不渗漏的包装。总之，需要根据商品特征选择合适的包装。

同时，包装的设计要合理，运输过程中需要经过装卸、搬移、储存、清点等环节，合理的包装可以增加装卸与搬运的效率，包装上体现的商品信息也是商品储存、清点的重要依据，如果做到合理设计，可以增加运输效率。

4. 在考虑成本的基础上，兼顾环保与节能

运输包装的费用属于生产成本的一部分，在注意以上内容的基础上，以利润最大化为目标的生产者会将包装费用成本最小化，在保证包装牢固的前提下，尽可能地注意节约。根据我国可循环发展、绿色发展理念，开发与使用污染小、可循环利用的包装是运输包装未来发展的重点。

（二）运输包装分类

按包装方式，运输包装可分成单件包装和集合包装。单件包装是指货物在运输过程中作为一个计件单位的包装，常用的有箱、包、桶、袋、篓、罐等。集合包装是在单件包装的基础上，把若干单件组合成一件大包装，以适应港口机械化作业的要求。集合包装能更好地保护商品，提高装卸效率，节省运输费用。常见的集合包装方式有托盘、集装袋和集装箱。

（三）运输包装标志

在运输包装上，通常可以刷印三种类型的标志：运输标志、指示性标志和警告性标志。

1. 运输标志

运输标志（Transport Marks）用于提供与运输、处理和储存货物相关的信息。这些标志有助于减少误解和误操作，提高物流效率，确保货物安全。常见的运输标志包括：①易碎品标志（Fragile），表明货物容易损坏，需要小心处理。②向上（This Side Up）标志，表明货物应保持直立位置，以防止液体泄漏或货物倾斜导致的损坏。③堆放方向标志（Stacking Direction），表明货物正确的堆放方向，以防止倒塌或损坏。④重量标志（Weight），表明货物的总重量或净重,以便于确定运输方式和装载能力。⑤体积标志(Volume),表明货物的体积,以便于确定运输方式和装载空间。⑥原产地标志(Origin),表明货物的原产地,用于关税和贸易统计。

2. 指示性标志

指示性标志(Instructional Marks)用于指导搬运、储存和运输环节工作人员处理货物的操作方法。这些标志有助于确保货物得到正确处理,减少损坏和损失。常见的指示性标志包括:①防潮标志(Keep Dry),表明货物需要防潮,以防止损坏。②冷冻标志(Keep Frozen),表明货物需要冷冻,以防止变质。③放射性物质标志(Radioactive Material),表明货物含有放射性物质,需要特别处理和储存。

3. 警告性标志

警告性标志(Warning Marks)用于提醒搬运、储存和运输环节工作人员处理货物时存在的潜在危险。这些标志有助于确保人员的安全,防止事故发生。常见的警告性标志包括:①国际危险品标志(Dangerous Goods),表明货物属于危险品,需要特别处理和储存。②有毒物质标志(Poison),表明货物含有有毒物质,需要小心处理。③氧化物标志(Oxidizing Agent),表明货物含有氧化物,在接触某些物质时可能引发燃烧或爆炸。

这些标志通常印刷在货物的外包装上,方便搬运、储存和运输人员识别和理解。在使用标志时,应注意遵循相关国家和地区的规定和标准。

三、销售包装

(一)销售包装的作用

在国际贸易中,销售包装(Sales Packaging)是指用于保护、展示和宣传商品,以便于销售的包装。

销售包装最基本的功能是保护商品在运输过程中避免受损、受潮、污染等损坏。有效的包装可以确保商品以良好的状态到达消费者手中。销售包装能够直观地展示商品特征、品质和品牌形象,吸引消费者的注意力。独特的包装设计和精美的包装材料可以提高商品的吸引力,从而促进销售。在市场竞争中,销售包装可以作为一种有效的营销工具,提高商品的竞争优势。独特的包装可以成为商品的差异化因素,使产品在众多竞争对手中脱颖而出。许多国家对进口商品的包装有特殊的规定和标准,如包装材料、标签要求、环保标准等。符合当地法规要求的销售包装有助于顺利通过海关检查,降低法律风险。销售包装作为商品的一部分,反映了品牌形象和企业形象。高品质的包装可以提升消费者对品牌的信任度和忠诚度,从而提高企业声誉。

(二)销售包装分类

销售包装可采用不同的包装材料和不同的造型结构与式样,这就导致了销售包装的多样性。销售包装可分为挂式包装、堆叠式包装、携带式包装、易开包装、喷雾包装、配套包装、礼品包装和复用包装。

销售包装上的装饰画对于吸引消费者注意力、提高产品吸引力具有重要作用。在使用装饰画时,要根据目标市场的文化和审美特点,选择适当的装饰画风格和图案。例如,某些市场可能更喜欢简约设计,而另一些市场可能喜欢华丽复杂的图案。装饰画应该与产品的定位和品牌形象相符。例如,高端产品可能需要优雅、精致的装饰画,而中低端产品可能需要简单、明快的装饰画。色彩的选择和搭配对装饰画的效果具有重要影响。色彩的搭配应该与产品的颜色、品牌颜色和企业颜色相协调,以形成统一的视觉效果,确保装饰画的图案清晰、易识别。模糊或过小的图案可能会影响消费者的阅读体验。

销售包装上的文字说明应当包含以下信息:①清晰地标明商品的名称,以便消费者了解其购买的商品;②展示企业的商标或品牌,提高商品的识别度和品牌形象;③简要描述商品的特点、功效、成分、使用方法等,帮助消费者了解商品的属性和优劣;④标明商品的规格(如尺寸、重量、容量等)和数量(如瓶数、盒数等),方便消费者了解所购商品的实际状况;⑤明确地标明商品的价格,包括单价和总价,便于消费者根据预算做出购买决策;⑥标明商品的生产日期和保质期,确保消费者购买到新鲜、安全的商品。

包装上的标签是指附在商品或包装上用以简介生产国别、制造厂商、货物名称、商品成分、品质特点和使用方法等内容的标志。在销售包装上制作标签时,应注意有关国家的管理条例规定,特别是食品、药品、服装等商品。一些发达国家常以这些规章制度作为限制国外进口的一种手段,对此应引起足够的重视。

四、合同中的包装条款

交易合同中的包装条款主要包括包装材料、包装方式、包装规格、包装标志,有时也包括包装费用等内容。根据《联合国国际货物销售合同公约》的规定,卖方交付的货物必须与合同所规定的数量、质量和规格相符,并须按照合同所规定的方式装箱或包装。签订包装条款时,首先要了解并审查对方企业的包装能力,确保对方能够按照合同要求进行包装。其次详细列出包装标准和要求,包括材料、方式、标志等内容。明确包装费用由哪一方承担,并约定因包装问题导致的损失由哪一方承担责任。再次还需要考虑包装材料的环保性,尽量使用环保材料,减少对环境的影响。最后确保包装条款符合当地法律和法规的要求,如包装标志、材料安全等。除双方当事人另有协议外,货物应按照同类货物通用的方式装箱或包装,如果没有此种通用方式,则按照足以保全和保护货物的方式装箱或包装,否则即为与合同不符。因此,对合同中包装条款的订立应慎重。

专栏 8-3

定牌中性包装中的知识产权问题

2002 年世界杯期间,日本某进口商为了促销运动饮料,向中国出口商订购 T 恤衫,要求以红色为底色,并印制"日韩世界杯"字样,此外无须印制任何标识,以在世界杯期间作为促销手段随饮料销售赠送现场球迷。然而,货到时日本队止步 16 强,日方估计可能有积压损失,因此以单证不符为由拒绝赎单。在多次协商无效的情况下,我方只能将货物运回并在国内销售以减少损失,但是海关审查时,认为由于"日韩世界杯"字样及英文标识的知识产权为国际足联所持有,而中方外贸公司不能出具真实有效的商业使用权证明文件,因此海关以侵犯知识产权为由,扣留并销毁了货物。该批货物涉及定牌中性包装问题,在国际贸易中对于中性包装,尤其是定牌中性包装,在按照买方的要求注明有关商标、牌号外,还应注明以后由此产生的知识产权问题,由买方承担一切责任和费用。

从法律的角度,标的物指当事人双方权利和义务指向的对象。标的物的概念一般出现在合同中,《中华人民共和国民法典》第五百九十五条是对买卖合同的界定,买卖合同得以成立的要素有三：①由出卖人和买受人构成的主体；②由标的物和价款构成的客体；③由转移标的物所有权和获得对价构成的合同目的。标的是合同成立的必要条件，是一切合同的必备条款。标的和标的物并不一定同时存在，一个合同一定有标的但不一定有标的物（例如，劳务合同中标的是劳动者和雇佣者间的劳动关系，但不存在标的物）。从国际贸易的角度，标的物一般是指换取对价的货物。国际贸易买卖中的标的物均为实际的商品，在货物交易合法的基础上，供给方拥有货物的所有权，并且双方买卖意愿达成一致，货物即成为标的物。标的物构成了国际贸易的物质基础和前提条件。

资料来源：https://easylearn.baidu.com/edu-page/tiangong/bgkdetail？id=f466c62e647d27-284b7351f6&fr=search。

本章小结

商品品质是指商品的内在质量和外观形态的综合。货物本质性的内在质量表现为货物的化学成分的构成、物理和机械性能、生物特征等。

国际贸易中的商品数量、种类繁多，商品品质的表示方法也多种多样，总体上可以概括为凭实物表示和凭文字说明表示。

在国际贸易中，确定数量是商品达成交易的前提。因为商品自然属性与特性的不同，商品数量单位有按重量、体积、面积、容积分类方法。

除了极少数价值低或大宗颗粒状或液态商品，如粮食、水泥、石油等商品，绝大多数商品都需要包装才能交易。商品包装最基本的功能是在运输和销售过程中保护商品，其本身也构成了商品使用价值和价值的一部分。

思 考 题

1. 我方某出口公司与日本一商人按每公吨500美元CIF东京成交某产品200M/T，合同规定包装为25kg双线新麻袋，信用证付款。该公司凭证装运出口并办妥了结汇手续。事后对方来电称：该公司所交货物扣除皮重后实际到货不足200M/T，要求按净重计算价格，退回因短量多收的货款。我公司则以合同未规定按净重计价为由拒绝退款。试问该公司做法是否可行？为什么？

2. 2007年10月，中国香港某商行向中国内地一企业按FOB价格订购5000MT铸铁井盖，合同总金额为305万美元。货物由买方提供图样进行生产。该合同品质条款规定：铸件表面应光洁，不得有裂纹、气孔、砂眼、缩孔、夹渣和其他铸造缺陷。订约后10天内卖方须向买方预付25万元的保证金，交第一批货物后5天内退还。货物装运前，卖方应通知买方前往产地检验，并签署质量合格确认书。若质量不符合合同要求，买方有权拒收货物。试分析此合同条款存在什么风险？

3. 为确保在国际贸易中采购商品的质量符合要求，可以采取哪些措施？

4. 影响出口商品质量的可能因素有哪些？

5. 订立国际货物买卖合同中的包装条款应注意哪些问题？

第九章

价格及国际贸易术语

教学目的和要求

通过本章的学习，掌握商品作价的基本方式，理解国际贸易术语分类和使用、国际贸易合同中的价格条款，掌握佣金和折扣的使用和计算、成本与效益核算方法。

第一节 商品作价的基本方式

一、国际市场价格作价

合理的价格是国际贸易达成的基础，在进出口商品品名、品质确定的情况下，买卖双方磋商的焦点就是价格。

国际贸易中，国际价格（International Price）体现一国（地区）商品或劳务在国际市场中的价值，也可称为世界市场价值或国际市场价值。国际价格通常表现为在一定时期内国际市场上被买卖双方承认的具有代表性的成交价格。通常这些具有代表性的价格包括商品主要出口国家具有代表性的出口价格、商品主要进口国家具有代表性的进口价格、某些重要商品的公开拍卖价格等。

国际市场作价需要遵循以下原则：

1. 平等互利原则

国际贸易应该建立在平等互利的基础上，使得双方都能从中获得利益。这一原则要求各国在作价时充分考虑市场需求、生产成本、税收政策等因素，以达成一个公平合理的价格。

2. 稳定性与灵活性相结合原则

在国际市场上，价格应该具有一定的稳定性，以维持正常的贸易秩序。同时，企业需要根据市场状况保持灵活性，对价格进行适时调整。

3. 适应市场需求原则

国际贸易需要适应市场需求，满足消费者的需求。这一原则要求企业在作价时充分考虑市场需求和消费者偏好，以制定合适的价格策略。

二、商品作价的基本方式

在实际操作中，货物的价格一般指货物的单价，在进出口贸易合同的价格条款中，价格通过单价和总价体现，其中单价具体由货币数额、计量单位、计价货币和贸易术语四部分组成，如：对外报价"USD2000/MT CIF NAGOYA"。商品作价的形式主要有两种，分别为固定价格与非固定价格。

（一）固定价格

固定价格（Fixed Price）是指在交易过程中，买卖双方提前约定好价格，并在交易过程中保持价格不变的一种定价策略。这种策略在不同领域有不同的应用，如商品贸易、服务、项目招标等。在固定价格交易中，买卖双方在交易前协商一致，同意以特定价格进行交易。这样的价格通常在合同中明确约定，并在交易过程中保持不变，除非发生不可抗力或其他特殊情况。固定价格策略有利于买卖双方在交易前就明确价格水平，提前做好预算和规划。然而，采用固定价格策略也存在一定的风险。由于市场环境、政策法规、原材料价格等因素可能会在交易过程中发生变化，导致原先约定的固定价格不再适应市场状况。在这种情况下，买卖双方可能需要重新协商价格，这将会导致纠纷发生和产生损失。

（二）非固定价格

非固定价格（Unfixed Price）与固定价格相反，是指在交易过程中，价格可以随着市场环境、供需关系、政策法规等因素的变化而调整的一种定价策略。相对于固定价格策略，非固定价格策略更能适应市场变化，降低潜在风险。非固定价格亦称为"活价"，在履行合同支付货款时，根据合同约定确定当时的履行价格。非固定价格的优点是相对灵活，有利于合同的履行。实际使用非固定价格进行买卖时，主要采用只规定作价方式、暂定价格、滑动价格三种方式。

1. 只规定作价方式

非固定价格仅对确定价格的方式或时间进行规定，例如："按装船日的国际市场价格计算"或"双方约定在提单前45天，参照当地和国际市场价格协商确定价格"。非固定价格作价往往用于较为了解、信用可靠、业务联系紧密的买卖双方，作价方式更为灵活，能够将买卖双方因价格变动承担的风险降低。

2. 暂定价格

当交易双方无法立即确定最终价格时，可先设定一个暂定价格，以方便继续进行谈判或交易。对于尚未正式发售但即将上市的产品，生产商或销售商可能会设定一个暂定价格，供消费者参考。在国际货物贸易中，买卖双方可能会在签订合同前就某些特定事项进行谈判，为了达成一致意见，双方可能会暂定某些价格条款。这些暂定价格通常会在合同中明确规定，并在谈判达成一致后进行调整。此外，在一些特殊情况下，如市场价格波动较大或存在不确定因素时，买卖双方可能会约定暂定价格，以便在市场价格稳定或确定后进行调整。总的来说，暂定价格是一种灵活的定价策略，可以帮助买卖双方在不确定的市场环境下达成交易。然而，需要注意的是，暂定价格可能会带来一定的风险和不确定性，因此双方需要协商确定适当的调整机制，以应对市场变化。

3. 滑动价格

价格是一种动态定价策略，通常是根据市场环境、竞争状况、客户需求等因素，定期或不定期调整价格。这种策略可以帮助企业更好地适应市场变化，提高销售额的同时，也降低了价格波动对品牌形象的影响。在滑动价格策略中，价格的调整幅度和频率可以因具体情况而异。一些企业可能会在市场供需关系发生变化时立即调整价格，而另一些企业可能会采取更温和的调整方式，如设置价格波动区间或定期调整价格。与固定价格相比，滑动价格更具有灵活性，能够更好地反映市场状况，从而有助于企业提高市场竞争力。然而，滑动价格也增加了企业的销售风险和成本，因为价格的频繁调整可能会影响客户的购买决策和忠诚度。

因此，企业在实施滑动价格策略时，需要充分考虑市场风险、客户需求、品牌形象等因素，进行权衡和决策。总的来说，滑动价格是一种灵活的定价策略，可以帮助企业在国际贸易中更好地适应市场变化，提高销售额。但是，企业需要谨慎运用这种策略，确保在提高竞争力的同时维护品牌形象和市场信誉。

三、国际价格的影响因素

国际价格体现了商品在国际市场的价值，根据马克思劳动价值论，国际价值以国际劳动的平均单位为基础，即在世界的平均技术条件下，在各国劳动者的平均劳动强度和劳动熟练程度下，生产某种商品时所需耗费的世界社会必要劳动时间。同时，国际价格也受到供求关系、运输成本、支付条件等因素的影响。国际价格的影响因素可以归纳如下：

（一）商品质量和品牌

商品质量是商品国际价格的决定因素之一，商品质量的好坏直接反映凝结在某种商品上的世界社会必要劳动时间，商品质量越好，凝结的劳动时间越多，国际价格越高，即使短期内受到供求关系的影响，商品国际价格会产生波动，但波动的价格始终应围绕着体现商品价值的价格变化。高品质商品的生产成本通常更高，因为它们需要使用更好的原材料、更先进的技术和更严格的质量控制。这些成本通常会转嫁到消费者身上，导致价格更高。品牌知名度高的商品通常会有更高的价格，这是因为消费者愿意为品牌支付更高的价格。品牌溢价反映了消费者对品牌的信任和认可，他们相信知名品牌的产品质量更好，使用起来更安全、更有保障。

（二）运输成本

在一般的国际贸易中，运输成本平均占产品总价的5%~15%，运输费用越高，产品成本越高，即使商品质量、档次相同的产品，运输成本差异也会导致最终国际价格变化。运输成本主要受到运输方式、运输距离、运输条件等因素的影响。运输方式中，航空运输、公路运输成本相对较高；运输距离越远，成本越高；运输条件越苛刻，运输成本越高。因此，在国际贸易中必须做好运输成本估算，尽可能地节约运输成本，采用合理的运输方式，做好地区间比价且体现地区差异。

（三）国际供求关系的变化

国际供求关系的变化在一定程度上决定了国际价格的走势，价格随着国际市场的供求关系变化而波动。如果一种商品在国际市场的供给大于需求（即供过于求），商品的国际价格即呈下降趋势。相反，如果该商品在国际市场供不应求，国际价格即呈上涨趋势。因此，在国际贸易实务中，必须掌握市场供求关系的信息。供给方面，生产成本、生产技术、生产预期以及相关产品的价格都是影响市场供给的因素；需求方面，收入水平、消费结构、消费习惯、商品的价格弹性、消费心理及偏好是影响市场需求的关键因素。

（四）需求的季节性变化

需求的季节性变化本质上属于供求关系中的需求方面，但是因为国际贸易实务中，许多商品都具有时令性特征，其价格随着时间波动幅度较大。在需求的季节性变化中，供应商可能会调整产量以满足不同时期的需求。例如，某些商品（如空调、滑雪装备等）在旺季时的产量可能会大幅增加，而在淡季时则大幅减少。这种供应调整可能会影响价格，使得旺季时的价格相对较高，淡季时的价格相对较低。当时令结束，这些时令性商品供给往往会大于需求，此时出口企业只能低价抛售。因此，在确定商品价格甚至确定商品生产计划时，要综合考虑需求的季节性变化，合理安排生产并运用好季节性差价，最终确定具有竞争力的国际价格。

（五）支付条件和汇率变动风险

国际贸易实务中，贸易合同签订到实际收到货款往往要经历较长时间，甚至一笔完整货款会分多次支付。合同签订后，商品价格虽然已经确定，对于出口企业，购买者支付的外汇汇率可能随着时间变化。当本币升值时，出口企业获得一定数量的外币实际换得本币数量下降，对出口企业造成损失。相反，当本币贬值时，出口企业获得一定数量的外币实际换得本币数量上升，能够为企业带来额外盈利。总之，因为贸易实际收取货款的时间、条件不同及汇率变化均会产生风险，为了规避这种风险，在其他贸易条件均相同的情况下，如果商品购买者愿意以较短时间支付货款，或一次性支付全部货款，国际贸易中的销售者应在价格上予以优惠。

除以上五个因素外，产品所处生命周期、交易双方适用的自由贸易协定等因素也会对商品价格形成不同程度的影响。

第二节　佣金与折扣

一、佣金的概念及分类

在国际贸易中，佣金（Commission）是指出口商或进口商向中间商支付的一种报酬，以鼓励中间商帮助其寻找客户、促成交易、提供市场信息等服务。佣金是一种常见的商业行为，可以帮助企业拓展市场、提高销售业绩。佣金通常按照交易的金额或利润的一定比例计算，可以是固定的金额，也可以是一个百分比。佣金协议应明确规定佣金的计算方式、支付时间、支付方式等条款。在国际贸易中，佣金的支付通常通过银行转账方式进行。需要注意的是，佣金的支付需要遵守《反垄断法》和《反不正当竞争法》等相关法规。在某些行业或地区，佣金支付可能受到限制，企业需要在遵守当地法规的前提下进行佣金支付。此外，佣金的税收处理因国家而异，企业在支付佣金时应咨询专业税务顾问，确保合规合法。

在我国对外贸易中，佣金主要出现在我国出口企业向国外中间商的报价中。按照是否在买卖合同、信用证或发票等相关单证上公开表明的金额，佣金可以分为明佣和暗佣。外贸专业公司在代理国内企业进出口业务，在外报价条款中根据代理佣金比率规定所确定的佣金称为明佣，卖方一般在收妥货款后，再向中间商支付佣金，且该佣金体现在进出口交易的发票中。对外报价时，佣金率不明示在价格中，具体支付金额一般由买方和中间商另行商议，这种佣金称为暗佣，我国税法不承认"暗佣"。

因为对外贸易经营资质缺失、语言不通、文化差异、信息来源闭塞等，部分有进口产品（服务）需求的企业难以开展国际贸易，专业贸易中间商的出现解决了这一难题，中间商提供代理买卖和介绍交易服务，佣金就是对这种服务支付的报酬。使用佣金的好处是：首先，能够有效促进交易的达成，中间商利用本地资源、信息优势，筛选匹配出合适交易的双方；其次，能够有效促进交易额增长，大部分佣金按照含佣价的固定比例进行支付，如"CIF C5% HONGKONG"，其中"C"就是COMMISSION，即佣金，中间商有动力促进买卖双方的交易规模扩大；最后，能够促进买卖双方间沟通，在国际贸易中，贸易合同签订到实际交付打款历时较长，因为佣金的支付往往在买方向卖方打款后，为了保障自身利益，中间商会帮助买卖双方沟通协调，确保交易的顺利进行。但是，佣金作为一笔额外的支出，可能增加买方成本和卖方收益；同时因为暗佣的存在，卖方和中间商可能串通，使买方利益受损，且如果卖方过度依赖暗佣获得订单，而忽视本身产品质量，则会进一步降低产品竞争力。

二、佣金的计算与支付

（一）佣金的计算

佣金在含佣价和佣金率的基础上得到。含佣价是指包含佣金的合同价格，含佣价乘以佣金率得到佣金，含佣价扣除佣金后得到净价。其计算公式为

$$\text{佣金} = \text{含佣价} \times \text{佣金率} \quad (9\text{-}1)$$

$$\text{净价} = \text{含佣价} - \text{佣金} \quad (9\text{-}2)$$

整理式（9-1）和式（9-2）可得含佣价和净价的关系：

$$\text{含佣价} = \frac{\text{净价}}{1 - \text{佣金率}} \quad (9\text{-}3)$$

从而可得

$$\text{佣金} = (\text{净价} + \text{佣金}) \times \text{佣金率} = \text{净价} \times \text{佣金率} + \text{佣金} \times \text{佣金率} \quad (9\text{-}4)$$

此公式表明，佣金本身也被抽取了佣金。在实际操作过程中，我方如果首轮报价1000美元，中间商要求支付3%的佣金，此时根据式（9-3）计算得到，我方应报1030.9美元的含佣价，才能保证实际1000美元的收益。

以FOB价和CIF价为例，在CIF合同的情况下，一个精明的业务员应以FOB价作为计算支付对方佣金的基数。理由是根据Incoterms 2020的规定，CIF贸易术语项下买卖双方的货物风险划分点在装运港的船舷，因而卖方在此后的运输与保险是为了买方的利益而行事，即CIF价中的运输与保险费成本并非卖方的既得利益，是为了买方的利益而分别支付给船公司和保险公司的，所以卖方不应就运输与保险费部分抽取佣金给买方，而应从CIF价中扣除运输与保险费用后，以货物的FOB价作为计算支付对方佣金的基数。

（二）佣金的支付

实际操作中，要避免"双头佣"，即买卖双方重复支付。通常的做法是：买方直接从价款中扣除支付给中间商，或者卖方收到货款后，再支付给中间商。对于我国外贸企业，实际操作中坚持在买卖合同履行完后才能支付佣金给中间商更加有利。目的在于将中间商的利益与该合同的履行状况融为一体，使得中间商努力促使交易各方更好地履约，以得到佣金。特别是当买卖双方初次交易出现误解和纠纷时，中间商的沟通及调解作用显得尤为重要。试想卖方在还未安全收到买方的全部货款之前就将佣金支付给了中间商，当合同履行出现问题时，中间商就会因为缺乏相应的激励而"偷懒"，不会积极地去促成交易的顺利进行。

专栏 9-1

佣金与回扣的区别

佣金是由经营者付给中介人或居间人的，而回扣则是付给交易相对人的（通常是卖方付给买方）。

明佣应以明示的方式公开支付，回扣是秘密给付的。

佣金是履行中间合同的形式，是支付给中间人的正当的劳务报酬；回扣是利用交易相对人权力来获取交易机会。佣金不仅要规定于合同中，而且要按正规程序出具票据、记入会计账目、缴纳税收；回扣既不入账，也不纳税，属于"黑色收入"。

资料来源：http://www.canet.com.cn/cg/731890.html。

三、折扣的含义及计算

（一）折扣的含义与表示方法

在实际外贸中，为了促进商品销售，卖方在原本价格的基础上，予以一定程度的扣减，即为折扣。形成折扣的原因很多，市场需求波动可能导致出口商或进口商产生过多的库存。为了减少库存积压，出口商或进口商可能会提供折扣，以吸引更多买家购买商品。在国际贸易中，竞争非常激烈。出口商或进口商为了在竞争中脱颖而出，可能会提供折扣，以降低价格，吸引更多客户。出口商或进口商可能会在特定时间段（如节日、庆典等）提供折扣，以激发消费者的购买欲望，提高销售额。为了与进口商或经销商建立长期合作关系，出口商可能会提供折扣，以降低采购成本，增强合作伙伴的忠诚度。如果出口商或进口商拥有不良库存（如残次品、过时商品等），他们可能会通过提供折扣来处理这些库存，从而减少损失。有些国家会通过政策手段鼓励出口，提供出口退税或补贴，从而间接降低出口商品的价格，形成折扣。

在洽商交易过程中，折扣一般通过确定的文字进行明确，折扣按照给予的方式分为比例表示和绝对数表示。比例表示的专业贸易术语为"CIFD3 NEW YORK"。与佣金类似，字母"CIFD"表示折扣。

（二）折扣的分类与计算

贸易中实际使用的折扣可以分为以下几类：

1) 季节折扣：卖方向非时令商品或服务购买者给予的折扣。
2) 现金折扣：卖方为了鼓励买方尽早付款，在买方及时付清货款时给予的折扣。
3) 数量折扣：卖方在买方购买商品或服务达到一定数量时给予的折扣。
4) 促销折扣：卖方对中间商提供的营业推广活动给予一定的商品价格折扣作为回报。

此外，还有针对合作稳定老客户的特别折扣、按时间发放的年末折扣等。

折扣的计算较为简单，实际操作中按照发票实际金额，按照固定比例或绝对数量进行扣减。

$$折扣金额 = 发票金额 \times 折扣率 \quad (9\text{-}5)$$
$$折扣金额 = 单位折扣值 \times 成交数量 \quad (9\text{-}6)$$

根据上述公式，除按照折扣率计算折扣金额外，也可以按照成交数量打折，如每公吨折扣6美元（USD6.00 Discount Per M/T）。

四、折扣的使用

折扣与佣金不同，佣金一般在交易达成付清货款后，交付给中间商，而折扣的使用在货款支付前，合同明确折扣后，由卖方直接在货款里进行扣除，且扣除的部分不需要缴纳关税。

专栏 9-2

折扣与海关成交价格

下面以数量税为例说明折扣与海关成交价格的应用，见表 9-1。

表 9-1 折扣与海关成交价格

公司	商品交易数量	商品价格	折扣	完税价格（美元）
甲	13M/T	USD24.6 Per M/T	USD3.1 Discount Per M/T	13×(24.6−3.1)
乙	80件（分4批）	USD6.8	USD5% Discount	80×6.8×(1−5%)
丙	第一次：购买36件 第二次：购买68件	USD80.0	一次性订购小于50件给予5%折扣，超过50件给予10%折扣	36×80×(1−5%) 68×80×(1−10%)
丁	第一次：购买36件 第二次：购买68件	USD80.0	一年内，总计购买50件以下给予5%折扣；累计超过100件，全部商品给予10%折扣	36×80×(1−5%) 68×80×(1−10%)
戊	第一次：购买36件 计划再购买68件	USD80.0	一年内，总计购买50件以下给予5%折扣；累计超过100件，全部商品给予10%折扣	36×80×(1−5%)

甲公司从国外购买并一次进口了13M/T货物，发票价格反映了每公吨3.1美元的折扣。乙公司以5%的折扣率，一次性购买了80件货物，但所购货物分4批进口，每批20件。海关一般按照进口货物的实付或应付价格为基础确定完税价格，即扣除了合同约定的折扣后计算完税价格。

丙公司在购买并进口了36件货物后，又在同一会计年度购进了68件货物（购买量达到了104件）。在第二次购买68件货物时，丙公司得到的价格反映了10%的折扣。当购买数量达到50件，卖方给予10%的折扣是卖方确定交易价格的一贯做法，构成了被估货物成交价格的基础。因此，应以进口货物的实付或应付价格为基础确定完税价格，即以扣除了10%的数量折扣后的价格作为完税价格。

丁公司买方A在购买并进口了36件货物后，又在同一会计年度购进了68件货物（购买量达到了104件）。第二次购买68件货物时，在其价格构成中，除了反映10%折扣外，又从其价格中再次扣除了对第一批36件货物追加的5%折扣。在确定进口货物的完税价格时，68件货物的10%折扣应从完税价格中扣除。但除此之外，额外追加的5%的折扣则不应予以考虑，因为该折扣不是针对本次进口的68件被估货物，而是与前次进口的36件货物有关，所以不应从本次进口的68件货物价格中进行扣除。

戊公司在购买第一批36件货物时，声称其全年的购买数量将超过100件，并为此要求获得10%的折扣。卖方同意了其要求，并在销售价格中给予了10%的折扣。由于本次交易及历史交易的购买数量均未达到折扣规定，在确定完税价格时，海关只能接受其购买数量符合折扣规定的部分，即只能接受其5%的折扣，额外的折扣部分不应从完税价格中扣除。在缺乏客观证据的情况下，未来预计发生的数量不应成为确定数量折扣的因素。

第三节 国际贸易术语

一、国际贸易术语的含义与作用

国际贸易术语是在贸易实践中形成的一套国际惯例和规则,用于表示商品的价格,并解释国际贸易中买卖双方在货物交接过程中涉及的权利、义务和风险。

国际贸易术语的产生源于国际贸易的复杂性和不确定性。在国际贸易中,买卖双方通常位于不同的国家和地区,涉及多种运输方式、保险、关税等复杂因素。为了简化交易过程、降低贸易成本、明确各方责任,国际商会(International Chamber of Commerce,ICC)于1936年首次发布了《1936年国际贸易术语解释通则》(*Incoterms 1936*),旨在提供一套统一的国际规则和术语。此后,随着国际贸易的发展和实践,《国际贸易术语解释通则》(*Incoterms*)陆续修订和更新,形成了多个版本。

国际贸易术语的作用包括以下几点:

(一) 促进国际贸易

国际贸易术语作为国际通行的规则和惯例,有助于减少国别间法律和惯例的差异,为跨国贸易提供统一的参照,从而促进国际贸易的发展。

(二) 明确各方责任

国际贸易术语可以帮助买卖双方明确在交易中各自的权利和义务,包括货物运输、保险、报关、支付等各个环节。这可以减少纠纷和误解,保障交易顺利进行。

(三) 简化手续、缩短磋商时间

国际贸易术语一经确定,各方责任随之确定,贸易双方无须对交易的各个环节再进行磋商,帮助减少重复和冗余的工作,提高贸易效率,从而降低贸易成本。

专栏 9-3

Incoterms 的发展历史

Incoterms 的发展历史可以追溯到20世纪初,当时国际货物运输主要依靠海上贸易和运河运输。1929年,联合国贸易与发展会议开始制定一套统一的贸易术语以规范国际贸易行为。1936年,第一版 *Incoterms* 正式发布,共包括5个术语,分别是 EXW(工厂交货)、FCA(货交承运人)、FOB(离岸价)、CFR(成本加运费)和 CIF(到岸价)。这些术语主要规定了买卖双方在货物交货和运输方面的责任和义务。

随着国际贸易的发展,*Incoterms* 也在不断更新和完善。1967年,第二版 *Incoterms* 增加了 FAS(船边交货)、FOA(船上交货)、CPT(运费付至)、CIP(运费和保险费付至)等术语,使贸易术语更加灵活和实用。1980年,第三版 *Incoterms* 增加了 DAT(目的地交货可转运)、DDP(完税后交货)等术语,进一步丰富了贸易术语的选择范围。

2000年,第四版 *Incoterms* 对原有的术语进行了重新分类和编号,共包括13个术语,分别是 EXW、FCA、FOB、CFR、CIF、CPT、CIP、DES、DEQ、DIQ、DPU、FAS、FOB。这些术语按照交货方式和风险转移方式进行分类,更加方便了买卖双方选择合适的术语进行贸易。

目前，最新的版本是2020版 Incoterms，共包括11个术语，分别是 EXW、FCA、FOB、CFR、CIF、CPT、CIP、DPU、DAP、DDP、FAS。

资料来源：李莹莹.历史维度下 Incoterms 的变迁［J］.海大法律评论，2020（1）：522-528。

（四）增加价格可比性和成本核算

通过规范价格的表示方法，买卖双方价格的表示更加规范，以免卖方在出价时故意抹去部分费用价格，以低于市场价格报价。如果卖方都以国家贸易术语惯例报价，此时价格中包含的各种费用项目是一致的，此时价格更具可比性，有利于买方核算成本，最终促进贸易的达成。

二、国际贸易术语的分类

按照交货地点、运输手续办理义务、保险手续办理义务、风险转移、出口报关费用责任承担、进口报关费用责任承担、适用的运输方式等环节，同时参考国际贸易中使用的惯例，Incoterms 2020 将国际贸易术语分为11个。按照英文表示，国际贸易术语都可以写成3个英文字母的缩写，如 EXW、FCA、CPT、FOB 等。

Incoterms 2020 根据适用的运输方式，将国际贸易术语分为"适用于任一或多种运输方式的规则"（包括 EXW、FCA、CPT、CIP、DAP、DPU、DDP）和"适用于海运和内河水运的规则"（包括 FAS、FOB、CFR、CIF）两类。实际上，国际贸易术语可以按照多种原则进行多种分类。

专栏 9-4

Incoterms 2020 的主要变化和更新

新增两个术语：DPU（Delivered at Place Unloaded）和 FCA（For Carriage by Another Party at the Named Place of Delivery）。这两个术语旨在为贸易双方提供更多交货地点和方式的选择，以满足现代国际贸易的多样化需求。

修订部分原有术语：针对某些术语（如 FCA、DAP、DPU、DDP 等），Incoterms 2020 在风险转移、费用划分等方面进行了修订，以更清晰地界定买卖双方的责任。

引入"指定地点"概念：在某些术语下，允许买卖双方明确指定交货地点，使 Incoterms 更灵活地适用于各种运输方式。

明确安全安保要求：Incoterms 2020 强调遵守适用的法律法规和安全要求，包括国际海事组织（IMO）和世界海关组织（WCO）的相关规定。

简化部分术语的表达：对一些术语的表述进行了简化，使之更易于理解。

资料来源：王庆颖.《国际贸易术语解释通则 2020》的新变化及应用解析［J］.中国科技术语，2021，23（1）：53-59。

三、适用于海运和内河水运的国际贸易术语

（一）FOB

FOB（Free on Board）是国际贸易中一种常用的价格术语，意为"船上交货"，也称"离岸价格"。采用 FOB 术语，卖方在约定的装运港将货物装上买方指定的船只时完成交货。之后，货物遗失或损坏的风险以及额外费用（如运输费、保险费等）将转移至买方。

FOB 术语下，卖方的主要义务[1]包括以下几方面：

1）一般义务：卖方必须提供符合合同约定的货物和商业发票，以及合同可能要求的其他证据。

2）交货：卖方负责将货物运至约定的装运港并安排装船，将货物置于买方指定船上。

3）风险转移：卖方承担交货前货物灭失或损坏的一切风险。

4）运输和保险：卖方对买方没有订立运输合同和办理保险的义务，但卖方需要提供买方订立运输合同、办理保险所需要的各种信息，如已约定，可以由卖方签订运输合同，由买方承担风险和费用。

5）出口手续：卖方必须办理出口国要求的所有清关手续并支付费用，并协助买方进口通关，提供清关所需相关信息。

6）负责装卸费：FOB 术语下，卖方一般负责装货费用，但卸货费用通常由买方承担。除非另有约定，卖方不需要承担卸货费用。

FOB 术语下，买方义务包括以下几方面：

1）提货：卖方按照约定完成交货时，买方必须提货。

2）风险转移：买方承担自卖方交货时起货物灭失或损坏的一切风险。

3）运输和保险：除非事先约定，否则买方必须自付费用订立自指定装运港起的货物运输合同和保险合同。

4）进口清关：买方必须办理任何过境国和进口国要求的进口清关所有手续和费用。如适用，应卖方要求并由其承担风险和费用帮助卖方办理出口国需要与出口清关的任何单据和信息。

5）卸货费用：在 FOB 术语下，买方通常需要承担卸货费用。除非另有约定，卖方不负责支付卸货费。

（二）CFR

CFR（Cost and Freight）意为"成本加运费"。采用 CFR 术语，卖方负责将货物运至约定目的地，支付将货物运至该目的地的运费，并办理出口清关手续。但在货物越过船舷后，货物损失或损坏的风险以及额外费用（如进口关税、进口增值税等）均转移至买方。

CFR 术语下，卖方的主要义务中，一般义务、交货、风险转移、出口手续、负责装卸费与 FOB 基本一致，但运输和保险义务存在差别：卖方必须签订或取得运输合同，且承担相关运输费用。买方对卖方没有订立保险合同的义务，但需要提供买方签订保险合同需要的信息。买方义务中的运输和保险也相应发生变化：买方对卖方没有订立保险合同的义务。

（三）CIF

CIF（Cost, Insurance and Freight）意为"成本、保险费加运费"。采用 CIF 术语，卖方负责将货物运至约定目的地，支付将货物运至该目的地的运费，办理出口清关手续，并为货物购买保险。但在货物越过船舷后，货物损失或损坏的风险以及额外费用（如进口关税、进口增值税等）均转移至买方。

CIF 术语下，卖方的主要义务中，一般义务、交货、风险转移、出口手续、负责装卸费与 CFR 基本一致，但运输和保险义务存在差别：卖方必须签订或取得运输和保险合同，且

---

[1]《国际贸易术语解释通则 2020》，对外经济贸易大学出版社，2020 年 1 月。

承担相关运输和保险费用。运输和保险买方义务也相应发生变化：买方对卖方没有订立运输和保险合同的义务。

（四）FAS

FAS（Free alongside Ship）意为"船边交货"。采用 FAS 术语，卖方在约定的装运港将货物放置于船边，即完成交货。之后，货物遗失或损坏的风险以及额外费用（如海运费、保险费等）将转移至买方。

FOB 为船上交货，FAS 为船边交货，两者的区别在于以下几方面：

1. 交货地点

FAS：卖方在指定的装运港将货物放置于船边，即完成交货。

FOB：卖方将货物装至买方指定的船上，完成交货。

2. 风险转移

FAS：货物在装运港越过船舷时，风险转移至买方。

FOB：货物在装运港装上船时，风险转移至买方。

3. 装卸费用

FAS：卖方一般不负责卸货费用，买方需要承担卸货费。

FOB：卖方负责装货，买方负责卸货。

四、适用于任一或多种运输方式的规则的国际贸易术语

表 9-2 所列的 7 种术语中，EXW 术语下买方承担最大责任，而 DDP 术语下卖方承担最大责任。

表 9-2　7 种国际贸易术语特点

术语	中文名称	交货地点	运输合同	保险合同	风险转移	出口报关	进口报关	交货性质
EXW	工厂交货	指定的商品生产地或储运地	无义务	无义务	在指定商品生产地或储存地交给买方处置时起	买方	买方	实质性交货
FCA	货交承运人	指定的交货地点	买方	无义务	在指定交货地点货交买方指定承运人起	卖方	买方	象征性交货
CPT	运费付至目的地	指定的交货地点	卖方	无义务	在指定交货地点货交承运人起	卖方	买方	象征性交货
CIP	运费、保险费付至目的地	指定的交货地点	卖方	卖方	在指定交货地点货交承运人起	卖方	买方	象征性交货
DAP	目的地交货	指定的交货地点	卖方	无义务	在指定交货地点货交承运人起	卖方	买方	实质性交货
DPU	目的地卸货后交货	指定目的地	卖方	无义务	在目的地交货地点卸货后交收货人起	卖方	买方	实质性交货
DDP	完税后交货	指定目的地	卖方	无义务	在目的地交货地点卸货后交收货人起	卖方	卖方	实质性交货

（一）EXW

EXW（Ex Works）意为"工厂交货"。采用 EXW 术语，卖方在其所在地或指定地点将货物交给买方处置时即完成交货。买方负责安排运输工具，办理出口清关手续，支付运费和保险费。在货物交给买方处置后，风险和费用（如进口关税、进口增值税等）将转移至买方。由于 EXW 术语下卖方责任较少，买方需要承担更多的运输责任和风险，因此采用 EXW 术语时，买方需要对运输和进口方面的规定有充分了解。

（二）FCA

FCA（Free Carrier）意为"货交承运人"。采用 FCA 术语，卖方在指定的地点将货物交给买方指定的承运人照管时即完成交货。买方负责安排运输工具，支付运费和保险费。在货物交给承运人照管后，风险和费用（如进口关税、进口增值税等）将转移至买方承担。FCA 适合集装箱运输。

（三）CPT

CPT（Carriage Paid to）意为"运费付至目的地"。采用 CPT 术语，卖方负责将货物交至承运人，并支付运费，而买方承担将货物运至目的地所需的运费和保险费。CPT 术语下，卖方承担了将货物交至承运人的责任，而买方承担了将货物运至目的地所需的运费和保险费。

（四）CIP

CIP（Carriage and Insurance Paid to）意为"运费、保险费付至目的地"。采用 CIP 术语，卖方负责将货物交至承运人，并支付运费和保险费，而买方承担将货物运至目的地所需的运费和保险费。CIP 术语下，卖方承担将货物交至承运人的责任，而买方承担了将货物运至目的地所需的运费和保险费。

（五）DAP

DAP（Delivered at Place）意为"目的地交货"。采用 DAP 术语，卖方负责将货物交至承运人，并承担将货物运至目的地所需的运费和风险，而买方承担将货物运至目的地所需的运费和保险费。

（六）DPU

DPU（Delivered at Place Unloaded）意为"目的地卸货后交货"，适用于所有运输方式或联运，如"海运+铁路运输/内陆货运"，通常铁路或货运将货物到达目的地且卖方完成卸货后，即完成交货并发生风险转移。

（七）DDP

DDP（Delivered Duty Paid）意为"完税后交货"，指卖方在指定的目的地办理完进口清关手续，将在交货运输工具上尚未卸下的货物交与买方，完成交货。卖方必须承担将货物运至指定的目的地的一切风险和费用，包括在需要办理海关手续时在目的地应缴纳的任何税费（包括办理海关手续的责任和风险，以及缴纳手续费、关税、税款和其他费用）。

五、实际性交货和象征性交货

实际性交货是指卖方在目的地交货后，仍需要承担货物运输、仓储、装卸等费用和风险，直到买方完全接收货物为止。这种交货方式适用于卖方承担相关费用的合同，如长期合同、出口合同等。

象征性交货是指卖方在目的地交货后，不再承担货物运输、仓储、装卸等费用和风险，而是将控制货物的权利转移给买方,即象征性交货完成。这种交货方式适用于买方承担相关费用的合同,如租赁合同、分期付款合同等。

两者的区别在于,实际性交货卖方仍需要承担货物运输、仓储、装卸等费用和风险,而象征性交货卖方已经将控制货物的权利转移给买方。在实际性交货下,卖方承担了更多的责任和风险,而在象征性交货下,买方承担了更多的责任和风险。

第四节 出口商品的成本与效益核算

一、出口成本

出口成本由两部分组成,分别是商品进价和出口费用(亦称为出口流通费、定额费用)。商品进价即出口商品从国内采购的价格。商品进价需要考虑商品国内采购价格和出口退税两方面的影响。为了鼓励出口,国际上通常用免征增值税、消费税等税种或出口退税两种方式避免国际双重课税,我国目前采用出口退税模式,即出口商品在生产和销售环节中,正常缴纳增值税、消费税等税种,而出口环节免税且退还以前纳税环节的(全部或部分)已纳税款。2019年4月起,我国现行的出口退税政策为:对于增值税,国内生产的出口货物劳务统一征收13%的增值税,商品出口后,按照13%的出口退税率^①获取税费退还^②。

增值税退税额的计算公式为

$$增值税退税额 = 出口商品实际采购价 \times 退税率 \tag{9-7}$$

消费税退税分为两种情况:一种是外贸企业收购产品时根据含税价(包含增值税、消费税等)进行付款,采购货款为含税价,出口时国家税务部门予以退税;另一种情况是生产企业退税,本企业生产的产品可以办理出口货物退税,生产企业应以FOB价格为基础,根据国内生产企业开具的增值税发票或消费税发票来计算退税金额。

具体退税计算按照以下原则进行:①凡属于从价定率计征的货物应以外贸企业从工厂购进时征收消费税的价格为依据退还;②凡属于从量定额计征的货物应以购进和报关出口的数量为依据退还。生产企业同时具有外贸资质的,对于本企业生产的产品,在出口时免征消费税。因此"只有外贸企业能够享受消费税退税",原因在于消费税是一种价内税,外贸企业在购进货品服务时的价格包含了消费税,故予以退还,而生产企业在外销货物服务时直接免征消费税,实际未缴纳消费税,故不予退还。消费税退税额的计算公式为

$$消费税退税款 = 出口销售额 \times 退税率 \tag{9-8}$$

由式(9-5)和式(9-6)可以得到退税总额的计算公式:

---

① 出口退税率为出口退税额与税前采购价格的比值。
② 根据财政部、税务总局、海关总署公告2019年第39号《关于深化增值税改革有关政策的公告》第一条"增值税一般纳税人(以下称纳税人)发生增值税应税销售行为或者进口货物,原适用16%税率的,税率调整为13%;原适用10%税率的,税率调整为9%"和第三条"原适用16%税率且出口退税率为16%的出口货物劳务,出口退税率调整为13%;原适用10%税率且出口退税率为10%的出口货物、跨境应税行为,出口退税率调整为9%"。网页链接:https://baike.baidu.com/reference/1743167/44e9IBRHF-IYE66qHTKLnrxnyBEThshA0QXVfMlk4Op733IdzPgP-D48UI-xzHLUTi_v-yBZIIY8vnn6w6Bf9Te9jO1Ki6g8nruPxQ4c8_nAKAGPNsMXmTJHPVw。

退税总额=增值税退税额+消费税退税额

=出口商品实际采购价×增值税退税率+出口销售额×消费税退税率

$=\dfrac{出口商品进价(含增值税)}{1+增值税税率}$×增值税退税率+出口销售额×消费税退税率

出口成本除商品进价外，还包括出口费用。出口费用也称为定额费用，具体是指国内出口企业与国外进口商开始沟通起，直至货款两清贸易完成为止，产生的一切费用和开支，主要包括工资支出、交通费、仓储费、差旅费、接待费、码头费、银行利息等，出口费用逐项计算非常烦琐，因此实际操作中，往往按照企业实际情况，对不同类别商品确定一个出口费用占出口商品采购成本的近似比重，如5%或8%，以方便计算。需要注意的是，出口费用中不包含出口产品的运输费和保险费。最终实际成本为购货成本扣除退税总额后与出口费用的总和。

$$出口费用=商品采购成本×出口费用定额率 \quad (9\text{-}9)$$

$$实际成本=购货成本-出口退税总额+出口费用 \quad (9\text{-}10)$$

二、出口报价核算

在前面根据实际退税率掌握出口商品的实际成本后，据此可以计算对外报价。

$$FOB=\dfrac{实际成本+国内费用+预期利润}{外汇买入价} \quad (9\text{-}11)$$

$$CFR=\dfrac{实际成本+国内费用+出口运费+预期利润}{外汇买入价} \quad (9\text{-}12)$$

$$CIF=\dfrac{实际成本+国内费用+出口运费+出口保险费+预期利润}{外汇买入价} \quad (9\text{-}13)$$

$$出口保险费=(CIF+CIF×加成率)×保险费率=CIF×(1+加成率)×保险费率 \quad (9\text{-}14)$$

根据国际贸易中三种常用贸易术语的计算公式，出口商品价格的换算公式如下：

$$CIF=CFR+\dfrac{国外保险费}{外汇买入价}$$

$$=FOB+\dfrac{出口运费+国外保险费}{外汇买入价} \quad (9\text{-}15)$$

【案例】 公司B将生产的一批台灯从上海出口到美国纽约，台灯对外贸公司出售价格为150元/件（含税），商品增值税率为13%，出口退税税率为13%，出口包装费为16元/纸箱，出口仓储费为5元/纸箱，一个20英尺集装箱可装货250箱，每箱装货4件，国内运杂费为2000元，商检费500元，报关费60元，港口费650元，其他出口费用1500元。从上海到纽约一个20英尺集装箱的运输费为2500美元，保费为发票金额加成10%，投保一切险和战争险，费率分别为0.5%和0.3%。公司要求在报价中预留10%的利润，付款方式是即期信用证明，佣金为FOB报价的3%且由公司B承担，美元汇率为7.23∶1。试计算本次出口商品的FOB、CFR和CIF价格。

答：先计算出口成本，含税采购价格为150元/件，增值税税率为13%，退税率也为13%，因B公司为生产企业，故免征消费税。

$$退税收入=\dfrac{150}{1+13\%}×13\%=17.2566(元/件)$$

出口前产生了仓储费、商检费、报关费、运杂费等费用，出口费用计算如下：

$$出口费用 = \frac{16 \times 250 + 5 \times 250 + 2000 + 500 + 60 + 650 + 1500}{250 \times 4} = 9.96(元/件)$$

题目中注明佣金由公司 B 承担，因此佣金成本应计入报价，同时结合式（9-11）可以计算 FOB 价格：

$$FOB = \frac{实际成本 + 国内费用 + 预期利润 + 佣金}{外汇买入价}$$

$$= \frac{实际成本 + 国内费用 + FOB \times 10\% + FOB \times 3\%}{外汇买入价}$$

即

$$FOB = \frac{实际成本 + 国内费用}{1 - 10\% - 3\%} \div 外汇买入价$$

$$= \frac{150 - 17.2566 + 9.96}{1 - 10\% - 3\%} \div 7.23 = 22.69(美元/件)$$

$$出口运费 = \frac{2500 \times 7.23}{250 \times 4} = 18.075(元/件)$$

$$CFR = FOB + 出口运费 = 22.69 + 18.075 \div 7.23 = 25.19(美元/件)$$

$$出口保险费 = CIF \times (1 + 10\%) \times (0.5\% + 0.3\%)$$

$$CIF = CFR + 出口保险费$$

$$= 25.19 + CIF \times 0.88\%$$

因此计算得

$$CIF = \frac{25.19}{1 - 0.88\%} = 25.41(美元/件)$$

三、出口效益核算

在前面两部分中，出口贸易中都假设出口商能维持固定比例的利润，但实际贸易洽谈中，因为价格的磋商变化，收益率也不是固定不变的，在某些极端情况下，甚至会发生亏损。效益核算则是衡量商品出口是盈利还是亏损的主要方法，如果出口销售收入大于出口成本，则为盈利，反之则为出口业务亏损。

衡量出口业务效益的指标主要有两种：盈亏率、换汇成本。

（一）盈亏率

盈亏率的正负和大小直接反映了出口业务的盈亏程度。其计算公式为

$$盈亏额 = 出口商品销售净收入 - 出口总成本 \tag{9-16}$$

$$盈亏率 = \frac{盈亏额}{出口总成本} \times 100\% \tag{9-17}$$

出口商品销售净收入一般由 FOB 价格结合出口商品数量计算得到，因为 FOB 报给国外购买者，往往使用外币（一般为美元）表示，而出口总成本发生在出口以前（一般包括采购成本和国内费用），因此使用人民币表示，在计算盈亏额和盈亏率时注意货币衡量单位的统一。

（二）换汇成本

换汇成本衡量了通过商品出口，每获得 1 单位外币（一般为 1 美元）外汇收入，需要投入的人民币数量。换汇成本衡量了出口业务的经营成果，如果出口经营的换汇成本高于外汇汇率，则说明出口发生亏损，反之，出口业务盈利。换汇成本的计算公式为

$$换汇成本 = \frac{出口总成本}{出口销售外汇净收入} \tag{9-18}$$

出口总成本是通过实际采购成本扣除出口退税计算得出的。在我国，实行出口产品增值税和消费税退税制度。在货物出口之前，会根据一定的费率进行退税。值得注意的是，与盈亏率不同，换汇成本使用人民币表示出口总成本，而销售额则用外币（通常是美元）表示。换汇成本显示了出口业务的盈利情况。合理的换汇成本上下限通过高于或低于汇率来确定。简单地说，合理的换汇成本上限不能超过汇率。如果超过，出口业务就会亏损。实际上，上限应与汇率保持一定的距离，以便企业获得一定的利润并持续经营。合理的换汇成本下限是评估出口业务合理性的指标。对于普通商品，出口盈利具有一定的空间，不可能获取暴利。如果过低，那么在购买环节的税收或出口环节的结汇方面可能出现问题。然而，提出的合理上下限仅针对一般情况，具有一定的局限性。在很多情况下，换汇成本出现异常是正常的。要准确落实，必须充分理解商品成本、换汇成本等基本概念，并结合增值税和出口退税原理进行综合分析。此外，同一家企业可以通过对比不同国家的换汇成本，发现出口到哪些国家可以获得更高的收益，从而成为出口市场决策的重要依据。

第五节 国际贸易合同中的价格条款

一、价格条款的主要内容

进出口商品的单价（Unit Price）和总值（Total Price）构成了进出口合同价格条款中的基本内容。此外，价格条款中还包括价格调整条款，主要用来平抑风险。

（一）单价

单价由计量单位、单位价格金额、计价货币和贸易术语四部分组成，缺一不可。计量单位即计算商品数量的单位。不同国家或地区的度量衡制度往往不同，合同中必须订明采用何种计量单位。国际贸易合同中一般使用价格术语来明确买卖双方的责任、风险和义务。

例如，每公吨 CIF 洛杉矶 2000 美元（US$2000 Per M/T CIF LOS ANGELES）。

（二）总值

总值是一笔进出口交易的商品货款总额，数量上等于单价与商品数量的乘积。

例如，公司 A 进口 20 辆自行车，每辆 250 美元，总值为 5000 美元。

（三）价格调整条款

价格调整条款与本章第一节中滑动价格联系较为紧密，都是为了降低国际贸易长时间交付过程中风险对价格产生的影响，在较长的交易期内，受到通货膨胀等因素的影响，经营成本、原料价格可能产生剧烈波动，导致原定合同难以履行。为了兼顾买卖双方利益，在价格条款中特别规定价格调整和变动的条款。

相反，如果买卖双方在合同中规定，按上述价格调整公式计算出来的最后价格与约定的

初步价格相比，其差额不超过约定的范围（如固定百分比），则初步价格可不予调整，合同原定的价格对双方当事人仍有约束力，双方必须严格执行。

二、价格条款中的注意事项

1）根据市场行情合理确定货品价格，避免定价脱离合理范围。
2）合理运用佣金和折扣，参照国际贸易通行做法。
3）灵活使用固定价格、滑动价格等作价方法，缩小价格变动风险带来的影响，对于超出一定变化范围的价格变动另行制定具体的明确价格方法。
4）根据货币市场预期，合理选择计价货币，平抑汇率波动带来的风险。
5）对价格条款中涉及的所有项目，如启运港、装运港等，必须在合同中予以明确。

专栏 9-5

价格条款的实际使用

我国外贸进出口公司与一位巴基斯坦客户签订了出口合同，上面的价格条款是"FOB TIANJIN"，总价为 20000 美元，付款方式是信用证。但拿到信用证后发现，信用证上的价格条款变成了"CIF KARACHI"，总价未变，导致信用证中的价格条款与合同不符。我国外贸进出口公司认为不妥，当即与客户取得联系，客户解释是为了报关时少交税。因为信用证是按 CIF 条款开的，一定要在提单上显示"FREIGHT PREPAID"（海运费预付），而且出口方还要买保单，也就是说出口方必须先垫付海运费和保险费用，才能与信用证规定的条款相符。当时天津到卡拉奇的海运费为每一个 20ft 集装箱需要 1000 美元左右，加上保险费就会达到 1100 多美元。如果进口方不承诺何时付清这笔款，有的信誉不好的客户就会让出口方垫付，如果进口方到最后仍然不付运费，出口方就要承担这笔费用。这样，出口方就会亏一大笔钱。因此，出口方一定要在拿到信用证的第一时间审查与合同不一致的地方，合理使用国际贸易术语。

资料来源：http://www.360doc.com/content/19/0507/13/53774125_834079407.shtml。

本 章 小 结

国际贸易中，国际价格体现一国（地区）商品或劳务在国际市场中的价值，也可称为世界市场价值或国际市场价值。国际价格通常表现为在一定时期内国际市场上被买卖双方承认的具有代表性的成交价格。通常这些具有代表性的价格包括商品主要出口国家具有代表性的出口价格、商品主要进口国家具有代表性的进口价格、某些重要商品的公开拍卖价格等。

佣金本质上是一种劳务报酬，出口商支付佣金给销售代理人，佣金是代理人或经纪人为委托人介绍买卖或提供其他服务而取得的报酬。在货物买卖中，佣金常常表现为交易一方支付给中间商的报酬。

国际贸易术语是在贸易实践中形成的一套国际惯例和规则，用于表示商品的价格，并解释国际贸易中买卖双方在货物交接过程中涉及的权利、义务和风险。国际贸易术语的产生源于国际贸易的复杂性和不确定性。在国际贸易中，买卖双方通常位于不同的国家和地区，涉及多种运输方式、保险、关税等复杂因素。

进出口商品的单价和总值构成了进出口合同价格条款中的基本内容。其中，单价通常由四个部分组成，即包括计量单位、单位价格金额、计价货币和贸易术语。总值（又称总价）是单价与数量的乘积，也就是一笔交易的货款总金额。此外，价格条款中还包括价格调整条款，主要用来平抑风险。

思 考 题

1. 在 *Incoterms 2020* 中，CIF 和 CIP 条款的主要区别是什么？哪个条款更适合承担货物运输保险？
2. 分析在国际贸易中采用 CIP 价格条款的优势和风险。
3. 试比较装运港交货与向承运人交货的两组贸易术语的主要区别。
4. 在实际业务中选用贸易术语时应考虑哪些因素？

第十章

国际货物运输和保险

教学目的和要求

通过本章的学习，了解国际货物的运输方式，掌握国际货物运输单据的使用方法以及买卖合同中的装运条款。

第一节 国际货物运输方式

国际货物运输的主要方式，按照交通工具可以分为海洋运输、铁路运输、航空运输、邮政运输等。其中，海洋运输无论从发展历史还是从运输体量来说，都在目前国际货物运输中占据主导地位，通过海洋运输输送的货物占全球贸易总量的80%以上。

一、海洋运输

海洋运输是指通过船舶等海洋交通工具，通过海洋航道运送货物或旅客的一种运输方式。因其自身具有成本低、运输量大等特点，特别适合运输大宗远途商品。早在公元前3000年，古埃及人就通过船只在地中海、红海等海域运送货物，18世纪蒸汽机的发明极大地促进了海运技术进步，从此钢铁船、蒸汽船开始普及，现代海运业开始崛起，海洋运输成为国际贸易主流运输方式。据统计，1990年世界海运贸易总量为40.1亿t，2000年增加到59.8亿t，2008年达到82亿t。由于经济危机，世界海运贸易总量稍有下降，2009年世界海运贸易总量为78.4亿t，在2012年创下87亿t的历史新高，同比增长4%。可以说，海洋贸易是支撑国际贸易快速发展的主要交通运输方式。

海洋运输在我国外贸运输中占据重要地位。根据国家交通局公布的数据（见图10-1），2017年我国港口货物吞吐量为140.10亿t，其中国际贸易货物吞吐量为40.02亿t，占全部吞吐量的28.57%；2022年，我国国际贸易货物吞吐量为46.07亿t，较2021年小幅降低0.9亿t，依然维持在历史高位。2022年国际贸易货物吞吐量占全部吞吐量的比重较2017年上升了0.81个百分点。我国海洋运输货物吞吐量不仅呈增长趋势，且体量居世界前列，我国海洋运输港口货物吞吐量居世界前列，国际知名航运媒体《劳氏日报》公布的2022年全球百大集装箱港口排名中，27个中国港口上榜，当年集装箱吞吐量达4730万标准箱，连续13年蝉联第一的上海港高居榜首。

海洋运输的优缺点见表10-1。

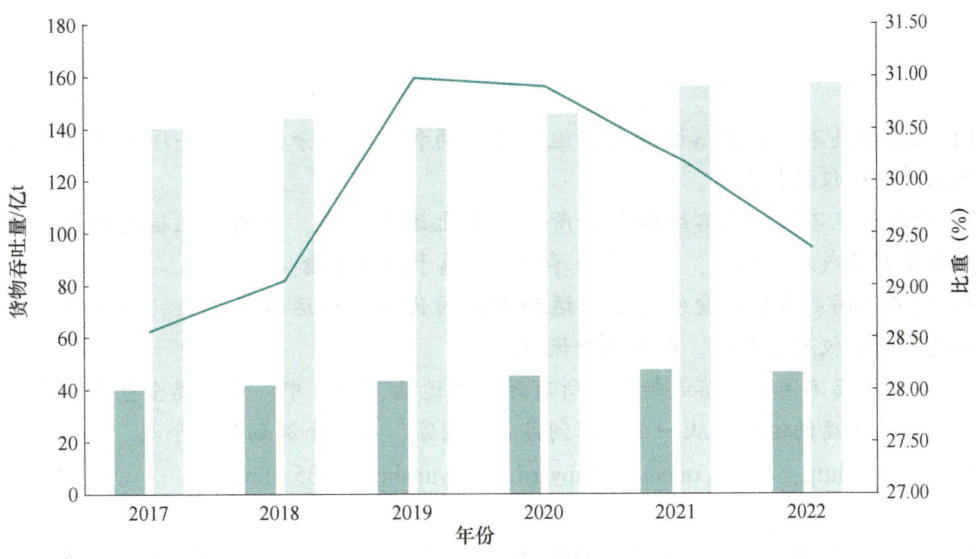

图 10-1　2017—2022 年我国海洋运输货物吞吐量及比重
■ 国际贸易货物吞吐量　■ 港口货物吞吐量　— 比重

表 10-1　海洋运输的优缺点

项目	特点	内容
优点 1	天然航道	海洋运输中，除个别关键运河外，基本使用大西洋、太平洋、印度洋等天然航道，不受道路、轨道、管道等人工运输设施制约，且天然航道通过性强，为大宗货物运输提供了天然条件
优点 2	运费低廉	相较其他运输方式，海洋运输因为基于天然航道，且港口设施建设一般由政府出资，海上运输船只虽然投资较高，但运载量大，单位商品运输成本均摊后较低
优点 3	运载量大	这是由海洋运输的载体——船只决定的，因为航道的天然优势，可以设计建造运载量较高的船只，其他运输方式并不适合建造运载量较高的运输工具
缺点 1	投资量大	国际海洋运输中，运载量较大的船只需要大量投资，且为了提高运载量摊低货物运费，对船只的规模具有一定要求，也决定了发展海洋运输需要大量投资
缺点 2	风险较高	海洋航道既为海上运输带来了优势，但同时也带来了风险。海洋运输要受到极端天气条件的限制，随着气象科技的不断进步，海洋运输规避天气风险的能力不断增强。同时，海洋运输中近洋航线和远洋航线可能需要经过部分国家海域，容易受到地缘政治的影响
缺点 3	时效性差	大型国际货运船舶体积大、吃水深、阻力大、航行慢，运输时间往往较长，因此无法承担一些容易变质、对运输时间有要求的货物运输，且一旦启运，想要追回或改变货物航向相对较慢
缺点 4	灵活性差	同样因为海上运输船只运载量较大，当实际运载量达不到一定水平就会发生亏损，当淡季运输量不大时，可能需要花大量时间等待运输订单

专栏 10-1

水路运输和海洋运输的区别

1）运输种类不同：水路运输分海运和河运两种，它们分别是以海洋和河流作交通线的，而海洋运输仅仅指海运。

2）运输地点不同：水路运输包括所有的水上运输地点，无论是在国内的江、河、湖泊、水库等天然或人工水道，还是在海洋中，都属于水路运输。

3）优点不同：水路运输包含了海运和河运的优点，如运载能力大、成本低、能耗少等，而海路运输仅有运量大、成本低等优点。

4）运输距离不同：水路运输包括所有距离的运输，短、中、长距离全包含，而海路运输一般都是远距离的运输，从一个国家到另一个国家，从一个洲到另一个洲。

资料来源：http://www.xmcosco-shipyard.com/yunshu/22635.html。

（一）班轮运输

海洋运输按照经营方式，可以分为班轮运输（Liner Transport）和租船运输（Shipping by Chartering），其中班轮运输以稳定、固定的特征成为海洋运输主流运营方式，下面首先介绍班轮运输。

1. 概念

班轮运输又称为定期船运输，是指班轮运输企业按照提前制定的时间，在固定的港口装卸，在固定的航线航行，从事客运、货运，并按照事先规定的费率进行收费的运输模式。

2. 特点

班轮运输具有海洋运输的一切特点，此外，其运输模式还具有"四固定"的基本特点，即固定航线、固定港口、固定船期和相对固定运费。固定航线的优点是熟悉航线，规避天气、政治风险，运输时间可预测性较强等；固定港口则有利于班轮运输企业长期与熟悉的港口开展业务，更好地规划航行任务；固定船期则更有利于客户安排运输时间，统一的船期有利于整合中小客户运输需求；相对固定的运费也有利于客户评估运输成本，选择更加合适的航次。

班轮运输特别适合中小额货物贸易的运输要求，班轮运输长期经营一条固定航线，为了提高服务质量和竞争力，班轮运输公司往往派出性能好、配套设施齐全的船只，随航工作人员业务素质也往往较高，并且班轮运输公司在固定的港口一般设有自己的专用装卸码头，甚至部分有业务量大的班轮运输公司会在固定的港口建设自身的仓库和装卸设备，方便装卸的同时保证高水平运输服务质量。

班轮运输虽然"四固定"，但不固定货物的装卸时间，班轮运输费用中包含了货物装卸、理货等费用，卸货等环节均由运输公司承担，因此货物装卸时间由班轮运输公司安排，自然也不存在滞期费（国际贸易运输中，发货人没有及时将货物交付给运输公司产生的额外费用）和速遣费（为鼓励发货人尽快将货物交付给运输公司而节省成本，在规定期限前完成交付的，运输公司向发货人支付的奖励金）。

基本运费（Basic Freight）和附加费（Additionals；Surcharges）共同构成了班轮运费。基本运费是固定航线上针对不同商品种类向货主收取的费用，且基本运费中包含货物装卸费用。基本运费需要所有货主承担，并且从数量上占班轮运费的主要部分，但附加费只发生在特定条件下，占全部运费的比重往往较小。

基本运费计算标准主要有以下几种：

1）按重量（毛重）计费。一般以 1M/T 为计量单位，规定其需要支付的运费数量，在班轮运价表中专门使用"W"字母进行表示。

2）按体积计费。一般以 $1m^3$ 为计量单位，规定其需要支付的运费数量，在班轮运价表中专门使用"M"字母进行表示。

3）按价格计费。按照承运货物的 FOB 总价值，规定货主需要支付的比例。在班轮运价表中专门使用"A. V"或"Ad Val"字母进行表示。

4）按较高价格计费。承运货物基本运费可以按照重量、体积、价值中的任意两者（或全部）进行衡量，按最高者计收。取重量和体积较高者运费，在运价表中一般以"W/M"表示，如果在重量、体积、价值中取最高计费，运价表中则以"W/M or Ad Val"表示。

5）按照运输商品件数或 1 计量单位计费，如车辆按辆计费、大型仪器按台/套收费。

6）大宗商品如棉花、粮食、铁矿等，一般在班轮运费表中不直接规定，而由托运人和班轮公司具体商议，通常比按等级计费优惠。

7）按起码费率计费。如果承运少量货物，按照重量、体积、价格计算后，均未达到班轮运输公司最低运费标准，则按照最低运费标准收费。

因为班轮运输时间长，且以固定船期运输，实际运输成本容易受到油价涨跌、转船、货币贬值、特殊商品等因素而增加，在维持基本运费相对固定的情况下，班轮运输公司为了平抑成本上升带来的损失，收取合理的附加费应对因为港口、船舶、货物等方面增加成本的客观情况。现实国际运输中，不同航线、不同季节、不同公司收取的附加费往往不同。附加费主要有以下类型：

1）超长附加费（Long Length Additional）、超重附加费（Heavy Lift Additional）。超长附加费、超重附加费主要针对货物本身，当商品本身过长、过重，一方面需要专门特殊设备进行装船、理货，船上也需要准备更加适合的储存条件。

2）转船附加费（Transshipment Surcharge）、直航附加费（Direct Surcharge）。转船、直航都是货主对运输安排的特殊要求，因为装运能力较强，一般装运多名货主的多批货物，转船可能需要班轮停靠新的港口，联系设备卸货；直航则要求班轮直达货主指定的运达港口，因为一艘班轮运载多批货物，目的地也不尽相同，所以一旦班轮确定直航，就失去了承运其他货物的机会，增加了班轮运输成本。

3）选港附加费（Optional Surcharge）、变更卸货港附加费（Alternational of Destination Charge）。选港是指在签订运输合同前，货主无法确定卸货港口，事先确定若干可能的港口，待运达前告知卸货港口；变更卸货港容易理解，就是运输开始后，货主、托运人要求更改卸货港口进而产生的额外费用。

4）港口附加费（Port Surcharge）、港口拥挤附加费（Port Congestion Surcharge）。由于某些港口设备效率低、装卸条件差等原因，班轮运输公司装卸时间拉长而造成成本上升。港口拥挤附加费则是因为季节性需求，港口装卸量增加造成的船只排队装卸时间增加。

5）燃油附加费（Bunker Surcharge）、绕行附加费（Bypass Surcharge）。燃油、绕行附加费主要来自船只本身航行过程，因为班轮运输时间长、运载量大，燃油费是船舶运输过程中的重要费用，占运输总成本的 15% 左右；绕行附加费则是船只在航行过程中，原航线无法或不适合通行后，绕行其他路线造成的成本增加。

6）货币贬值附加费（Currency Depreciation Surcharge）。当运费的计收货币发生明显贬值时，船公司就会因为货币贬值而受到较大损失，船东为了弥补损失，就会通过加收货币贬值附加费的方式把损失转嫁给托运人或货主。

上面所有附加费中，超长附加费、超重附加费是货物本身带来的成本上升，转船附加费、直航附加费、选港附加费、变更卸货港附加费则是针对货主运输安排或要求而产生的成本增加，港口附加费、港口拥挤附加费则来自港口方面，燃油附加费和绕行附加费则是船只本身造成的成本增加，货币贬值附加费则基于货币贬值对运输成本的直接影响。

班轮运费的计算分为两部分：一是根据价目表明确基本运费，基本运费要结合商品的具体种类，明确重量、体积、价值或数量的计费标准和等级，再根据对应启运港、目的港和航线，从而确定基本运费的多少；二是需要结合附加费使用的特殊情况，确定需要缴纳的附加费名目，并按照班轮公司附加费的计算方式进行计算（附加费按照总运费的一定比例或按照固定值收取）。

根据上面提到的运费计算步骤，班轮运费计算公式为

$$班轮运费 = 基本运费 \times (1+附加费率) \times 总货运量 \qquad (10\text{-}1)$$

（二）租船运输

1. 概念

海洋运输中除了固定的班轮运输，也有相对灵活的租船运输（Charter Transport）。租船运输是托运人与船只公司签订合同，约定在一定的时间，按照约定的航线，租用船舶运输指定货物的运输方式。

2. 特点

1）租船运输没有固定的航线，自然也没有事先确定的船期表。此特征也是区别班轮运输的核心特征。

2）租船运输特别适合大宗商品运输。原因在于：①班轮运输按照固定的时间和航线，不会为某一托运人改变行程，因此为大宗商品的装卸提出了诸多限制；②班轮运输有多个停靠港口，而租船运输可以直达卸货港口，节省运输成本；③从租船方而言，大宗商品数量多，需要整船或多船运输，有能力租下一艘或数艘船用于运输。

3）货物装卸费的分担按租船合同约定来划分。租船运输装卸费的承担一般分为四种情况：船方不负责装货费和装卸费（Free In and Out，FIO）、船方负担装货费不负责卸货费（Free Out，FO）、船方负担卸货费不负担装货费（Free In，FI）、船方负责所有装卸费（又称为"班轮条件"，Liner Conditions）。

4）租金率或运费率根据租船市场行情而变化。租船运输的运费计算方式有两种：一种是按照货物的数量（重量、体积、件数、价值），结合每单位数量货物运费多少，计算运费总额；另一种是租赁双方协商整船租金，因为运输的货物不同、航线不同、季节不同，往往整船租金采取一价一议的原则，需要托运人事先做好行情调查。

5）各种租船方式均有相应的标准合同格式供采用，合同条款由双方自由商定，国家对此少有强制性法律规定。根据经营模式差别，租船运输可以分为定程租船（Voyage Charter）、定期租船（Time Charter）、光船租船（Bare Boat Charter）。

定程租船又称航次租船，是指租船运输公司负责提供船只，船只在指定的港口，进行一个航次或多个航次对承运货物进行运输。租船合同签订后，租船公司提供的船只需要在指定

时间到达指定港口，装载指定货物后，将货物运往指定的卸货港口，租船公司在整个运输过程中负责对船只的管理。

定期租船又称期租船，是指在规定的期限内，船东提供船只，供租船人调度使用、运营管理。租金按日、半月、月定期支付，或按货物重量（每载重吨，DWT）计算。很多贸易公司会将"定程租船"作为"定期租船"的补充，以求在最大程度上利用好短期和现货市场的贸易机会。

光船租船又称船壳租船，在形式上与定期租船相似，也是租船双方协定租期，船东将轮船交给租船人使用，区别在于光船租船，船东不负责提供船员，而由租船人安排船员（并承担其工资），在租期内，实际上租船人拥有对租赁船只的完全控制。因为对船员的管理相对复杂，所以实际操作中光船租船使用较少。

专栏 10-2

班轮运输和租船运输的异同

项目	班轮运输	租船运输
异：		
1. 含义	船舶在特定航线上和固定港口之间，按事先公布的船期表进行有规律的、反复的航行	根据双方协商的条件，船舶所有人（船东）将船舶的全部或一部分出租给租船人使用，以完成特定的货物运输任务，租船人按约定支付运费或租金的商业行为
2. 特点	有固定的航线、港口、船期、费率	没有固定的航线、港口、船期和运价
3. 服务对象	非特定的、分散的众多货主	特定的大宗货物
4. 适用范围	有利于一般货物和不是整船的小额货物运输	低值的大宗货物，而且一般是租用整船装运
5. 灵活性	较差、按船期表出船	较强、可避免停船损失
6. 确定权利义务依据	以签发提单条款为依据，并受统一的国际公约制约	以租船合同的形式加以确定
7. 费用	运价合理，但较高	受供求关系影响较大，属于竞争价格，比班轮运输运价低
8. 付费方式	按相对固定的运价费率付给	受供求影响大，需要事先进行调查、研究

同：
都具有海洋货物运输的特点，运速慢、运量大、风险高，适用于各种大宗型货物，运输能力强，同时这两种运输方式都有利于促进我国海洋货物运输业的发展，促进国际贸易

二、其他运输方式

除海洋运输外，主流国际贸易运输方式还有国际铁路运输、国际航空运输、集装箱运

输、国际多式联运等。

(一) 国际铁路运输

铁路运输是使用程度仅次于海洋运输的主流国际运输方式，也是现代运输业的支柱。跨国铁路运输需要两个甚至多个国家的铁路运输管理部门联合，使用一份铁路运输单据办理货物的运输和全程配送。相较其他运输方式，铁路运输具有运力大、速度相对较快、连续性强，且安全风险低等优点，缺点则在于初期投资较大、不同国家铁路运输设施可能不兼容、需要协调多国铁路运输管理部门等。

我国的国际铁路运输主要涉及国际铁路货物联运和对港澳地区的铁路运输。

1. 国际铁路货物联运

国际铁路货物联运（International Road Freight）是指使用一份统一的国际联运单据，以铁路为媒介，按照多式联运合同要求，将两个或以上国家的铁路连接成直达运输系统。一份统一国际联运单据体现了铁路运输的连续性，在承运货物由一国进入下一国家时，发货人和收货人不需要参加，而是根据运单直接进行货物转交。

国际铁路货物联运通常是基于《国际铁路货物运送公约》或《国际铁路货物联运协定》进行的。上述两个公约来自两个不同的国际铁路联运组织机构。国际铁路货物联运由国际铁路联运组织机构组织计划、联系运营。国际铁路货物联运起源于18世纪中期的欧洲，1890年于瑞士制定了《国际铁路货物运送规则》。我国国际铁路货物联合运输主要遵守《国际铁路货物联运协定》（CMIC），其简称《国际货协》，是1951年11月由苏联、捷克、罗马尼亚、东德等8个国家共同签订的一项铁路货运协定。1954年1月我国参加，其后，朝鲜、越南、蒙古国也陆续加入，至此共有12个国家加入《国际货协》。1956年，包括中国在内的10个国家主管铁路的部长在索非亚（保加利亚的首都）举行第一届会议，成立了"国际铁路合作组织"。总部设在波兰华沙，宗旨是发展国际铁路联运，统一经营条件及完善经济技术和法律。

专栏 10-3

中 欧 班 列

国际铁路运输对我国"一带一路"沿线国际运输的开展具有重要意义，以中欧班列为代表的集装箱等铁路国际联运列车不断发展，按照固定车次、线路、班期和全程运行时刻开行，运行于中国与欧洲以及"一带一路"沿线国家之间。2023年上半年，中欧班列累计开行8641列，发送货物93.6万标箱。海运和铁路运输成为我国联系"一带一路"国家的主要运输方式。

资料来源：工人日报社，上半年中欧班列累计开行8641列 发送货物93.6万标箱，https://baijiahao.baidu.com/s?id=1770654659055848832。

国际铁路货物联运的流程主要分为托运、承运和发运。

(1) 托运

运单是货物托运的书面申请，在实际托运货物时，发货人应向铁路车站提交运单（包括副本）。接到运单后，车站结合（季度、月度）运输计划对运单进行审核，同时检查运单填写的各项内容是否正确，确认无误后，车站在运单上填写发货人应将货物运抵的日期，同时写明装货日期，即为确认可以承运。

（2）承运

待规定日期发货人将货物搬运至指定位置后，并经过车站比对运单记载信息一致后，在指定日期装车，装车完毕后，始发站在货物运单上加盖承运日期印章，即为货物成功承运。

（3）发运

货物成功装车、加固、密封后，根据运输计划与指定时间发车运输，即为发运。发运后，发货人应及时取得运单，作为贸易双方结算货款的依据。

2. 对港澳地区的铁路运输

港澳地区为我国的单独关境区，其运输模式既不同于境内运输，与国际铁路联运也有区别。对港澳地区的铁路运输核心特征在于分段运输，整个运输过程分为内地的内地段铁路运输（境内地区至深圳北站）和港澳段铁路运输（深圳北站至港澳地区）两段。对于在内地启运、目的地为港澳地区的铁路运输，内地段的承运由内地铁路运段运输，运输的收货人为深圳外运分公司，货物到达深圳北站后，深圳外运作为发货人的代理，交接运送单据、代办货物出口相关手续（商检、检验检疫等），由深圳外运分公司在香港的代理——香港中旅货运有限公司重新向香港九龙铁路办理港澳段铁路运送。

（二）国际航空运输

国际航空运输作为现代货运的新兴运输方式，是指以飞机航空为主要运输方式，将货物进行运输的一种国际贸易运输方式。航空货物运输的优缺点明显：优点在于运输速度较快、时效性较强、不受地面限制因素影响、安全性较高、货物损坏率和灭失率较低、运输极限距离远、简化节省包装费用等，但也存在运费高、运载能力一般等缺点。随着技术发展，航空运输运载能力将不断提升。

结合上述航空运输特点，适合航空运输的货物类型也十分清晰：一是贵重物品，长时间的运输会增加贵重物品的运输风险，航空货物运输运行相对快速平稳，货物损坏率低的特点可以满足高价值物品的运输要求，如金银首饰等；二是急需物品和易腐坏、变质的物品，如生鲜等；三是轻量物品，因为受到运载能力限制，重型物品不适合航空运输，如电子产品等。

航空运输按照经营模式可以分为四类。

第一类是班机运输（Scheduled Airline）。和班轮运输类似，班机运输按照固定的航期、沿着固定的航线、到达固定的卸货机场，运费也相对固定。班机运输是定期运送鲜活易腐产品、贵重物品、急需商品的首选运输方式，班机运输固定的启运时间和到达时间有利于这些急需商品的运送规划，较为固定的运费有利于进出口贸易商人核算运费成本。

第二类是包机运输（Chartered Carrier Transport）。包机运输又分为整机包机和部分包机两种。整机包机类似于包船运输，在签订运输合同后，航空公司将整架飞机租赁给承租人，按照事先约定的时间和航线将货物运达目的地，相对班机运输，更适合运送数量相对较多的货物，且单位商品的平均运费要低于班机运输。部分包机则是由几家发货人或航运代理公司一起包租一架飞机，部分包机一般作为班机运输的补充，在运送货物数量合适时，单位商品的运费更低。

第三类是集中托运（Consolidation）。集中托运是由空运代理将若干单独发货人的货物集中起来组成一整批货物，由其向航空公司托运到同一到站，货到国外后由到站地的空运代理办理收货、报关并分拨给各个实际收货人。集中托运的货物越多，支付的运费越低。因此，空运代理向发货人收取的运费要比发货人直接向航空公司托运低。

第四类是航空快递（Air Express）。价值较高、重量轻的国际快件，非常适合使用航空运输，从而实现货物的快速运输。

（三）集装箱运输

集装箱运输（Container Freight Transport）是以集装箱为运输载体，将货物集合装箱后，使用现代物流手段运送至目的地的运输方式。集装箱运输以其安全、高效、快速、经济性高等特点，成为国际贸易中主流的运输方式。

集装箱是一种可以重复使用的容器或流动货仓，集装箱得以在全世界国际贸易中广泛使用，得益于集装箱一整套标准和运输管理体系的建立。集装箱的来源一般有三种：①海洋货物运输公司（船公司），一般船公司都拥有一定数量的集装箱，甚至有些船公司只运输本公司的集装箱；②集装箱租赁公司，由于临时性或船公司集装箱使用成本过高等原因，与船公司协商后，可以使用租赁公司的集装箱；③货主自备，个别情况下，货主因为长期定期运送货物，租赁或使用船公司集装箱成本太高，或货主运送的货物对集装箱具有特殊要求，此时货主可以自行准备集装箱。前两种情况下，集装箱使用的正常磨损由船公司或租赁公司承担，但如果造成集装箱损坏，货主需要照价赔偿。

专栏 10-4

集装箱的国际标准

国际上负责制定货运集装箱标准的国际组织包括国际海事组织（IMO）、国际标准化组织（ISO）等。其中，IMO主要通过其下设的货物和集装箱运输分委会（CCC分委会）制定船载集装箱相关安全操作规范，并以IMO文书的形式发布。ISO的货运集装箱标准则由ISO/TC 104国际集装箱标准化技术委员会负责，标准包括工业标准、运输标准和基础标准三大类。

资料来源：刘银红，杨立强，邵春福. 集装箱国际标准箱型的发展趋势研究 [J]. 交通标准化，2010，（14）：31-34。

集装箱运输的主要特点如下：

1) 简化包装，大量节约包装费用。为避免货物在运输途中受到损坏，必须有坚固的包装，而集装箱具有坚固、密封的特点，其本身就是一种极好的包装。使用集装箱可以简化包装，有的甚至无须包装，实现件杂货无包装运输，可大大节约包装费用。

2) 减少货损货差，提高货运质量。由于集装箱是一个坚固密封的箱体，集装箱本身就是一个坚固的包装。货物装箱并铅封后，途中无须拆箱倒载，一票到底，即使经过长途运输或多次换装，不易损坏箱内货物。集装箱运输可减少被盗、潮湿、污损等引起的货损和货差，并且由于货损货差率的降低，减少了社会财富的浪费，具有较大的社会效益。

3) 减少营运费用，降低运输成本。由于集装箱的装卸基本上不受恶劣气候的影响，船舶非生产性停泊时间缩短，又由于装卸效率高，装卸时间缩短，对船公司而言，可提高航行率，降低船舶运输成本，对港口而言，可以提高泊位通过能力，从而提高吞吐量，增加收入。

集装箱货物运输流程可以分为三步，即发送、运输（中转）和交付。

1. 发送

发货人根据贸易合同或信用凭证，根据货物种类、数量等情况如实填写集装箱托运单（Container Consignment Bill），在托运单中，发货人需要明确集装箱信息，然后直接订船或委托货运公司订船，根据货物需求和船公司承运要求确定使用船公司、租赁公司或自有的集装箱。如果使用船公司集装箱，船公司需要根据集装箱目前使用情况和规划，确定该批货物使用的集装箱，同时对货物信息进行审核，如果确定承运，即准备订舱清单，同时通知发货人在指定时间到指定的集装箱堆场或集装箱货运站领取空箱（如自备箱则跳过）。

空箱领取后即准备装货，集装箱装货方式有两种：整箱货（Full Container Load，FCL）和拼箱货（Less than Container Load，LCL）。两者的概念容易区分，即同一集装箱是否由同一发货人使用。对于整箱货，装货一般由发货人负责，并贴上海关封条。此种情况下，除非发货人能够举证由于承运人的过失导致货物损失，否则货物损坏和货差由发货人承担。对于拼箱货，装货一般在集装箱货运站进行，发货人将不满一集装箱的货物发至集装箱货运站或内陆站，发货人支付装货费后，承运人将两票或以上的货物拼装在一个集装箱内。拼箱情况下，因为船公司一般只接受整箱运输，拼箱运输一般由集装箱货运公司承接（运输时间较长），如发生货损或灭失，以签订的运输合同为依据进行责任划分。装箱完毕后即装船开始运输。

2. 运输（中转）

按照与船公司的运输协议开始运输，因为集装箱对货物的保护性较好，且搬运较一般货物方便，集装箱运输比较适合转船运输，转船运输一般发生在中转站，经过中转站组织，集装箱能够快速便捷地重新装船运往目的地。

3. 交付

由于集装箱货运有整箱和拼箱之分，因此货物的交接方式也有所不同，主要使用的交货方式如下：

1）整装整交（FCL/FCL），交货地点为"门到门"（Door to Door）。整箱运输中承运人与收货人交接的是整箱货物，因为整箱运输是发货人装货，收货人只需要核对订舱清单、装货单等单据后，无须对货物进行检查即可进行收货。

2）拼箱拆交（LCL/LCL），交货地点为"站到站"（CFS to CFS）。

3）整装拆交（FCL/LCL），交货地点为"门到站"（Door to CFS）。

4）拼装整交（LCL/FCL），交货地点为"站到门"（CFS to Door）。

（四）国际多式联运

国际多式联运是指利用两种或两种以上的运输方式，将货物从一国始发地经海、陆、空不同运输方式接力运送至另一国目的地的运输方式。这种运输方式具有以下特点：

1）节约运输时间：国际多式联运可以实现"门到门"运输，减少中间环节，缩短运输时间。

2）降低成本：国际多式联运可以将不同运输方式的优势相结合，降低运输成本。

3）提高运输效率：国际多式联运可以实现不同运输方式的无缝衔接，提高运输效率。

4）增强运输稳定性：由于国际多式联运涉及多种运输方式，可以有效地分散风险，增强运输稳定性。

5）适应性强：国际多式联运可以根据货物的特点和需求，灵活选择运输方式和运输路线，适应性强。

国际多式联运是多种运输方式的结合，因此通过合理规划，有利于形成更加满足客户需要的运输时间和成本。技术应用方面，国际多式联运需要应用先进的信息技术、物流技术和运输技术，以提高运输效率，降低运输成本。风险管理方面，国际多式联运涉及多种运输方式，需要建立有效的风险管理机制，以应对各种可能出现的意外情况。

构成国际多式联运需要以下条件：

1）有关国家的合作：参与国际多式联运的国家需要建立相应的法律制度、国际条约或协定，为多式联运创造有利的法律环境。

2）基础设施的衔接：参与国际多式联运的国家需要建设或改善港口、铁路、公路、航空等基础设施，以确保不同运输方式之间的顺利衔接。

3）标准和单证的统一：各国需要建立统一的国际多式联运单证，以简化运输手续，提高运输效率。

4）运输企业的合作：参与国际多式联运的运输企业需要建立合作伙伴关系，共同开发国际多式联运产品和服务，共享资源，互利共赢。

（五）其他运输

1. 邮政运输

国际邮政运输是一种通过各国邮政系统进行的国际邮件和包裹运输方式。它利用万国邮联（Universal Postal Union，UPU）建立的全球邮政网络，实现了邮件和包裹在世界各地的传递。国际邮政运输具有一定的特殊性，主要用于运输信件、印刷品、包裹等较小的邮递物品，且价格通常较为实惠。经过多年的发展，国际邮政运输网络已覆盖全球 200 多个国家和地区，成为现代通信和物流服务中不可或缺的一部分。随着电子商务的兴起，国际邮政运输在跨境电子商务领域发挥着越来越重要的作用。国际邮政运输覆盖范围广、通关手续简便、运费不高，适合重量轻、体积小的货物传递；但存在运输时间长、信息跟踪不及时、货损赔偿制度不完善等缺点。

2. 公路运输

公路运输（Road/Highway Transport）是一种基于公路基础设施的运输方式，主要利用汽车、卡车等机动车辆进行货物和人员的运输。公路运输可以提供"门到门"的服务，具有较高的灵活性，能够满足多种运输需求。同时，公路网络覆盖了陆上大部分地区，这使得公路运输成为覆盖范围最广泛的运输方式之一。公路运输的响应时间较短，能够在短时间内组织运输任务。公路运输可以直接到达目的地，降低了运输成本，节约了运输时间。相对于其他运输方式，公路运输所需的基础设施建设投资相对较低，建设和运营成本也比较合理。虽然公路运输具有较低的初始投资和灵活便捷的特点，但其运输成本相对较高（特别对于长距离运输），且运力较海洋运输、铁路运力小，不宜运载体积大或者过重的货物，对货物的保护性不及航空运输。

3. 大陆桥运输

大陆桥运输（Land Bridge Transport）是一种结合了海洋运输和陆地运输的复合运输方式。它利用横贯大陆的铁路或公路运输系统，将货物从一国的沿海港口运送到另一个国家的沿海港口，实现两端海洋运输之间的衔接。大陆桥运输将海运和陆运相结合，降低了运输成本，提高了运输效率。大陆桥运输的概念最早出现在20世纪初，随着铁路和公路网络的不断完善，大陆桥运输逐渐发展起来。第一个投入使用的大陆桥是横贯美国、加拿大和墨西哥的北美大陆桥（North American Land Bridge），随后其他地区的大陆桥运输也相继出现，如亚欧大陆桥（Eurasian Continental Bridge）、南美大陆桥（South American Continental Bridge）等。

第二节　国际货物运输单据

运输单据（Transport Document）是在国际货物运输过程中，用以证明货物运输合同和货物收据的重要单据。运输单据通常由承运人或其代理人签发，包括海运提单、国际铁路联运运单、航空运输单据、多式联运单据等多种形式。

一、海运提单

海运提单（Bill of Lading，B/L）是国际贸易中最为普遍使用的货物运输单据之一，它由承运人（船公司）开具给托运人（发货人），作为货物收据和运输合同的证明，承诺将货物运达指定目的地并交付收货人。它既是承运人和托运人之间的运输合同，也是货物收据和所有权凭证。

（一）海运提单的作用

1）提单是货物收据。海运提单作为货物收据，证明承运人已收到托运人交付的货物，并同意将货物运送到指定的目的港。

2）提单是海洋运输合同的证明。海运提单体现了运输合同中的主要内容，包括承运人和托运人之间的权利和义务、运输路线、运费支付、违约责任等，海运提单是解决双方争议的依据之一。

3）提单是运输货物的物权凭证。海运提单可以作为物权凭证，通过背书（转让）进行货物所有权的转移。根据贸易双方采用不同的贸易术语，收货人可能需要提交正本海运提单才能提取货物。

（二）海运提单的内容

海运提单一般分正反两面，正面填写货物信息、承运人、发货人、收货人、装船港与卸货港等运输信息，反面书写与运输合同相关各方（承运方、发货人、收货人等）的权利、义务以及豁免条款。因为班轮运输可以服务非固定的散货货主，为了避免纠纷，往往提单书写内容完全且清晰（全式提单），而租船运输服务特定的大宗货物货主，各方的责任与义务往往在租船合同中规定得较为详细，因此在提单上不再重复体现（略式提单），在具体书写提单时，往往只在提单正面书写简单的记载事项，反面不书写相关条款。

海运提单正面部分（Front Side）内容如下：

1）标题（Heading）：包含提单的编号、单据份数、发行地点和日期等信息。
2）船公司名称（Carrier's Name）：承运人的名称和联系方式。
3）提单号码（Bill of Lading No.）：提单的唯一编号，用于识别和追踪货物。
4）集装箱号/唛头（Container Numbers/Mark）：集装箱或货物上的识别号码。

5）货名和数量（Description and Quantity of Goods）：货物的名称、包装数量、单位、毛重、体积等信息。

6）运费和费用（Freight and Charges）：包括预付运费、到付运费以及相关费用，如港口费用、附加费等。

7）运输条款（Terms and Conditions of Carriage）：包括适用的运输合同、承运人的责任范围、免责事项等。

8）托运人（Shipper）：发货人的名称和联系方式。

9）收货人（Consignee）：收货人的名称和联系方式。

10）通知方（Notify Party）：通常为目的港的代理或收货人代表，负责接收货物抵达的通知。

11）装船港和卸货港（Port of Loading and Port of Discharge）：货物装船和卸货的港口。

12）签发地点和日期（Place and Date of Issue）：提单签发地点和日期。

海运提单背面部分内容如下：

1）承运人签署和盖章（Signature and Seal of Carrier）：承运人在提单背面签署和盖章，证明提单的有效性。

2）提单条款（Bills of Lading Terms and Conditions）：详细列明承运人的责任和免责事项，如货物装卸、运输过程中产生的损失、延迟交付等。

3）保险信息（Insurance Details）：包括保险金额、保险范围等。

4）背书（Endorsement）：提单背面通常有背书栏，用于托运人将货物所有权转让给收货人。

（三）海运提单的分类

1. 根据提单内容的完整性和繁简程度分类

根据提单内容的完整性和繁简程度，海运提单可以分为全式提单（又称繁式提单，Long form Bill of Lading）和略式提单（又称简式提单，Short form Bill of Lading）。两者的核心区别在于提单上书写内容的完整性和繁简程度。繁式提单正反两面均填写内容，一般用于班轮运输；简式提单略去了繁式提单反面的承运人、发货人、收货人权利与义务，正面的货物信息等也适当简略填写。

2. 根据货物外包装上是否有不良批注分类

根据货物外包装上是否有不良批注，海运提单可以分为清洁提单（Clean Bill of Lading）和不清洁提单（Unclean Bill of Lading）。

清洁提单是指在提单上未对货物的包装和外观缺陷进行详细描述的提单。这意味着在货物装船时，承运人认为货物包装良好，没有明显的外观缺陷，因此在国际贸易中被广泛接受。进口商通常会要求提供清洁提单，以确保所购买的货物状况符合要求。

不清洁提单是指在提单上详细描述货物的包装和外观缺陷的提单。在货物装船时，承运人发现货物包装不佳或有明显的外观缺陷。不清洁提单通常用于处理货物损坏或灭失的责任纠纷，因为承运人可以通过提单上的详细描述来证明货物的瑕疵在装船时已经存在。为了避免不清洁提单可能涉及的货物损坏或灭失，影响货款的收回和银行贷款的安全性，银行不接受不清洁提单。

例如，包装不牢固（Insufficiently Packed）、铁条松散（Iron Strap Loose or Missing）、某

件损坏（Packages in Damaged Condition）、包装有破损（Packaging in Damaged Condition）、一箱有破损（One Case in Damaged Condition）等都是不清洁提单的批注表示。

3. 根据提单抬头的类型分类

根据提单抬头的类型，海运提单可以分为记名提单、不记名提单、指示提单等。提单抬头是指提单的收货人，即运输完成后有权凭借提单提取货物的人。抬头的书写情况直接决定了货物运抵后所有权的转移，为了保障货物交接的安全性，必须了解不同抬头类型提单的特点和使用场景，清楚每种提单转让的原则。

运输中的货物本质也是商品，既然是商品即可买卖。在国际贸易中，发货人可以通过背书转让提单的所有权，所谓背书，是指货物所有人转让所有权的一种法律程序，具体操作中，即货物的所有人在提单的背面签名或盖章，同时写明货物所有权转移的受让人。

（1）记名提单

记名提单（Straight Bill of Lading）是一种将收货人姓名直接列明在提单上的海运提单。记名提单的收货人（Consignee）部分会详细列出收货人的名称，在办理托运时，托运人需要向承运人提供收货人的详细信息，包括名称、地址等。货物只能交付给提单上注明的收货人，不能通过背书来转让，因此货物交接时安全性较高。使用记名提单可以保障收货人的货物所有权；简化提货流程，由于记名提单直接列明了收货人，只要验明收货人身份即可提货。

需要注意的是，记名提单虽然在一定程度上提高了货物运输的安全性，但它的流通性较低。在实际操作中，记名提单的使用并不普遍，通常适用于货物由特定收货人接收的情况。在国际贸易中，指示提单更为常见，因为它可以通过背书自由转让，有利于货物的流转和贸易融资。

（2）不记名提单

不记名提单（Bearer Bill of Lading）在提单"收货人"栏不填写内容，收货人信息为空白。在使用中，不记名提单的持有人就是收货人，不需要背书即可获得货物所有权，在货物运达后提货。这种模式安全性较低，容易发生诈骗、盗窃等问题，因此在国际贸易实际操作中也较少使用。

（3）指示提单

指示提单（Order Bill of Lading）是在发货人未向承运方指定收货人之前，发货人仍然保有货物的所有权，在指定收货人后，该收货人可以通过提单提取货物。实际书写指示提单时，提单"收货人"栏不填写实际收货人的信息，只填写"to Order"（按指示），同时需要在提单背面书写"空白背书"（即背书人在提单背后签名，但不写明提单受让人），因此指示提单也被称为"空白抬头、空白背书"提单。指示提单既保持了提单通过背书转让货物所有权的灵活性，同时需要根据发货人的指示才能完成背书，也提高了运单的安全性，因此在国际贸易中被广泛使用。

（4）不可转让海运提单

不可转让海运提单（Non-negotiable Bill of Lading）是指在提单上标明"不可转让"（Non-negotiable）字样的提单。不可转让提单在某种程度上类似于记名提单，但两者侧重点不同，记名提单强调把货物运送到指定人手中，只能由指定的收货人提货，不可转让提单通常是为了满足某些特定贸易背景下的需求，以确保货物不被转让。

(5) 其他提单

根据海运的经营方式，提单可以分为班轮提单（Liner Bill of Lading）和租船提单（Charter Party Bill of Lading），核心区别在于使用场景不同；根据货物是否装船，提单可以分为已装船提单（On-board Bill of Lading）和备运提单（Prepared Bill of Lading），特点是是否在提单上标注货物已经装船；根据运输方式，提单可以分为直达提单（Direct Bill of Lading）、转船提单（Transshipment Bill of Lading）和联运提单（Through Bill of Lading）。

专栏 10-5

关于提单的主要国际公约

1. 《海牙规则》

《海牙规则》（Hague Rules）的全名为《统一提单若干法律规定的国际公约》（International Convention for the Unification of Certain Rules of Law Relating to Bills of Lading）。它于 1924 年在荷兰海牙制定，并在 1931 年生效。《海牙规则》是关于提单法律制度的第一个国际公约，旨在统一各国关于提单法律制度的规定，减少争议。该公约明确了承运人的责任和豁免，规定了承运人、托运人、收货人的权利和义务，并对提单的转让、灭失等问题做了规定。

2. 《维斯比规则》

《维斯比规则》（Visby Rules）的全名为《修改统一提单若干法律规定的国际公约的议定书》（Protocol to Amend the International Convention for the Unification of Certain Rules of Law Relating to Bills of Lading）。它于 1968 年在瑞典维斯比制定，并在 1977 年生效。《维斯比规则》在很大程度上继承了《海牙规则》的内容，并对其进行了补充和修订。例如，增加了承运人的责任限额，扩大了承运人的责任范围，引入了"container"和"similar unit"等新概念。

3. 《汉堡规则》

《汉堡规则》（Hamburg Rules）的全名为《联合国国际货物多式联运公约》（United Nations Convention on the Carriage of Goods by Sea）。它于 1978 年在德国汉堡制定，并在 1992 年生效。《汉堡规则》旨在统一多式联运（包括海运）的法律制度，加强对货物运输的责任限制，明确承运人、托运人、收货人的权利和义务。《汉堡规则》在承运人责任、诉讼时效等方面有所创新，为现代国际多式联运的发展提供了法律保障。

4. 《鹿特丹规则》

《鹿特丹规则》（Rotterdam Rules）的全名为《联合国全程或部分海上国际货物运输合同公约》（United Nations Convention on Contracts for the International Carriage of Goods Wholly or Partly by Sea）。它于 2008 年在荷兰鹿特丹制定，但至今尚未生效。《鹿特丹规则》旨在全面取代《海牙规则》《维斯比规则》和《汉堡规则》，建立一个统一的国际海上货物运输法律制度。然而，由于该公约尚未生效，其内容尚未得到普遍认可和执行。

二、国际铁路联运运单

国际铁路联运运单（International Through Rail Waybill）是证明国际铁路联运中，发货人与承运人运输契约的证明。与海运运单不同，铁路运单不能作为货物所有权的证明；相同的是，国际铁路联运运单是发货人与承运人之间的合同证明，明确了双方的权利和义务。运单同时也是通关依据，简化货物在边境口岸的通关手续。

国际铁路联运货物全部装车后，启运车站在运单和副本上填写日期并加盖公章，证明承运方已经收到货物并接受承运，运输合同已生效。运单全程与货物一同运输，在过境时作为简化通关流程的关键一环。最后运抵终点站后，收货人付清运杂费后，运单和货物一并交给收货人，铁路运单不是收货人能够提货的证明，说明铁路运单非物权证明，自然也不能转让或通过银行抵押贷款。

三、航空运输单据

航空运单与铁路运单相似，也是承运方接收货物开始运输前签发的货物收据，可作为发货人和承运人之间契约的证明，但不能作为所有权凭证，也不能转让。

航空运输货物到达目的地机场后，航空公司或货运代理会将货物运送至机场货站，并通知收货人。收货人需要向航空公司或货运代理提交身份证明和航空运单正本。收货人需要在货站办理提货手续，包括缴纳相关费用（如杂费、关税等）。收货人需要在现场验货，确认货物完好无损，数量正确。如有任何问题，需要及时向航空公司或货运代理反馈。在确认货物无误后，收货人可以提取货物。

四、多式联运单据

随着国际贸易的发展，全球运输网络日趋复杂，涉及多种运输方式，如海运、铁路、航空等。传统的运输单据（如海运提单、铁路运单等）仅针对一种运输方式，无法满足多式联运的需求。多式联运单据（Multimodal Transport Document，MTD）应运而生，它是一种用于证明多式联运合同、办理货物运输和交付等手续的单据。

多式联运单据和联运提单（Through Bill of Lading）都是国际运输中常用的单据，但它们之间存在一些区别，主要体现在以下几个方面：

（一）适用范围不同

多式联运单据适用于涉及两种或两种以上运输方式的多式联运，包括海运、铁路、航空等多种运输方式。联运提单主要适用于海运与其他运输方式（如铁路、航空等）组成的联运，特别是海运段的运输。

（二）签发方不同

多式联运单据由多式联运经营人签发，负责组织全程运输。联运提单由船公司或其代理人签发，只涉及海运阶段的运输。

（三）责任划分不同

多式联运单据明确了各运输环节的责任方，便于解决运输过程中的纠纷。联运提单主要规定了海运阶段的责任划分，对于其他运输方式的责任划分不够明确。

五、邮政收据

邮政收据是邮局或快递公司在接收寄件人交寄的邮件或包裹时出具的凭证。它是一种接收证明，用于确认邮局或快递公司已经收到了寄件人的邮件或包裹，也可以作为邮寄物品损坏时索赔的依据。

第三节 买卖合同中的装运条款

一、装运时间

装运时间又称装运期,通常是指卖方将货物装上运输工具(如船舶、飞机、货车等)或交给承运人的时间。装运时间在国际贸易合同中的法律意义主要体现在以下几个方面:

1)确定违约责任。如果卖方未能在约定的装运时间内将货物装上运输工具,可能会构成违约,需要承担相应的违约责任。

2)影响货物所有权转移。在国际贸易中,通常以货物装上运输工具作为风险转移的分界点。装运时间规定不明确可能导致货物所有权转移的争议。

3)影响运输保险。装运时间的规定也影响运输保险的生效和截止时间。如果货物在约定的装运时间内装上运输工具,保险责任开始;反之,可能影响保险的效力。

在规定装运时间时,买卖双方可以通过以下方法进行明确:

1)直接规定一个确定的装运月份,如"2023 年 5 月装运"。一般情况下,装运时间不确定到具体某一天,装运工作较为复杂,特别是对大宗商品的装运,因此将装运时间规定在某一天往往难以实现。

2)规定一个装运时间范围,如"不迟于 2023 年 5 月 31 日装运"或"2023 年 5 月 15 日至 2023 年 6 月 15 日装运",也可以直接规定装运时间的月份范围,如"2023 年 7~9 月装运"。

3)将装运时间与某个事件相关联,如"收到买方预付款后的 15 天内装运"或"收到信用证 30 天内装运"。

【案例 10-1】 A 公司(卖方)与 B 公司(买方)签订一项国际贸易合同,约定 A 公司应在 2023 年 5 月 31 日或之前将一批货物装上运输工具。合同签订后,A 公司因生产原因未能按时完成货物生产,导致货物于 2023 年 6 月 3 日才装上运输工具。由于装运时间的延误,B 公司主张 A 公司构成违约,要求其支付逾期装运的违约金。A 公司辩称,生产延误属于不可抗力,因此不应承担违约责任。

分析:在这个案例中,由于合同明确规定了装运时间,如果 A 公司的生产延误不能被认定为不可抗力,则 A 公司应承担逾期装运的违约责任。

二、装运港和目的港

装运港(Port of Loading)和目的港(Port of Destination)分别明确了货物装船和卸货的港口,买卖双方在签订合同时应明确约定装运港,考虑两个港口之间的运输航线和运输成本,确保货物能够高效、经济地运输。实际操作中,装运港一般由卖方提出,目的港一般由买方提出。

明确装运港和目的港需要注意的问题如下:

1)注意港口装卸条件。不同港口可能对货物的种类、数量或运输方式有所限制。买卖双方在选择装运港和目的港时,需要充分了解这些限制,确保货物能够顺利装运和卸货。

2)一般情况下,装运港和目的港只规定一个。出于实际业务需要,也可以分别规定两个及以上。但可选多个装运港和目的港时，应考虑同一航区、同一航线上的港口。

3）对装运港和目的港的表述务必清晰明确，在合同中应明确说明装运港和目的港的名称，避免使用容易产生混淆或泛指的名称。最好同时注明港口的城市名称和国家，以确保准确无误。

【案例10-2】 A公司（卖方）与B公司（买方）签订一项国际贸易合同，合同约定货物应在A公司所在地的P港口装船，并在B公司所在地的Q港口卸货。合同签订后，由于Q港口进行扩建，暂时无法接收货物。

分析：在这个案例中，由于目的港Q港口暂时无法接收货物，可能导致货物运输受阻，甚至引发合同纠纷。为避免这种情况，买卖双方在选择装运港和目的港时，应注意了解港口的实时状况，并在合同中约定一些灵活性，以便应对类似的突发情况。

三、分批装运和转运

（一）分批装运

分批装运（Partial Shipment）是指在进出口贸易中，将同一合同货物分批装载到不同航班或运输工具上进行运输。在国际贸易实践中，分批装运有时是必要的，如生产无法一次满足订单需求、运输路线受限等。在国际贸易合同中，买卖双方可以在运输条款中明确约定分批装运的相关事宜，包括允许分批装运的货物数量、时间安排、每个批次的装运港和目的港等。分批装运一般适用于长期供货合同。短期合同通常要求一次性装运，以减少管理难度和运输成本。除非另有约定，分批装运的货物应具有相同的品质、规格和价格，并且遵守原合同的各项规定。

为避免频繁的分批装运，买卖双方应提前约定分批装运的具体批次和数量，确保供应计划的稳定性。买卖双方应关注每个批次的装运时间，确保货物能够在约定的时间内送达，以免影响合同履行。在保险责任划分上，分批装运可能导致运输保险责任更加复杂，买卖双方应通过合同明确每个批次货物的保险责任，并根据实际情况选择合适的运输保险条款。最后，分批装运可能涉及多次运费支付。买卖双方应明确每个批次装运的运费支付方式，以及由哪方承担运费。

【案例10-3】 A公司（卖方）与B公司（买方）签订一份合同，约定向B公司提供一批价值100万美元的货物。合同约定，A公司应将货物通过海运方式运输至B公司的目的港。但在实际运输过程中，由于A公司生产原因导致无法一次性备齐货物，因此决定将货物分批发货。A公司事先未与B公司沟通，自作主张地将货物分装成三个批次，通过不同的船只和航线运往目的港。

B公司收到第一批货物后，认为A公司的分批装运行为违反了合同的规定，要求A公司承担违约责任，赔偿由此产生的额外费用和损失。A公司则认为，分批装运是出于生产原因，且并未影响货物质量，不应承担违约责任。

分析：在这个案例中，买卖双方对分配装运产生了争议。问题在于，A公司在未与B公司沟通的情况下，自行决定将货物分批装运，违反了合同的约定。由于A公司的行为增加了B公司的管理难度和运输成本，B公司要求承担违约责任是合理的。

（二）转运

转运是指在到达目的地港口前，将货物从一艘船卸下再装上另一艘船的行为。转船是指在到达目的地港口前，将货物从一种运输方式换装到另一种运输方式的行为。在安排转运或转船时，买卖双方通常会在合同中明确约定相关事宜，包括转运或转船的原因、新运输工具的名称、转运或转船的费用承担等。对于 F 组术语（包括 FCA、FAS 和 FOB），转运和转船由买方安排并承担费用和风险。对于 C 组术语（包括 CFR、CIF、CPT 和 CIP），转运和转船通常由卖方安排，但费用和风险由买方承担。

四、装运通知

装运通知（Shipping Advice）是指在进出口贸易中，卖方将货物装运的相关信息通知买方的一种行为。在国际贸易合同中，买卖双方可以约定装运通知的相关条款，包括通知的方式、内容、时间和接收方等。根据《联合国国际货物销售合同公约》，卖方有义务将货物已装运的情况及时通知买方。装运通知通常由卖方或其代理人（如货运代理）发出，内容通常包括合同号或订单号、货物名称、数量、毛重/净重、包装方式、运输工具名称、装运港、目的港、装运日期、预计到达时间等。

五、装卸时间、装卸率、装卸费用

（一）装卸时间

装卸时间（Lay Time）是指在港口或码头进行货物装卸作业所需的时间，一般用小时或工作日表示。

（二）装卸率

装卸率（Loading and Unloading Rate）是指在港口或码头进行货物装卸作业时，每小时所能完成的工作量，通常以 M/T/h 或 m^3/h 表示。如"装卸率为 500M/T/h"或"装卸率为 $30m^3/h$"。在运输合同或租船合同中，装卸率的约定是装卸时间的计算依据。签订合同时，应根据货物类型、船舶类型、港口条件等因素，合理约定装卸率。

（三）滞期费和速遣费

滞期费是指在航次租船合同中，由于租船人的原因导致船舶装卸时间超过约定期限，租船人需要向船东支付的费用。速遣费则是在船舶装卸时间少于约定期限时，船东向租船人支付的费用。滞期费首先需要确定船舶的实际装卸时间。根据实际装卸时间，计算出滞期时间。滞期费等于滞期时间乘以滞期费率。速遣费的计算方式基本相同，但费率有所差别，速遣费一般是相同情况下滞期费的一半。

第四节 国际货物运输保险及其条款

一、国际货物运输保险概况

（一）国际货物运输保险的含义

国际货物运输保险是一种特殊的保险类别，主要用于保障在国际贸易中运输的货物免受损失或损坏。这类保险通常涵盖海运、空运、陆运等多种运输方式，旨在为进出口商、制造商、货运代理等各方提供风险保障。在运输过程中，货物可能会因自然灾害、意外事故、碰撞、失火、盗窃等原因导致损失。国际货物运输保险可对货物财产损失提供一定的保障，使受损方得以赔偿；国际货物运输保险还可为运输过程中的各方提供责任保障。例如，船东、货代等如因自身责任导致货物损失，保险公司可代为赔偿，从而减轻其法律风险。在国际贸易中，进口商在收货前通常需要支付部分或全部货款。如果出口商未按约定发货或货物在运输过程中发生损失，进口商可能面临损失。国际货物运输保险可以提供信用保障，使进口商在遇到上述情况时获得赔偿。

（二）国际货物运输保险的特点

国际货物运输保险属于财产损失保险的范畴，其特点包括承包标的经常流动、风险中间转移、保障范围广泛、保险条款灵活、适用相关的国际法规和惯例等。

1. 承包标的经常流动

国际货物运输保险为国际货物运输提供风险的险种。运输过程中的货物，其特性自然是经常处于流动状态，不受一个固定地点的限制，即具有流动性。

2. 风险中间转移

国际货物运输保险可以使进出口商、制造商、货运代理等各方将运输过程中可能面临的风险转移给保险公司，从而降低各自的风险暴露。

3. 保障范围广泛

国际货物运输保险涵盖海运、空运、陆运等多种运输方式，可满足不同贸易需求。此外，保险责任包括自然灾害、意外事故、货物损坏、第三方责任等多种风险。

4. 保险条款灵活

国际货物运输保险有多种保险条款可供选择，如平安险（FPA）、水渍险（WA）和一切险（AR）等。被保险人可以根据货物特性、运输方式、运输路线等选择合适的保险条款。

5. 适用相关的国际法规和惯例

国际货物运输保险承保标的的流行性决定其不可避免地涉及国际经济、法律关系。保险合同的订立和履行同样受到多个国家法律和惯例的影响。保险争议或纠纷处理过程中所产生的管辖区、仲裁、诉讼等一系列法律问题，更需要按照相应国际公约和惯例来解决。

二、国际货物运输保险条款

为适应我国对外贸易发展的需要，早在20世纪80年代初（1981年1月1日），中国人民保险公司分别制定或修订了海洋、陆上、航空、邮包运输方式的货物运输保险条款，以及适用于上述各种运输方式货物保险的各种附加险条款，总称为"中国保险条款"（China Insurance Clauses，CIC）。

尽管中国保险条款包含了多种不同类型的货物运输保险条款，如《海洋运输货物保险条款》《海洋运输冷藏货物保险条款》《海洋运输散装桐油保险条款》《陆上运输货物保险条款》《陆上运输冷藏货物保险条款》《航空运输货物保险条款》《邮包保险条款》《活牲畜、家禽的海上、陆上和航空运输保险条款》等，但《海洋运输货物保险条款》被认为是最主要的条款，通常称为"中国保险条款"。在其他各种运输方式中，海洋运输货物保险条款作为基础，再根据特定运输方式的特点进行修订。因此，下面详细讨论海洋运输货物保险条款，并简要介绍陆上、航空和邮包运输货物保险条款。

（一）海洋运输货物保险条款

海洋运输货物保险可以分为基本险别和附加险别，其中基本险是指专门针对海上运输过程中可能发生的风险提供保险保障的保险产品。基本险通常包括三种类型：平安险（Free from Particular Average, FPA）、水渍险（With Average, WA）和一切险（All Risk, AR）。在购买基本险的基础上，为满足被保险人对特定风险的保障需求，可以购买附加险。附加险可以分为一般附加险、特殊附加险和特别附加险。

1. 基本险的种类

基本险是海洋货物运输保险中最基本的保险种类，通常包括平安险（Free from Particular Average, FPA）、水渍险（With Average, WA）和一切险（All Risk, AR）。基本险的责任范围主要是货物在运输过程中由于自然灾害和意外事故所导致的损失。但基本险的保障范围有一定的限制，例如，正常情况下的货物自然损耗、内在缺陷、本质缺陷等不属于基本险的保障范围。因此，在购买海洋货物运输保险时，被保险人需要根据货物特性和具体需求选择合适的保险条款和责任范围。

（1）平安险

平安险是三种险别中责任范围最小的险种。该险负责赔偿：

1）船舶遭遇自然灾害，如火灾、爆炸、飓风、地震等，导致货物损失或损坏。

2）船舶发生意外事故，如碰撞、触礁、沉没等，导致货物损失或损坏。

3）货物遭受自然灾害，如在港口、仓库或运输过程中遭遇洪水、暴雨、雷电等，导致货物损失或损坏。

4）货物遭受意外事故，如装卸作业中发生意外，导致货物损失或损坏。

（2）水渍险

水渍险的责任范围比平安险大，但比一切险小。

水渍险承担由于自然灾害导致的部分损失，如船舶遭遇大风大浪，导致海水侵入船舱，造成货物受潮、沾污、霉变等损失。平安险并不承担此类损失。

（3）一切险

一切险是三种基本险中责任范围最大的险种。除包括上列平安险和水渍险的各项责任外，一切险还负责被保险货物在运输途中由于外来原因所致的全部或部分损失。

2. 基本险的除外责任

①自然损耗、内在缺陷、本质缺陷：这些损失通常是由于货物本身的特性或品质问题造成的，不属于基本险的保障范围。②货物的合理损耗：如货物在运输过程中因风吹、日晒、雨淋等自然环境造成的一定程度的损耗，属于合理损耗，基本险不承担此类损失。③货物的包装不善：如果货物的损失是由于包装不善导致的，那么基本险通常不承担此类损失。④货物的易损特征：如货物的易损性、易腐性等，如果在装运前已存在，并可能导致货物损失，那么基本险通常不承担此类损失。⑤战争、罢工、民变、恶意损坏等：这些属于特殊风险，不包括在基本险的保障范围内，但可以通过购买附加险来承保。⑥核风险、污染风险等：这些特殊的风险通常需要通过购买附加险来承保。

3. 基本险的责任起讫

对于平安险（FPA）和水渍险（WA），保险期间通常为一年，自签发保险凭证和保险货物装船起计算，但是货物在运输途中受损或全损必须发生在保险期间内。如果货物在运输过程中遭遇风险而受损或全损发生在保险期间内，保险公司将根据实际情况进行赔偿。一切险（AR）的责任起讫方式通常为保险期间内，保险公司对被保险货物在运输途中因外来原因所致的全部损失或部分损失负赔偿责任。一切险的责任范围包括被保险货物的自然灾害和意外事故所造成的全部和部分损失，同时也包括由于盗窃和罢工所造成的损失。这意味着购买了包括所有风险在内的一切险之后，只要在保险期间内货物发生了损失，保险公司就会进行赔偿。此外，在一些特殊情况下，基本险的除外责任和责任例外条款可能产生影响。因此，选择哪种责任起讫方式应该根据具体的运输条件和货物性质进行权衡和考虑。投保海洋货物运输保险时需要选择适当的险别，并在合同条款中约定适用的责任起讫方式，以保障货物的安全和及时赔偿。

4. 基本险的索赔期限

基本险的索赔期限对于不同险别可能有所不同。一般来说，平安险和水渍险的索赔期限通常为两年，而一切险的索赔期限通常为一年。被保险人应该在保险期间内及时了解货物的运输情况，并注意保存相关单据和证据，以便在发生损失时能够及时向保险公司提出索赔。此外，如果被保险人未能在规定的期限内提出索赔，则会失去索赔权利，保险公司可能会拒绝赔偿损失。

（二）陆上、航空、邮包运输货物保险条款

陆上、航空、邮包运输货物保险是在海洋运输货物保险的基础上发展起来的。由于陆上、航空、邮包运输同海洋运输可能招致货物损失的风险种类不同，所以陆上、航空、邮包运输货物保险与海洋运输货物保险的险别及其承保范围有所不同，现分别简要介绍如下：

1. 陆上运输货物保险

陆上运输货物保险的险别分为陆运险和陆运一切险两种。此外，还有陆上运输冷藏货物险，它也具有基本险的性质。

（1）陆运险的责任范围

陆运险即陆上运输保险，是一种针对陆路运输过程中可能发生的损失或损坏进行保障的保险。陆运险通常保障由于自然灾害（如地震、洪水、暴风雪等）、意外事故（如交通事故、火灾、爆炸等）、货物盗窃和抢劫等造成的货物损失或损坏。陆运险通常提供延迟赔偿，即由于运输过程中的延误导致的货物损失或损坏，保险公司将按照保险合同约定进行赔偿。

（2）陆运一切险的责任范围

陆运一切险除了包括陆运险的保障范围外，还提供货物灭失的保障，即货物在运输过程中发生的全部或部分损失，包括货物的遗失和毁损。除包括上述陆运险的责任外，保险公司对被保险货物在运输途中由于一般外来原因造成的短少、短量、偷窃、渗漏、碰损、生锈、受潮、受热、发霉、串味、沾污等全部或部分损失，也负赔偿责任。

（3）保险责任的起讫期限

陆运险的保险责任起讫期限与海洋运输货物保险的"仓至仓条款"基本相同。具体而言，陆运险的保险责任从被保险货物运离保险单所载明的启运地发货人的仓库或储存处所开始运输时生效。包括正常陆运和有关水上驳运在内，直到该项货物送交保险单所载明的目的地收货人仓库或储存处所，或被保险人用作分配、分派或非正常运输的其他储存处所为止。但如未运抵上述仓库或储存处所，则以被保险货物到达最后一个卸载的车站后，保险责任以60天为限。

2. 航空运输货物保险

我国现行航空运输货物保险的基本险别有航空运输险和航空运输一切险两种。

（1）航空运输险和航空运输一切险的责任范围

航空运输险和航空运输一切险是针对航空运输过程中可能发生的损失或损坏的保险。航空运输险通常保障由于自然灾害、意外事故、货物盗窃和抢劫、货物损坏、延迟等原因导致的货物损失或损坏。航空运输一切险除了包括航空运输险的保障范围外，还提供货物灭失的保障，即货物在运输过程中发生的全部或部分损失，包括货物的遗失和毁损。此外，在投保航空运输险和航空运输一切险的基础上，经与保险人协商后可以加保航空运输货物战争险。该险的承保责任范围，包括航空运输途中由于战争、类似战争行为、敌对行为或武装冲突以及各种常规武器和炸弹所造成的货物损失。

（2）航空运输险和航空运输一切险的责任起讫

航空运输险和航空运输一切险的保险责任起讫期限与海洋运输货物保险的"仓至仓条款"相似。具体而言，其保险责任期限通常从被保险货物运离启运地发货人的仓库或储存处所开始，直至货物抵达目的地收货人的仓库或储存处所，或被保险人用作分配、分派或非正常运输的其他储存场所。如保险货物未到达上述仓库或储存处所，则以被保险货物在最后卸货地卸离飞机后满30天为止。

3. 邮包运输保险

（1）邮包险和邮包一切险的责任范围

邮包险和邮包一切险是针对通过邮包寄递的货物在运输过程中可能发生的损失或损坏的保险。邮包险通常保障由于自然灾害、意外事故、货物盗窃和抢劫、货物损坏、延迟等原因导致的货物损失或损坏。邮包一切险除了包括邮包险的保障范围外，还提供货物灭失的保障，即货物在运输过程中发生的全部或部分损失，包括货物的遗失和毁损。

（2）邮包险和邮包一切险的责任起讫

邮包险和邮包一切险的保险责任起讫期限与海洋运输货物保险的"仓至仓条款"相似。具体而言，其保险责任期限通常从被保险货物离开启运地发货人的仓库或储存处所开始，直至货物抵达目的地收货人的仓库或储存处所，或被保险人用作分配、分派或非正常运输的其他储存场所。此期限内，邮包经交收件人处所，保险责任即告终止。

本 章 小 结

国际贸易运输的主要方式，按照交通工具可以分为海洋运输、铁路运输、航空运输、邮政运输等。其中，海洋运输无论从发展历史还是从运输体量来说，都在目前国际货物运输中占据主导地位。

运输单据是在国际货物运输过程中，用以证明货物运输合同和货物收据的重要单据。运输单据通常由承运人或其代理人签发，包括海运提单、铁路运单、航空运单、公路运单等多种形式。

装运条款包括装运时间、装运港和目的港分批装运、转运、滞期、速遣条款等内容。

海洋运输货物保险可以分为基本险别和附加险别，其中基本险别是指可以单独投保的险别。基本险别分为平安险、水渍险和一切险三种。附加险可以分为一般附加险、特殊附加险和特别附加险。附加险只有在投保了基本险别的基础上才可以投保。附加险种类多样，特殊附加险分为战争险和罢工险。

思 考 题

1. 为什么有时候选择由卖方投保更合适？
2. 论述在国际贸易中公路运输的优缺点。
3. 构成共同海损的条件是什么？
4. 在实际国际贸易中，分批装运是一种常见的运输方式，请简要解释分批装运的含义及优点。

第十一章

国际贸易货款结算

教学目的和要求

通过本章的学习,理解国际贸易货款结算的各种方式,掌握其基础知识和操作技巧,以减少或避免因货款结算问题导致的交易风险。

第一节 支付工具

国际贸易理论与实务中对支付工具的理解和正确应用,往往决定着一笔交易能否成功进行,以及企业是否能实现资金的有效管理。因此,支付工具是国际贸易体系中不可或缺的一部分,它们构成了国际交易中的"血脉"——资金流动。然而,国际贸易并非简单的买卖行为,它涉及多个国家和地区、不同的货币和法律体系,以及一系列复杂的商业风险。因此,选择合适的支付工具并不总是一个简单的决策。在国际贸易的各个阶段——从市场研究、谈判、签约到货物交付和后续服务——支付工具的选择都扮演着至关重要的角色。

从理论上来看,国际贸易支付工具应当满足以下几个基本条件:第一,流动性强;第二,成本低;第三,易于操作;第四,风险小。然而,在实务操作中,因为每一种支付工具都有其适用的情境和局限性,贸易企业需要根据自己的业务特点和交易对手的信用状况来灵活选择相应的支付方式。例如,在与长期合作且信用良好的商业伙伴进行交易时,企业可能会选择电子转账或开立信用证等相对高效和安全的支付方式;如果是与新客户或信用评级较低的国家进行交易,更为保守的支付方式,如汇票或托收,可能更为适用。在这些选择背后,企业决策者需要有扎实的国际贸易理论知识和丰富的国际贸易实践经验,以便在复杂的国际贸易环境中做出明智的决策。同时,在国际贸易中,支付工具的选择也会受到各种宏观和微观因素的影响,如国际金融市场的波动、货币汇率、政治稳定性,以及交易双方的谈判能力等。这就需要企业不仅要有对支付工具本身的深刻理解,还要能够将这些工具置于更广阔的商业和社会环境中去考虑。因此,支付工具在国际贸易理论与实务中的重要性不言而喻。正确选择和应用支付工具是实现有效资金管理、降低商业风险和提高交易效率的关键。

国际贸易货款的支付工具从大方面可以分为两类:一类是现金支付;另一类是票据支付。票据支付则包含汇票、本票和支票三种。下面我们将详细介绍各种支付工具的特点、应用场景以及与之相关的风险和挑战。

一、现金支付

现金支付是国际贸易中最基础和最古老的支付方式。在这种模式下,买方直接向卖方提供现金以完成交易。历史上,在国际货物贸易的初期阶段,支付的一般形式是现金支付。在现代国际货物贸易中,现金支付仅是小额的、非经常的支付方式,例如在边境贸易中,即经常采取现金支付的方式。

（一）国际贸易货物结算中现金支付的优点

1）交易简便快捷：现金支付是最直接、最快速的支付方式。不需要等待银行处理时间或其他复杂的手续，有效地节省了时间和人力资源。

2）不依赖金融机构：现金支付不需要通过第三方金融机构，避免了因银行或金融体系的不稳定而带来的风险。

3）交易隐私性高：由于不通过金融机构，现金交易更为隐秘，保护了买卖双方的商业信息。

4）避免银行费用和其他成本：现金交易可以避免银行手续费、服务费等额外支出。

5）适用于紧急或临时情况：在无法使用其他支付方式，或需要立即完成交易的特殊情况下，现金支付是一种可行的选择。

（二）国际贸易货物结算中现金支付的缺点

1）税收监管难度大：由于现金交易在某些环节脱离了银行系统，会导致国家税收监管变得非常困难。

2）外汇管制问题：现金支付会绕过正规的外汇管理渠道，使得国家外汇管理部门的监管工作变得复杂和困难。

3）伪币风险：现金交易中容易出现伪币问题，这不仅会导致经济损失，还可能引发法律纠纷。

4）安全风险高：与电子支付相比，现金支付在国际贸易中更容易遭到抢劫、损坏或丢失，尤其是在大额交易中。

5）资金流动性问题：大额现金交易可能需要时间和资源来准备和运输现金，影响资金的流动性。

专栏 11-1

现金支付在国际贸易中的局限性

在国际贸易的复杂和多变的环境中，现金支付虽然看似简单和方便，但实际上存在着多种不可忽视的局限性。首先要考虑的是安全问题。在跨境贸易中，现金通常需要物理转移，这就涉及高额的安全和运输成本。除了货币本身有被盗或丢失的风险外，还可能涉及更多的复杂问题，比如货币走私或洗钱。同时，现金支付在大额交易中面临着一系列合规性和审计问题。大额现金交易很容易引起税务机关和金融监管机构的注意，因为这通常是洗钱和其他非法活动的一种常见手段。在一些国家，尤其是那些外汇管制较为严格的国家，大额现金交易可能会面临多种限制或要求。除了上述局限性，现金支付还有其他一些问题，比如流动性问题、货币兑换风险等。综上所述，虽然现金支付在某些特定情境下可能仍然是一种可行的选项，但在大多数国际贸易场合中，其局限性和潜在风险通常远远超过其可能带来的便利。因此，在选择支付方式时，企业和个人需要全面考虑各种因素，以找到最符合其需求和情况的解决方案。

二、票据支付

（一）汇票

1. 汇票的定义和基本内容

汇票是一种书面的支付命令，它是由出票人（Drawer）发给付款人（Drawee），要求付款人在见票时或在未来某一确定时间,支付指定金额给收款人(Payee)或其指定的人。在进出口业务中,汇票通常由出口方签发,其目的是收取货款。

我国《票据法》第22条规定,汇票必须记载下列事项:①表明"汇票"的字样;②无条件支付的委托;③确定的金额;④付款人名称;⑤收款人名称;⑥出票日期;⑦出票人签章。汇票上未记载上述规定事项之一的,汇票无效。

另外,需要注意的事项是:上述基本内容一般为汇票的要项,但并不是汇票的全部内容。按照各国票据法的规定,汇票的要项必须齐全,否则付款人有权拒付。

专栏11-2

"无条件支付命令"在国际贸易中的重要性和作用

"无条件支付命令"是汇票中一个重要的元素,它是出票人对付款人发出的明确指令,要求付款人在特定的时间向指定的收款人或其指定的人支付明确的金额。这一命令是无条件的,意味着付款人必须按照命令执行,不能附加任何额外的条件。它在国际贸易实务交易中具有重要的作用:

1)明确性与确定性:无条件支付命令为交易参与者提供明确和确定的支付指令,确保交易的清晰、明确与透明。它消除了可能的模糊性和误解,确保所有相关方都明白谁应支付,何时支付,以及支付多少金额。

2)交易安全性:在国际贸易中,交易双方通常面临信任危机和风险,特别是在涉及大额交易时。无条件支付命令提供了一种保护机制,确保收款人能按照约定获得款项,同时也为付款人提供了法律上的保护,以防止潜在的争议和风险。

3)法律依据:无条件支付命令为交易提供了法律依据和执行力。在出现争议时,无条件支付命令可以作为法律文件,为解决争议提供依据。

4)促进交易流程:通过明确支付的条件和金额,无条件支付命令有助于简化交易流程,减少不必要的沟通和协调,从而加快交易的完成,促进资金的及时流动。

5)信用提升:无条件支付命令展现了出票人的信用和付款能力,有助于增强交易双方的信任和信心,特别是在跨国交易中,它对于建立和维护商业关系是非常重要的。

2. 汇票的性质与作用

(1)汇票是支付工具

国际结算的基本方式是非现金结算,汇票是能够用来结清国际债权债务的支付工具之一。

(2)汇票是信用货币

汇票不是领款单,而是由出票人担保的信用货币,收款人的权利完全依赖于出票人的信用。

(3)汇票是流通工具

汇票可以经过交付或背书转让给他人,并能连续多次转让。背书人对票据的付款负有担保责任,因此,背书次数越多,对票据付款担保的人越多,票据也越容易被接受。

3. 汇票的主要种类

(1)商业汇票和银行汇票

按照出票人不同,汇票可分为商业汇票(Commercial Draft)和银行汇票(Banker's Draft)。

但是在国际贸易实务中，商业汇票和银行汇票在实际运用中的不同之处有以下几点：

1）出票人：商业汇票的出票人通常是工商企业或个人，而银行汇票的出票人是银行。这决定了两种汇票在信用背书和风险程度上的不同。

2）信用背书：银行汇票由银行发出，具有较强的信用背书，通常被认为是低风险的支付工具。商业汇票的信用程度则取决于出票企业或个人的信用状况，相对来说，信用背书较弱，风险程度较高。

3）使用场景：大宗商品交易的结算，尤其是在国际贸易中，出口商开立商业汇票，通过银行向进口商或指定的银行收取货款。银行汇票通常用于汇款业务，如跨境汇款、投资支付等。它提供了一种安全、可靠的支付方式，是国际金融交易中常用的工具。

4）流通性：由于银行汇票具有较强的信用背书，其在国际票据市场上的流通性通常较商业汇票更好，也更容易被接受和贴现。商业汇票的流通性可能受到出票人信用状况的影响，相对而言较难在票据市场上流通和贴现。

5）贴现率：银行汇票通常享有较低的贴现率，因为它们被视为低风险的票据。商业汇票的贴现率可能较高，因为它的风险程度相对较高。

6）法律和监管：银行汇票受到较为严格的金融法律约束和监管，确保其合法性和安全性。商业汇票的法律和监管可能会根据不同的法域和出票人的不同而有所不同。

（2）光票和跟单汇票

按照是否随附运输单据（Shipping Document），汇票可分为光票和跟单汇票（Documentary Draft）。

光票是指不附带运输单据的汇票。光票的出票人可以是工商企业、银行或个人，付款人也可以是工商企业、银行或个人。光票的流通完全依靠出票人、付款人、背书人的信用。国际贸易中很少使用光票，一般仅在托收运费、保险费、利息、样品费、合同余额，以及寄售（Consignment）等场合使用。

跟单汇票是指附带运输单据的汇票，汇票的付款人要取得运输单据必须付清货款或提供担保。跟单汇票体现了单货对流原则，为买卖双方均提供了一定的保证，在国际贸易中应用最为广泛。

（3）即期汇票和远期汇票

按照见票后付款期限不同，汇票可分为即期汇票（Sight Draft；Demand Draft）和远期汇票（Time Draft；Usance Draft）。

即期汇票是指当持票人向付款人提示（Presentation）汇票时，付款人必须见票即付的汇票。

远期汇票则规定付款人应于将来可以确定的某一特定日期（定日、出票后定期、见票后定期、提单日后定期）付款。实际工作中，远期汇票的付款日期多采用"见票后定期"（At...Days after Sight）的规定方法。

（4）商业承兑汇票和银行承兑汇票

远期商业汇票按照承兑人不同可分为商业承兑汇票（Commercial Acceptance Draft）和银行承兑汇票（Banker's Acceptance Draft）。前者由工商企业或个人承兑，后者由银行承兑。商业承兑汇票以商业信用为基础，银行承兑汇票则以银行信用为基础。银行承兑汇票通常比商业承兑汇票更容易在票据市场上流通，并享受更优惠的贴现率。

4. 汇票的使用

汇票的使用有出票（Issue）、提示、承兑（Acceptance）、付款、背书和拒付（Dishonor）等。汇票经过背书后可以转让。

（1）出票

出票是指出票人按照一定要求和格式签发汇票并将其交付他人的一种行为。在出票时，对收款人通常有三种写法：①限制性抬头；②指示性抬头；③来人或持票人抬头。

（2）提示

提示是指持票人向付款人提交汇票，要求其承兑或付款的行为。提示可以分为付款提示和承兑提示。

（3）承兑

承兑是指远期汇票的付款人在持票人提示的汇票正面签字，从而承诺在汇票到期时向付款人付款的一种行为。承兑是一种从属票据行为。承兑包括以下两个动作：

1）付款人在汇票正面写上"承兑"字样，注明承兑日期并签字。

2）将已承兑汇票交付持票人。

经过以上两个动作，承兑就是有效和不可撤销的。

（4）付款

在即期汇票及远期汇票到期提示时，付款人可以付款。付款后，汇票上一切债务即告终止。

（5）背书

背书是转让汇票的法定手续，是指持票人以转让其权利为目的而在汇票背面签字的一种行为。它是一种从属票据行为。背书可分为限制性背书、指示性背书和空白背书。

1）限制性背书即不可转让背书，是指背书人对支付给被背书人的指示带有限制性词句。例如，"Pay to ABC Bank, not transferable"（付给ABC银行，不能转让）。

2）指示性背书是指背书人先做被背书人记载，再签字。例如，"Pay to the order of ABC Bank, James chen"。

3）空白背书是指背书人仅在票据背面签名而不指定被背书人。

经背书后，汇票的收款权利便转让给受让人。汇票可以经过背书不断转让下去。对受让人来说，所有在他以前的背书人以及原出票人都是他的"前手"；对出让人来说，所有在他让与以后的受让人都是他的"后手"，前手对后手负有担保汇票必然会被承兑或付款的责任。

在国际市场上，一张远期汇票的持有人如想在付款人付款前取得票款，可以经过背书转让汇票，即将汇票进行贴现（Discount）。贴现是指远期汇票承兑后，尚未到期，由银行或贴现公司从票面金额中扣减按一定贴现率计算的贴现息后，将余款付给持票人的行为。贴现后余额的计算公式为

$$贴现后余额 = 票面金额 - 票面金额 \times 贴现率 \times \frac{日数}{360} - 有关费用$$

专栏 11-3

贴现对汇票持有人和付款人的影响

贴现率是根据市场条件和各方的信用状况确定的。例如，假设贴现率为3%。对于面额为10000美元的远期汇票，贴现后汇票持有人将立即收到的金额为

贴现后余额=10000-10000×0.03=9700（美元）

对汇票持有人的影响是：①流动性提高。通过贴现，汇票持有人可以在汇票到期前获得款项，提高了资金的流动性，有助于缓解短期的资金压力或投资于其他有益的项目。②收益减少。由于贴现费用的存在，汇票持有人实际上收到的金额少于汇票的面额，这意味着他们的收益会减少。

付款人的财务状况通常不会因为汇票的贴现而受影响，因为他们仍需在汇票到期时支付完整的汇票面额。然而，如果付款人愿意并有能力在汇票到期前支付，他们可能能够与持票人协商一个较低的支付金额，从而节省一些费用。

通过这种方式，贴现会影响汇票持有人和付款人的财务状况。汇票持有人能够提前获得现金，但需要付出一定的贴现费用；付款人的付款责任不会因为贴现而改变，但他们可能有机会通过提前付款来节省一些费用。

（6）拒付

持票人在向付款人提示汇票要求承兑或付款时，付款人可能会出于多种原因而拒绝承兑或付款，这时汇票即遭拒付。付款人拒付后，持票人应及时将汇票遭拒付的事实通知其前手，前手再通知其前手，直至出票人，以便于持票人向他们追索。如果持票人未能及时通知，则丧失追索权。

5. 汇票的要式项目

国际贸易中使用的汇票，经长期的演化，其格式已经大致固定。

（1）汇票号码

受益人在缮制汇票时，通常会选择发票号码作为汇票号码，以方便单据的管理，有时也会单独编排汇票号码。

（2）出票日期和地点

在汇票的右上角，要注明汇票的出票日期和地点，因为要按照出票地国家的法律来确定汇票是否成立与有效与否。

（3）汇票金额

汇票要注明大小写金额。例如，小写金额为 USD7210.32。大写金额有以下两种写法：

第一种：US DOLLARS SEVEN THOUSAND TWO HUNDRED TEN AND THIRTY TWO CENTS ONLY。

第二种：US DOLLARS SEVEN THOUSAND TWO HUNDRED TEN & 32/100 ONLY。

（4）汇票期限

汇票期限即到期日，须与信用证的规定一致。

如为即期信用证，则在 AT 与 SIGHT 之间的横线或虚线上打上××××，表明此空白处不填写任何信息，汇票即为即期汇票。

如为远期信用证，则在 AT 与 SIGHT 之间的横线或虚线上填写相关期限。例如：

1）见票后 90 天付款，AT 90 DAYS AFTER SIGHT…

2）提单日后 60 天付款，AT 60 DAYS AFTER B/L DATE SIGHT…

3）装运日后 90 天付款，AT 90 DAYS AFTER SHIPMENT DATE SIGHT…

（5）无条件支付命令

PAY TO THE ORDER OF 后面要注明议付行的全称，如 PAY TO THE ORDER OF UNITED

OVERSEAS BANK BEIJING BRANCH。

(6) 汇票的出票依据

有的信用证会要求受益人出具的汇票注明信用证号码等相关细节。因此，大多数汇票上有 VALUE RECEIVED…，受益人要在此空白处加列信用证号码、开证行名称和开证日期。例如，L/C NO.1CMLC283473 ISSUED BY UNITED OVERSEAS BANK LTD. SINGAPORE DATED JUN. 26，2004。

(7) 付款人

汇票左下角 TO 后注明开证行的名称。若信用证规定有偿付行（Reimbursing Bank），则注明偿付行的名称。汇票不能以开证申请人为付款人（Drawee），若受益人提交的汇票以开证申请人为付款人，则此汇票作为与商业发票一类的商业票据处理。

(8) 出票人

汇票的出票人（Drawer）必须是信用证的受益人，即在汇票的右下角加盖受益人的章。

在实务中，大多数跟单信用证项下的汇票都是由议付行代受益人缮制的，并直接在汇票后面背书。

(二) 本票与支票

1. 本票与支票的定义

本票是一个人向另一个人签发的保证于见票时或定期或在可以确定的将来时间，对某人或其指定人或持票人支付一定金额的无条件的书面承诺。简言之，本票是出票人对收款人承诺无条件支付一定金额的票据。

本票可分为商业本票和银行本票。商业本票可按付款时间分为即期本票和远期本票两种，而银行本票都是即期的。我国《票据法》第 78 条规定，我国允许开立自出票日起、付款期限不超过两个月的银行本票。我国《票据法》还规定，银行本票仅限于由中国人民银行审定的银行或其他金融机构签发。

支票是以银行为付款人的即期汇票。出票人在支票上签发一定的金额给特定人或持票人。支票的出票人在签发支票后，应负票据上的责任和法律上的责任。前者是指出票人对收款人担保支票的付款；后者是指出票人签发支票时，应在付款银行存有不低于票面金额的存款。如存款不足，支票持有人在向银行提示支票要求付款时，就会遭到银行的拒付。这种支票称为空头支票。

按我国《票据法》的规定，支票可以分为现金支票和转账支票两种。

2. 本票、支票与汇票的主要区别

(1) 本票与汇票的主要区别

1) 双方的基本当事人不同。本票的基本当事人有两个，即签发人和收款人；汇票的基本当事人有三个，即出票人、付款人和收款人。

2) 本票是一种无条件支付承诺，汇票是一种无条件支付命令。

3) 本票由于出票人与付款人是同一人，因而无承兑行为；汇票有承兑行为。

4) 本票的主债务人就是出票人；而远期汇票的主债务人在承兑前是受票人，在承兑后则为承兑人。

(2) 支票与汇票的主要区别

1) 支票的付款人是银行；汇票的付款人可以是银行，也可以是商人。

2）支票为即期；汇票有即期，也有远期。

第二节　汇付与托收

顺汇（Forword Remittance）是一个过程，其中债务人主动将款项交给本国的银行，并委托银行利用特定的结算工具将资金汇付给国外的债权人或收款人。由于结算工具（如票据、电信转账、邮寄支付凭证等）的传递方向与资金的流动方向一致，故名顺汇。汇付是顺汇的一种形式。

逆汇（Reverse Remittance），与顺汇相反，是债务人通过出具票据的方式，委托本国银行向国外债务人索取款项的结算方式。在这种情况下，结算工具的传递方向与资金的流动方向是相反的，因此称为逆汇。在国际贸易活动中，信用证下的押汇、跟单托收，以及非贸易场景中的支票托收都是逆汇的例子。

这两种结算方式提供了灵活和安全的货款处理解决方案，帮助国际贸易参与者管理跨境交易中的信用风险和流动性需求。

一、汇付

（一）汇付方式及其当事人

汇付（Remittance）又称汇款，是最简单的国际贸易结算方式，是指付款人通过银行使用各种结算工具将货款汇交收款人的一种结算方式。汇付属于商业信用，但具有手续简便、费用低廉等特点。

汇付业务涉及的当事人有四个：

1）汇款人（Remitter）：委托银行汇出款项的人，即付款方。
2）收款人或受益人（Payee or Beneficiary）：收取款项的人，即收款方。
3）汇出行（Remitting Bank）：受汇款人委托，汇出款项的银行。汇出行所办理的汇款业务叫作汇出汇款。
4）汇入行（Paying Bank）：又称解付行，即接受汇出行的委托结付汇款的银行。解付行所办理的汇款业务叫作汇入汇款。

其中，汇款人与汇出行之间订有合约关系，汇出行与汇入行（即汇出行的代理行）之间订有代理合约关系。

在办理汇付业务时，需要由汇款人向汇出行填交汇款申请书，汇出行有义务按照汇款申请书的指示通知汇入行；汇入行收到通知后，有义务向收款人（通常为出口商）解付货款。但汇出行和汇入行对不属于自身过失而造成的损失（如付款委托书在邮递途中遗失或延误等致使收款人无法或延期收到货款）不承担责任，而且汇出行对汇入行工作上的过失也不承担责任。

（二）汇付的种类

由于使用的结算工具不同，汇付通常可以分为电汇、信汇和票汇三种。

1. 电汇

电汇（Telegraphic Transfer，T/T）是指应汇款人的申请，由汇出行拍发加押电报、电传或SWIFT电文等给其国外的分行或代理行（即汇入行），指示其解付一定金额给收款人的一种结算方式。电汇（T/T）业务流程如图 11-1 所示。

图 11-1　电汇（T/T）业务流程

具体流程解释如下：
① 汇款人递交电汇申请书并交款、付费。
② 汇出行发给汇款人电汇回执。
③ 汇出行发出电报或电传。
④ 汇入行缮制电汇通知书，通知收款人取款。
⑤ 收款人持通知书一式两联向汇入行取款，并在收款人收据上签章。
⑥ 汇入行解付汇款。
⑦ 汇入行向汇出行寄送付讫借记通知书并索偿。

2. 信汇

信汇（Mail Transfer，M/T）是指汇出行应汇款人的申请，将信汇委托书或支付委托书邮寄给汇入行，授权其解付一定金额给收款人的一种结算方式。信汇结算的程序和电汇结算相同。

3. 票汇

票汇（Remittance by Banker's Demand Draft，D/D）是指汇出行应汇款人的申请，代汇款人开立以其分行或代理行为解付行的银行即期汇票，列明收款人的姓名、汇款金额等，交由汇款人自行寄送给收款人或亲自携带出国，以凭票取款的一种汇款方式。票汇（D/D）业务流程如图 11-2 所示。

图 11-2　票汇（D/D）业务流程

具体流程解释如下：
① 汇款人填写票汇申请书并交款、付费。
② 汇出行开出即期汇票给汇款人。

③ 汇款人将即期汇票自行邮寄给收款人。
④ 汇出行将汇款通知书和汇票票根寄给汇入行。
⑤ 收款人持汇票向汇入行取款。
⑥ 汇入行核对无误后付款。
⑦ 汇入行向汇出行寄送付讫借记通知书并索偿。

(三) 汇付在国际贸易中的应用

在国际贸易中，汇款结算方式多用于预付货款、货到付款。

1. 预付货款

预付货款（Payment in Advance）是指进口商先将部分或全部货款汇交出口商，出口商收到货款后发货。就卖方来讲是先收款后交货，不积压资金，因此，预付货款对卖方有利而对买方不利。例如，随订单付现（Cash with Order）就是其中较为典型的方式。这是建立在进口商对出口商绝对信任的基础上，需要预付货款的商品大多是国际市场的抢手货。

2. 货到付款

货到付款（Payment after Arrival of Goods）通常也称为"赊账交易"（Open Account Trade，O/A），是指在签订合同后，出口商先发货，进口商收到货物后将货款汇交出口商，因此，对买方有利而对卖方不利。例如，交货付现（Cash on Delivery，COD）就是其中较为典型的方式。这样，主动权完全掌握在进口商手中。出口商不仅要延迟收回货款，还要承担货物已发出、货款又无法收回的风险。

二、托收

(一) 托收的含义

托收（Collection）是指由卖方（债权人）开立汇票，委托出口地银行通过在国外的分行或代理行，向买方（债务人）收取货款或劳务费用的一种结算方式。它属于商业信用，采用的是逆汇法。

托收方式可能涉及的当事人有以下几个：

1) 委托人（Principal；Consignor），即开出汇票委托银行向国外付款人代收货款的人，通常为出口商。

2) 托收行（Remitting Bank），即接受出口商的委托代为收款的出口地银行。托收行有义务按照委托人的指示办事。

3) 代收行（Collecting Bank），即接受托收行的委托，向付款人收取货款的进口地银行。代收行与托收行之间是委托代理关系。

4) 提示行（Presenting Bank），即向付款人提示汇票和单据的银行。代收行可以自己兼任提示行。提示行也可以是与付款人有账户往来关系的银行。

5) 付款人（Drawee），即托收的付款人，通常为进口商。

(二) 托收委托书

按照国际商会第 522 号出版物《托收统一规则》，一切托收业务都必须附有托收委托书（Collection Order）。

委托人应该填写托收委托书，银行只根据托收委托书所给予的指示办理。出口托收委托书的内容主要包括代收行、申请人、付款人、汇票的时间和期限、合同号码、单据以及托收条款。托收条款一般包括以下内容：①收到款项后办理结汇；②收到款项后办理原币付款；③要求代收行付款交单；④要求代收行承兑交单；⑤银行费用由付款人承担；⑥银行费用由申请人承担；⑦通知申请人承兑汇票的到期日；⑧如果付款延期，向付款人收取×××%的延期付款利息；⑨若付款人拒绝付款或拒绝承兑，通知申请人并说明原因；⑩若付款人拒绝付款或拒绝承兑，代收行对货物进行仓储或加保，费用由申请人支付；⑪其他。

（三）托收的种类

根据委托人签发的汇票是否附有单据，托收结算方式主要可以分为两种：光票托收和跟单托收。

1. 光票托收

光票托收（Clean Bill for Collection）是指委托人仅签发汇票而不附带任何货运单据的一种托收业务。光票托收并不一定不附带任何单据。如果一张汇票仅仅附有一些非货运单据，如发票、垫款清单等，这种汇票的托收也被视为光票托收。在国际贸易中，光票托收用于收取货款的尾数、佣金、样品费以及其他贸易从属费用等小额款项。

2. 跟单托收

跟单托收（Documentary Bill for Collection）是指在卖方（出口商）所开具的汇票以外，还附有货运单据的托收。在实务中，跟单托收所附单据主要有提单、保险单、装箱单等。在办理跟单托收时，委托人需要将汇票和所附货运单据等一并提交托收行，由托收行寄交代收行，凭此向进口商收取货款。

按照货物单据和货款的支付是否同时进行，跟单托收分为付款交单和承兑交单。

（1）付款交单

付款交单（Documents against Payment，D/P）是指代收行必须在付款人付清票款之后将货运单据交给付款人。办理此类托收时，委托人必须在委托书中指示代收行只有在进口商付清货款的条件下才能交付单据。原则上，第一次提示单据时付款人就应付款。按照国际惯例，进口商的赎单时间为 24 小时。

按照付款时间不同，付款交单又可以分为即期付款交单和远期付款交单。

如果是即期付款交单，那么代收行收到汇票后，应立即向付款人提示，要求付款。如果是远期付款交单，那么代收行收到汇票后，向付款人提示要求承兑；进口商得到代收行提示并承兑汇票后，将汇票退还给代收行保存；代收行在到期日提示要求付款，进口商付款后就可以得到货运单据。

（2）承兑交单

承兑交单（Documents against Acceptance，D/A）是指代收行在付款人承兑远期汇票后，即把货运单据交给付款人；汇票到期时，由付款人付清款项。承兑交单与付款交单的区别在于，在承诺交单情形下，进口商承兑汇票后就可以得到单据提货，而无须等到汇票到期日。

（四）托收业务程序

由于贸易项下的托收业务一般指跟单托收，因此我们仅以跟单托收为例来说明托收业务程序。即期付款托收业务程序、远期付款托收业务程序、承兑交单托收业务程序分别如图 11-3~图 11-5 所示。

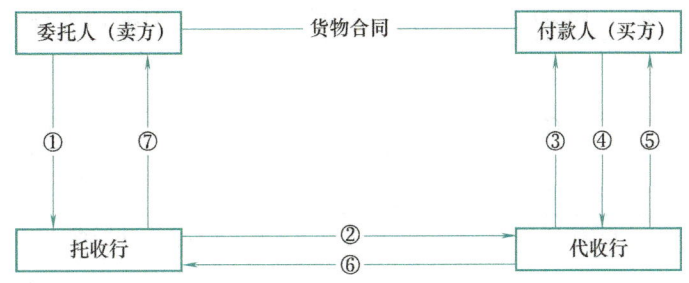

图 11-3　即期付款托收业务程序

具体流程解释如下：

① 委托人按合同规定装运后，填写委托申请书，开立即期汇票，连同货运单据交托收行，请求代收货款。

② 托收行根据委托申请书缮制托收委托书，连同汇票、货运单据寄进口地代收行委托代收货款。

③ 代收行按照委托书的指示向付款人提示汇票和单据。

④ 付款人审核无误后付款。

⑤ 代收行交单。

⑥ 代收行办理转账并通知托收行款已收妥。

⑦ 托收行向委托人交款。

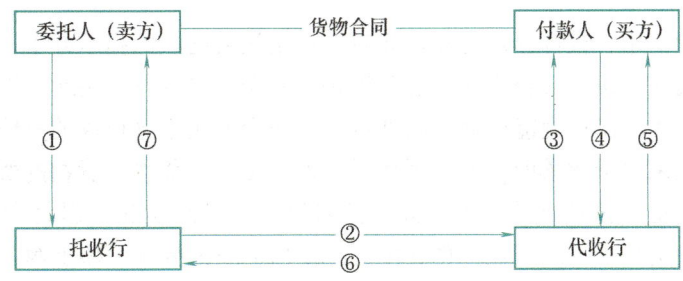

图 11-4　远期付款托收业务程序

具体流程解释如下：

① 委托人按合同规定装运后，填写委托申请书，开立远期汇票，连同商业单据交托收行，请求代收货款。

② 托收行根据委托申请书缮制托收委托书，连同汇票、商业单据交进口地代收行委托代收货款。

③ 代收行按照委托书的指示向付款人提示汇票和单据。付款人经过审核无误在汇票上承兑，代收行收回汇票与单据。

④ 付款人到期付款。

⑤ 代收行交单。

⑥ 代收行办理转账并通知托收行款已收妥。

⑦ 托收行向委托人交款。

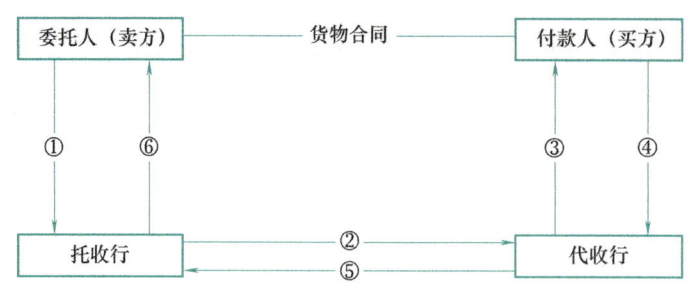

图 11-5　承兑交单托收业务程序

具体流程解释如下：

① 委托人按合同规定装运后，填写委托申请书，开立远期汇票，连同商业单据交托收行，请求代收货款。

② 托收行根据委托申请书缮制托收委托书，连同汇票、商业单据交进口地代收行委托代收货款。

③ 代收行按照委托书的指示向付款人提示汇票和单据。付款人经过审核无误在汇票上承兑，代收行收回汇票的同时，将商业单据交给付款人。

④ 付款人到期付款。

⑤ 代收行办理转账并通知托收行款已收妥。

⑥ 托收行向委托人交款。

（五）托收业务风险防范

托收属于商业信用，银行办理托收业务时，只是按委托人的指示办事，并不承担要求付款人必须付款的义务，也无检查审核货运单据是否齐全、是否符合买卖合同的义务。

因此，跟单托收中出口商能否顺利收到货款，完全取决于进口商的资信状况。若在付款交单下，进口商在未付清货款前，取不到货运单据，提不走货物，货物的所有权仍属于出口商，如进口商到期拒不付款赎单，出口商虽然可以另行处理货物，但将承担货物存仓、保险、转售或运回的费用损失。若在承兑交单下，进口商只需要在汇票上履行承兑手续，即可取得单据，把货物提走。进口商承兑后到期不付款，虽然出口商有权依法向承兑人追偿，但实践证明，此时的进口商多半已无力偿付或破产，或本身即是一种诈骗，因此出口商往往面临货款两空的处境。所以，承兑交单比付款交单的风险更大。

由于托收对进口商有利，进口商不但可免去申请开立信用证的手续，不必预付银行押金，减少费用支出，而且有利于资金融通和周转。在出口业务中采用托收，有利于调动进口商采购货物的积极性，从而有利于促成交易和扩大出口。但出口商仍应做到以下几点：①切实了解进口商的资信情况和经营作风；②明确各种托收方式的操作要点，应按照票据金额、性质、对客户的控制程度选择恰当的托收方式，慎用远期付款交单和承兑交单，每笔托收金额不宜太大，远期托收期限最好不超过 90 天；③严格按照规定发货，确保单证完整、准确、真实，以免授人以柄；④了解进口国的贸易管制和外汇管制条例以及商业惯例；⑤出口合同应争取按 CIF 或 CIP 条件成交，由出口商办理保险和运输，最好不要签发以进口公司为抬头的记名提单，以防止进口公司向船公司凭副本海运提单办理提货手续，或防止进口商不付款时出口商无法再转让提单。

第三节 信 用 证

信用证（Letter of Credit，L/C）是随着国际贸易、航运、保险、金融等的迅速发展而逐渐发展起来的一种结算方式。它以银行信用为基础，由进口地银行向出口商提供付款保证，使得出口商收回货款的风险降低；出口商必须提交与信用证相符合的单据才可以获得付款，因此进口商的收货风险也相对减少。信用证付款已成为国际贸易中普遍采用的一种主要的支付方式。

一、信用证概述

（一）信用证的含义

信用证是一种以银行为基础的国际贸易结算方式。它是买方所在地的银行（开证银行）根据买方的请求，向卖方发出的一种书面付款承诺。在该承诺中，银行保证在卖方满足特定条件（通常是提交特定的交易和运输文件）后向其支付特定金额。信用证是当下国际贸易实务交易中重要的支付手段。

（二）信用证的特点

信用证的特点表现在三个方面：

1. 信用证交易的独立性

信用证交易是独立于买卖合同或任何其他合同之外的交易，开立信用证的基础是买卖合同，但银行与买卖合同无关，也不受其约束，因此，一家银行做出的付款、承兑、支付汇票或议付，或者履行信用证下其他义务的承诺，不受申请人与开证行或受益人之间关系而提出的索赔或抗辩的约束。

2. 信用证交易的单据性

对出口商来说，只要按信用证规定条件提交了单据，在单单一致、单证一致的情况下，即可从银行得到付款；对进口商来说，只要保证收到符合信用证规定的单据即行付款，就可从银行取得代表货物所有权的单据。因此，银行开立信用证实际上是进行单据的买卖。

3. 银行提供信用

在信用证交易中，银行根据信用证取代买方承担了作为第一付款人的义务；日后只要卖方提供了符合信用证的单据，即使买方破产，卖方也能从银行得到付款保证，这样，银行提供了远优于进口商个人信誉的银行信用，较之托收或直接付款方式来说，使卖方风险大为减少。

（三）信用证的作用

采用信用证支付方式，给进出口双方以及银行都带来了一定的好处。信用证的作用表现如下：

1. 对出口商的作用

1）保证出口商凭单取得货款。出口商交货后提交的单据，只要做到与信用证规定相符，银行就保证支付货款。因此，信用证支付为出口商收取货款提供了较为安全的保障。

2）保证出口商取得资金融通。出口商在交货前，可凭信用证作抵押，向出口地银行打包贷款，用以收购、生产出口货物；或出口商在出运货物后，提交汇票和信用证规定的各种单据，叙作议付，取得货款，从而有利于资金周转。

2. 对进口商的作用

1）保证按质、按量、按时收到货物。进口商可以通过控制信用证条款，如在证中规定最迟的装运期或要求出口商提交由信誉良好的公证机构出具的检验证书等，来约束出口商交货的品质、数量和时间，以保证进口商的利益。

2）提供资金融通。进口商在申请开证时，通常要交纳一定的押金，如果开证行认为进口商资信较好，进口商就有可能少交或免交部分押金。在采用远期或延期信用证时，进口商还可以凭信托收据向银行借单，先行提货、转售，到期再付款，为进口商资金融通提供便利。

3. 对银行的作用

在使用信用证时，由于银行信用代替了商业信用，因此进口商在申请开证时要向银行交付一定的押金或担保品，为银行利用资金提供便利。此外，在信用证业务中，银行每做一项服务均可取得各种收益，如开证费、通知费、议付费、保兑费、修改费等各种费用。这对银行来说也有一定的好处。

二、有关信用证的国际惯例

《跟单信用证统一惯例》是有关信用证的国际贸易惯例，是解释信用证业务有关当事人权利和义务的重要规则。《跟单信用证统一惯例》自1929年制定至今，已进行了7次修改。现行的《跟单信用证统一惯例》是国际商会第600号出版物（*The Uniform Customs and Practice for Documentary Credits*, 2007 Revision, ICC Publication No. 600），简称UCP600，于2007年7月1日正式生效，取代运作了13年之久的UCP500。

UCP600与UCP500相比，在名词术语、结构、逻辑编排上更为清晰、明确、简洁。它将原来的49条条款调整、增删为现有的39条。格式编排参照《国际备用信用证惯例》（ISP98）、《关于审核跟单信用证项下单据的国际标准银行实务》（ISBP），弥补了以前UCP500条款次序排列上存在的不足，并把原本散落在各个条款中的解释定义归集在一起，使全文变得清晰。UCP600在对UCP500修改中，增加了一些十分重要的新定义，如Banking Day、Complying Presentation、honor、Nominated Bank等，从而使惯例的解释更为清晰简洁。此外，UCP600第17条明确了正本单据的认定标准，并声明信用证规定的每一种单据须至少提交一份正本。UCP600还明确了"银行不接受迟于装运日后21天提交的单据"中的"21天"为"21个日历日"。

在内容变化和单证操作方面，UCP600条款的改进大多体现了对受益人利益的维护。UCP600明确了信用证一经开出即不可撤销，杜绝了申请人（进口商）在UCP500下开立可撤销信用证的随意性；将审单时间从"不超过7个银行工作日的合理时间"缩短为"不超过5个银行工作日"，有利于受益人提前收汇和结汇；改变了UCP500"单据遗失概不负责"的规定，表明开证行或保兑行在一定程度上要承担单据途中遗失的责任；在信用证修改方面，UCP600肯定了受益人不一定要发出接受或拒绝的明确通知，即受益人对是否接受信用证的修改实际上有最终的决定权。

UCP600还确立了新的制单、审单原则，放弃了过去强调的单据、单证之间完全相符的"镜像"原则，增加了"单内一致"的要求，并定义"相符交单"为：与信用证条款、本惯例的相关适用条款（UCP600）以及国际标准银行实务（ISBP）一致的交单。例如，UCP600第14条d款规定，单据中的数据……无须与该单据本身中的数据、其他要求的单据或信用证中的数据等同一致，但不得矛盾。再如，第14条e款对单据的货物描述相对宽松，规定除商业发票外，允许某些单据可以没有货物描述，如果有，则与信用证规定不冲突就行。此外，UCP600还规定了受益人和申请人的地址无须与信用证或其他规定单据中所载相同，相关银行可以接收金额大于信用证允许金额的商业发票。

但是，UCP600也出台了"单据必须满足其功能"的新规定。因此，受益人在单据中要尽量体现出单据的功能和用途，严格制单审单，避免提交类似没有装箱情况说明的装箱单、不标明生产国别的产地证、没有检验结果的检验证书等这些不满足单据功能的单据。

总之，UCP600条款的改进最大限度地避免了受益人因非实质性不符点而遭受开证行的拒付，有利于提高信用证结算的利用率。不过，出口商在审证环节中还要注意新旧版本的适用性问题。因为UCP600的公布并不意味着UCP500的失效，如果收到的信用证上显示"此信用证根据UCP500开立"，若出口商不考虑修改信用证，则必须按照UCP500的要求，严格执行"单证一致、单单一致"的制单和审单原则。

三、信用证的当事人

信用证结算方式的主要当事人有四个，即开证申请人、开证行、通知行、受益人。另外还涉及其他关系人，如议付行、付款行、保兑行等。

1）开证申请人（Applicant）又称开证人（Opener），是指向银行提出申请开立信用证的人，一般为进口商。在开证行履行付款责任以后，应及时将货款偿还开证行。如发现单证不符，有权拒付。

2）开证行（Issuing Bank, Opening Bank），是指应申请人要求或代表其自身开立信用证的银行，一般处于进口商所在国。信用证开出后，开证行要对信用证独立负责，不可撤销信用证的开证行负第一性付款责任。如受益人交来的单据与信用证条款相符，开证行必须付款，不管货物是否合格。

3）通知行（Advising Bank, Notifying Bank），是指受开证行的委托，应将信用证及时正确地通知受益人的银行，一般为出口地银行。通知行应鉴别信用证的表面真实性，如不愿通知或无法鉴别，则必须毫不延迟地告知开证行。除此之外，通知行无须承担承付或议付的任何责任。

4）受益人（Beneficiary），是指信用证上所指定的有权使用该信用证的人，一般为出口商。受益人在收到信用证时，应仔细地将信用证条款与合同核对，如不符，应通过进口商要求开证行修改。受益人为取得开证行的付款保证，必须严格按信用证条款制单。

5）议付行（Negotiating Bank）。按照UCP600的规定，议付是指议付行在相符交单下，在其应获偿付的银行工作日当天或之前向受益人预付或同意预付款项，从而购买汇票和/或单据的行为。议付行在议付后，如遇开证行倒闭或不付款时，可向受益人进行追索。议付行可以由通知行或保兑行兼任，也可以是出口地的其他银行。

6）付款行（Paying Bank）也称代付行，是指信用证内指定的另一家为信用证项下付款或履行付款责任的银行，通常由通知行兼任代付行。付款行的审单付款责任与开证行一样，也属于终局性的，在履行付款以后不能向受益人追索，只能向开证行取得偿付。

7）保兑行（Confirming Bank），是指根据开证行的授权或要求在信用证上加具保兑的银行，具有与开证行相同的责任和地位，即对受益人独立负责，承担必须对相符交单承付或议付的责任。汇票、单据一经保兑行承付或议付，即使开证行倒闭或无理拒付，保兑行均无权向出口商追索款项。保兑行通常由通知行兼任。

8）偿付行（Reimbursing Bank），是指受开证行的指示或授权，对有关代付行或议付行的索偿予以照付的银行。但此偿付不视作开证行终局性的付款，因为偿付行并不审查单据，不负"单证不符"之责。开证行在见单后发现单证不符时，可直接向寄单的议付行、代付行追回业已付讫的款项。

9）受让人（Transferee）又称第二受益人，是指接受转让的可转让信用证的受益人，一般为出口商的实际供货商。在可转让信用证下，受益人有权要求将该证的全部或一部分转让给第三者，该第三者即为信用证的受让人。

10）转让行（Transferring Bank），是指应受益人的委托，将可转让信用证转让给信用证的受让人的银行。

11）承兑行（Accepting Bank），是指对承兑信用证项下的汇票，经审单确认与信用证规定相符时，在汇票正面签字承诺到期付款的银行。倘若承兑行在承兑汇票后倒闭或丧失付款能力，则由开证行承担最后付款责任。

四、信用证的主要内容

1）对信用证本身的说明：信用证的种类、编号、开证日期、有效期、到期地点、币别和金额，以及信用证有关当事人的名称、地址等。

2）货物描述：货物名称、规格、品牌、数量、包装、单价、唛头等。

3）装运条款：包括运输方式、装运港（地）、目的港（地）、最迟装运日期、是否分批装运或转运等。

4）单据条款：规定应附单据的种类、份数、签发条件等。

5）其他条款：交单期限、偿付条款、银行费用条款、信用证生效性条款、特别条款。

6）责任文句：通常说明根据 UCP600 开立，以及开证行对受益人保证承担第一行付款责任的文句。

7）有权签字人的签名或电传密押。

五、信用证的类型

根据用途、性质、期限、流通方式的不同，信用证可分为以下类型：

（一）跟单信用证与光票信用证

根据信用证项下的汇票是否附有单据，信用证可分为跟单信用证与光票信用证。

跟单信用证（Documentary L/C）是指凭跟单汇票或凭规定的单据付款的信用证，国际结算中使用的信用证绝大部分都是跟单信用证。单据在国际贸易结算上一般是不可或缺的，出口商提供一定的单据通常作为付款条件。

光票信用证（Clean L/C）是凭不附单据的汇票付款的信用证。

（二）不可撤销信用证与可撤销信用证

根据开证行对所开出的信用证所负的责任，信用证可分为不可撤销信用证与可撤销信用证。

不可撤销信用证（Irrevocable L/C）是指一经开出，在有效期内如果未得到信用证有关当事人的同意，开证行不能单方面撤销或修改条款的信用证；开证行的付款责任是第一性的、确定的。只要受益人提供的单据符合信用证条款，开证行就必须履行付款义务。根据惯例的规定，适用 UCP 600 的信用证必须是不可撤销信用证。

可撤销信用证（Revocable L/C）是指开证行有权在信用证开出之后，不征求受益人的同意甚至不通知受益人随时撤销的信用证。

（三）保兑信用证与非保兑信用证

根据信用证有无开证行以外的其他银行加以保证兑付，信用证可分为保兑信用证与非保兑信用证。

保兑信用证（Confirmed L/C）是指另外一家银行接受开证行的要求，对其开立的信用证承担保证兑付责任的信用证。信用证经保兑后，便有开证行和保兑行的双重付款保证，对出口商非常有利。当然，保兑行要收取较高的手续费。

非保兑信用证（Unconfirmed L/C）是指不经过另一家银行加以保兑的信用证。非保兑信用证是相对于保兑信用证而言的，既可以是不可撤销信用证，也可以是可撤销信用证。

【案例 11-1】 我国某出口企业收到国外开来的即期不可撤销信用证一份，由设在我国境内的某外资银行通知并加以保兑。该出口企业在货物装运后，正拟将有关单据交银行议付时，忽然接到该外资银行通知，由于开证行已宣布破产，该行不承担对该信用证的议付或付款责任，但可接受该出口企业委托向买方直接收取货款的业务。我方应如何处理？

分析：在这个案例中，开证行已经宣布破产，这意味着无法再向开证行追索货款。保兑行声称只接受出口企业的委托向买方直接收取货款，这并不符合信用证的基本操作原理。根据国际贸易惯例和相关法规，保兑行应对信用证付款承担第一性付款责任。在信用证付款方式下，只要出口企业提交的单据符合信用证条款的要求，保兑行就应承担付款责任。如果开证行倒闭，保兑行应履行付款责任。因此，在本案中，该出口企业不能接受该外资银行的通知，而应坚持由作为保兑行的外资银行承担付款责任。如果保兑行拒绝承担付款责任，可以采取以下措施：①向保兑行提出书面申请，要求其履行付款责任；②如果保兑行拒绝履行付款责任，可以向人民法院提起诉讼，要求其履行付款责任并赔偿相应的损失；③如果保兑行仍然拒绝履行付款责任，可以向中国国际贸易促进委员会及其分会申请出具《出口信用证拒付证明》，以便在买方拒绝付款时进行追索。总之，在本案中，出口企业应坚持要求保兑行承担付款责任，并在必要时采取法律手段维护自己的利益。

（四）即期付款信用证、议付信用证、承兑信用证与延期付款信用证

按照交单结算方式不同，信用证可分为即期付款信用证、议付信用证、承兑信用证、延期付款信用证。

即期付款信用证（Sight Payment L/C）是指受益人（出口商）根据开证行的指示开立即期汇票，或无须汇票，仅凭运输单据即可向指定银行提示请求付款的信用证。

议付信用证（Negotiation L/C）是指指定某银行议付或任何银行都可议付的信用证。如果信用证不限制某银行议付，可由受益人（出口商）选择任何愿意议付的银行，提交汇票、单据给所选银行请求议付，这称为自由议付信用证；反之称为限制性议付信用证。

承兑信用证（Acceptance L/C）是指开证行或付款行在收到符合信用证条款的汇票和单

据后,先办承兑手续,等汇票到期时才履行付款的信用证。

延期付款信用证(Deferred Payment L/C)是指不需要汇票,仅凭受益人交来的单据,审核相符,指定银行承担延期付款责任,并延长直至到期日付款的信用证。该信用证除能够使欧洲地区进口商为避免向政府缴纳印花税而免开具汇票外,其他都类似于远期信用证。

(五)可转让信用证与不可转让信用证

根据受益人使用信用证的权利能否转让,信用证可分为可转让信用证与不可转让信用证。

可转让信用证(Transferable L/C)是开证行向中间商(受益人)提供对信用证条款权利履行转让便利的一种结算方式。它是指受益人(第一受益人)可以请求授权付款、承担延期付款责任、承兑或议付的银行(转让行),或如果是自由议付信用证,可以要求信用证特别授权的转让行将信用证的全部或部分一次性转让给一个或多个受益人(第二受益人)使用的信用证。

不可转让信用证(Non-transferable L/C)是指受益人不能将信用证权利转让给他人的信用证。一般的信用证是不可转让的。

(六)对背信用证

对背信用证又称转开信用证,是指受益人要求原证的通知行或其他银行以原证为基础,另开一张内容相似的新信用证。对背信用证的受益人可以是国外的,也可以是国内的,对背信用证的开证行只能根据不可撤销信用证来开立。对背信用证的开立通常是中间商转售他人货物,从中图利,或两国不能直接办理进出口贸易时,通过第三者以此种方法来沟通贸易。

【案例11-2】 我国某出口企业与国外B公司签订一份合同,合同规定B公司向我国进口一批农产品,分三个月装运,每月装运300M/T,总金额为100万美元。合同中还特别约定,由于不可抗力事件导致合同无法履行,双方均可免除责任。在合同履行过程中,第一个月按时装运,但第二个月因洪水灾害,造成装运延迟。第三个月由于国际市场价格波动,B公司认为继续履行合同将对其不利,因此向我国出口企业提出撤销合同的要求。试问:在上述情况下,我国出口企业应如何处理?

分析:根据UCP600的规定,如果信用证规定了分批装运或分期付款,其中任何一期未按照信用证规定的期限装运或付款,则信用证对该期及以后各期均视为无效。因此,在本案中,由于第二批货物因洪水灾害延迟装运,银行有权拒付第二批及以后各批货物款项。此外,根据合同中特别约定的条款,由于不可抗力事件导致合同无法履行,双方均可免除责任。因此,在第三个月由于国际市场价格波动导致B公司撤销合同的情况下,我国出口企业可以免除责任。综上所述,在本案中,我国出口企业应当及时与银行交涉,并提供相关证明材料,证明因不可抗力事件导致延迟装运或无法履行合同的情况。如果银行拒付货款,我国出口企业可以向进口方B公司主张免除责任,并要求其按照合同约定承担相应的违约责任。

(七)SWIFT信用证

SWIFT是环球银行金融电信协会(Society for Worldwide Interbank Financial Tele-communication)的英文首字母缩写,它是一个国际银行间非营利性国际合作组织,专门从事传递各国之间的非公开性信息、办理信用证项下的汇票业务和托收等工作,同时还进行国际账务清算和银行间的资金调拨。该组织成立于1973年5月,总部设在比利时的布鲁塞尔,为国际金融业务提供准确、优良的会计服务。

凡依据国际商会所制定的电信信用证格式设计，利用 SWIFT 网络系统设计的特殊格式，通过 SWIFT 网络系统传递的信用证的信息，即通过 SWIFT 开立或通知的信用证称为 SWIFT 信用证，又称"环银电协信用证"。采用 SWIFT 信用证，必须遵守 SWIFT 使用手册的规定，使用 SWIFT 使用手册规定的代号（Tag），而且信用证必须按国际商会制定的《跟单信用证统一惯例》的规定，在信用证中可以省去银行的承诺条款（Undertaking Clause），但不能免去银行所应承担的义务。目前开立 SWIFT 信用证的格式代号为 MT700 和 MT701。如对已经开出的 SWIFT 信用证进行修改，则须采用 MT707 标准格式传递信息。采用 SWIFT 信用证使信用证具有标准化、固定化和统一格式的特性，且传递速度快捷，成本较低，从而大大提高了银行的结算速度。

全球大多数国家的大多数银行都已使用了 SWIFT 系统，在我国银行电开信用证或收到的信用证电开本中，SWIFT 信用证占较大比重。

（八）备用信用证

备用信用证是指开证行根据开证申请人的请求对受益人开立的承诺承担某项义务的凭证，即开证行保证在开证申请人未能履行其应履行的义务时，受益人只要凭备用信用证的规定向开证行开具汇票（或不开汇票），并提交开证申请人未履行义务的声明或证明文件，即可取得开证行的偿付。

备用信用证最早产生于 19 世纪的美国，第二次世界大战后开始广泛运用。作为一个独立的凭单付款的承诺，备用信用证通常仅要求受益人提交汇票和简单的文件，以证明申请人违约。时至今日，由于备用信用证具有独立性、单据化和见索即付的特点，在处理具体业务时又可根据 UCP600 办理，因此较保函而言，备用信用证较易为银行和进出口商所接受。

备用信用证一般用在投标、技术贸易、补偿贸易的履约保证、预付货款和赊销等业务中，也可用于带有融资性质的还款保证。近年来，有些国家已开始把备用信用证用于买卖合同项下货款的支付。

此外，有关备用信用证的国际惯例是 UCP600 和国际商会制定并于 1999 年 1 月 1 日正式实施的《国际备用信用证惯例》（*International Standby Practices*，一般称为"ISP98"）。按照 ISP98 的规定，只有在明确注明依据 ISP98 开立时，备用信用证才受其管辖。

第四节　各种支付方式的选用

在国际贸易业务中，一笔交易的货款结算，可以只使用一种结算方式（通常如此），也可根据不同的交易商品、交易对象、交易做法等，将两种以上的结算方式结合使用，从而有利于促成交易、安全并及时收汇等。在开展国际贸易业务时，究竟选择哪一种结合形式，可酌情而定。

一、主要结算方式的比较

在国际贸易中，汇付、跟单托收和跟单信用证是三种主要的、基本的、常用的结算方式。表 11-1 是对这三种结算方式在安全因素、资金占用、费用负担、手续繁简等方面所做的比较。

表 11-1 主要结算方式的比较

结算方式		手续	银行收费	买卖双方的资金占用	买方风险	卖方风险
汇付	预付货款	简单	最少	不平衡	最大	最小
	货到付款	简单	最少	不平衡	最小	最大
跟单托收	付款交单	稍繁	稍多	不平衡	较小	较大
	承兑交单	较繁	稍多	不平衡	极小	极大
跟单信用证		最繁	最多	较平衡	稍大	较小

二、影响结算方式选择使用的因素

在选择结算方式时，安全因素是首先需要考虑的重要问题，其次是占用资金时间的长短，当然也要注意具体操作时的手续繁简、费用负担等。此外，下列因素在选择使用何种结算方式的时候具有一定的影响，有时甚至起决定性作用。

（一）客户的信用情况

在国际货物买卖中，对方客户的信用等级、资金实力、以往的历史交易中有无不良记录等因素都会影响结算方式的选择。若交易对象是长期可靠的贸易伙伴或信用良好和偿付能力较强的客户，可以选择对双方都有利的手续简单、费用少的支付方式。如果对对方的信用情况不了解或首次交易，就应选择风险较小的结算方式，如信用证或部分预付货款方式。

（二）交易货物的销售情况和交易量

若交易的货物属于非常畅销、供不应求的商品，则卖方可选择有利于自己的结算方式，如预付货款、信用证、银行保函等。若交易的货物属于滞销、供大于求的商品，出口企业通常会为了扩大销路、增强市场竞争力，从而在结算方式上做出让步，如采用货到付款或承兑交单等方式。

（三）价格术语

合同中选用不同的价格条件对买卖双方的责任划分和风险分担各不相同。例如，合同选择 CIF 和 CFR 等象征性交货术语，则可选择托收和信用证方式。对于 FOB 和 FCA 等术语，由买方安排运输事宜，卖方很难控制货物，所以在一般情况下不会选择托收方式。

（四）运输单据的性质

对于海运提单、多式联合运输单据等代表物权凭证的单据，提单交给进口商之前，出口商都能控制货物，所以卖方可选择信用证甚至 D/P 托收方式。但在空运、公路/铁路运输、邮寄等运输单据项下，以及以记名抬头的海运单这些非物权凭证的运输单据下，则不利于单据交易，特别是 D/P 托收方式下，由于没有银行信用做付款保证，更有货款两空的风险。

（五）有无融资条件

企业利用国际结算服务的目的之一是获得融资便利，借助国际结算方式也可以合理地利用融资支持。例如，资金缺乏的企业可以利用信用证进行打包贷款，或采用国际保理、包买票据等结算方式下的贸易融资服务。若企业资金充足，且收汇风险较小，则可采用汇付或托收等结算费用较小的结算方式。

三、各种支付方式的选用

在国际贸易实务中，除采用某种支付方式之外，有时也可以将各种不同的支付方式结合起来使用。

（一）信用证与汇付相结合

信用证与汇付相结合是指部分货款采用信用证方式、余额采用汇付方式结算。这种结算方式的结合形式常用于允许交货数量有一定机动幅度的某些初级产品的交易。例如，买卖矿砂、煤炭、粮食等散装货物。

（二）信用证与托收相结合

信用证与托收相结合是指一笔交易的货款，部分用信用证方式支付，余额用托收方式结算。这种结合形式的具体做法通常是：信用证规定受益人（出口商）开立两张汇票，属于信用证项下的部分货款，通过光票支付，而余额则将货运单据附在托收的汇票项下，按即期或远期付款交单方式托收。

（三）信用证与银行保函相结合

信用证与银行保函相结合用于成套设备或工程承包交易。除了支付货款外，还有预付定金或保留金的收取。一般货款可用信用证支付，预付定金要先开银行保函，保留金的收取可以开保函代替。如果是招标交易，则须投标保函、履约保函、退还预付金保函与信用证相结合。

本 章 小 结

国际贸易中的支付工具主要是票据。票据是由银行或企业签发的，承诺在指定日期向持票人支付一定金额的书面凭证，包括支票、本票和汇票。

汇付是一种直接付款方式，即进口商将货款通过银行汇至出口商的银行账户。托收则是出口商委托银行向进口商收取货款的结算方式，根据有无追索权分为光票托收和跟单托收。在汇付和托收结算方式下，银行只提供服务，不承担付款责任，因此双方需要严格履行合同。

信用证是一种由银行应进口商请求签发的，保证在指定日期向出口商支付一定金额的书面凭证。信用证是一种银行信用，与汇付和托收相比，更具安全性和可靠性。但同时，信用证的开立、修改、关闭等需要花费时间和费用，因此在选择信用证作为结算方式时应考虑成本效益。

国际贸易中，选择何种支付方式需要根据具体情况而定。一般来说，如果贸易双方互相信任且交易规模不大，可选用托收或汇付；如果交易规模较大或双方之间信任度不够，则可选用信用证作为主要支付方式。此外，在选择支付方式时还需要考虑汇率风险、政治风险等因素。

思 考 题

1. 什么是国际贸易中的支付工具？它包括哪些主要类型？
2. 汇付和托收这两种货款结算方式有什么异同点？
3. 什么是信用证？为什么它在国际贸易中如此重要？

4. 信用证有什么优缺点？在使用信用证时，应该注意哪些问题？

5. 在国际贸易中，如何根据实际情况选择最适合的支付方式？需要考虑哪些因素？

6. 简述国际货物买卖合同中关于支付条款的规定。

7. 假设你是一家出口商，你与一家进口商签订了一份价值为10万美元的合同。合同中规定采用信用证作为支付方式。然而，当你收到信用证后发现其中有一些条款不符合合同规定。请问你应该如何处理这种情况？信用证的修改应该遵循哪些步骤？

8. 假设你是一家进口商，你与一家出口商签订了一份价值为500万元的合同。合同中规定采用托收作为支付方式。然而，出口商在交货后的一段时间内没有收到你的货款。请问你应该如何处理这种情况？如何防范托收风险？

第十二章
国际贸易争议及处理

教学目的和要求

通过本章的学习，了解和掌握进出口贸易合同的商定过程；使学生理解和熟悉进出口贸易合同的主要条款和基本内容；强调合同履行的法律责任和义务，以及风险防范意识；提升学生对国际贸易实务的理解和实践能力。

第一节 商品检验

一、商品检验的含义

商品检验（Commodity Inspection）是指在国际货物买卖中，对卖方交付给买方货物的质量、数量和包装进行检验，以确定合同的标的是否符合买卖合同规定。有时还对装运技术条件或货物在装卸运输过程中发生的残损、短缺进行检验或鉴定，以明确事故的起因和责任的归属。商品检验还包括根据一国的法律或行政法规对某些进出口商品实施强制性检验或检疫。

在国际贸易中，买卖双方分处不同国家或地区，由于地域跨度大，常常会在交付货物的品质或数量等问题上发生争议；又因为货物须经长途运输和多次装卸，还可能发生涉及承运人、保险公司或装卸部门的责任问题，就会引起有关方面的争议。为了保障买卖双方的各自利益，避免发生争议，以及发生争议后便于明确责任进行处理，在长期的国际贸易实践中形成了一种习惯做法，即由专业的检验机构或公证机构以第三方身份出面，对货物的品质、数量、包装以及装运技术条件或货损、货差等进行检验和鉴定，并出具相应的检验证书，作为买卖双方交接货物、支付货款或处理贸易纠纷的依据之一。

二、买方的检验权

商品检验是对外贸易业务中不可缺少的环节。买方"收到"货物并不意味着已经"接受"货物，卖方交货之后，也不意味着完成了应尽的义务。对外贸易中的商品一般都要经过检验的程序，根据检验的结果是否与合同规定相符，来决定买方是否接受货物以及卖方是否完成了交货义务。

对于商品检验，《联合国国际货物销售合同公约》第36条第（1）款规定，卖方应按照合同和本公约的规定，对风险转移到买方时所存在的任何不符合合同的情形负有责任，即使这种不符合合同的情形在该时间后方始明显。本规定在确定了买方对货物有检验权的基础上，明确了如货物不符合合同的情形在风险转移时就已存在，应由卖方负责。

三、商品检验的时间和地点

买方对商品具有检验权，买卖双方之间确定合理的检验时间和地点则是商品检验的核心内容，因为它是进出口双方划分风险的界限和索赔的依据。关于商品检验的时间和地点，不仅要考虑卖方交货的时间和地点，还要与贸易术语、运输特点、包装的性质、商品的特点以及进口国的法律规定相联系。

某些包装货物若规定在交货时间和地点（如装船前在港口）拆包检验，不但有可能损及货物，而且有时因不具备打包设备，致使拆开的包装不能及时恢复原状而延误装运。这样，买方的检验时间和地点就要另行确定。

根据国际惯例和我国的外贸实践，对买方检验时间和地点的规定有以下几种方法：

（一）在出口国检验

在出口国检验可分为产地或工厂检验、装船前或装船时检验两种。如果在产地或工厂检验，卖方承担货物离开产地（工厂、农场、矿山等）前的责任，而检验后在运输途中出现品质、数量和包装等方面的风险由买方负责。我国在进口大型成套设备时，通常是在出口国发货前于工厂安装调试运转，如有质量问题由供货厂家负责解决。

装船前或装船时检验，属于装运港或装运地检验，由双方约定的商品检验机构出具的品质、重量、数量和包装等检验证明，作为决定交货品质、重量、数量、包装等的最后依据，买方无复验权，但对于运输途中发生的货损，买方有权向有关责任方提出索赔，这称为离岸品质和离岸重量（数量）。

（二）在进口国检验

在进口国检验可分为目的港（地）检验、买方营业处所或最终用户所在地检验两种。

目的港（地）检验又称为"到岸品质，到岸重量（数量）"，是指货到目的港（地）卸离运输工具后，由双方约定的目的港（地）商检机构验货并以其出具的检验证书作为卖方所交货物品质、重量、数量、包装的最后依据。

在买方营业处所或最终用户所在地检验，则由双方约定的目的地商检机构在货物运抵买方营业处所以及最终用户的所在地的一定时间内进行检验，验货后出具的检验证明作为买方接收货物的依据。这种做法主要适用于密封包装、规格复杂、精密度高的货物，以及在口岸开件检验后难以恢复原包装的商品，由于不能在使用前拆开包装检验，需要具有一定的检验条件或检验设备才能检验，可将货物运至买方营业处所或最终用户所在地进行检验。

（三）出口国检验，进口国复验

以出口国装运港（地）商检机构出具的检验证书作为卖方要求买方支付货款或向银行议付时提交的单据之一，但并非最后依据，货到目的港（地）后，买方有复验权。这种做法对买卖双方都比较公平合理，因而在国际贸易中被广泛使用。

以上三种方法，第一种对卖方有利，第二种对买方有利，第三种对买卖双方都有利，它既保障了卖方的权利，即在出口国由卖方提供的检验证书，能够作为卖方交付货物和结算货款的单据，又合理地给予买方复验权，把买方在进口国复验货物后取得的检验证书作为买方向卖方索赔的依据。我国进出口贸易通常采用这种做法。当买方质疑所购商品与合同中商品卖方出口国检验不一致时，合同条款承认买方的复验权，并把在进口国复验结果作为买方索赔的依据；出口国商品检验局出具的检验证书并不是确定交货品质和重量的最后凭据，只能作为卖方议付的依据，不能否定买方在行使复验权时产生的索赔权。

四、商检机构、商检证书和商检标准

(一) 商检机构

商检机构是指接受委托进行商品检验与公证鉴定工作的专门机构，可以是官方的和非官方的检验机构。国际上比较著名的商检机构有美国食品药物管理局、美国粮谷检验署、美国担保人实验所、英国劳合氏公证行、法国国家实验室检测中心、瑞士日内瓦通用鉴定公司、日本海事鉴定协会、中国香港天祥公证行。

在我国，主管全国出入境商品检验、鉴定和管理工作的机构是海关总署设在省、自治区、直辖市以及进出口商品口岸、集散地的出入境检验检疫机构及其分支机构（简称出入境检验检疫机构），管理所负责地区的进出口商品检验工作。

(二) 商检证书

商检证书是商检机构依据委托人的要求，对进出口商品的品质、重量或数量、包装等内容进行检验。检验、鉴定后出具的书面证明文件称为商检证书。

1. 商检证书的作用

1) 商检证书是证明卖方所交货物的品质、数量、包装以及卫生条件等方面是否符合合同规定的依据。如商检证书中所列结果与合同或信用证规定不符，银行有权拒绝议付货款。

2) 商检证书是办理索赔和理赔的依据。如果买方所收到的货物经指定的商检机构检验与合同规定不符，买方须在合同规定的索赔有效期内，凭指定的商检机构签发的检验证书向有关责任方提出索赔。

3) 商检证书是海关验关放行的依据。凡属法定检验范围的商品，必须向海关提供商检机构签发的检验证书，否则海关不予放行。

4) 检验证书是卖方办理货款结算的依据。当规定在出口国检验、进口国复验时，一般都规定，卖方在向银行办理货款结算时，在所提交的单据中，必须包括检验证书。

2. 商检证书的种类

1) 品质检验证书（Inspection Certificate of Quality）。

2) 重量或数量检验证书（Inspection Certificate of Weight or Quantity）。

3) 兽医检验证书（Veterinary Inspection Certificate）。

4) 卫生检验证书（Sanitary Inspection Certificate）。

5) 消毒检验证书（Disinfecting Inspection Certificate）。

6) 熏蒸检验证书（Inspection Certificate of Fumigation）。

7) 残损检验证书（Inspection Certificate of Damaged Cargo）。

8) 积载鉴定证书（Appraisal Certificate of Loading）。

此外，常见的商检证书还有财产价值鉴定证书、船舱检验证书、生丝品级及公量检验证书、产地证明书、集装箱租箱交货检验证书等。在实际业务中，买卖双方应根据成交货物的种类、性质及有关国家的法律和贸易惯例来确定交易中应取得何种商检证书，并在合同中加以规定。

(三) 商检标准

可供检验和衡量商品的标准有多种，如生产厂家标准、行业标准、国家标准、国际标准等，采用不同的检验标准可以得出完全不同的结论，因此，买卖双方应在合同中明确检验标准。但是，买卖双方在合同中约定的检验标准不能与国家法律规定使用的标准相冲突，否则，该项合同的内容是无效的。在选用何种标准时，通常遵循以下原则：

1) 法律或行政法规规定的标准必须使用。在信用证支付的交易中，信用证中规定的标准也必须使用。

2) 法律或行政法规没有规定必须使用的标准，按照买卖双方在合同中约定的标准进行检验。凭样成交的，应当按照样品检验。

3) 法律或行政法规规定的标准如果低于买卖合同中约定的标准，则按照合同中约定的标准进行检验。

4) 如果法律或行政法规没有规定必须使用的标准，而且买卖合同中也没有约定检验标准或约定的检验标准不明确，则按照生产国标准检验。没有生产国标准的，则按国际通用标准检验；如果生产国标准和国际通用标准都没有，则按进口国的标准检验。

对进口商品一般按我国有关标准进行检验，如对方要求按照对方或第三国标准进行检验，须与海关总署等有关部门研究后再确定。

五、合同中的商品检验条款

国际贸易合同中商品检验条款的内容一般包括检验权的规定、检验的时间和地点、检验机构、检验证书、检验标准与方法等。在订立商品的检验条款时，应注意以下事项：

1) 在规定进口方有复验权时，应明确复验期限，因为复验期限就是索赔的期限。不在规定的复验期限内检验商品，即使以后检验发现商品有问题，也无权向出口方提出索赔。如果合同中没有规定复验期限，虽然可以用"合理时间"来确定复验期限，但对"合理时间"的解释可能会产生争议，因此最好明确规定复验期限。

2) 复验期限的长短应考虑商品的特点、检验需要的时间和港口的情况。

① 对品质容易发生变化的商品（如海鲜、冷冻品），复验期限宜短；对品质比较稳定的商品（如五金、矿产），复验期限可以长一些。

② 对检验操作简单的商品，复验期限可短一些；对检验操作复杂的商品，复验期限可订得长一些。

③ 若港口拥挤、装卸能力差，复验期限可适当放宽。进口商品的复验期限最好订明"在目的港卸货后，若干天内进行复验"，这比"到达目的港后若干天内复验"有利。

3) 对商品检验机构的选择要考虑符合三项条件：一是商检机构与买卖双方无利害关系；二是商检机构要有足够的检验能力和检验设备；三是商检机构办事公平合理，有良好的声誉。

以下是出口和进口商品检验条款示例：

买卖双方同意以装运港商检机构签发的品质和重量（数量）检验证书作为信用证项下议付所提交的单据的一部分，买方有权对货物的品质和重量（数量）进行复验，复验费由买方负担。但若发现品质和重量（数量）与合同规定不符，买方有权向卖方索赔，并提供经卖方同意的公证机构出具的检验报告。索赔期限为货物到达目的港后××天内。

第二节　国际贸易争议与索赔

国际商品买卖业务环节多、涉及面广、履约时间长,加之国际市场变幻莫测,时常发生对当事人不利的变化,致使合同得不到履行或被撕毁,导致另一方当事人遭受损害,从而引发争议和索赔问题。

一、争议与索赔的含义

所谓争议(Dispute),是指交易的一方认为对方未能部分或全部履行合同规定的责任与义务而引起的纠纷。

所谓索赔(Claim),是指遭受损害的一方在争议发生后,向违约方提出赔偿的要求。在法律上,索赔是指主张权利;在实际业务中,索赔通常是指受害方因对方违约而根据合同或法律提出予以补救的主张。所谓理赔,是指违约方对受害方所提赔偿要求的受理与处理。索赔与理赔是一个问题的两个方面,在受害方是索赔,在违约方是理赔。

交易中双方产生争议进而引发索赔的原因很多,大致可归纳为以下三种情况:一是卖方违约,包括不按合同规定的交货期交货,或不交货,或所交货物的品质、规格、数量、包装等与合同规定不符,或所提供的货运单据种类不齐、份数不足等。二是买方违约,包括在使用信用证支付方式时不按期开证或不开证,不按合同规定付款赎单,无理拒收货物;在FOB条件下,不按合同规定如期派船接货等。三是买卖双方都有违约。

二、不同法律对违约行为的不同解释

违约(Breach of Contract)是指买卖双方中任何一方不履行合同规定的义务的行为。各个国家和地区都以立法的形式赋予有效合同强制力,以保障当事人缔结的合同得到严格执行。因此,当事人的任何一方如果不严格履约,就应承担违约的法律责任,而受害方也有权根据合同或有关法律规定提出损害补偿要求。

(一) 大陆法的规定

大陆法一般将违约的形式概括为不履行合同和延迟履行合同两种情况。前者又称为给付不能,是指债务人由于种种原因,不可能履行其合同义务。后者又称为给付延迟,是指债务人履行期已届满,而且是可能履行的,但债务人没有按期履行其合同义务。违约方是否要承担违约责任,则要看是否有归责于他的过失。如果有过失,违约方就承担违约责任;但当事人不履约时,只要能证明自己无过错,就可不承担任何责任。

(二) 英国法的规定

英国法将违约的形式划分为违反要件(Breach of Condition)和违反担保(Breach of Warranty)两种。前者是指合同当事人违反合同中重要的条款。按英国法,买卖合同中关于履约的时间、货物的品质和数量等条款都属于合同的要件。后者是指当事人违反合同中次要的、从属于合同的条款。按照英国法的有关规定,在违反要件的情况下,受损方可以解除合同,并要求损害赔偿;在违反担保的情况下,受损方可以要求赔偿损失,但不能拒绝履行合同的义务或解除合同。

(三）美国法的规定

美国法根据违约的性质和后果将违约划分为两类：轻微的违约（Minor Breach of Contract）和重大的违约（Material Breach of Contract）。前者是指债务人在履约中尽管存在一些缺陷，但债权人已经从合同履行中得到该交易的主要利益。例如，履行的时间略有延迟，交付的货物数量和品质与合同略有出入等，都属于轻微的违约之列。后者是指由于债务人没有履行合同或履行合同有缺陷致使债权人不能得到该项交易的主要利益。当一方轻微违约时，受损方可以要求赔偿损失，但不能拒绝履行合同的义务或解除合同；但在重大违约情况下，受损方在要求解除合同的同时，还可以要求损害赔偿。

（四）我国法律的规定

我国有关法律规定，当事人一方不履行合同或者履行合同义务不符合约定条件（违反合同）时，另一方有权要求赔偿损失或者采取其他合理的补救措施。采取其他补救措施后，尚不能完全弥补另一方受到的损失的，另一方仍然有权要求赔偿损失。如果当事人双方都违反合同，则应各自承担相应的责任。

（五）《联合国国际货物销售合同公约》的规定

《联合国国际货物销售合同公约》（以下简称《公约》）将违约划分为根本性违约（Fundamental Breach of Contract）和非根本性违约（Non-fundamental Breach of Contract）。

根据《公约》的规定，根本性违约是指："一方当事人违反合同的结果，如使另一方当事人蒙受损害，以致实际上剥夺了他根据合同有权期待得到的东西，即为根本性违反合同，除非违反合同的一方并不预知而且同样一个通情达理的人处于相同情况中也没有理由预知会发生这种结果。"不构成根本性违约的情况，均被视为非根本性违约。从法律结果看，《公约》认为，构成根本性违约，受害方可解除合同，并提出损害赔偿；反之，则只能请求损害赔偿。

三、异议索赔条款

异议索赔条款是国际货物买卖合同中的条款之一。它不仅约束卖方履行合同义务，也约束买方实际履行合同义务。因此，在一般的商品买卖合同中，大多会订立此条款。该条款通常包括索赔依据、索赔期限及索赔金额等内容。

（一）索赔依据

根据世界各国有关法律的规定，任何当事人提出索赔时，均必须有充分的证据。这里提到的证据包括法律依据和事实依据。前者是指一方当事人对违约事实提出的索赔事项都必须符合合同和有关国家法律的规定；后者是指违约的事实、情节及其证据，以证明违约的真实性。

（二）索赔期限

索赔期限又称索赔有效期，是指索赔方向违约方提出索赔的有效时限。根据法律规定，若超过索赔期限，则受损害的一方就失去了在合同交易方面要求损害赔偿或者宣告合同无效的权利。

【案例12-1】 中国C公司与美国D公司于某年5月通过电子邮件签订了一份分批装运的进出口合同，由C方向D方出售精密机械零件。双方在合同中订明："价格条款为CIF纽约；包装条款为适合海运性质的包装；异议索赔条款是货物到达目的港后，数量和规格问题应于15天之内，质量问题应于90天之内，买方须凭经卖方同意的检验人的证明向卖方提出索赔要求。"C方6月发货，船方出具了清洁提单。货到目的港后，D方发现货物有部分零件与合同规定不符。于是，D方单方面聘请日本某公证行检验货物，出具的证明表明货物不符合合同要求的原因是制造过程中的失误。据此，D方在索赔期限内向C方发送了两次电子邮件提出索赔。试问，C方应如何处理？

分析：C方应根据合同的异议索赔条款来处理索赔，即D方的索赔必须是在索赔期限内进行的，索赔的依据必须符合要求。在本案中，索赔是在有效期内进行的，但合同规定，D方须凭经C方同意的检验人的证明向C方提出索赔要求，而D方所聘任的日本某公证行并没有得到C方同意，所以其提出的索赔依据不符合合同规定，C方有权拒绝。

（三）索赔金额

索赔金额通常在合同中只做一般的、笼统的规定。由于双方当事人在订约时很难预计未来货物受损的程度，从而难以确定索赔金额。在业务实践中索赔事件的发生可能来自许多不同的业务环节，可供选择的违约补救办法又多种多样，故很难在订立合同时准确地加以规定。根据以往的法院判例，索赔金额一般包括实际损失加上预期的商业或生产利润。

四、违约金条款

违约金（Penalty）又称罚则，是指当事人双方中的一方如在未来不履行合同义务，应向对方支付一定数额的罚金。在买卖大宗商品和机械设备一类商品的合同中，除订明异议索赔条款外，再另订违约金条款，该条款事先约定若一方违反合同，应向对方支付一定额度的金钱。它对合同的履行起着辅助与保证作用。

违约金条款一般适用于卖方延期交货，或者买方延迟开立信用证和延期接运货物等情况。违约金数额由交易双方商定，并规定最高限额。违约金的多少以违约时间的长短而定。关于违约金起算日期的计算方法，应在合同中订明。计算违约金起算日期的方法有两种：一种是在约定的交货期或开证期终止后立即起算；另一种是规定宽限期，即在约定的有关期限终止后再宽限一个时期，在此宽限期内仍可免于罚款，待宽限期届满后再起算违约金。

五、定金罚则

定金（Earnest）是指合同一方当事人根据合同的约定，预先付给另一方当事人一定数额的金额，以保证合同的履行，是作为债权担保而存在的。在买卖合同中，只要订立了定金条款，无论合同当事人哪方违约，都要承担与定金数额相等的损失，这种以定金方式确保合同履行的方法称为定金罚则。在通常情况下，定金的数额由当事人约定，但不超过主合同标的额的20%。在国际贸易中，定金罚则也被广泛应用，其主要目的是促使合同双方减少合同纠纷的发生。

此外，在国际贸易业务中，还应注意区分定金和订金的区别，以防产生歧义。实际上，订金（Subscription）并非一个规范的法律概念，它具有预付款的性质，只是一种支付手段，其目的是解决合同一方周转资金短缺问题，它不具有担保债务履行的作用，也不能证明合同的成立。法律规定，收受预付款一方违约，只需要返还所收款项，而无须双倍返还。

【案例12-2】 我国一家服装生产公司A与德国一家批发商B签订了一份服装销售合同。合同规定，A公司向B公司供应5000件高档时装，总价值为80万欧元，目的港为汉堡，以即期信用证作为支付方式。A 公司向 B 公司支付了 10 万欧元的定金，并约定双方无论哪一方违约，都将支付违约金 10 万欧元，并以中国的相关法律作为解决争议的依据。后 B 公司违约，不能接受 A 公司的货物。于是，A 公司为了维护自己的权益，拟通过法律手段解决该争议。如果 A 公司已经支付了 10 万欧元的定金，那么它是否有权要求 B 公司双倍返还定金？如果 B 公司不能接受 A 公司的货物，那么它是否应该承担相应的违约责任？

分析：根据案例描述，双方约定了定金条款和违约金条款。如果 B 公司违约不能接受 A 公司的货物，那么根据中国法律的有关规定，A 公司有权要求 B 公司双倍返还定金。同时，由于双方约定了违约金条款，A 公司也有权要求 B 公司支付违约金。但是根据中国法律的有关规定，违约金责任不能与定金责任并用。因此，A 公司不能要求 B 公司既承担双倍返还定金的责任，又承担支付违约金的责任。由于 B 公司违约不能接受 A 公司的货物，因此 B 公司应该承担相应的违约责任。具体来说，它应该双倍返还定金并支付违约金。因此，A 公司有权要求 B 公司承担违约责任并赔偿相应的损失。

总之，这个案例说明了在国际贸易中签订合同时约定定金条款和违约金条款的重要性。如果一方违约不能履行合同义务，另一方可以根据合同约定要求其承担相应的违约责任并赔偿相应的损失。同时，在解决争议时选择适用哪一国的法律也会对争议的解决产生影响。因此，在签订合同时应该认真了解合同条款的含义和适用范围并谨慎选择适用法律。

第三节　不可抗力

一、不可抗力的含义

不可抗力（Force Majeure）是一项法定的免责事由，是指在货物买卖合同签订以后，不是由于订约者任何一方当事人的过失或疏忽，而是由于发生了当事人既不能预见又无法事先采取预防措施的意外事故，以致不能履行或不能如期履行合同，遭受意外事故的一方可以免除履行合同的责任或延期履行合同。

二、不可抗力的范围

不可抗力的范围较广，涉及的领域较多，且情况复杂多变，难以划定其确切的范围，但就其起因而论，可以分为以下几种情况：

（一）自然力量的事故

自然力量的事故是指非人类自己造成的事故，通常包括给人类造成灾害的诸多自然现象，如水灾、冰灾、火灾、风灾、暴风雨、雷电、大雪、地震、海啸、干旱、山崩、森林自燃等。

（二）政府的行动

政府的行动是指当事人签约后，有关政府当局发布了新的法律法规、行政措施，如颁布禁令、调整政策制度等。政府的这些行动往往影响国际经济贸易的正常开展，致使当事人不得不放弃履行原合同。

（三）社会异常事故

社会上出现的异常事故（如骚乱、暴动、战争等）往往构成当事人履约的障碍。这类事故对于普通的合同当事人来说，属于不可抗力，是他们无法控制、不能预见和无法克服的。

三、不可抗力的条件

我们在前面列出了一些不可抗力事件，但并不是说，只要这些事件发生，遭受到这些事件的一方就可以免责。要免责还必须满足以下条件：

（一）事件的发生是当事人无法预见的

如果当事人可以预见该事件的发生，则当事人理应采取一定的行为规避该事件，如果他没有做到这一点，他在行为上就是有过错的，他应当承担由此而造成的后果，而不能申请免责。所以如果事件是发生在合同签订前，哪怕其后果要在合同签订后才显现，遭受事件的一方也不能要求免责，因为他在签订合同时就应该把该事件的影响考虑在内。

（二）事件的发生是当事人不能避免与不能克服的

不能避免是指对于不可抗力事件的发生，当事人虽然尽了合理的注意义务，但仍不能阻止这一事件的发生。不能克服是指当事人对于不可抗力事件虽已尽了最大努力，但仍不能克服，并因此而导致合同不能履行或不能完全履行。

（三）事件的发生不是由于当事人的过失或疏忽

如果事件的发生是由当事人的过失或疏忽造成的，则当事人在行为上就存在过失，也就无法要求免责。

（四）事件的发生必须造成不能履行或不能如期履行合同

如果事件的发生对合同的履行没有影响，则遭受事件的一方无权要求免责。

四、不可抗力的法律后果

《中华人民共和国民法典》第五百九十条规定，当事人一方因不可抗力不能履行合同的，根据不可抗力的影响，部分或者全部免除责任，但是法律另有规定的除外。当事人迟延履行后发生不可抗力的，不免除其违约责任。《联合国国际货物销售合同公约》规定，一方当事人享受的免责权利只对履约障碍存在期间有效，如果合同未经双方同意宣告无效，则合同关系继续存在，一旦履行障碍消除，双方当事人仍须继续履行合同义务。因此，不可抗力事件所引起的后果可能是解除合同，也可能是延迟履行合同，应由双方按法律及合同规定并结合具体形势商定。

在国际贸易业务中，在发生不可抗力事件后，买卖双方应按约定的处理原则和办法，并考虑相应的国际贸易惯例及时进行处理。究竟如何处理，应视事故的原因、性质、规模及其对履行合同所产生的实际影响程度而定。

【案例12-3】 合同买卖的是阿根廷牛肉，贸易条件是CIF伦敦。合同规定："如果发生战争或其他不可抗力事件，使得买方不能接收或进口或在正常情况下提货，本合同的提货义务须在这种障碍延续期间暂时停止。"签订合同后，由于第二次世界大战的爆发，阿根廷宣布对英国实行封锁。买方根据合同中的免责条款要求暂停合同的执行。请问买方的要求是否合理？

分析：买方的要求合理。导致买方不能提货的根本原因是阿根廷对英国的封锁，这属于不可抗力事件，而且即使买方想提货，他也无法通过正常渠道将货物从阿根廷运回伦敦，也就是说，阿根廷的封锁使得买方不能接收货物。因此，买方可以按照合同规定暂停提货义务。

五、不可抗力的证明与附随义务

《中华人民共和国民法典》规定，因不可抗力不能履行合同的，应当及时通知对方，以减轻可能给对方造成的损失，并应当在合理期限内提供证明。这样既便于准确界定责任界限，又有利于对方及时采取措施，防止因其对情况不知而继续履行已方义务所导致的不必要损失，同时又能使双方尽快协商，对合同权利义务做出处理，或变更，或解除，如未履行这一通知义务，给对方造成了不必要的损失，则对于此类损失不能以不可抗力为由要求免责，受不可抗力影响不能履行合同的一方应采取措施防止损失的扩大，而不能认为有了不可抗力作为法定免责事由就可以听任损失的扩大。此外，对方也要依诚实信用原则积极作为，主动配合，以防止损失扩大，否则因其不作为而导致的损失无权要求对方赔偿。

第四节　国际贸易仲裁

一、解决国际贸易争议的方式

在国际贸易中，买卖双方签订合同后，由于种种原因未能如约履行，就会引起争议。解决争议的方式很多，既可以由当事人双方自行协商处理，也可以由第三者出面调解，还可以通过仲裁或交司法机关审理。这些做法各有特点，也各有利弊。

（一）协商

协商（Consultation）又称友好协商，是指在发生争议后，由当事人双方直接进行磋商，自行解决纠纷。以协商的方式解决争议的好处很多：首先，协商的气氛友好，不仅可以解决双方的争议，还可以增进彼此的理解，从而促进其合作关系进一步发展。其次，协商不需要经过严格的法律程序，在一般情况下，当事人对有关争议事项协商一致，达成协议，争议即告解决，有利于及时解决争议，节省时间。再次，由于无须交纳仲裁费或诉讼费，也节约了费用。最后，协商中没有第三者参与，协商各方就他们之间的任何涉及商业秘密的争议进行谈判，如果谈判成功，当事人之间有可能公之于众的争议就会在极秘密的情况下化解，从而能有效地保守当事人的商业秘密。在实践中，不少国家的法律均要求当事人尽量协商解决争议，而且许多争议是当事人自己协商解决的。

（二）调解

调解（Conciliation）是指发生争议后，双方协商不成，邀请第三者居间调停。调解人的作用是帮助当事人弄清事实，分清是非，并找到一种双方均可接受的解决办法。若调解成功，双方应签订和解协议，作为一种新的契约予以执行；若调解意见不为双方或其中一方所接受，则该意见对当事人无约束力，调解即告失败。调解在性质上与协商并没有什么区别，最后的解决办法还须经双方当事人一致同意才能成立。然而，调解员一般都应具有专业知识或实践经验，有利于公平、公正地解决争端。

（三）诉讼

诉讼（Litigation）即打官司，是指由司法部门按法律程序来解决双方的贸易争议。在争议出现后,可由任何一方当事人,依照一定的法律程序,向有管辖权的法院提起诉讼,要求法院依法予以审理,并做出公正的判决。诉讼须按诉讼程序法进行,判决按实体法进行,一旦法院判决了结果,则必须执行,没有协调的余地。除具有强制性外,诉讼还具有程序复杂、处理问题慢、费用高和导致双方关系紧张,不利于今后贸易关系发展的特点。

(四) 仲裁

仲裁(Arbitration)也称公断,是指买卖双方按照在争议发生之前或之后签订的协议,自愿把他们之间的争议交给仲裁机构进行裁决,并约定裁决是终局的,具有法律的强制性,对双方均有约束力。若对方不执行裁决,另一方有权向法院起诉,要求予以强制执行。

仲裁有其自身的立法及程序,断案迅速,费用低廉。仲裁员一般具有较丰富的专业知识和仲裁经验,为确切、合理、公正地解决争议提供了有利条件。以仲裁方式解决争议一般不损害当事人双方的业务关系,有益于买卖业务的继续开展。因此,在解决争议方面得到国际贸易界的普遍承认和广泛应用。

仲裁方式既有自愿性的一面,又有强制性的一面。自愿性主要体现在仲裁的提起要有双方达成的协议;强制性则表现在仲裁裁决是终局性的,双方必须遵照执行。对于双方当事人来说,仲裁比诉讼具有更大的灵活性,因为仲裁员不是由国家任命而是由双方当事人指定的。此外,仲裁员一般都是贸易界的知名人士或有关方面的专家,比较熟悉国际贸易业务,处理问题一般比法院迅速及时,费用也较低。由于这些原因,争议双方在通过友好协商不能解决问题时,一般都愿意通过仲裁方式裁决。

二、仲裁协议的形式、内容和作用

仲裁协议是双方当事人在自愿、协商、平等互利的基础之上将争议交付仲裁机构解决的书面文件,是申请仲裁的必备材料。

(一) 仲裁协议的形式

仲裁协议主要有两种形式。一种是由双方当事人在争议发生之前订立的,表示同意把将来可能发生的争议提交仲裁解决的协议。这种协议一般都已含在合同内,作为合同的一项条款,即我们所说的仲裁条款(Arbitration Clause)。另一种是以其他书面方式在纠纷发生前或者纠纷发生后达成的请求仲裁的协议。

这两种仲裁协议的形式虽然不同,但其法律作用与效力是相同的。如果合同中已订有仲裁条款,争议发生后提交仲裁时,无须再订立提交仲裁的协议。

(二) 仲裁协议的内容

根据《中华人民共和国仲裁法》的规定,仲裁协议必须包含以下内容:①请求仲裁的意思表示;②仲裁事项;③选定的仲裁委员会。

仲裁协议对仲裁事项或者仲裁委员会没有约定或者约定不明确的,当事人可以补充协议;达不成补充协议的,仲裁协议无效。

(三) 仲裁协议的作用

仲裁协议的作用主要体现在以下两个方面:

1. 当事人只能以仲裁方式解决争议

约束双方当事人只能以仲裁方式解决争议,不得向法院起诉。由于已签有仲裁协议,当事人之间一旦发生争议,任何一方就不得向法院提起诉讼。如果一方违背仲裁协议,自行向法院起诉，另一方可根据仲裁协议做出抗辩，要求法院予以撤案，并将争议案件退回仲裁机构予以审理。

2. 仲裁机构取得争议案的管辖权

仲裁协议使仲裁机构取得对有关争议案的管辖权。日后一方当事人如果将争议案件提交仲裁，而另一方如果在规定的时限内未出庭应诉，则仲裁机构有权进行缺席审理和做出缺席裁决。

【案例12-4】 某市A公司与B公司签订了一份购销合同，合同中约定了仲裁条款，约定在履约过程中如发生争议，在A公司所在地的仲裁机构仲裁。后来，双方就付款方式和交货期限等问题发生了争议，A公司认为B公司未按时付款，而B公司认为交货期限应由其延长。双方协商未果，A公司遂向仲裁机构申请仲裁。仲裁机构受理了该案，并依法做出了仲裁裁决。B公司不服仲裁裁决，向法院起诉A公司。A公司认为，根据双方签订的仲裁协议，该争议已经提交仲裁解决，法院不应对此进行审理。

分析：本案例涉及一个合同争议的解决方式问题。根据合同中约定的仲裁条款，双方已经明确排除了法院对有关争议案的管辖权，并选择了仲裁机构作为解决争议的方式。因此，在仲裁裁决做出后，B公司不服仲裁裁决而向法院起诉A公司，这一行为是违反仲裁协议的。根据仲裁协议的约定，如果B公司认为仲裁裁决存在问题，可以按照仲裁法等有关规定申请撤销或不予执行仲裁裁决，而不能自行向法院起诉A公司，因为这违反了双方签订的仲裁协议。因此，对于本案例中A公司的主张，即认为该争议已经提交仲裁解决，法院不应对此进行审理的观点是正确的。法院应当根据仲裁协议的约定，对仲裁裁决进行审查和监督，保障仲裁裁决的执行效力。如果法院对仲裁裁决进行审理和判决，就违反了双方签订的仲裁协议，也违反了仲裁机构的裁决效力。

三、仲裁条款的主要内容

我国进出口合同中的仲裁条款一般包括仲裁事项、仲裁地点、仲裁机构、仲裁规则、仲裁裁决的效力以及仲裁费用的负担。此外，有的仲裁条款还包括仲裁使用的语言等。

（一）仲裁事项

仲裁事项是指当事人提交仲裁解决的争议范围，也是仲裁庭依法管辖的范围。凡日后发生的争议超出所规定的范围时，仲裁庭均无权受理。因此，在仲裁协议中一定要规定清楚。双方既可以在协议中详细列举提交仲裁的事项，也可以在合同中笼统规定"凡因执行本合同所发生的或与本合同有关的一切争议均提交仲裁解决"。

（二）仲裁地点

在国际贸易实践中，仲裁地点往往是当事人商谈涉外仲裁协议的重点内容之一。这主要是因为，仲裁地点与仲裁所适用的程序法，以及合同所适用的实体法关系甚为密切。仲裁地点不同，适用的法律可能不同，对买卖双方的权利、义务的解释就会有差别，其结果也会不同。因此，交易双方都力争在自己比较了解和信任的地方仲裁，尤其是力争在本国仲裁。

（三）仲裁机构

仲裁机构可分为两种：一种是常设的仲裁机构，它有固定的组织机构，如秘书处，有确定的仲裁规则作为仲裁的程序依据，拥有专业的仲裁员，仲裁员的指定、仲裁庭的组成及仲裁审理形成稳定的运作体系，方便当事人进行仲裁。世界上的许多国家都常设国际贸易仲裁机构。在国际贸易业务中经常遇到的外国常设国际贸易仲裁机构有英国伦敦仲裁院、瑞典斯德哥尔摩商会仲裁院、瑞士苏黎世商会仲裁院、日本国际商事仲裁协会、美国仲裁协会、意大利仲裁协会等。俄罗斯和东欧各国商会中均设有对外贸易仲裁委员会。国际组织的仲裁机构有设在巴黎的国际商会仲裁院等。另一种是由双方当事人指定仲裁员所组成的临时仲裁机构，在争议案处理完毕后，它将自动解散。

我国外贸企业在订立进出口合同的仲裁条款时，如果双方同意在中国仲裁，一般都订明由中国国际经济贸易仲裁委员会仲裁。

(四) 仲裁规则

各国仲裁机构都有自己的仲裁规则。在我国，根据2015年实施的《中国国际经济贸易仲裁委员会仲裁规则》，当事人约定将争议提交中国国际经济贸易仲裁委员会仲裁的，均视为同意按照该规则进行仲裁。

(五) 仲裁裁决的效力

仲裁裁决的效力主要是指由仲裁庭做出的裁决对双方当事人是否具有约束力，是否为终局性的，能否向法律起诉要求变更裁决。

根据《中华人民共和国仲裁法》的规定，仲裁实行一裁终局的制度。裁决做出后，当事人就同一纠纷再申请仲裁或者向人民法院起诉的，仲裁委员会或者人民法院不予受理。《中国国际经济贸易仲裁委员会仲裁规则》也规定，裁决是终局的，对双方当事人均有约束力。任何一方当事人均不得向法院起诉，也不得向其他任何机构提出变更仲裁裁决的请求。

(六) 仲裁费用的负担

我国进出口合同通常在仲裁条款中明确规定仲裁费用由谁负担，一般规定由败诉方承担，也有的规定由仲裁庭酌情决定。

四、仲裁裁决的承认与执行

仲裁裁决对双方当事人都具有法律上的约束力，当事人必须执行。但是，如果一方当事人在国外，则涉及一个国家的仲裁机构所做出的裁决要由另一个国家的当事人去执行的问题。

为了解决在执行外国仲裁裁决问题上的困难，国际上除通过双方协定就相互承认与执行仲裁裁决问题做出规定外，还订立了多边国际公约。1958年6月10日联合国在纽约召开了国际商事仲裁会议，签订了《承认及执行外国仲裁裁决公约》(*Convention on the Recognition and Enforcement of Foreign Arbitral Award*)，又称《纽约公约》。截至2021年11月底，已有169个国家和地区加入该公约，它是国际商事仲裁领域内最为成功的一个公约。基于仲裁裁决的承认和执行的重要性，可以说，没有《纽约公约》，就没有国际商事仲裁。

我国于1986年加入《纽约公约》，开创并建立了在外国执行中国涉外仲裁裁决的机制。但我国在加入的同时，又提出两项声明：

1) 中华人民共和国只在互惠的基础上对在另一缔约国领土内做出的仲裁裁决的承认和执行适用该公约。

2) 中华人民共和国只对根据中华人民共和国法律认定为属于契约和非契约性商事法律关系所引起的争议适用该公约。

我国政府对上述公约的加入和所做的声明为我国承认与执行外国仲裁裁决提供了法律依

据，同时，有利于我国仲裁机构所做的裁决在国外各公约成员方中执行。

本 章 小 结

商品检验是国际贸易中非常重要的一环，它涉及双方当事人的利益和贸易风险。了解商品检验的相关知识，如检验机构、检验时间、检验标准和检验费用等，可以帮助双方当事人更好地把握交易中的风险和不确定性。

争议与索赔是国际贸易中不可避免的一部分。如果发生争议，双方当事人应该及时协商解决，协商不成的可以采取仲裁或诉讼等法律手段解决争议。在处理国际贸易争议时，需要注意证据的收集和保存，以及适用法律的确定。

不可抗力是国际贸易中一个重要的免责事由，双方当事人在签订合同时应该对不可抗力的范围和应对措施进行明确约定。在发生不可抗力事件时，双方当事人应该及时协商处理，并按照合同约定承担相应的责任和风险。

国际贸易仲裁是解决国际贸易争议的重要途径之一。仲裁具有灵活、便捷、高效和保密等特点，越来越受到国际贸易当事人的青睐。仲裁协议是仲裁解决争议的基础，双方当事人在签订合同时应该对仲裁协议进行明确约定。

思 考 题

1. 什么是商品的检验？它在国际贸易中有什么作用？
2. 当发生国际贸易争议时，双方当事人应该如何处理？
3. 解释不可抗力的概念，并举例说明其在实际贸易中的应用。
4. 国际贸易仲裁是什么？它与诉讼有什么不同？
5. 国际贸易仲裁的优点是什么？
6. 假设A公司和B公司签订了一份国际货物买卖合同，合同规定B公司应向A公司供应1000件商品，总价值为10万美元。然而，在交货日期到达时，B公司只交付了500件商品，剩余的500件商品迟迟未交。A公司因此遭受了严重的经济损失。A公司可以采取哪些法律措施来维护自己的权益？
7. 假设在上述案例中，B公司在发货前，已经按照合同约定的标准对商品进行了检验，并且得到了A公司的确认。然而，到达目的地后，A公司发现商品存在严重的质量问题。请分析这种情况下，B公司应该如何处理此事？

第十三章

国际货物买卖合同的商定与履行

教学目的和要求

通过本章的学习，了解和掌握国际货物买卖合同的商定过程；理解和熟悉国际货物买卖合同的主要条款和基本内容；了解合同履行的法律责任和义务，提高风险防范意识；提升对国际贸易实务的理解和实践能力。

第一节 国际货物买卖合同的商定

一、国际货物买卖合同概述

（一）国际货物买卖合同的含义

按照《联合国国际货物销售合同公约》（以下简称《公约》）的规定，国际货物买卖合同是指营业地处于不同国家的当事人所订立的货物买卖合同。货物买卖合同是指卖方为了取得货款而把货物的所有权移交给买方的一种双务合同。所谓双务合同，是指合同当事人双方相互享有权利、相互负有义务的合同。例如，买卖合同的卖方负有将出卖的物品交付给买方的义务，同时享有请求买方支付价款的权利；买方负有向卖方支付价款的义务，同时享有请求卖方交付出卖物归其所有的权利。

（二）国际货物买卖合同的特点

1. 交易具有国际性

国际货物买卖合同与国内货物买卖合同的基本区别就在于其具有国际性。所谓国际性，通常采用的衡量标准是：交易双方当事人的营业地处于不同的国家，或者当事人具有不同的国籍，或者订立合同的行为完成于不同的国家，或者货物经由一国运往另一国。但究竟采用哪一种标准，各国均有不同的情况。按照我国的有关法律规定，国际性的衡量标准为交易双方当事人的营业地必须处于不同的国家。

2. 交易的标的物是货物

货物买卖合同的标的物是货物，这是毋庸置疑的，但究竟什么是货物，或者货物是如何确定的，国际组织对此也曾进行过长期探讨。《公约》则采取了排除法，即将下列产品排除在《公约》的适用范围之外：①供私人、家属或家庭使用而进行的购买；②经由拍卖方式进行的买卖；③根据法律执行应进行的买卖；④各种债券或者货币的买卖；⑤船舶、气垫船或飞机的买卖；⑥电力的买卖。也就是说，交易上述货物时买卖双方不能用《公约》来规范，而可以使用相关的专门法律。

3. 交易的性质为买卖

按照《英国货物买卖法》的规定，买卖合同是指由卖方将货物的所有权转移给买方，以换取买方的金钱作为对价的合同。

(三) 国际货物买卖合同的作用

我国《民法典》虽然也允许达成口头合同形式，但是，强调"法律、行政法规规定采用书面形式的"，或者"当事人约定采用书面形式的"，都"应当采用书面形式"。我国法律之所以做出如此规定，一方面，是要同国际通行做法或相关国际公约（如《联合国国际货物销售合同公约》）尽可能地保持一致；另一方面，也符合我国的传统做法，即所谓"口说无凭，立字为据"。同时，这也是由书面合同本身的重要作用决定的。这种重要作用表现在三方面。

1. 书面合同是国际货物买卖合同生效的条件

作为合同生效的条件，买卖双方为达成交易而相互交换的信件、电子邮件或传真等，可以构成书面合同；交易的一方对另一方的发盘或还盘表示接受，合同即告成立。但这都不是在法律意义上有效的合同，只不过是书面合同有效成立的条件。要使其成为有效的书面合同，或使合同生效，买卖双方必须予以书面签订，才能构成具有法律效力的正式合同。另外，有些国家的法律或行政法规规定，应当签订书面合同，或当事人约定签订书面合同的，都应当签订书面合同，否则就是违法或违规的，自然不会具有法律效力；有些国家的法律、行政法规规定，某些合同必须由政府主管部门批准，合同才能成立，如要式合同。对于这类合同，仅由买卖双方予以书面签订还不够，要待政府主管部门批准后，才能成为有效合同。

2. 书面合同是国际货物买卖合同法律生效的依据

合同要有效成立，提供其有效成立的证据是必不可少的。只有这样，才能得到法律的认可和保护。书面合同因有买卖双方的正式签订而为其有效成立提供了证据。某些被国家法律认可具有效力的口头合同，更需要用一定的书面形式加以确定，以成为口头合同有效成立的书面证据。作为合同有效成立的证据，书面合同在处理双方争议问题上的作用显得最为突出。当双方将其争议提交仲裁或诉讼时，仲裁庭或法院必然要求当事人提供合同有效成立的证据。没有这种书面形式的证据，就难以得到法律的保护，即使是有理的一方，也会丧失其权益。

3. 书面合同是履行国际货物买卖合同的根本依据

合同的履行是一个十分复杂的过程，它涉及很多企业、单位和部门，各方面都要围绕同一份合同协同合作，才能有序地、正确地履行合同。但其前提是要有一份包括各项交易条件或条款的合同，明确规定买卖双方各自的权利和义务，无论书面合同还是口头合同无一例外，否则将会给合同的履行造成诸多困难，甚至出现混乱现象。所以，从履行合同的角度来看，签订书面合同或用书面形式加以确定的口头合同作为履行的依据，同样是重要的。

(四) 国际货物买卖合同的形式

国际货物买卖合同的形式是交易双方当事人就确立、变更、终止民事权利和义务关系达成一致的方式，是合同当事人内在意思的外在表现形式。根据《公约》的有关规定，当事人订立合同，有书面形式、口头形式和其他形式。在国际贸易中，一般对书面合同的形式没有具体的限制，买卖双方既可以采用正式的销售合同、销售确认书、协议书，也可以采用备忘录、订单等多种形式。合同的上述形式均具有相同的法律效力，都是合同的法定形式。当事人通常可以根据需要进行选择。

1. 书面形式

书面形式包括合同书、信件以及数据电文（如电报、传真、电子数据交换和电子邮件）等可以有形地表现所载内容的形式。在我国的贸易实践中，书面合同形式包括合同（Contract）、确认书（Confirmation）、备忘录（Memorandum）和协议书（Agreement）等，其中以采用"合同"和"确认书"两种形式居多。

（1）合同

合同的特点在于：内容比较全面，对双方的权利、义务以及发生争议后如何处理，均有较详细的规定。大宗商品或成交金额较大的交易，多采用此种形式的合同。我国在对外贸易中使用的合同，分为销售合同（Sales Contract）和购买合同（Purchase Contract），又称出口合同（Export Contract）和进口合同（Import Contract）。这两种合同的格式和主要内容基本一致，其中包括商品的名称、品质、数量、包装、价格、装运、保险、支付、商检、索赔、仲裁、不可抗力等条款。这种合同的特点是内容比较全面，对双方的权利和义务以及发生争议的处理均有详细规定。在我国的对外贸易业务中，通常由我方填制合同，正本一式两份，经双方签字后，买卖双方各自保存一份。合同有正本和副本之分，合同副本与正本同时制作，无须签字，亦无法律效力，仅供交易双方内部留作参考资料，其份数视双方需要而定。

（2）确认书

确认书属于一种简式合同，它所包括的条款比合同简单，一般只就主要的交易条件做出规定，对买卖双方的义务描述得不是很详细。这种形式的合同适用于金额不大、批数较多的商品，或者已订有代理、包销等长期协议的交易。我国在外贸业务中使用的确认书，分为销售确认书（Sales Confirmation）和购买确认书（Purchase Confirmation），这两种确认书的格式基本一致。当达成交易时，通常也由我方填制一式两份，经双方签字后，各自保存一份。确认书无正本与副本之分。

上述两种形式的合同，即正式的合同和确认书，虽然在格式、内容繁简、条款项目的设立和措辞上有所不同，但在法律上具有同等效力，对买卖双方均有约束力。在我国对外贸易业务中，书面合同主要采用这两种形式。在我国进出口业务中，各企业都有印有固定格式的进出口合同或成交确认书。当面成交的，即由双方共同签署；通过函电往来成交的，由我方签署后，一般将正本一式两份送交国外成交方签署后退回一份，以备存查，并作为履行合同的依据。

（3）协议书

在法律上，协议书与合同具有相同的含义。书面文件冠以"协议"或"协议书"的名称，只要其内容对买卖双方的权利和义务都做了明确、具体和肯定的规定，它就与合同一样对买卖双方有法律约束力。但是，如果交易洽商的内容比较复杂，双方商定了一部分条件，还有一部分条件有待进一步洽商，于是先签订一个"初步协议"（Preliminary Agreement）或"原则性协议"（Agreement in General），在协议书中也做了"本协议属初步性质，正式合同有待进一步洽商后签订"（This Agreement is of preliminary nature, a formal contract will be signed after further negotiation）之类的说明，这种协议就不属于正式有效的合同性质。

（4）意向书

意向书（Letter of Intent）是在交易磋商最后达成协议之前，买卖双方为了达成某项交易，将共同争取实现的目标、设想和意愿，有时还包括初步商定的部分交易条件，以书面形式记录，作为今后进一步谈判的参考和依据。这种书面文件即称为"意向书"。意向书只是双方当事人达成某项协议的意愿表示，不是法律文件，对当事人仅仅具有一定的道义上的约束力。但根据意向书，有关当事人彼此负有道义上的责任，在进一步洽谈时，一般不应与意向书中所做的规定偏离太远。

(5) 备忘录

备忘录是在进行交易洽商时用来记录洽商的内容，以备今后核查的文件。如果当事人双方把洽商的交易条件完整、明确、具体地记入备忘录，并经双方签字，那么这种备忘录的性质和作用与合同无异。如果双方洽商后，只是对某些事项达成一致或一定程度的理解或谅解，并记入备忘录，作为双方的初步协议，以及今后进一步合作的参考依据，并常常冠以"理解备忘录"或"谅解备忘录"（Memorandum of Understanding）的名称，则这种备忘录不具有法律约束力，只是对双方具有一定的道义上的约束力。备忘录在我国外贸实际工作中较少使用。

(6) 订单和委托订购单

订单（Order）是指进口商或实际买家拟制的货物订购单。委托订购单（Indent）是指由代理商或佣金商拟制的代客户购买货物的订购单。在我国出口贸易实践中，交易达成后，有的客户往往发出订单，要求我方签署后退回一份。这种经洽商成交后发出的订单，实际上是国外客户的购买合同或购买确认书。对此，我方应仔细审阅其内容，看其中的条款与双方已商定的各项交易条件是否一致。如果内容一致或者虽有添加、更改之处，但情况并不严重且我方可以接受，则应按对方要求签署订单。如果发现添加、更改之处是我方所不能接受的，则必须及时向对方提出异议，以免对方误认为我方已默认其订单中所列条款，进而产生不必要的纠纷。此外，有些并未与我方进行过磋商的国外客户有时会径自寄来订单，对于这类订单，应根据其具体内容区分其为发盘还是发盘邀请，并及时予以答复。

2. 口头形式

采用口头形式订立的合同又称口头合同，即当事双方在自愿和互相信任的基础上就某项货物的买卖通过当面谈判或电话方式达成口头协议，而不要求做文字记载，但在法律上具有合同的效力。这多半发生在买卖双方彼此熟悉，可用人证证明，且交易金额不大的交易活动中。该形式方便迅速，但因无文字凭据，容易引起纠纷。

3. 其他形式

其他形式是指上述两种方式之外的订立合同的形式，即以行为表示接受而订立合同的方式。

上述三种方式都是合同的法定形式，因而均具有相同的法律效力，当事人可根据国别或交易需要，酌情做出选择。如阿拉伯人之间，把口头协议看得比书面协议更为重要；美国人和德国人认为书面合同或书面协议是达成交易的条件，但是，美国有一些州立法规定，口头合同具有同样的法律效力；希腊人把签订合同看成谈判的一个阶段，完成了规定的任务后谈判才算终结。根据我国《民法典》的规定，当事人订立合同，可以采用书面形式、口头形式或者其他形式。当事人签订合同时，究竟采用什么形式，应根据法律、行政法规的规定和当事人双方的意愿行事。根据国际贸易的一般习惯做法，交易双方通过口头或书面形式达成协议后，多数情况下还签订一定格式的书面合同，以利于合同的履行。

(五) 国际货物买卖合同的内容

在国际贸易中，国际货物买卖合同的内容一般包括三个部分：约首、正文和约尾。约首，即合同的首部，包括合同名称、合同编号、合同签订的日期和地点、订约双方的名称和地址等。正文是合同的主要组成部分，是对各项交易条件的具体规定。约尾，即合同的尾部，通常载明合同使用的文字及其效力、合同正本的份数、附件及其效力，以及有正当权限的双方当事人代表的签字。

1. 约首

约首包括开头和序言、合同名称、合同编号、缔约时间、缔约地点、当事人的名称和地址等。在规定这部分内容时应注意两点：第一，要把当事人双方的全称和法定详细地址列明，有些国家法律规定这些是合同正式成立的条件；第二，要认真规定缔约地点，因为合同中如对合同适用的法律未做出规定，根据某些国家的法律规定和贸易习惯的解释，可适用合同缔约地国家的法律。

2. 正文

正文部分规定了双方的权利和义务，包括合同的各项条款，如货物名称、品质规格、数量、包装、单价和总值、交货期、装运港和目的港、支付方式、保险条款、检验条款、异议索赔条款、仲裁条款和不可抗力等，以及根据不同货物和不同交易情况加列其他条款，如保值条款、溢短装条款、品质公差条款以及合同适用的法律等。

3. 约尾

约尾包括合同的份数、使用文字和效力以及双方的签字。此外，有的合同有附件部分，附在合同之后，作为合同不可分割的一部分。书面合同的内容必须符合政策，并做到内容完备、条款明确、文字严密、前后一贯，与交易磋商的内容相一致。书面合同一经签订即成为约束双方当事人的法律文件，外贸业务人员在缮制和签订过程中必须十分认真，严肃对待，谨防错漏。

（六）签订国际货物买卖合同应注意的问题

1）必须贯彻我国的对外贸易方针政策，特别要体现平等互利的原则，我们既反对对方把片面维护一方利益的条款订入合同，也绝不把对方不愿意接受的某些条款强加于人。

2）必须符合合同有效成立的要件，即双方当事人的意思表示必须一致和真实，当事人都有订约行为能力，合同标的及内容必须合法等。

3）合同内容应与洽商达成的协议内容一致，同时在条款的规定上必须严密，要明确责任、权利义务对等。切记避免订立多种解释的任意性和不确定性的条文，特别是对可能引起合同性质改变的内容，尤应慎重。如果有些条款事先未商妥，在订入书面合同时，要进一步协商达成协议才可订入。

4）合同各条款间必须协调一致，不能相互矛盾。例如，在数量条款规定溢短装时，支付方式为信用证，其保证金额就应规定有增减幅度；如贸易术语为CFR或FOB成交，在保险条款里就应订明"保险由买方自理"。关于签约后发生的额外费用负担，如运费上涨，港口封冻的绕航费等，也可在合同中明确规定由何方负担。

二、国际货物买卖合同签署流程

（一）国际货物买卖合同交易的准备

国际市场调研是对特定的国际市场进行深入、系统的研究，目的是获取、分析和解释与市场选择、进入和拓展相关的信息。在国际贸易的货物合同准备阶段，进行国际市场调研不仅是企业了解和进入新市场的基石,还是其持续成功和发展的关键。在货物合同准备阶段,深入、系统的市场调研可以确保企业更加明确、合理地制定其交易策略,避免潜在的风险,并充分利用市场机会。

国际商品市场调研的内容比较广泛,归纳起来有两类:国际商品市场环境调研和国际商品市场行情调研。

1. 国际商品市场环境调研

一国或地区的市场环境是客观存在的,要进入该市场并得到发展,我们就必须适应它,而不能改变它,否则就无法成功。市场环境通常包括政治与法律环境、经济环境、人文环境、人口与自然环境以及竞争环境等。

(1) 政治与法律环境

政治风险主要来源于政局的改变、社会动荡、武装冲突与战争等。因此,一个国家政局是否稳定直接关系到投资者是否有收益。

法律环境是指国家当地颁布的各种经济法规法令。在国际商务活动中应该考虑的法律环境主要有反不正当竞争法、反垄断法、产品责任法、价格法、知识产权保护法、投资法、外汇管理法等。

(2) 经济环境

经济环境是指一个国家或地区经济发展已达到的水平和未来的发展前景。它与企业经济活动的关系甚密,直接关系到该国家或地区商品市场的现状和发展变动趋势。经济环境包括所进入国家的经济制度、经济发展水平、与国际有关贸易组织的关系等。例如,一个国家所处的发展阶段不同,经济结构、国民收入的水平就会不同,消费者对产品的需求也就不一样,从而直接或间接地影响着国际商务活动。

(3) 人文环境

人文环境包括所进入国家的语言、历史传统、风俗习惯、教育水准、宗教信仰、价值观念等。不同国家的人文环境差异代表着不同的生活和消费模式,也就必然会给经济活动带来不同的影响。只有考虑到这些人文因素,才能解释为什么国民收入水平相似的两个国家,消费格局却有很大的差别。

(4) 人口与自然环境

人口是一国经济最基本的因素。在其他条件相同的情况下,一国人口越多,潜在的市场就越大,尤其是那些与人口有关的食品、服装、体育用品等消费品市场。同时,人口的年龄结构和性别结构是决定市场需求结构的一个重要因素。

自然环境包括所进入国家的地理环境、自然资源供给结构、气候条件等。这些自然环境直接影响生产和运输成本,影响市场需求规模和需求结构。

(5) 竞争环境

竞争环境是一个企业在决定开拓国外市场前必须考虑的重要问题,因为任何商品在任何市场都会面临竞争。能否正确认识和利用竞争,是企业的市场营销能否成功的关键。

2. 国际商品市场行情调研

国际商品市场行情调研的内容主要包括市场营销活动的各个方面,目的是帮助企业真正了解市场商品供求关系和情况、出口商品的生产与消费以及选择合适的销售渠道和促销方式,使企业的产品进入国际市场后取得预期的经济效益。国际商品市场行情调研概括起来主要有以下几方面：

（1）出口商品生产调研

出口商品生产调研在调查分析出口商品的生产历史、发展趋势、产品产量和企业所占份额的同时，还要掌握经济波动的规律，以及商品生产的一些特点，如商品生产的周期性、商品生产的季节性、商品生产的技术条件等。

（2）出口商品消费调研

消费是需求的基础，它的变化会反映需求的变化。在市场调研时，除了要分析商品的消费趋势、消费周期和消费对象外，还要掌握一些商品的消费结构特点。

（3）出口商品价格调研

价格直接关系到商品的销售和企业的经济利益。影响价格的因素有很多，只有深入分析研究，才能灵活应变。出口商品价格调研的具体内容主要包括：①影响价格变化的具体因素；②出口商品的需求弹性大小和波动幅度；③国际商品市场供求关系的状况及发展变化趋势；④不同的价格政策对商品定价及销售量的影响；⑤新产品的定价策略；⑥商品生产周期与消费周期不同阶段的定价原则。

（4）出口商品营销方式调研

商品营销主要是营销商或企业为积极宣传产品并说服消费者购买所进行的一系列活动。出口商品营销方式调研的主要内容是：①调查在国外市场对客户可能进行的营销组合；②发现能促进营销的推广方法，如支付佣金、提供折扣、赠送样本、赞助各种交易活动等；③分析雇用或选派的推销员的素质、水平、训练费用以及其所能起到的作用；④调研营销活动中可以使用的有效广告宣传方式等。

(二) 国际货物买卖合同的交易磋商

交易磋商（Business Negotiation）是指买卖双方以买卖某种商品为目的，通过一定程序就交易的各项条件进行洽商并最后达成协议的全过程。交易磋商的目的是买卖双方通过磋商能共同取得一致意见，达成交易。

交易磋商具有高度的政策性、策略性和技术性，只有真正做到知己知彼，使自己尽可能处于主动地位，才能稳操胜券。要做好这项工作，既要努力掌握我国的外贸政策，通晓市场，联络客户，营销商品，熟悉贸易程序，又须充分懂得有关国家的贸易法规、习惯做法和商业惯例，并在此基础上灵活地运用交易磋商的策略与技术。

1. 交易磋商的内容及形式

国际货物买卖交易磋商的内容主要包括买卖商品的品质、数量、包装、价格、运输、保险、支付、商品检验、争议、索赔、不可抗力和仲裁等交易条件。只有买卖双方就此达成共识，交易才能成立。

交易磋商在形式上可分为口头和书面两种。当然，在特殊情况下，一项交易的达成也可以通过买卖双方既已成为习惯的某些行为予以确认。

（1）口头磋商

口头磋商主要是指在谈判桌上面对面地谈判，如参加各种交易会、洽谈会，以及贸易小组出访、邀请客户来华洽谈交易等。此外，还包括双方通过国际长途电话进行的交易磋商。由于口头磋商是面对面的直接交流，便于了解对方的诚意和态度，从而采取相应的对策，并根据进展情况及时调整策略，达到预期的目的，因此，口头磋商比较适合谈判内容复杂、涉及问题较多的业务,如大型成套设备交易谈判。

(2) 书面磋商

书面磋商是指通过信件、电报、电传等通信方式来洽谈交易。目前,多数企业使用传真进行洽谈,有的已开始使用电子邮件磋商交易。随着现代通信技术的发展,书面磋商越来越简便易行,成本费用低廉。在国际贸易中,买卖双方通常采用书面方式磋商交易。

2. 交易磋商的一般程序

交易磋商的一般程序应包括邀请发盘、发盘、还盘和接受等环节,其中发盘和接受是交易成立的基本环节,也是合同成立的必要条件。

(1) 邀请发盘

邀请发盘(Invitation to Offer)是指交易的一方打算购买或出售某种商品,向对方询问买卖该项商品的有关交易条件,或者就该项交易提出带有保留条件的建议。例如,以未售出为准(Subject to Prior Sale),或者需经我方最后确认(Subject to Our Final Confirmation)等。

邀请发盘在通常的交易中并非必不可少的环节,然而在一些特殊的贸易方式下,如招投标、拍卖等,情况则有所不同。

邀请发盘可以有不同形式,其中最常见的是询盘(Inquiry)。询盘的内容可涉及价格、品质、数量、包装、装运以及索取样品等,而多数只是询问价格,所以业务上常把询盘称作询价。

在国际贸易业务中,有时一方发出的询盘表达了与对方进行交易的愿望,希望对方接到询盘后及时发出有效的发盘,以便考虑接受与否。也有的询问只是想探询一下市场价格,询问的对象也不限于一人。有时发出询盘的一方希望对方开出估价单,这种估价单同样不具备发盘的条件,所报出的价格也仅供参考。

邀请发盘虽不是交易磋商的必经步骤,但往往是一笔交易的起点。关于询盘,当事人一般需注意以下问题:

第一,询盘不一定要有"询盘"字样,凡含有询问、探询交易条件或价格方面的意思表示均可做询盘处理。

第二,在业务中虽询盘无法律约束力,但当事人仍须考虑询盘的必要性,尽量避免只是询价而不购买或不售货,以免失掉信誉。

第三,在询价时,询价人不应只考虑如何询问商品的价格,也应注意询问其他交易条件,争取获得比较全面的交易信息或条件。

第四,要尊重对方的询价,对对方的询价,无论是否出售或购买均应及时处理与答复。

第五,询盘可以同时向一个或几个交易对象发出,但不应在同时期集中做出,以免暴露我方销售或购买意图。

(2) 发盘

在国际贸易实务中,发盘又称报盘、发价、报价,法律上称为"要约"。发盘可以是应对方询盘的要求发出,也可以是在没有询盘的情况下,直接向对方发出。发盘一般是由卖方发出的,但也可以由买方发出,业务上称为"递盘"。

1) 发盘的定义及具备的条件。《公约》第十四条第一款对"发盘"的解释为:向一个或一个以上特定的人提出的订立合同的建议,如果十分确定并且表明发盘人在得到接受时承受约束的意旨,即构成发盘。一个建议如果写明货物并且明示或暗示地规定数量和价格或规定如何确定数量和价格，即为十分确定。

由这个定义可以看出一项发盘的构成必须具备下列条件：

① 向一个或一个以上的特定人提出。发盘必须指定可以表示接受的受盘人。受盘人可以是一个，也可以指定多个。不指定受盘人的发盘，仅应视为邀请发盘。

② 发盘人必须明确表达愿意按发盘的内容与对方订立合同的意思。发盘应该表明发盘人在得到接受时，将按发盘条件承担与受盘人订立合同的法律责任。这种意思既可以用发盘、递盘等术语和语句加以表明，也可按照当时的谈判情形，或当事人之间以往的业务交往情况或双方已经确立的习惯做法来确定。因此，发盘不是简单的商品介绍，让对方为了解情况而向自己发出要约，而是要明确表达按所提条件同对方签约的意思，否则就不是发盘，而是邀请发盘。

③ 发盘的内容必须确定。对于什么是"确定"，《公约》的解释是在发盘中明确货物，规定数量和价格。在规定数量和价格时，可以明示，也可以暗示，还可以只规定确定数量和价格的方法。

④ 发盘必须送达受盘人才生效。发盘的生效时间不同于接受，两大法系间存在着严重的分歧：大陆法系国家认为到达生效，英美法系国家认为投邮生效。《公约》认为发盘到达受盘人才生效，因为发盘只有送达受盘人，才能让其知晓内容，并做出承诺与否的决定。

2）发盘的撤回和撤销。《公约》第十五条第一款对发盘生效时间做了明确规定，即发盘在送达受盘人时生效。那么，发盘在送达受盘人之前，如果发盘人改变主意，或情况发生变化，就必然会产生发盘的撤回和撤销问题。

在法律上，"撤回"和"撤销"属于两个不同的概念。撤回是指发盘尚未生效，发盘人采取行动，阻止它生效。撤销是指在发盘已生效后，发盘人以一定方式解除发盘对其的效力。《公约》第十五条第二款规定，一项发盘，即使是不可撤销的，也可撤回，如果撤回的通知在发盘到达受盘人之前或同时到达受盘人。根据《公约》第十五条的规定，发盘可以撤销，其条件是：发盘人撤销的通知必须在受盘人发出接受通知之前传达到受盘人。然而，在下列情况下，发盘不能再撤销：

① 发盘中注明了有效期，或以其他方式表示发盘是不可撤销的。

② 受盘人有理由依赖该发盘是不可撤销的，并且已本着对该发盘的依赖行事。

这一款规定了不可撤销的两种情况：一是发盘人规定了有效期，即在有效期内不能撤销。如果没有规定有效期，但以其他方式表示发盘不可撤销，如在发盘中使用了"不可撤销"字样，那么在合理时间内也不能撤销。二是受盘人有理由信赖该发盘是不可撤销的，并采取了一定的行动。

3）发盘的失效。对于发盘在什么情况下失去效力的问题，《公约》第十七条规定，一项发盘，即使是不可撤销的，于拒绝通知送达发盘人时终止。也就是说，当受盘人不接受发盘提出的条件，并将拒绝的通知送到发盘人手中时，原发盘就失去效力，发盘人不再受其约束。

除此之外，在以下情况下也可造成发盘的失效：

① 受盘人做出还盘。

② 发盘人依法撤销发盘。

③ 发盘中规定的有效期届满。

④ 人力不可抗拒的意外事故造成发盘的失效，如政府禁令或限制措施。

⑤ 在发盘被接受前，当事人丧失行为能力、死亡或法人破产等。

(3) 还盘

受盘人在接到发盘后，不完全同意发盘的内容，为了进一步磋商交易，对发盘提出修改意见，用口头或书面形式表示出来，就构成还盘。

还盘的形式可有多种，有的明确使用"还盘"字样，有的则不使用，而是在内容中表示出对发盘的修改，也构成还盘。一方在接到对方的还盘后，可以表示接受，也可以进行再还盘，即针对对方的还盘再提出修改意见。有时一笔交易往往要经过许多回合才能达成。

需要注意的是，还盘有两个法律后果：一是还盘是对发盘的拒绝，还盘一经做出，原发盘即失去效力，发盘人不再受其约束；二是还盘等于是受盘人向原发盘人提出的一项新的发盘。还盘做出后，还盘的一方与原发盘的发盘人在地位上发生了变化。还盘人由原发盘的受盘人变成新发盘的发盘人，而原发盘的发盘人则变成了新发盘的受盘人。新受盘人有权针对还盘的内容进行考虑，决定接受、拒绝或再还盘。

在进出口业务中，针对还盘应注意以下问题：

① 还盘可以针对价格，也可以针对交易商品的品质、数量、装运及支付等。

② 在还盘时，一般只针对原发盘提出不同意见和需要修改的部分，已同意的内容在发盘中可以省略。

③ 接到还盘后要与原发盘进行核对，找出还盘中提出的新内容，结合市场变化情况和我方销售意图认真对待和考虑。

(4) 接受

所谓接受，是指交易的一方在接到对方的发盘或还盘后，以声明或行动向对方表示同意的行为。法律上将接受称作承诺。接受和发盘一样，既属于商业行为，也属于法律行为。对有关接受问题，《公约》也做了较明确的规定。

1) 有效接受应具备的条件。根据《公约》的解释，构成有效接受要具备以下四个条件：

① 接受必须是由受盘人做出，其他人对发盘表示同意，不能构成接受。这一条件与发盘的第一个条件是相呼应的。发盘必须向特定的人发出，即表示发盘人愿意按发盘的条件与受盘人订立合同，但这并不表示他愿意按这些条件与任何人订立合同。因此，接受只能由受盘人做出才具有效力。

② 受盘人表示接受，要采取声明或做出其他行为。受盘人表示接受要以口头或书面的声明形式向发盘人明确表示出来。另外，接受还可以用行为表示。比如，进口商向出口商发盘，由于发盘内容明确，所列条件又符合出口商的要求，出口商接到发盘后，马上就可把货装运出去，这就属于以行为表示接受。但在我国的对外贸易中通常不采纳这一做法。

③ 接受的内容要与发盘的内容相符，即要与发盘的条件保持一致。按照传统的普通法理论，接受应像镜子一样反射发盘的条件。

④ 接受的通知要在发盘的有效期内送达发盘人才能生效。发盘中通常都规定有效期。这一期限有双重意义：一方面，它约束发盘人，使发盘人承担义务，在有效期内不能任意撤销或修改发盘的内容，过期则不再受其约束；另一方面，发盘人规定有效期，也是约束受盘人，只有在有效期内做出接受，才有法律效力。

此外，关于接受的撤回问题，《公约》的规定与发盘的撤回基本相同，如第二十二条做了如下规定：如果撤回的通知于接受原应生效之前或同时送达发盘人，接受得予撤回。这就是说，撤回的通知只要与接受的通知同时，或先于接受的通知到达发盘人，就可以将接受撤回。

2）有条件的接受。接受应是无条件的，但在业务中常有这种情况：受盘人在答复中使用了"接受"的字眼，但又对发盘的内容做了增加、限制或修改，这在法律上称为"有条件的接受"。有条件的接受通常不能成为有效的接受，而属于还盘。

那么，是不是说受盘人在表示接受时，不能对发盘的内容做丝毫的变更？答案是否定的。根据《公约》第十九条的规定，关键问题是看这种变更是否属于实质性的。什么叫实质性变更？有关货物价格、付款、货物质量和数量、交货地点和时间、一方当事人对另一方当事人赔偿责任范围或解决争端等的添加或不同条件，均视为实质上变更发盘的条件。实质性变更是对发盘的拒绝，构成还盘。非实质性变更的后果又是什么？《公约》指出：对发盘表示接受但载有添加或不同条件的答复，如所载添加或不同条件在实质上并不改变发盘的条件，除非发盘人在不过分迟延的期间以口头或书面通知反对其差异，仍构成接受。这就告诉我们，如果受盘人对发盘内容所做的变更不属于实质性的，能否构成有效的接受，取决于发盘人是否反对。如果发盘人不表示反对，合同的条件就包含了发盘的内容以及接受通知中所做的变更。

因此，在出现有条件接受时，对于发盘条件的变更应谨慎对待，不能一律以"沉默"待之。谨慎的做法是：第一，可以对其变更定性，判断其不同的法律后果，积极选择应对策略。第二，当收到对方有附加条件的接受后，不管其附加条件是不是对原发盘的实质性变更，均应立即明确地把自己的意思说出来，这样可避免争议，特别是在不能十分确定对方的修改是不是非实质性的时候，就更不可以随意沉默。

3）迟到的接受。在国际贸易中，由于各种原因，受盘人的接受通知有时会晚于发盘人规定的有效期送达，这在法律上称为"迟到的接受"。对于这种迟到的接受，发盘人不受其约束，它不具有法律效力，但也有例外的情况。《公约》第二十一条规定，迟到的接受在下列两种情况下仍具有效力：

① 如果发盘人毫不迟延地用口头或书面形式将此种意思通知受盘人。

② 如果载有迟到接受的信件或其他书面文件，表明它在传递正常的情况下是能够及时送达发盘人的，那么这项迟到的接受仍具有接受的效力，除非发盘人毫不迟延地用口头或书面方式通知受盘人，认为该发盘已经失效。

上述第一款规定，在一定条件下，迟到的接受仍有效力。这一条件由发盘人确认，并且毫不迟延地通知受盘人。通知的方式可以是口头的，也可以是书面的。如果发盘人不及时通知，这项接受就失去效力。这一规定的意义在于，它既保证了发盘人的正当权益（即他所承受的约束仍以发盘中规定的有效期为限，过期不再受约束），又考虑到贸易实务中许多难以预料的情况。为了促成交易，特别做出这项规定。

上述第二款规定，如果迟到的接受并非受盘人的过失，而是传递方面造成的失误，也就是说，受盘人已按期发出了接受，如果传递正常本可以及时送达发盘人，那么，这种迟到的接受仍具有效力。相反的情况是发盘人及时通知受盘人，他认为发盘已经失效。反过来说，如果发盘人没有及时表态，而受盘人又能证明接受迟到不属于他的责任，那么接受就有效。

总而言之，在接受迟到的情况下，不管受盘人有无责任，决定该接受是否有效的主动权在发盘人。

（三）国际货物买卖合同的成立

1. 合同有效成立的条件

交易一方的发盘一经对方有效接受，合同即告成立，但合同是否具有法律效力，还要视其是否具备了一定的条件。不具有法律效力的合同是不受法律保护的。概括起来，合同应具备下述条件才算有效成立。

（1）当事人必须在自愿和真实的基础上达成协议

"契约自由"是合同法的基本原则。合同成立必须在双方当事人自愿的基础上进行。一方自愿发价，另一方明确表示愿意承诺，双方自愿表示达成协议的诚意，承诺履行合同责任与义务。这种合同不是单方面的行为，而是一种双方意思一致基础上产生的行为。这样的合同是合法的、受法律保护的。如果一方采取强制、威胁、暴力、诈骗手段，迫使对方就范，订立的合同在法律上就是无效的。此外，当事人在合同订立前调查相对人的履行能力等情况，能有效避免欺诈。当前，不法商人利用合同进行欺诈的情况屡有发生，很大程度上是由于受欺诈方盲目轻信，仓促订立合同，以致上当受骗。因此，在合同订立之前就采取预防措施，以防止产生合同纠纷，可以有利于合同当事人避免合同中的漏洞和减少受欺诈的可能性。

（2）当事人应具有法律行为的资格和能力

1）自然人订立合同的资格和能力。各国法律对于哪些人具有订立合同的资格和能力，哪些人没有订立合同的资格和能力，都有具体的规定。《中华人民共和国民法典》把公民按民事行为能力分为三类：完全民事行为能力人、限制民事行为能力人和无民事行为能力人。

2）法人的行为能力。法人是依法成立，拥有必要的组织机构和独立的财产，能以自己的名义享有民事权利和承担民事义务，能以自己的名义起诉、应诉的组织。公司是法人的一种，是最重要的商事主体。各国法律都规定，公司订立合同必须通过其授权的代理人，而且其活动范围不得超过公司章程的规定，否则合同无效。

（3）合同必须以双方互惠、有偿为原则

国际货物买卖是互为有偿的交换，即在合同中一方所享有的权利，以另一方所负有的义务为基础，双方应互有权利与义务，卖方负有交付约定的实物的责任，买方必须受领货物并支付价款。如果其中任何一方不按合同履行义务，都将负有赔偿的责任。

（4）合同的标的和内容必须合法

规定合同标的和内容的合法性的目的在于维护正常的经济秩序和社会秩序。根据《中华人民共和国民法典》的精神，当事人订立、履行合同，应当遵守法律、行政法规，尊重社会公德，不得扰乱社会经济秩序，不得损害社会公共利益。凡是违反法律、公序良俗的合同一律无效。

（5）合同的形式必须符合法律规定的要求

合同的形式是指订立合同的当事人达成的协议的表现形式。各国法律对合同成立的形式要求不同。《公约》对国际货物买卖合同的形式，原则上不加以限制，无论采用书面方式还是口头方式，均不影响合同的效力。《中华人民共和国民法典》也有类似的规定。

2. 书面合同的签订

买卖双方经过磋商，一方的发盘被另一方有效接受，交易即达成，合同即告成立。但在实际业务当中，买卖双方达成协议后，通常还要制作书面合同将各自的权利和义务用书面方式加以明确，这就是所谓的签订合同。

（1）书面合同的意义

1）作为合同成立的证据。在法律上，当双方当事人在交易（合同）的履行过程中发生争端或纠纷时，提供以书面形式签订的合同是证明双方存在合同关系的一种最有效、最简便的方法，合同也可作为仲裁员和法官进行仲裁和做出判断的一个有力的证据。因此，签订书面合同为将来争议的解决提供了法律依据。

2）作为履行合同的依据。无论口头还是书面达成的协议，如果没有一份包括各项条款的合同，则会给履行带来许多不便。所以在业务中，双方都要求将各自应享受的权利和应承担的义务用文字规定下来，作为正确履行合同的依据。

3）可作为合同生效的条件。在国际贸易实务中，有时合同的生效是以书面签订合同作为条件的。特别是在一方当事人要求签订确认书时，只有在签订确认书后，合同才告成立，否则在此之前，即使双方已对交易条件全部取得了满意的结果，也不存在法律上有效的合同。

（2）书面合同的类型

在国际上，书面合同的格式和名称不尽相同，形式很多，均无特定的限制。我国对外贸易业务主要采用的书面合同是销售合同、销售确认书两种。

1）正式合同。正式合同是带有"合同"字样的法律契约，包括销售合同和购货合同。合同的文字解释要清楚、经济责任要明确，并对双方要有约束性，签订手续完备。

2）确认书。确认书较正式合同简单，是买卖双方在通过交易磋商，达成交易后，寄给双方加以确认的列明达成交易条件的书面证明。经买卖双方签署的确认书是法律上有效的文件，对买卖双方具有同等的约束力。确认书包括销售确认书和购货确认书。

在进出口业务中，对大宗商品或成交金额比较大的交易，一般采用正式合同形式；对金额不大、批数较多的小土特产品和轻工业品一般采用确认书形式。货物买卖合同或确认书，一般由我方根据双方磋商的条件缮制正本，一式两份，我方签字后寄交给对方，经对方查核签字后，留存一份，另一份寄还我方，双方各执一份，作为合同订立的证据和履行合同的依据。

（3）书面合同的内容

书面合同的内容一般由下列三部分组成：

1）约首。约首是指合同的序言部分，其中包括合同的名称、订约双方当事人的名称（要求写明全称）和地址。除此之外，在合同序言部分常常写明双方订立合同的意愿和执行合同的保证。该序言对双方均具有约束力。因此，在规定该序言时，应慎加考虑。

2）正文。这是合同的主体部分，国际货物买卖合同都应具备一些基本条款（也可称为必要条款），这些条款体现了双方当事人的权利和义务。至于国际货物买卖合同的主要条款，前面已述，在此略去。

3）约尾。约尾一般列明合同的份数、使用的文字及其效力、订约的时间和地点及生效的时间。合同的订约地点往往要涉及合同准据法的问题，因此要慎重对待。我国的出口合同的订约地点一般都写在我国。有时，有的合同将"订约时间和地点"在约首订明。

3. 电子商务合同

所谓电子商务合同，是指以电子数据交换、电子邮件等能够完全准确地反映双方当事人意思表示的电子信息的形式，通过计算机互联网订立的商品或服务的交易合同。电子商务虽然与传统的交易有很大的不同，属于一种新的交易形式，但就其本质而言，电子商务合同约定双方权利与义务的合同内容并无变化，变化的主要是其载体和合同订立的方式。

（1）电子商务合同生效的要件

1）合同主体的缔约能力。由于电子商务在互联网这一虚拟的空间进行，因此各国对其中的交易主体采取了由权威认证机构发放身份证的方法，使合同主体合法出现，以确保交易安全。

2）合同意思表示真实一致。电子商务要求当事人的意思表示真实和一致，并能够确认交易的要约和承诺具有不可抵赖性，当事人在做出意思表示时能够真正、完整地了解合同的全部信息，没有欺诈、胁迫和误解。

3）合同的合法性。合同标的必须合法，否则将导致合同无效。非法的标的，如危害社会公德、扰乱社会经济秩序、损害社会公共利益等的物品，不因交易以电子形式成交而合法。关于合同的形式问题，《中华人民共和国民法典》已将数据电文纳入书面形式中。

（2）电子商务合同生效的时间和地点

合同自承诺生效时成立，这一合同成立的条件仍然适用于电子商务合同。在电子商务合同中，到达生效原则仍旧是适用的。根据《中华人民共和国民法典》的精神，采用数据电文形式订立合同，收件人指定特定系统接收数据电文的，该数据电文进入该特定系统的时间，视为到达时间；未指定特定系统的，该数据电文进入收件人的任何系统的首次时间，视为到达时间。至于合同生效的地点，目前国际上的立法已趋于一致，即除了当事人另有约定外，以承诺人的主营业地为合同的成立地点，无主营业地的，以其经常居住地为准。

（3）电子签名与认证

在电子合同中，签名、盖章等形式可以证明当事人的身份，所以是合同生效的必要条件。由于电子商务合同不存在纸本形式，由当事人亲笔签名加盖印章则是不可能的，因此，电子商务技术专家设计了以电子数据密码表示的密钥作为"电子签章"（Electronic Signature），再配合认证机构（Certification Authority，CA）发送的电子证书对个人持有的私人密钥做认证，实现了合同当事人的签字功能。《中华人民共和国电子签名法》（以下简称《电子签名法》）第十四条规定："可靠的电子签名与手写签名或者盖章具有同等的法律效力。"

那么，什么是可靠的电子签名？根据《电子签名法》第十三条的规定，电子签名同时符合下列条件的，视为可靠的电子签名：

1）电子签名制作数据用于电子签名时，属于电子签名人专有。
2）签署时电子签名制作数据仅由电子签名人控制。
3）签署后对电子签名的任何改动能够被发现。
4）签署后对数据电文内容和形式的任何改动能够被发现。

此外，电子签名需要第三方认证的，由依法设立的电子认证服务提供者提供认证服务。目前，中国国际电子商务中心就提供这项服务。

第二节　出口合同的履行

出口合同的履行是指在货物交易中卖方按照合同的规定履行交货等一系列责任，直至其收回货款的整个过程。

我国的出口合同大多采用 CFR 或 CIF 贸易术语，又多以信用证方式收取货款。出口合同的履行主要包括备货、报验、催证、审证、改证、货物托运、报关、投保和制单结汇等。其中，货（备货）、证（催证、审证、改证）、船（租船订舱）、款（制单结汇）四个环节最为重要。

一、备货与报验

（一）备货

备货就是卖方根据出口合同的规定，按时、按质、按量准备好应交付的货物，并做好报验工作，以保证按时出运，如约履行。

在备货过程中，要特别注意以下问题：

1. 备货时间

备货时间一般应与信用证规定的装船时间及船期相衔接，严防脱节。例如，在仓库存放而多支付仓储费，船舶等货造成滞期，货物无法装上定期班轮，都将产生严重后果。

2. 货物本身

所备货物的数量、质量、规格和花色品种与合同的规定相符；既不要偏低，也不要偏高，更不能以次充好，要把诚信原则贯彻始终。此外，货物还应符合进口国法律法规所要求的品质标准。世界各国对许多商品都规定了严格的品质标准和技术标准，对于这些强制性的要求，即使合同中未做规定，卖方也必须保证货物达到标准。

3. 货物包装

在备货时除了要注意按要求的包装材料、包装方式包装之外，还要注意对包装尺寸的要求。另外，要认真刷制运输标志，贴好必要的条码。在刷制运输标志时，一定要注意标志清晰醒目、涂料不易脱落、文字大小适当。

4. 货物所有权担保

根据《公约》第四十一条的规定，卖方所交付的货物必须是第三方不能提出任何权利或要求的货物，除非买方同意在这种权利或要求的条件下收取货物，即任何第三者不能根据物权、工业产权或其他知识产权主张任何权利或要求。

（二）报验

在出口货物备齐后，应根据国家商检法及信用证的有关规定，向商检机构申请报验。出口商品在报验时，一般应提供外贸合同、信用证原本的复印件或副本，必要时提供原本。凡属危险或法定检验范围内的商品，在申请品质、规格、数量、重量、安全以及卫生检验时，均必须提交商检机构签发的出口商品包装性能检验合格单证，商检机构凭此受理上述各种报验手续。

二、催证、审证与改证

在采用信用证支付方式时，买方能否及时、正确地开出信用证就成为出口合同如期履行交货的关键,也是卖方及时收回货款的基本保证。出口商为了维护自己的权益,必须掌握、管理和使用好信用证,这包括催证、审证和改证。

(一) 催证

在出口合同中,买方应严格按照合同的规定按时开立信用证,这是卖方履约的前提。但在实际业务中,国外进口商在遇到市场发生变化或资金发生短缺的情况时,往往会拖延开证。对此,我们应催促对方迅速办理开证手续。必要时,也可请我方驻外机构或有关银行协助代为催证。

(二) 审证

信用证是依据合同开立的,信用证内容应该与合同条款一致。但在实践中,由于种种因素,如工作的疏忽、电文传递的错误、贸易习惯的不同、市场行情的变化等,往往会出现开立的信用证条款与合同规定不符的情形。为确保收汇安全和合同顺利执行,我们应该依据合同进行认真的核对与审查。

在实际业务中,通常是由银行和贸易企业共同承担审证任务。其中,银行着重审核开证行的政治背景、资信能力、付款责任和索汇路线等方面的内容,贸易企业则着重审核信用证内容与买卖合同是否一致。具体来说,审证的项目主要集中在:对信用证真伪的审查,对开证行的审查,对信用证性质、种类及开证行责任的审查,对开证人、受益人的审查,对信用证内容表述的审查,对信用证货币和金额的审查,对信用证要求的单据的审查,对装运期、有效期、到期地点的审查等。

(三) 改证

在审证过程中如发现信用证内容与合同规定不符,应区别问题的性质,分别同有关部门研究,做出妥善处理。一般来说,如发现卖方不能接受的条款,应及时提请开证人修改,在同一信用证上如有多处需要修改的,应当一次提出。对信用证中可改可不改的,或经过适当努力可以办到而并不造成损失的,则可酌情处理。对通知行转来的修改通知书内容,如经审核不能接受,就应及时表示拒绝。根据《跟单信用证统一惯例》(UCP600)第 10 条 e 款的规定,不允许部分接受修改,部分接受修改将被视为拒绝接受修改的通知。也就是说,如一份信用证修改通知书中包括多项内容,受益人只能全部接受或全部拒绝,不能只接受其中一部分,而拒绝另一部分。

三、货物托运、报关与投保

(一) 办理货物托运

办理货物托运是卖方履行合同,按照规定向买方交付货物以及顺利收回货款的重要环节。出口商在办理货物托运时要注意以下几个方面:

1. 妥善选择货运代理公司

随着技术的进步,货主越来越少地与运输工具承运人,如船公司直接打交道,而是由专业性较强的货运服务机构为其提供"门到门"的运输一体化的中介服务。选择良好的货运代理公司不仅涉及货物的安全运送,也涉及贸易关系的长期合作。

2. 托运订舱

托运人编制出口托运单后,即可向货运代理办理委托订舱手续。货运代理根据货主的具体要求按航线分类整理后,及时向船公司或其代理订舱。货主也可直接向船公司或其代理订舱。当船公司或其代理签出装货单后，即完成订舱工作。

3. 装船

在装船前，理货员代表船方，按照积载图和舱单，分批接货装船。在装船过程中，托运人委托的货运代理应有人在现场监装，随时掌握装船进度并处理临时发生的问题。装货完毕，理货员要与船方大副共同签署收货单，交与托运人。

4. 取得海运提单

装船完毕，托运人在向收货人发出装船通知后，即可凭收货单向船公司或其代理换取已装船提单，这时运输工作即告一段落。

（二）报关

出口报关是指凡我国出口的商品，都应该按照我国海关法的规定，向海关申报，经查验后放行，才能出境。这是我国海关对出口商品依法进行的监管。海关查验货物，一般应在海关规定的时间和监管场所进行。

1）关于申报时限和申报地点。出口货物在出境时，发货人应在装货的 24 小时前向海关申报。根据规定，出口货物应由发货人在货物的出境地海关申报。

2）关于报关应具备的单证。出口货物报关时应填写一式两份"出口货物报关单"并随附出口许可证、发票、装箱单等货运单证。海关在接受报关后，须对各项单证予以签收和审核。

（三）投保

在 CIF 出口合同中，卖方必须办理货物保险。我国出口货物的投保一般采取逐笔投保方式，即每发生一笔国际货运业务，出口方即向保险公司办理一次投保手续。投保时，出口方首先向保险公司索取空白投保单，按合同或信用证的规定，如实填写货运投保单内容，列明投保人（被保险人）的名称、被保险的货物名称、数量、包装及标志、保险金额、起讫地点、运输工具名称、起讫日期、投保险别等，送交保险公司投保。保险公司根据投保人（被保险人）的投保申请，考虑接受承保，签发保险单。

四、制单结汇

制单结汇是指出口货物装运后，有关公司、企业按照合同或信用证的规定，正确缮制各种单据，持单向当地银行结汇，即出口商通过银行收取货款。

在这里需要特别强调的是，提高单证质量对保证安全迅速收汇有着十分重要的意义，特别是在信用证付款条件下，实行的是单据和货款对流的原则，单证不相符，单单不一致，银行和进口商就可能拒收单据和拒付货款，因此，缮制结汇单据时要求做到以下几点：

（一）正确

单据内容必须正确，既要符合信用证的要求，又要能真实反映货物的实际情况，且各单据的内容不能相互矛盾。

（二）完整

单据份数应符合信用证的规定，不能短少。单据本身的内容应当完备，不能出现项目短缺情况。

（三）及时

制单应及时，以免错过交单日期或信用证有效期。

（四）简明

单据内容应按信用证要求和国际惯例填写，力求简明，切勿加列不必要的内容。

（五）整洁

单据的布局要美观大方，缮写或打印的字迹要清楚醒目，不宜轻易更改，尤其对金额、件数和重量等，更不宜改动。

五、出口货物退（免）税

根据我国现行的对外经济贸易政策，我国出口企业在办理货物装运出口以及制单结汇后，应及时办理出口货物退（免）税。

（一）出口货物退（免）税的含义

出口货物退（免）税是指在国际贸易中，对报关出口的货物退还在国内各生产环节和流转环节按税法规定已缴纳的增值税和消费税，或免征应缴纳的增值税和消费税。它是国际贸易中通常采用并为世界各国普遍接受的、目的在于鼓励各国出口货物公平竞争的一种税收措施，从而使本国产品以不含税的价格进入国际市场，与国外产品在同等条件下进行竞争，从而增强竞争能力。根据《中华人民共和国增值税暂行条例》的规定，纳税人出口货物，税率为零。根据《中华人民共和国消费税暂行条例》的规定，对纳税人出口应税消费品，免征消费税。

（二）出口货物退（免）税的企业范围

根据我国国家税务总局2016年9月1日开始实施的《出口退（免）税企业分类管理办法》的有关规定，出口退（免）税企业是指适用出口退（免）税政策的企业和其他单位，以及适用增值税零税率政策的应税服务提供者。按照出口企业适用的出口退（免）税办法和经营业态，分为生产企业、外贸企业、外贸综合服务企业。

（三）出口货物退（免）税的货物范围

在我国享受出口货物退（免）税的货物以海关报关出口的增值税、消费税应税货物为主要对象，对一些非海关报关出口的特定货物也实行退（免）税。

（四）出口货物退（免）税应具备的条件

根据我国有关规定，出口产品只有在同时具备下列条件的情况下，国家才予以退（免）税：①必须是增值税、消费税征税范围的货物；②必须是报关离境的货物；③必须是财务上做销售处理的货物；④必须是出口收汇并已核销的货物。此外，若为生产企业出口或代理出口，享受退（免）税政策的货物还必须是自产货物或视同自产货物的外购货物。

第三节　进口合同的履行

进口合同的履行是指买方按照合同和法律的规定办理接货、付款、复验、报关纳税等一系列事宜的过程。我国的进口业务多以FOB价格条件成交，采用信用证支付方式。按照这些条件成交的进口合同的履行程序一般包括开立信用证、租船订舱、通知船期和催装、装运、办理保险、审单付款、接货报关、检验、索赔等。

一、信用证的开立与修改

(一) 开立信用证

买方开立信用证是履行合同的前提条件,因此,签订进口合同后,应按合同规定办理开证手续。如果合同规定在收到卖方货物备妥通知或在卖方确定装运期后开证,买方应在接到上述通知后及时开证。买方向银行办理开证手续时,必须按合同内容填写开证申请书。开证申请书(Documentary Credit Application)是申请人与开证行之间的书面契约,也是申请人对开证行的委托、开证行开立信用证的依据。进口商填写好开证申请书后,连同进口合同一并交给银行,申请开立信用证,同时向开证行交付一定比率的押金。银行则按开证申请书内容开立信用证。

(二) 修改信用证

信用证内容是以合同为依据开立的,它与合同内容应当一致。但由于各种原因,信用证内容可能与合同内容不一致,因此,当卖方收到信用证后,如提出修改信用证的请求,经买方同意后,即可向银行办理改证手续。最常见的修改内容有展延装运期和信用证有效期、变更装运港口等。

二、派船接货与投保

(一) 派船接货

按 FOB 条件签订进口合同时,应由买方安排船舶,如果买方自己没有船舶,则应负责租船订舱或委托租船代理办理租船订舱手续。在办妥租船订舱手续后,应及时将船名及船期通知卖方,以便卖方备货装船,避免出现船等货的情况。

买方在备妥船后,还应做好催装工作,随时掌握卖方备货情况和船舶动态,催促卖方做好装船准备工作。对于数量大或重要的进口货物,必要时可请我方驻外机构就地协助了解和督促对方履约。国外装船后,卖方应及时向买方发出装船通知,以便买方及时办理保险和接货等项工作。此外,根据合同规定或习惯做法,出口商在交货前一定时间内将预计装运日期通知进口商,进口商接到该通知后应及时办理租船订舱,以做到船货衔接,避免"有船无货"情况的出现。

(二) 办理货运保险

在 FOB 或 CFR 交货条件下的进口合同,保险由买方办理。买方可以与保险公司签订预约保险合同,对各种货物应保的险别先做出具体规定。按照预约保险合同的规定,所有按 FOB 及 CFR 条件进口货物的保险都由保险公司承保。因此,买方在收到国外装运通知后,应及时将船名、提单名、开航日期、装运港、目的港以及货物的名称和数量等内容通知保险公司,即办妥投保手续。保险公司即按预约保险合同的规定对货物负自动承保的责任。此外,进口商也可以采用逐笔投保方式,即在接到国外出口商发来的装船通知后,直接向保险公司提出投保申请,填写"启运通知书",并送交保险公司。保险公司出具保险单,保险单随即生效。

三、审单与付汇

银行收到国外寄来的汇票及单据后,对照信用证的规定,核对单据的份数和内容。如果内容无误,即由银行对国外付款;同时,贸易企业用人民币按照国家规定的有关折算牌价向银行买汇赎单。如果审核国外单据发现证单不符,应做出适当处理。处理办法有很多,例如:停止对外付款;相符部分付款,不符部分拒付;货到检验合格后再付款;凭卖方或议付行出具的担保付款;要求国外改正;在付款的同时,提出保留索赔权;等等。

在国际贸易结算领域,《跟单信用证统一惯例》已被大多数国家与地区接受和使用,并成为各国银行处理结算业务必须遵循的基本准则。在实际业务中,审单付款中的情况比较复杂。银行、进口企业对审单应高度重视,尽量避免因错付或被诈骗而给公司、企业造成重大的损失。因此,有关当事人要按照《跟单信用证统一惯例》的要求,合理谨慎地审核信用证要求的所有单据,以确定其表面上是否与信用证条款相符。当信用证的规定与《跟单信用证统一惯例》有抵触时,应遵循信用证优先于《跟单信用证统一惯例》的原则,按照信用证的要求审核单据。

四、进口付汇核销

我国对进口货物的付汇实行管理。根据规定,境内机构的进口付汇应按照国家《贸易进口付汇核销监管暂行办法》的规定办理核销手续。凡是进口企业以通过银行购汇或从现汇账户支付的方式,向境外支付有关进口商品的货款、预付款、尾款等皆为进口付汇,应当按照规定办理付汇核销手续。

五、报关、验收与拨交

当进口货物到货后,由贸易企业或委托运输公司根据进口单据填具"进口货物报关单"向海关申请,并随附发票、提单及保险单。如属法定检验的进口商品,还须随附商品检验证书。货、证经海关查验无误,才能放行。

当进口货物运达港口卸货时,港务局要进行卸货核对。如发现短缺,应及时填制"短卸报告"交由船方签认,并根据短缺情况向船方提出保留索赔权的书面声明。卸货时如发现残损,货物应存放于海关指定仓库,待保险公司会同商检机构检验后做出处理。值得注意的是,根据规定,凡列入《商检机构实施检验的进出口商品种类表》的进出口商品和其他法律、法规规定须经检验的进出口商品,必须经过出入境检验检疫部门或其指定的检验机构检验。进口商品应检验未检验的,不准销售、使用。

在办完上述手续后,买方可自行或委托货运代理提取货物自用或拨交给订货部门,货运代理通知订货部门在目的地办理收货手续,同时,通知贸易企业代理手续已办完毕。

六、进口索赔

进口商品常因品质、数量、包装等不符合合同的规定,而需要向有关方面提出索赔。根据造成损失原因的不同,进口索赔的对象主要有三个方面:向卖方索赔,向船公司索赔,向保险公司索赔。

在进口业务中,办理对外索赔时一般应注意以下事项:

(一)索赔证据

对外提出索赔需要提供证件。一是应制备索赔清单,随附商检机构签发的检验证书、发票、装箱单、提单副本。二是对不同的索赔对象还要另附有关证件。

（二）索赔金额

索赔金额，除受损商品的价值外，有关的费用也可被提出，如商品检验费、装卸费、银行手续费、仓租、利息等，都可包括在索赔金额内。至于包括哪几项，应根据具体情况确定。

（三）索赔期限

值得注意的是，进口索赔必须在一定时限内提出才有效；如果提出索赔要求时已超过了索赔时限，则索赔方就算自动放弃要求索赔的权利。

向卖方索赔的时效：根据《联合国国际货物销售合同公约》的规定，买方必须在发现或理应发现不符情况后一段合理时间内通知卖方，否则就丧失了索赔的权利；但无论如何，索赔时效为自买方收到货物之日起不超过2年。

向船公司索赔的时效：根据《海牙规则》的规定，托运人或收货人在收到货物时，如果发现货物灭失或损坏，应在提货日起3天之内，向运输公司提出索赔的书面通知。如果在提货时，双方已对货物进行了联合检验，托运人或收货人就无须再发出上述索赔通知，有关索赔依据可事后补送。如果货主的索赔未被受理，则诉讼时效为从货物交付之日起算1年之内。

向保险公司索赔的时效：按照中国人民财产保险股份有限公司关于海洋货物运输保险条款的有关规定，被保险人发现保险货物受损后，应立即通知当地的理赔、检验代理人进行检验。中国人民财产保险股份有限公司规定的索赔时效为2年，即从被保险货物在最后卸载港全部卸离海轮后起算，最多不超过2年。

（四）关于卖方的理赔责任

进口货物发生了损失，除属于轮船公司及保险公司的赔偿责任外，如属卖方必须直接承担的责任，应直接向卖方要求赔偿，防止卖方制造借口来推卸理赔责任。

本章小结

国际货物买卖合同是营业地位于不同国家的当事人所订立的货物买卖合同，是调整国际货物买卖交易的法律文件。国际货物买卖合同一般包括合同名称、双方当事人的名称和地址、商品名称、合同标的、价格和支付方式、交货时间和地点、包装和标记、检验和索赔、不可抗力和仲裁等条款。

国际货物买卖合同的订立通常采用书面形式，并包括要约和承诺两个基本要素。要约是卖方或买方向对方提出愿意按照某种条件达成交易的明确表示；承诺是受要约人同意接受要约所规定的条件，并愿意按照这些条件达成交易的意思表示。要约可以撤销，也可以撤回；承诺在要约生效后不能撤销，但在特殊情况下可以撤回。

出口合同的履行包含备货和催证、催装和租船订舱、报关和装船、制单结汇。

进口合同的履行包含开立信用证和支付货款、租船订舱和接货、报关和商检、验收和付汇。

思考题

1. 国际商品市场调研的内容包含哪些？
2. 国际货物买卖合同交易磋商阶段有哪些环节？
3. 国际货物买卖合同成立应具备哪些条件？
4. 出口合同的履行包含哪些基本程序？
5. 进口合同的履行包含哪些基本程序？

第十四章

国际贸易方式

教学目的和要求

通过本章的学习，了解和掌握国际贸易的基本方式，包括经销、代理、寄售、拍卖、招标和投标等；理解和掌握来料加工和进料加工等加工贸易方式的操作规范和基本流程；了解和熟悉跨境电子商务的运作模式和基本流程，以及在跨境电子商务中需要注意的事项。

第一节 经销、代理和寄售

一、经销

（一）经销的定义与类型

经销（Distribution）是指进口商（经销商）与国外出口商（供货商）达成协议，承担在规定的期限内购销指定商品的义务。

经销按照经销商权限的不同可分为独家经销（Sole Distribution）和一般经销。独家经销又称包销，是指经销商在规定的期限和地域内对指定的商品享有独家经营权。一般经销又称定销。在定销方式下，经销商不享有独家经营权，供货商可在同一时间、同一地区内委派几家商号来经营同类商品。

（二）包销的特点与应用

在包销方式下，"包销商具有独家经营的权利"是指在包销期限和指定地区内出口商出口指定的商品只能向包销商报盘成交，而不能售给该地区内的其他客户；包销商在包销期限和一定地区范围内也不得向其他人购买此种商品。在包销方式下，商品由包销商以自己的资金购入，取得商品的所有权，自行销售，自负盈亏，并承担各种风险。因此，出口商和包销商之间是货主与买主的关系，属于买卖关系。但包销商又不同于一般的、单纯的买卖关系，而是一种受专卖权和专买权约束的售定买卖关系。双方签订包销协议后，出口商获得了专卖权，同时又有义务不再将包销商品向指定地区内的其他商人报盘成交；包销商获得了专买权，同时又有义务不再购买其他商人的同类商品，保证购进包销协议规定的最低数量的该种商品，并只在指定地区销售。

对出口商来说，采用包销方式的主要目的是利用包销商的资金和销售能力，在特定的区域建立一个稳定发展的市场。对包销商来说，由于取得了专营权，因此在指定商品的销售中处于有利的地位，避免了多头竞争而导致降价减盈的局面，故其有较高的经营积极性，能在广告促销和售后服务中有较多的投入。但如果出口商不适当地运用包销方式，则存在包销商包而不销、依赖出口商的情况，导致出口受阻，同时存在包销商利用垄断地位操纵价格、控制市场的可能。因此，对出口商来说，选择一个合适的包销商是成功地采用包销方式的关键所在。

(三) 定销与包销的联系和区别

定销与包销具有相同之处，即出口商与定销商和包销商之间都是售定性质的买卖关系，定销商也要像包销商一样自垫资金购货，取得商品的所有权，自行销售，自担风险，自负盈亏。在实践中，出口商常与定销商签订远期支付合同，在支付条件上给予定销商优惠待遇，但这只是出口商给予定销商的资金融通，并不能改变双方的买卖关系。

定销与包销的区别主要在于：包销商享有独家经营的权利，即在包销地区和包销期限内只有一个包销商经营出口商供应的商品；定销商不享有专营权，在同一地区内可以有几个定销商同时为一个出口商销售同种或同类商品。定销方式下一般规定有一定的最低数量限额，可以避免包销方式下可能出现的包而不销的问题，定销还可以防止出现垄断。但定销对调动定销人员的推销积极性效果一般较差，难以发挥集中经营的作用。在定销期内，出口商可以对定销商的资信情况、商业作风、经营能力进行考察。因此，定销常被用作挑选包销商的过渡手段。出口商在采用定销方式时，应注意选择经营能力较强、资信较好的国外客户作为定销商，并在协议中规定一定的定销最低限额。

二、代理

(一) 代理的定义与类型

代理是指货主或生产厂商（委托人）在规定的地区和期限内，将指定商品交由国外客户代销的一种贸易方式。在国际贸易中，销售、采购、运输、保险、广告、金融、诉讼等都广泛采用代理方式。当前世界贸易中有较大的比重是通过代理商这条渠道进行的。我国在进出口业务中也广泛地运用了代理方式。代理方式按委托人对代理人授权的大小可分为一般代理、独家代理和总代理。

1. 一般代理

一般代理又称普通代理，是不享有代销专营权的代理。委托人在同一地区和期限内可选定一家或几家客户作为一般代理人，根据代销商品的实际数量，按协议规定的办法付给佣金。委托人可直接与该地区的买主成交，其直接成交部分不向代理人支付佣金。

2. 独家代理

独家代理是指委托人给予代理人在规定地区和一定期限内享有代销规定货物的专营权。委托人在该指定地区和时间内不得委托其他代理人。独家代理与包销方式下的专营权不同，独家代理下的专营权指的是专门代理权，商品出售前所有权仍归委托人，由委托人负责盈亏。另外，除另有规定外，委托人也可直接与指定地区的买主进行交易，但这一部分商品交易仍应向独家代理人计付佣金。

3. 总代理

总代理是委托人在指定地区的全权代表，他有权代表委托人进行全面业务活动，除代表委托人签订买卖合同、处理货物等商务活动外，还可进行一些非商业性的活动。

(二) 代理协议

代理协议是明确出口企业和代理商之间权利与义务的一种法律文件。代理协议一般包括以下内容：

1. 协议名称及双方的基本关系

签订代理协议时应明确显示是独家代理、总代理还是一般代理。代理协议的双方当事人即出口方与代理商之间的关系是委托代理关系。代理人应在委托人授权范围内行事，并应对委托人诚信忠实。委托人对代理人在上述范围内的代理行为承担民事责任。

2. 代理的商品、地区和期限

委托人对代理人的授权中应明确说明代理销售商品的类别和型号，独家代理则必须明确其业务的地理范围，并约定代理协议有效期限，或者规定终止条款。

3. 代理的权限

根据不同性质的代理，此条款的具体内容有所不同。在一般代理协议中通常规定，保留委托人在代理人的代理地区直接同买主进行谈判和成交的权利。

在独家代理协议中通常规定独家代理权，即独家代理指定商品的专营权；独家代理商的权限仅限于替委托人寻找买主、招揽订单、中介交易等。

4. 最低成交额

在代理中应规定最低成交数量或金额，以此保障委托人的利益。

5. 佣金条款

代理协议中必须规定佣金率、支付佣金的时间和方法。佣金率可与成交金额或数量相联系。

6. 商情报告

代理人有义务向委托人定期或不定期提供商情报告，代理商还应在代理区内进行适当的广告宣传和促销。

7. 协议有效期及终止条款

代理协议如果是定期的，一般规定为 1~5 年；如果是不定期的，一般在协议中约定，其中一方不履行协议，另一方有权终止协议。

三、寄售

（一）寄售的定义

寄售是出口商委托国外代销商向用户进行现货买卖的一种交易方式。出口商作为寄售人，将准备销售的货物先行运往国外，委托当地的销售商按照寄售协议规定的条件在当地市场上销售。商品售出后，代销人扣除佣金和其他费用，将货款交付给寄售人。

（二）寄售的特点

寄售有以下两个特点：

1）寄售是一种先发运后销售的现货买卖方式，货物在销售前的所有权仍然属于寄售人。寄售人同代销人签订寄售合同，出口商（寄售人）先将寄售商品运送给国外代销人，代销人出售商品后，扣除佣金及其他费用，将货款汇交寄售人。寄售是一种先出口后售货的贸易方式。

2）双方当事人只是委托关系。在寄售方式下，寄售人就是委托人、货主。代销人就是受托人、国外客户。双方是一种委托和受托的关系，而非买卖关系。在寄售商品售出之前，委托人始终拥有其所有权，要负担寄售期间的运费、保险费、仓储费、进口税等一切费用，并承担此间可能发生的风险和损失。代销人只是受托负责照管商品，而不承担任何风险和费用。

（三）寄售的优点

寄售是一种先发运后销售的现货买卖方式。以寄售方式销售，可以让商品在市场上与用户直接见面，按需要的数量随意购买，而且是现货购买，能抓住销售时机，所以对于开拓新市场，特别是消费品市场，是一种行之有效的方式。

（四）寄售的缺点

寄售具有以下几个缺点：

1）货物售出之前发运，售后才能收回货款，资金负担较重。

2）货物需要在寄售地区安排存仓、提货，代销人不承担费用和风险。

3）如果代销人不遵守协议，比如，不能妥善代管货物，或出售商品后不及时汇回货款，都将给出口商带来损失。

4）如果货物滞销，需要运回或转运其他口岸，出口商将遭受损失。

（五）寄售协议

寄售协议规定了有关寄售的条件和具体做法，其主要内容包括以下几个方面：

1. 双方的基本关系

寄售人和代销人之间的关系是一种委托代理关系。货物在出售前所有权仍属寄售人。代销人应按协议规定，以代理人身份出售商品、收取货款、处理争议等，其中的风险和费用由寄售人承担。

2. 寄售商品的价格

寄售商品的价格有三种规定方式：其一，规定最低售价；其二，由代销人按市场行情自行定价；其三，由代销人向寄售人报价，征得寄售人同意后确定价格，这种做法较为普遍。

3. 佣金条款

代销人按规定确定佣金的比率。通常，佣金由代销人在货款中自行扣除。

4. 代销人的义务

代销人的义务包括保管货物，代办进口报关、存仓、保险等手续并及时向寄售人通报商情。代销人应按协议规定的方式和时间将货款交付寄售人。有的寄售协议中还规定代销人应向寄售人出具银行保函或备用信用证，保证承担寄售协议规定的义务。

5. 寄售人的义务

寄售人按协议规定时间出运货物，并偿付代销人所垫付的代办费用。

第二节 拍卖、招标与投标

一、拍卖

（一）拍卖的定义

拍卖是指专营拍卖业务的拍卖行在规定的时间和地点，按照一定的章程和规则，将货物向买主公开展示后，由买主相互出价竞购，最后由拍卖人把现货卖给出价最高的买主的一种贸易方式。拍卖是国际贸易中较为古老的一种方式，是一种实物交易。

（二）拍卖的竞价方式

国际上拍卖的竞价方式一般有三种：增价拍卖、减价拍卖和密封递价拍卖。

1. 增价拍卖

增价拍卖又称买方叫价拍卖，是最常用的一种拍卖方式，即由拍卖人宣布该项商品的预定最低价格，然后竞买者竞相加价，有时规定每次加价的金额限度，直至竞买人不再加价时，拍卖人击槌表示成交，将这批商品卖给最后出价最高的人。在拍卖时未经允许，卖主不能参加叫价。

2. 减价拍卖

减价拍卖又称荷兰式拍卖，源于世界上最大的荷兰花卉拍卖市场，即由拍卖人提出一批货物，并喊出最高价格，然后逐渐喊低叫价，直到有买主表示接受，达成交易。这种拍卖方式买主之间无反复竞价的过程，且买主一旦表示接受，不能再行撤销。由于减价拍卖方式成交迅速，常用于数量大、批次多的鲜活商品的拍卖。

3. 密封递价拍卖

密封递价拍卖又称招标式拍卖，即由拍卖人公布每批商品的详细情况和拍卖条件，然后由买主在规定时间和地点将自己的出价密封递交拍卖人，拍卖人比较后将货物卖给适合的买主并公布买主姓名。这种拍卖方式不是公开竞买，和上述两种方式相比较有以下两个特点：一是除价格条件外，还可能有其他交易条件需要考虑；二是可以采取公开开标方式，也可以采取不公开开标方式。拍卖大型设施或数量较大的库存物资或政府罚没物资时，可能采用这种方式。

采用拍卖方式，对卖方来说，可通过买方的相互竞购，卖出较好的价格；同时拍卖是现货交易，买方付款提货，卖方收取货款较安全，有利于资金周转，也有利于打开销售渠道，扩大国外市场。对买方来说，其有利于根据市场和自身情况，实地看货，购进满意的货物。但采用拍卖方式，交易过程一般要花费较长时间。

（三）拍卖的一般程序

1. 拍卖准备

货主与拍卖行达成拍卖协议，规定货物品种和数量、交货方式与时间、限定价格以及佣金等事项。货主把货物运至拍卖地点，存放于拍卖人指定的仓库，由拍卖人进行分类、分级、分批编号，然后根据货物的种类、数量、产地、拍卖时间、地点和交易条件编印拍卖目录并公布。有意购买者可在正式拍卖前到指定存放拍卖商品的仓库查看货物，必要时可抽样验看，以了解商品品质。按照惯例，一经拍卖成交，卖主或拍卖行对售出商品都不负品质保证的责任，因此事先看货是拍卖的重要环节。

2. 正式拍卖

在规定的时间和地点，按拍卖目录规定的顺序逐批拍卖。以增价方式拍卖的，买方出价相当于要约，拍卖人落槌相当于承诺。在落槌之前，买方有权撤销出价，卖方也有权撤回拍卖商品。以减价方式拍卖的，拍卖人报价相当于要约，而买方一旦表示接受，即为承诺，交易成立，双方均受约束。

3. 付款与交货

拍卖成交后，买方签署成交确认书，并支付部分货款做定金，待买方付清全部货款后，拍卖行开出提货单，买方凭单提货。拍卖行从货款中提取一定比例的佣金，作为提供拍卖服务的报酬，并扣除按合同应由货主承担的费用后，将货款交付货主。

（四）拍卖的注意事项

1. 关于商品的品质

由于参加拍卖的商品往往难以用具体规格加以描述，且买主在拍卖前有权查验货物，拍卖行通常在拍卖章程中规定"卖方对品质概不负责"，所以，拍卖后买方对商品没有复验权，也不存在索赔的问题。对于某些货物可能存在隐蔽的缺陷，凭一般的查验手段难以发现，所以有的拍卖章程中也规定了买方的索赔期限。

2. 关于公开和公平的原则

拍卖和招投标一样，是一种按公平竞争的原则进行公开交易的贸易方式。为保证公开和公平的原则不被违反，拍卖行制定了拍卖章程，买卖双方都必须严格遵守。买方不得互相串通，以压低报价；卖方也不得由代理人出价竞买，以哄抬价格，否则均构成违规、违法行为。

二、招标、投标

（一）招标、投标的定义

招标与投标是有组织地在特定地点按一定的条件进行交易的一种竞争方式。招标与投标是一种贸易方式的两个方面。

招标是指招标人（采购者或业主）在一定时间、地点，发出招标公告或招标单，提出招标项目和条件，邀请他人投标的行为。

投标是指投标人（出口商、供货人或承包商）应招标人的邀请，根据招标公告或招标单规定的条件，在规定时间内向招标人发出应邀，争取中标以达成交易的行为。投标是针对招标而来的后续行为，有招标才需要投标。因此，招标与投标并不是两种贸易方式，而是一种贸易方式的两个方面。在国际上，招标与投标多用于国际承包工程、政府机构或大企业营建工程项目、购买成套设备和大宗商品等。

（二）招标、投标的一般程序

招标、投标的一般程序包括招标、投标、开标与评标、签约四个阶段。

1. 招标

在招标阶段，招标人首先要发出招标公告。根据进行的方法，招标可分为公开招标和不公开招标两种。公开招标由招标人公开发布招标单，并由投标人参加监督开标；不公开招标又称邀请招标，是由招标人根据自己具体的业务关系和情报资料自行选定投标人，其他人无权参加投标。采用不公开招标时，一般要向选定的投标人颁发招标通知；采用公开招标时，则应在有权威的报纸或杂志上刊登招标广告，说明招标的项目及有关的交易条件，邀请各国卖主或承包商在规定期限和地点递价参加投标。然后由招标人对前来要求投标的公司、企业的历史情况、财力状况、产品质量、经营作风及信誉等方面进行资格审查。审查合格后，由招标人向取得投标资格者寄送标单，内容包括招标要示、合同条款及格式、技术要求以及投标日期、开标日期、寄送投标单的方法等。标单一般还要求投标人交纳投标保证金或提交银行保函，保证一旦中标，一定签约，否则招标人可没收该保证金。如未中标，则此保证金或银行保函如数退还投标人。

2. 投标

在投标阶段，投标人收到标单后，应认真研究标单的全部内容和条件，并在此基础上仔细定出自己争取中标的各项条件，包括价格、交货期限、品质规格、各技术指标等，做到量力而行；然后按要求填写投标文件，在规定期限内密封交寄招标人；同时按招标单规定提交投标保证金或银行保函。

3. 开标与评标

在开标阶段，若采用公开招标，应由招标人和公证人在规定时间与地点当众拆开密封的投标单，宣布其内容，并比较选择最有利的递价。凡参加投标者均可派代表监督开标。不公开招标则由招标人在没有投标人参加的情况下自行选定中标人。开标后对较复杂的标项有时还要由招标人组织人员进行评标，选定中标人。另外，按国际惯例，招标人在开标后若发现所有投标都不符合要求，可全部拒绝，宣布招标失败。

4. 签约

招标人选定中标人后，要以书面形式通知中标人，约定双方签约的时间、地点，并按约定签订协议（合同）。中标人在签约时要支付履约保证金。

第三节　来料加工和进料加工

自 20 世纪 90 年代以来，我国的加工贸易迅速发展，受到广泛的关注。加工贸易是指国内企业从境外保税（即经海关批准并同时办理相关手续，准予暂时免交进口环节关税、增值税及相关许可证件）进口全部或部分原辅材料、零部件、元器件、配套件、包装物料等，经境内加工或装配后，将制成品复出口的交易形式。加工贸易对中国国民经济和对外贸易发展发挥了重要作用。国际贸易中传统的加工贸易主要包括来料加工和进料加工两种贸易方式。

一、来料加工

（一）来料加工的含义

来料加工（Processing with Customer's Materials）是指由外商免费提供全部或部分原材料、辅料、零部件、元器件、配套件、包装料件等，由加工方按对方要求进行加工装配，成品交对方销售，加工方只收取工缴费的交易形式。来料加工贸易主要是为了吸引外资，同时利用国内劳动力资源等方面的优势。

（二）来料加工的特点

来料加工业务与一般进出口贸易不同，该项业务有以下几个特点：

1）原材料、辅料、零部件、元器件、配套件、包装料件等均由外商提供，加工方企业无须对外付汇。

2）进口料件、加工成品所有权属外方所有，加工方无权随意处置；由于加工方不能擅自修改成品的质量、款式等主要技术指标，因此，只能严格按照外商的设计和工艺要求加工成品。

3）原辅材料采购、成品销售由外商负责，无须加工方自行寻找客户；同时，加工方无须自备物料、自备资金。

4）中外双方属委托加工关系，原辅材料及成品的所有权始终属于外商所有，在业务过程中并没有发生所有权的转移，中方仅负责产品质量及交货期，其余经营风险由外商承担。

专栏 14-1

SKD、CKD 和 PKD

1）半分散的零件装配（Semi Knockdown，SKD）。外国厂商先将一部分关键零件组装成部件，然后以部件的形式提供给我方，由我方企业将部件和其他一部分零件总装成产品。这种形式对我方企业来说，易于操作、见效快、投资回收期短，但不易学到关键性的装配技术。

2）全分解的零件装配（Complete Knockdown，CKD）。外国厂商将零件以散装的形式提供给我方，由我方企业先将散装的零件组装成部件，再将部件总装成产品。与 SKD 相比，这种形式使我方能较多地了解产品的结构、性能，更多地掌握一些装配技术。

3）购入部分零部件的装配生产（Partial Knockdown，PKD）。我方企业仅向外国厂商购买某些关键的零部件，其他的零部件自制，然后将它们装配成产品。在这种形式下我方企业能掌握更多零部件的生产技术和总装技术。

二、进料加工

（一）进料加工的含义

进料加工（Processing with Imported Materials）是指加工方用外汇购买进口的原材料、辅料、零部件、元器件、配套件、包装物料等，经加工成成品或半成品后再外销出口的交易形式。由于进口原料的目的是扶持出口，因此进料加工又可称为"以进养出"。

（二）进料加工的特点

1）加工方自行从国际市场组织原辅材料，进口时需要对外付汇。
2）加工方需要自行开拓国际市场，寻找客户，接洽订单。
3）加工方对从原辅料进口直至成品销售的全过程独立承担商业风险。

（三）进料加工业务与来料加工业务的异同

进料加工与前面所讲的来料加工有相似之处，即都是"两头在外"的加工贸易方式，但两者又有明显的不同。

1）从双方关系方面来看，在来料加工业务中，原料和成品的所有权一直属于外商，外商与承接来料加工的企业之间是委托与被委托关系，加工方只是获得一部分劳动报酬；在进料加工业务中，原料进口和成品出口是两笔不同的交易，均发生了所有权的转移，原料供应者和成品购买者之间没有必然的联系。加工企业完全是自主经营，与销售料件的外商和购买成品的外商之间均是买卖关系，加工方可以赚取从原材料到成品的差价，可能获得比来料加工更多的利润。

2）从风险方面来看，在来料加工中，加工方只是受托方，无须对外付汇，不用考虑原料的来源和成品销路，只收取工缴费，其相应承担的资金、市场等方面的风险较低；在进料加工中，加工方赚取从原料到成品的附加价值，要自筹资金、自寻销路、自担风险、自负盈亏，故此，须自行承担上述各类风险。

3）从经济效益方面来看，在来料加工中，由于加工方不参与原辅料采购及成品销售等环节，经营效益相对较低；在进料加工中，供需双方直接见面，无论原辅材料采购还是最终成品销售，加工方均有相当大的主动权，合同条件的磋商透明度较高，便于加工方谋求更大的经济利益，当然，其也要承担更大的风险。

第四节　跨境电子商务

从 20 世纪 90 年代开始，互联网开始慢慢渗入人们的经济生活。近些年来，以互联网为主要载体的电子商务的发展十分迅猛,同时借助电子商务方式所产生的跨境电商模式在国际贸易中的作用也越来越大。

一、跨境电子商务概述

(一) 跨境电子商务的概念与分类

跨境电子商务,简称跨境电商,是指分属不同关境的贸易主体,通过电子商务平台达成交易、进行支付结算,并通过跨境物流送达商品、完成交易的一种国际商业活动。这种新型贸易方式依托互联网平台,具有门槛低、环节少、周期短等方面的优势,通过制定跨境电子商务综合服务体系以及跨境电子商务进出口所涉及的在线通关、检验检疫、退税、结汇等基础信息标准和接口规范,实现海关、国检、国税、外管等部门与跨境电子商务企业、物流配套企业之间的标准化信息流通。

根据进出口方向,跨境电子商务可分为跨境电子商务出口和跨境电子商务进口。根据交易模式,跨境电子商务可分为企业之间的电子商务交易(B2B)、企业对消费者的零售交易(B2C)和外贸个人对个人的网络零售业务(C2C)。我国跨境电子商务出口业务以外贸 B2B 和 B2C 为主,进口业务以外贸 B2C 和网络海外代购模式为主。

(二) 跨境电子商务的特点

跨境电子商务是基于网络发展起来的,网络空间具有独特的价值标准和行为模式,而这深刻地影响着跨境电子商务,使其具有了区别于传统国际贸易方式的特征。基于网络空间的跨境电子商务有如下特征:

1. 全球性

网络全球性和非中心化的特征使得依附于网络发生的跨境电子商务具有了全球性和非中心化的特性。任何人只要具备了一定的技术手段,在任何时候、任何地方都可以让信息进入网络,相互联系进行交易。网络的全球性特征带来的积极影响是信息最大限度的共享,消极影响是用户必须面临因文化、政治和法律的不同而产生的风险。

2. 无形性

网络的发展使数字化产品和服务的传输盛行。数字化产品和服务基于数字传输活动的特性也必然具有无形性。传统交易以实物交易为主,而在电子商务中,无形产品却可以替代实物成为交易的对象。以书籍为例,传统的纸质书籍,其排版、印刷、销售和购买被看作产品的生产、销售。在电子商务交易中,消费者只要购买网上的数据使用权便可以使用书中的知识和信息。如何界定该交易的性质、如何监督、如何征税等一系列问题给税务和法律部门带来了新的课题。

3. 匿名性

由于跨境电子商务的非中心化和全球性的特性,因此很难识别电子商务用户的身份和其所处的地理位置。以 eBay 为例,eBay 是美国的一家网上拍卖公司,允许个人和商家拍卖任何物品,每天拍卖数以万计的物品,然而,很难清楚地界定 eBay 大多数用户的交易发生地和交易详细信息。

4. 即时性

网络信息的传输速度和地理距离无关。传统交易模式中的信息交流方式,如信函、电报、传真等,在信息的发送与接收之间存在着长短不同的时间差,而电子商务中的信息交流方式，无论实际时空距离远近，一方发送信息与另一方接收信息几乎是同时的，就如同生活中的面对面交谈。某些数字化产品（如音像制品、软件等）的交易，还可以即时结清，订货、付款、交货都可以在瞬间完成。即时性提高了人们沟通和交易的效率，减少了中间环节，使交易更加便利。

5. 无纸化

跨境电子商务交易过程中涉及的各种信息和凭证以电子化形式保存，颠覆了传统贸易中单证的重要地位，但由于传统法律的许多规范是以规范"有纸交易"为出发点的，因此，无纸化带来了一定程度上法律的混乱，削弱了税务当局获取跨国纳税人经营状况和财务信息的能力，并增加了税务机关掌握纳税人财务信息的难度。例如世界各国普遍开征的传统税种之一印花税，其课税对象是交易各方提供的书面凭证，课税环节为各种法律合同、凭证的书立或做成，而在网络交易无纸化的情况下，物质形态的合同、凭证形式已不复存在，因而印花税的合同、凭证贴花（即完成印花税的缴纳行为）便无从下手。

6. 跨国化

跨境电子商务相比于国内电子商务最突出的特征在于跨国化，它有如下特征：

1）通关，主要包括办理通关手续、缴纳关税和进行商品检验等。进出关境的物品都需要办理报关通关手续，并按规定缴纳相关税款。进境邮递物品，如果有按照国家规定须经审查、鉴定、检疫或者商品检验的物品，由海关按照国家有关规定处理。出境货物则涉及出口许可证、出口退税等流程。

2）国际物流。国际物流运输时间长，运输过程中不可控因素多，退换货麻烦，从而风险相对较高。例如跨境电子商务进口，传统的国际直邮和转运都存在一定的弊端。例如，国际直邮通过 DHL、USPS 等国际快递公司发送平邮包裹，每单限重低（大多为 3 磅）且单号无法跟踪；我国境内由邮政平邮包裹模式配送，到货速度较慢，丢包率较高，而且运费较高，运送时间长，转运模式、邮递过程可跟踪和查询，但是不同转运公司处理时效不同，运输时间可能会比较长；如果运输环节出现丢件和破损的情形，会难以界定发货方和转运公司的责任。

3）跨境电子支付比一般电子支付的结算风险更高。一般电子支付包括接触式和非接触式的各种各样的信用卡以及在网上流通的"电子钱包"；跨境电子支付结算信用卡需要用双币信用卡，也可以选择第三方平台，如 PayPal。因网络支付的虚拟性，第三方支付对信誉、安全性和可靠性提出了较高的要求，同时因网络信息传播的快速性，一旦信息泄露，将造成严重的后果。

4）跨境电子商务的风险不仅存在于交易过程中，而且与国际形势、各国的贸易政策、市场管理方式都有密切的关系。

（三）跨境电子商务运营方式

根据我国跨境电商企业在跨境电子商务交易流通环节中所处的地位、作用以及商业模式的不同，跨境电子商务运营方式可分为 B2B、B2C、C2C、跨境电商平台等。

1. B2B

B2B 是指企业之间的电子商务。在新的千年，B2B 电子商务领域经历了显著的变革。首先，人工智能技术的应用变得至关重要，尤其在个性化客户体验和运营效率方面发挥了巨大作用。AI 技术现在可以提供高度个性化的产品推荐、动态定价和营销信息，同时优化库存管理和预测需求。其次可持续性成为企业成功的关键因素，体现在绿色物流、环保包装和供应链的伦理责任上。快速交付和直接面向消费者的商业模式也在增长，改变了传统的销售和分销策略。

2. B2C

B2C 是企业对消费者的电子商务，即企业通过互联网为消费者提供一个新型的购物环境——网上商店。消费者通过网络在网上购物、网上支付。这种形式的跨境电子商务一般以网络零售业为主，经营各种书籍、化妆品、电子产品、食品等商品。京东全球购、唯品会海外精选等都是这种模式。

3. C2C

C2C 是消费者之间的电子商务。在这种模式下，电子商务网站为买卖双方用户提供一个在线交易平台，卖方可在平台上发布待出售的物品的信息，而买方可从中选择并进行购买。淘宝全球购和熟人海外代购属于典型的 C2C 模式。

4. 跨境电商平台

跨境电商平台是一个为企业或个人提供网上跨境交易洽谈的平台。企业电子商务平台是建立在互联网基础上进行商务活动的虚拟网络空间和保障商务顺利运营的管理环境，是协调及整合信息流、物质流、资金流，使其有序、关联、高效流动的重要场所。企业、商家可充分利用跨境电商平台提供的网络基础设施、支付平台、安全平台、管理平台等共享资源，有效地、低成本地开展自己的国际商业活动。我国跨境电商平台主要有全球速卖通、敦煌网等。

专栏 14-2

跨境电商平台：全球速卖通和 Lazada

全球速卖通和 Lazada 是阿里巴巴旗下两个跨境电商平台。全球速卖通是阿里巴巴旗下的跨境电商平台，主要面向国际市场，被广大卖家称为"国际版淘宝"。Lazada 是阿里巴巴集团东南亚旗舰平台。

全球速卖通是阿里巴巴旗下的跨境电商平台，于 2010 年正式上线，主要面向国际市场，为全球消费者提供一站式的购物体验。全球速卖通以"让购物更简单、更快乐"为使命，旨在帮助全球消费者在购买商品时获得更多选择和更好的购物体验。全球速卖通的特点和优势主要有以下几个方面。第一，它是一个多语言、多币种的平台，支持英语、西班牙语、俄语、法语等多种语言，并且支持美元、欧元、英镑等多种货币结算。这使得全球速卖通可以更好地满足不同国家和地区的消费者的需求。第二，全球速卖通拥有庞大的商品种类和优质供应链，从时尚服装、美妆护肤、家居生活、数码电器、食品饮料到文化娱乐等各个领域，都可以在平台上找到自己感兴趣的商品。此外，全球速卖通还提供了完善的物流和支付解决方案，通过与多家知名物流公司和金融机构合作，为卖家和消费者提供更加便捷、安全的交易服务。

全球速卖通的产业背景主要涉及制造业、贸易、物流和互联网等领域。在全球经济一体化的趋势下，越来越多的中国企业开始拓展海外市场，而全球速卖通则成为他们重要的销售渠道之一。同时，随着全球电子商务的快速发展，消费者对于线上购物和服务的需求也在不断提高，这也为全球速卖通的发展提供了广阔的市场空间。对于想要在速卖通平台上运营的卖家来说，首先需要了解平台的游戏规则和营销策略，以便更好地适应市场需求。同时，卖家还需要提高自身的产品质量和服务水平，以满足全球消费者的需求。此外，与平台合作、加入全球速卖通的卖家圈子也是提高销售和获取更多资源的有效途径。

Lazada 是阿里巴巴集团旗下的东南亚电商平台，成立于 2012 年，致力于为东南亚消费者提供更加优质、便捷的购物体验。Lazada 以"Be the leading e-commerce platform in Southeast Asia"为愿景，旨在成为东南亚电商领域的领导者。Lazada 的特点和优势主要有以下几个方面。首先，它以消费者为中心，通过精准的算法和个性化的推荐系统，为消费者提供更加贴心的购物服务。其次，Lazada 拥有强大的供应链和物流体系，与多家品牌商和供应商建立了紧密的合作关系，为消费者提供优质、快速的配送服务。最后，Lazada 还非常注重数据分析和客户反馈，通过不断优化自身的运营策略和服务质量来提高客户满意度。

Lazada 的产业背景主要涉及电子商务、物流和互联网等领域。东南亚电商市场近年来呈现出快速发展的趋势，但基础设施和消费习惯等方面仍存在较大的差异。因此，Lazada 需要根据不同国家和地区的实际情况来制定相应的运营策略，以满足当地消费者的需求。同时，随着数字经济的不断发展，Lazada 也需要不断创新和拓展自身的业务领域，以保持其在东南亚电商市场的领先地位。对于想要在 Lazada 平台上运营的卖家来说，首先需要了解东南亚电商市场的特点和消费者的购物习惯，以便更好地制定营销策略。其次还需要提高自身的产品质量和服务水平，以满足消费者的需求。最后与平台合作、加入 Lazada 的卖家圈子也是提高销售和获取更多资源的有效途径。

资料来源：新浪财经。

二、跨境电子商务的基本流程

（一）选择跨境电子商务平台并注册

我国著名的外贸第三方电子商务平台有全球速卖通、敦煌网、中国制造网和中国诚商网等，国际著名的第三方电子商务平台有 eBay 和亚马逊。想要开展跨境电子商务业务的企业可以根据自身需要和平台提供的服务选择跨境电商平台。

（二）店铺装修

店铺装修主要是指让卖家店铺在众多店铺中脱颖而出，吸引买家、营造良好的购物环境、塑造店铺形象和品牌。

（三）订单处理

订单处理是指对订单进行的核实、整理、分类、备货、发货和收款等各项工作。跨境电子商务订单处理过程涉及跨境支付、跨境物流和报关等活动。

（四）客户服务

客户服务主要可以分为售前服务、售中服务和售后服务三个阶段。三个阶段的服务都非常重要，而其中最容易让客户不满的是售后服务。售后服务是企业对客户在购买产品后提供的多种形式的服务的总称。跨境电子商务售后服务存在操作和沟通人员专业性差、退换货效率低、对物流的依赖性强、维权成本高等问题。因此，跨境电子商务企业一般会通过组建网络小型专家团队、完善退货服务流程、建立售后服务处理数据库等方式来进行客户关系处理，提高售后服务处理速度，进而提高客户满意度。

【案例】　B 先生在××海淘网××家具品牌店购买了一套餐桌椅，但在付款过程中出现了问题。B先生立即联系了××海淘网的客服,客服表示未收到付款,并告知B先生这可能是银行的问题导致的。B先生只好暂时等待。几天后,B先生收到了××海淘网家具订单取消的通知。B先生非常失望并联系××海淘网了解原因,客服表示仍然未收到付款,并认为可能是银行的问题导致订单取消。B先生只好联系银行,银行表示已经划款成功,并且提供了相关的支付凭证。但是××海淘网××家具品牌店仍然坚持并未收到付款,并拒绝重新处理订单。

分析:本案中有几点值得注意。①支付问题。由于跨境支付涉及不同国家的支付系统,因此可能会出现各种技术问题,并受到时差的影响。②沟通不畅。由于售前和客服沟通一般通过邮件进行,因此效率较低,加上语言和文化差异,很容易出现误解和沟通障碍。③订单处理。本案中出现了订单处理不一致的情况,可能是由于不同国家服务机构办事风格和效率不同,导致相关支付信息的确认等需要等待较长时间。

因此,对于消费者来说,在海淘购物时应该提前了解相关网站的支付方式、手续和限制,并尽可能提前做好支付准备。同时,消费者应该对网站的服务流程、物流周期等信息进行详细了解,避免出现不必要的麻烦。对于商家来说,应该加强相关支付风险的管理和控制,建立完善的内部控制体系,并提高服务质量和效率,及时处理消费者的订单和反馈,避免出现不必要的纠纷和损失。

三、跨境电子商务在国际贸易中的作用

(一) 寻找贸易伙伴

在传统的国际贸易方式下,买卖双方要寻找到合适的贸易伙伴往往要付出较大的代价。利用电子商务物色贸易伙伴,既可以节省大量的人力、物力,又不受时间、地点的限制。企业一方面可以通过建立自己的网站或借助相关电子商务平台向全球范围内的潜在客户提供产品和服务的供求信息;另一方面可以上网搜索有关经贸信息,寻找到理想的贸易伙伴。

(二) 进行交易洽商

在传统的国际贸易方式下,买卖双方一般共同选择某个确定的时间和地点,当面进行协商、谈判的活动。这种口头洽商形式容易受时间和空间的限制,过程漫长又不经济,特别是受时差的影响,给双方的交往带来较大的不便。即使是采用书面形式,利用电话、传真等通信手段来协助洽商,也会由于高额的通信费用和信息的不完整性而难以适应业务活动的需要。利用跨境电子商务的互联网,其便捷、低成本的通信功能和高效、强大的信息处理能力,能极大地促进买卖双方的交易磋商活动。同时,交易双方还可以借助电子邮件等方式适时地讨论、了解市场信息,洽商交易事务。如有进一步的需求,还可以通过白板会议⊖来交流实时的图形信息。因此,跨境电子商务方式下的交易洽商,可以跨越面对面的限制,是一种方便的异地交流方式。

(三) 电子签约及网上支付

在传统的国际贸易方式下,交易的各个环节都需要人工参与,交易效率相对较低,错误

⊖ 白板会议是汇集了尖端电子技术、软件技术等多种高科技手段研发的高新技术产品,它通过应用电磁感应原理,结合计算机和投影机,可以实现无纸化办公及教学。电子白板由普通白板发展而来,最早出现的电子白板为复印型电子白板,随着技术的发展及市场的需要,出现了交互式的电子白板。

发生率高。利用电子商务开展国际贸易，双方可采用标准化、电子化的格式合同，借助网站中的电子邮件实现瞬间的交互传递，及时完成交易合同的签订。同时，可通过银行和信用卡公司的参与实现网上支付。国际贸易中的网上支付对于可以直接通过互联网传递交付的软件、影音、咨询服务等无形产品交易来说极为便利，不但可以节省人员开销，而且随着网络安全技术的不断发展，网上支付对国际贸易的作用将会更加突出。

（四）简化交易管理

国际贸易业务涉及政府的多个职能部门，如市场监管、税务、金融、保险、运输等部门。因此，对国际贸易的管理包括有关市场法规、税务征管、报关、交易纠纷仲裁等多个环节。在传统的国际贸易方式下，企业必须单独与上述相关单位打交道，要花费大量的人力、物力，也要占用大量的时间。电子商务使国际贸易的交易管理无纸化、网络化，企业可直接通过互联网办理与银行、保险、税务、运输等各方有关的电子票据和电子单证，完成部分或全部的结算以及索赔等工作，从而大大节省了交易过程的时间和费用。

四、跨境电子商务的特殊问题

海关检验与关税征收是跨境电子商务的重要环节。我国已基本实现电子通关和无纸通关。电子通关的基本步骤是报关申请、海关审单、货物查验、税费征收、货物放行；无纸通关是利用中国电子口岸及现代海关业务信息化管理系统功能，改变海关凭进出口企业递交的书面报关单及随附单证办理通关手续的做法，直接对企业联网申报的进出口货物报关电子数据进行无纸审核、验放处理的通关方式。

（一）通关管理

海关总署公告 2018 年第 194 号《关于跨境电子商务零售进出口商品有关监管事宜的公告》规定，跨境电子商务零售进出口商品申报前，跨境电子商务企业或跨境电子商务企业境内代理人、支付企业、物流企业应当分别通过国际贸易"单一窗口"或跨境电子商务通关服务平台向海关传输交易、支付、物流等电子信息。跨境电子商务企业境内代理人或其委托的报关企业应提交"中华人民共和国海关跨境电子商务零售进出口商品申报清单"，采取"清单核放"方式办理报关手续。

（二）进口税收

跨境电子商务零售进口商品按照货物征收关税和进口环节增值税、消费税，完税价格为实际交易价格，包括商品零售价格、运费和保险费。代收代缴义务人应当如实、准确地向海关申报跨境电子商务零售进口商品的名称、规格型号、税则号列、实际交易价格及相关费用等税收征管要素。

（三）物流监控

跨境电子商务零售进出口商品监管场所经营人、仓储企业应当建立符合海关监管要求的计算机管理系统，并按照海关要求交换电子数据。跨境电子商务零售进出口商品的查验、放行均应当在监管场所内实施。海关在实施查验时，跨境电子商务企业或其代理人、监管场所经营人、仓储企业应当按照有关规定提供便利，配合海关查验；发现涉嫌违规或走私行为的，应当及时主动报告海关。在海关注册登记的跨境电子商务企业、电子商务交易平台企业、支付企业、物流企业等应当接受海关后续管理。

五、跨境电子商务风险防范

对于跨境电子商务企业来说，针对操作实务流程的不同环节，可以采取不同措施进行风险防范从而降低风险。

（一）国际结算

跨境电子商务采用电子支付方式进行结算，而安全性是电子支付需要首先考虑的。这不仅需要国家对相关支付平台和有跨境支付业务的企业资质等资信状况进行监督和管理，同时也需要办理电子支付的银行或非金融机构加强内部监督和管理。

（二）国际物流

对于跨境电子商务企业来说，做好产品质量和货运质量管理是降低物流风险的前提条件。因此，卖家在发货前要严把质量关，注意产品质检，尽可能地避免寄出残次产品，从源头上控制产品质量；应加强物流环节把控，牢固商品物流外包装，对数量较多、数额较大的易碎品可以将包装发货过程拍照或者录像，留作纠纷处理时的证据。同时，还要注意产品的规格、数量及配件要与订单一致，以防漏发引起纠纷。在买家下单后，应及时告知买家预计发货及收货时间，及时发货，主动缩短客户购物的等待时间，并在物流过程中及时与买家沟通物流状况及信息，通过购买退运险等来转移风险。

（三）电子通关

当前中国电子口岸及现代海关业务信息化管理系统的搭建等都为跨境电子商务快速便利通关提供了有利的条件，而作为跨境电子商务企业，所要做的就是按照相关规定，提前将交易数据等信息传输给海关，做好报关申请等工作，并配合海关部门对货物进行检验，及时缴纳关税，从而提高货物的通关效率。

（四）售后维权

售后维权需要各方市场主体的共同努力。出口跨境电子商务企业要了解交易对象所在国家的消费习惯和市场状况，在备货环节严格控制好产品的质量并拍照或者录像作为证据，同时在售前、售中、售后各个环节做好服务和沟通工作，提高消费者的购物体验。海淘用户在交易过程中需要注意产品规格和交易条款等信息，遭遇售后纠纷时，可以申请跨境电商平台方介入进行纠纷解决。同时，政府可以加入相关的国际公约或者地区组织，推动跨境电子商务网络纠纷解决机制的建立。

售后纠纷解决作为消费者购物的重要组成部分，与消费者的购物体验和行业健康发展关系重大，因此市场各方主体都应该充分重视售后纠纷解决机制，使跨境电子商务的发展更加规范。

本 章 小 结

在经销方式下，双方当事人通过经销协议建立起一种较为稳固的购销关系。货物由经销人购买、销售、自负盈亏。代理是指由出口商作为委托人与国外的代理人达成协议，授权代理人推销其商品、签订合同。寄售是按双方签订的协议进行的，寄售人和代销人之间是委托与受托关系，寄售协议属于行纪合同性质。

拍卖是国际贸易中较为古老的一种方式，是一种实物交易。招标和投标是国际贸易中比较常见的一种贸易方式。招投标程序基本上包括招标、投标、开标、评标、中标、签订合同几个阶段。拍卖是指以公开竞价的形式,将特定物品或者财产权利转让给最高应价者的交易方式。参加展览会是企业最重要的营销方式之一,也是企业开辟新市场的首选方式。

加工贸易是一种新型贸易方式,主要包括来料加工和进料加工两种贸易方式。

跨境电子商务通过制定跨境电子商务综合服务体系以及跨境电子商务进出口所涉及的在线通关、检验检疫、退税、结汇等基础信息标准和接口规范,实现海关、国检、国税、外管等部门与跨境电子商务企业、物流配套企业之间的标准化信息流通。我国跨境电子商务出口业务以外贸 B2B 和 B2C 为主,进口业务以外贸 B2C 以及网络海外代购模式为主。

思 考 题

1. 国际贸易中经销和代理的异同点有哪些?
2. 寄售与其他贸易方式相比有何特点?简要说明寄售方式的利弊。
3. 拍卖有何特点?拍卖的出价方式有哪几种?
4. 试比较来料加工与进料加工的异同点。
5. 跨境电子商务有哪些类型?简述其基本程序。

参 考 文 献

[1] 周桂荣．国际贸易理论与实务［M］．厦门：厦门大学出版社，2018．
[2] 毛在丽，朱金生．国际贸易理论与政策［M］．北京：人民邮电出版社，2014．
[3] 杨爱兰．国际贸易原理与实务［M］．济南：山东大学出版社，2009．
[4] 余淼杰．国际贸易学：理论、政策与实证［M］．北京：北京大学出版社，2013．
[5] 李坤望．国际经济学［M］．4 版．北京：高等教育出版社，2017．
[6] 芬斯特拉，泰勒．国际贸易［M］．张友仁，杨森林，等译．北京：中国人民大学出版社，2011．
[7] 王耀中．国际贸易理论与实务［M］．2 版．长沙：中南大学出版社，2016．
[8] 陈岩．国际贸易理论与实务［M］．5 版．北京：清华大学出版社，2021．
[9] 刘丁有，陈长民．国际贸易理论与实务［M］．2 版．北京：中国人民大学出版社，2013．
[10] 卓骏．国际贸易理论与实务［M］．4 版．北京：机械工业出版社，2016．
[11] 李盾．国际贸易概论［M］．北京：机械工业出版社，2021．
[12] 傅龙海．国际贸易理论与实务［M］．5 版．北京：对外经济贸易大学出版社，2018．
[13] 陈岩．国际贸易理论与实务［M］．3 版．北京：机械工业出版社，2019．
[14] 赵全海，丁蕾．国际贸易理论与实务［M］．3 版．北京：中国人民大学出版社，2019．
[15] 冷柏军．国际贸易理论与实务［M］．4 版．北京：中国人民大学出版社，2019．
[16] 李永，刘鹏．贸易自由化、产业结构升级与经济发展［M］．上海：立信会计出版社，2005．
[17] 蔡茂森．国际贸易理论与实务［M］．2 版．北京：清华大学出版社，2015．
[18] 蒋诚．国际贸易理论与实务［M］．上海：同济大学出版社，2022．
[19] 鲁丹萍．国际贸易理论与实务［M］．北京：高等教育出版社，2019．
[20] 马述忠．数字贸易学［M］．北京：高等教育出版社，2022．
[21] JONNARD C M. International business and trade：theory，practice，and policy［M］．Oxford：Taylor&Francis，2020．
[22] 王小明，王蕾，杨宏恩．区域经济一体化的经济增长效应：基于欧盟的理论与实证研究［J］．商业经济研究，2016（7）：113-115．
[23] 刘丹．欧盟一体化进程中的区域经济差距演变研究［D］．吉林：吉林大学，2014．
[24] 王锐．欧盟共同农业政策的演进、走向与启示：基于区域经济一体化和贸易自由化的博弈［J］．国际经贸探索，2012，28（8）：91-101．
[25] 张晓静．欧盟经济一体化中区域政策的效果研究：兼论对中国参与区域经济合作的启示［J］．国际贸易，2007（7）：35-40．
[26] 冯宗宪，段丁允．中国数字贸易发展水平、区域差异及分布动态演进［J］．现代经济探讨，2022（12）：49-63．